DÉCLARATION DE L'AUTEUR.

Si nous donnons quelquefois à notre héros le titre de *saint* ou de *martyr,* nous n'entendons en aucune manière, par ces qualifications, prévenir le jugement du Souverain Pontife, à qui nous soumettons humblement notre personne et nos écrits.

Tous droits réservés.

GARCIA MORENO

IMPRIMI POTEST.
Gavillet, Sup. Prov. Gall.
in die sancto Pentecostes. vIII Cal. Junii 1890.

IMPRIMATUR.
C. Leleux, Vic. Gen.
Atrebati, in festo Corporis Christi. Nonis Junii 1890.

Droit d'auteur © 2014 par Paul M. Kimball
Tous droits de reproduction réservés.

Aucune partie de ce livre ne peut être reproduite ou transmise sous quelque forme ou par quelque moyen que ce soit, électronique ou mécanique, y compris par un quelconque système de récupération, sans l'autorisation écrite du titulaire du droit d'auteur. Seul y est autorisé un éventuel exégète qui peut citer de brefs passages dans une critique.

ISBN:

Des exemplaires supplémentaires disponibles à partir de Dolorosa Press à http://www.dolorosapress.com.

INTRODUCTION

Le 16 janvier 1599, Notre-Dame du Bon-Succès apparut à la Vénérable Mère Mariana de Jésus Torres, abbesse du couvent royal de l'ordre de l'Immaculée Conception, à Quito en Equateur. Notre Dame dit ces paroles prophétiques à Mère Mariana: « Au XIXe siècle, viendra un président véritablement catholique, homme de caractère, à qui Dieu Notre-Seigneur donnera la palme du martyre sur la place où se trouve ce couvent. Il consacrera la République [de l'Equateur] au Divin Cœur de mon Fils bienaimé et cette consécration soutiendra la religion catholique dans les années qui suivront, années qui seront funestes pour l'Église. Durant ces années, au cours desquelles la Maçonnerie, secte exécrable, prendra le contrôle du gouvernement civil, il y aura une cruelle persécution de toutes les communautés religieuses et en particulier de la mienne. » [1]

Ce grand chef d'Etat catholique ne peut être que Gabriel Garcia Moreno. Il fut assassiné sur la place devant la cathédrale, appelée *Place de l'Indépendance*, sur laquelle donnent la cathédrale de Quito, le palais présidentiel ainsi que le couvent des Conceptionnistes de Mère Mariana. Président de l'Equateur, il consacra officiellement son pays au Sacré-Cœur de Jésus par un décret de 1873. Il est la première des deux figures-clés qui pourraient être considérées comme les apôtres particuliers du règne social de Notre Seigneur Jésus-Christ en ces temps modernes d'apostasie générale et de révolution. Il serait comme un « évêque dans le monde » de la politique catholique.

---

[1] Cadena y Almeida, Mons. Dr. Luis E., *Mensaje Profético de la Sierva de Dios, Sor, Mariana Francisca de Jesús Torres y Berriochoa* (Quito, Jesús de la Misericordia, 1985), pp. 68-69.

— II —

La venue d'un second apôtre du règne social de Notre Seigneur fut prophétisée le 2 février 1634, lorsque la Mère de Dieu parla à Mère Mariana de l'actuelle crise de l'Eglise et d'un prélat qui restaurerait le sacerdoce.

> Les prêtres abandonneront leurs devoirs sacrés et s'écarteront du chemin désigné pour eux par Dieu. Alors l'Eglise traversera l'obscurité de la nuit par manque d'un prélat et d'un père pour veiller sur elle avec amour, douceur, force et prudence, et de nombreux prêtres perdront l'esprit de Dieu, mettant leur âme en grand danger. Prie avec instance (…) que mon Fils très saint (…) ait pitié de ses ministres et mette fin à ces temps si néfastes, en envoyant à son Eglise le prélat qui restaurera l'esprit de ses prêtres. Ce fils aimé, que mon divin Fils et moi aimons d'un amour de prédilection, nous le comblerons de beaucoup de dons : humilité de cœur, docilité aux inspirations divines, force pour défendre les droits de l'Eglise, et un cœur avec lequel, tel un nouveau Christ, il prendra possession des hommes des plus puissants et des plus modestes, sans dédaigner les moins chanceux d'entr'eux. Avec une douceur toute divine, il guidera les âmes consacrées au service de Dieu dans les maisons religieuses sans que pèse sur eux le joug du Seigneur. Il tiendra en main la balance des règles du sanctuaire pour que tout soit fait de manière propre à glorifier Dieu. Ce prélat et père agira comme un contrepoids à la tiédeur des âmes consacrées dans le sacerdoce et la religion[2].

---

[2] *The Story of Our Lady of Good Success and Novena* (Camillus, Dolorosa Press, 2013), pp. 81-82. La statue de Notre Dame du Bon Succès a été officiellement couronnée avec la permission du Saint Siège, le 2 février 1991 (Cadena y Almeida, Mons. Dr. Luis E., *Memorial de la Coronacion Canonica*

— III —

Monseigneur Marcel Lefebvre rappela cette prophétie dans son sermon lors de la cérémonie de consécration de quatre évêques pour la Fraternité Sacerdotale Saint-Pie X, le 30 juin 1988.

> Récemment, le prêtre chargé du prieuré de la FSSPX à Bogota en Colombie m'a apporté un livre sur les apparitions de Nuestra Señora de El Buen Suceso – Notre-Dame du Bon Succès – à laquelle une grande église de Quito, Équateur, est dédiée. Elles [les paroles prophétiques de Notre-Dame] ont été reçues par une religieuse peu après le Concile de Trente, comme vous voyez, il y a à peine quelques siècles. Cette apparition est totalement reconnue par Rome et les autorités ecclésiastiques. Une magnifique église a été bâtie en l'honneur de la Sainte Vierge Marie : les fidèles de l'Équateur y vénèrent avec une grande dévotion une statue de Notre Dame, dont le visage a été réalisé de façon miraculeuse. Le sculpteur était en train de l'exécuter lorsqu'il a trouvé le visage de la Vierge miraculeusement achevé.
> Notre-Dame prophétisa au sujet du XXe siècle, disant explicitement qu'au cours du XIXe siècle et dans la plus grande partie du XXe, des erreurs se répandraient de plus en plus dans la sainte Église, la plongeant dans une situation catastrophique. La Morale serait corrompue et la Foi disparaîtrait. Il semble impossible de ne pas voir la réalisation de cette prophétie de nos jours.
> Pardonnez-moi de poursuivre le récit de l'apparition, mais elle parle d'un prélat qui

---

a la Sacrada Imagen de Maria Santissima del Buen Suceso (Quito, Libreria Espiritual, pp.27-28).

s'opposera totalement à cette vague d'apostasie et d'impiété – sauvant le sacerdoce en formant de bons prêtres. Je ne dis pas que la prophétie se réfère à moi. Vous devez en tirer vos propres conclusions. Je fus stupéfait à la lecture de ces lignes mais ne peux les nier, puisqu'elles sont enregistrées et déposées aux archives de cette apparition[3].

Annonçant ces deux grands chefs, Notre-Dame les a clairement désignés comme des défenseurs modèles de l'Église de son Fils en ces temps périlleux. En raison de leur opposition héroïque à ces erreurs, Garcia Moreno fut assassiné et Mgr Lefebvre excommunié. Néanmoins, ils restent des phares de la véritable doctrine sociale de l'Eglise et des modèles de vertu héroïque dans leur vie privée.

Ces grands hommes furent tous deux attaqués par les mêmes ennemis du Christ : les sociétés secrètes de la Franc-maçonnerie. L'encyclopédie catholique précise au sujet de Garcia Moreno : « Il était notoire que certaines loges [maçonniques] avaient décidé la mort de Garcia Moreno qui, dans une correspondance au pape, utilisait pour décrire ces temps des mots quasiment prophétiques : « Quelle richesse pour moi, très Saint Père, d'être haï et calomnié pour l'amour que je porte à Notre Divin Rédempteur. Quelle joie si votre bénédiction pouvait m'obtenir du Ciel la grâce de verser mon sang pour Lui, qui étant Dieu, désirait répandre Son sang pour nous sur la Croix » [4]. De la même manière, en 1978, Mgr Lefebvre entrevit ce que seraient les motivations de son excommunication dix ans plus tard : « Si un jour ils nous excommunient parce que nous restons fidèles à cette doctrine, nous devrons nous considérer comme excommuniés par la Franc-maçonnerie. Notre consolation sera

---

[3] Sermon des Sacres, par Mgr. Marcel Lefebvre.
[4] Gabriel Garcia Moreno, *Catholic Encyclopedia* (1909 ed.), vol. 6, p. 381.

— V —

de rester en compagnie de Dieu et de tous les martyrs qui ont donné leur vie pour défendre la Foi » [5].

A l'instar de Mgr Lefebvre qui attisa la colère de la cinquième colonne de la Franc-maçonnerie infiltrée au sein de l'Eglise en consacrant quatre évêques en 1988 afin de transmettre le sacerdoce aux générations futures, ainsi Garcia Moreno souleva particulièrement la colère des Francs-maçons par le remarquable concordat de 1862. En voici les plus importants articles :

Article 1. La Religion Catholique, Apostolique et Romaine, est la seule religion de la République d'Équateur, et l'État protègera toujours tous les droits et prérogatives dont elle doit jouir, conformément aux lois établies par Dieu et aux prescriptions canoniques.

En conséquence, aucun autre culte ou association condamnée par l'Eglise ne sera jamais autorisé en Equateur.

Article 3. L'instruction de la jeunesse dans les universités, les collèges, les facultés et les écoles publiques ou privées se conformera en tout sur les principes de l'Eglise Catholique... [et] les évêques exerceront pleinement le droit de proscrire les livres contraires à la religion et aux bonnes mœurs.

Article 4. Les évêques veilleront à ce qu'aucun enseignement ne soit contraire à la religion catholique et à la morale. Dans cet objectif, nul n'a le droit d'enseigner, dans une institution les matières relevant de la théologie, du catéchisme ou de la doctrine religieuse, sans l'accord de l'évêque.

Article 6. Les ordinaires ecclésiastiques de la République jouiront d'une liberté totale pour administrer leur diocèse, pour convoquer et célébrer des synodes

---

[5] Sermon des ordinations à Ecône le 29 juin 1988, par Mgr. Lefebvre.

provinciaux ou diocésains, et ils exerceront les droits qui leur appartiennent en vertu de leur sacerdoce, sans qu'il y ait d'interférence dans l'exercice de leurs devoirs sacrés.

Par conséquent, le Gouvernement de l'Equateur assistera les évêques lorsqu'ils le souhaiteront, particulièrement lorsqu'ils seront confrontés aux œuvres impies de ceux qui cherchent à pervertir les esprits et corrompre les mœurs.

Article 10. Par respect pour la majesté de Dieu qui est Roi des Rois et le Seigneur des Seigneurs, l'immunité des bâtiments ecclésiastiques sera respectée dans les limites de la sécurité publique.

Article 19. L'Église aura le droit d'acquérir des biens librement et par simple titre de propriété, et les biens détenus à ce jour ou acquis ultérieurement seront garantis par la loi.

Article 20. Les évêques pourront librement, et sans exception, recevoir et établir dans leurs diocèses respectifs de nouveaux Ordres et Instituts approuvés par l'Eglise, selon le besoin des fidèles. Le gouvernement apportera son aide pour faciliter leur installation.

Article 21. Après la célébration de l'Office Divin, dans toutes les églises de la République d'Equateur la prière suivante sera récitée: « Domine salvam fac Rempublicam; Domine salvum fac Praesidem ejus »[6].

Article 22. Le gouvernement de la République d'Équateur est dans l'obligation de prendre toutes les mesures nécessaires à la propagation de la foi et à la conversion des âmes sur son territoire, et de favoriser l'établissement des missions[7].

L'Équateur, comme le Portugal, fut spécialement choisi pour montrer en exemple l'efficacité de la reconnaissance publique

---

[6] « Dieu protégez la République ; Dieu protégez son Président. »

[7] *Raccolta Concordati* of 1919, pp. 983-999, cité par Félix Gros, "God Never Dies," The Angelus (October, 1992, p. 26).

— VII —

du Cœur Douloureux et Immaculé de Notre Dame au jour où il se fera. Notre Dame de Fatima restaura le Portugal en échange de la consécration du pays par les évêques portugais à son Cœur Immaculé; l'Équateur également est devenu un témoignage de la puissante et maternelle intercession de Notre Dame dès sa consécration, par un décret législatif presque unanime, à son Cœur Immaculé. L'initiative de cet acte pieux revient au serviteur de Dieu, l'abbé Julio Matovelle[8], membre de la Législature.

Cependant, à peine deux années plus tard, les Francs-maçons exercèrent des représailles et, en 1895, renversèrent le gouvernement. Au tournant du siècle, ils montrèrent davantage leur haine anticatholique en décrétant la « dé-consécration » de la République aux Cœurs de Jésus et de Marie. « Confiscation des biens temporels des communautés religieuses, suppression de leurs droits civils, expulsion de certaines d'entre elles, fermeture de leurs écoles et collèges, propagande immorale, lois contre le mariage catholique et favorables au divorce suivirent. » En 1906 les chefs du gouvernement anticatholique, Eloy Alfaro et Leonidas Plaza, déclarèrent : « Nous avons réussi à détruire la théocratie » [9].

C'est alors que la Mère de Dieu réalisa un miracle. Le 20 avril 1906, devant un groupe d'étudiants du collège des Jésuites de Quito, une touchante peinture de Marie dans sa solitude avec son Cœur transpercé de sept épées, ouvrit et ferma les yeux durant un quart d'heure. Dans le mois qui suivit le rigoureux procès

---

[8] Le Père Julio Maria Matovelle était un prêtre diocésain fondateur des Oblates des Sacrés Cœurs de Jésus et de Marie. Né le 8 septembre 1853 à Cuenca, en Equateur, il y mourut le 18 juin 1929. Ses vertus héroïques furent officiellement reconnues en 1994, une étape sur le chemin de sa béatification.

[9] Alfonse Escobar, SJ., « Équateur et Portugal », *Etudes sur Fatima*, mai 1966.

canonique, la peinture fut portée triomphalement dans les rues la capitale. Au cours de la neuvaine solennelle qui fut lancée, la Mère des Douleurs refit plusieurs fois le même miracle devant des gens de toutes catégories. Beaucoup se convertirent.

A partir de ce moment, la Foi qui se mourait ressuscita. . La bataille pour l'éducation catholique se révéla à travers l'établissement continu d'établissements d'enseignement catholique. Les postes vacants furent pourvus et les manifestations publiques de piété prouvèrent que ni Alfaro ni Plaza n' « avaient détruit la théocratie ».

C'est l'image miraculeuse de la Mère des Douleurs, devenue célèbre depuis le prodige de 1906, qui a vraiment restauré la foi de la nation. . Cette image, avec celle du Cœur de Jésus choisie par Garcia Moreno pour la Consécration de la République, a inondé le monde de sa reproduction.

Lors du miracle chacun vit dans cette image la vraie réponse du Cœur Maternel de Marie. Elle a choisi une image où son cœur est transpercé de glaives. Le peuple équatorien ne l'avait-il pas choisie pour patronne ? [10]

Le collège jésuite de Saint-Gabriel, où ces miracles commencèrent à se produire, fut fondé par Gabriel Garcia Moreno lui-même et fut baptisé de son nom par l'archevêque de Quito de son vivant.

L'image miraculeuse est une oléographie représentant Notre Dame de Douleurs tenant en ses mains la couronne d'épines et trois clous, tandis que son cœur embrasé d'amour est percé de sept glaives. L'image est de taille moyenne, très pieuse et traduit particulièrement la très

---

[10] *Ibid.*

grande douleur répandue par le visage de Notre Dame qui regarde tristement le spectateur.

Six semaines après le premier miracle, l'image miraculeuse fut portée en procession de la chapelle du collège à l'église jésuite voisine, où un triduum devait être célébré...Dans l'église le miracle se répéta plusieurs fois devant les spectateurs. De nombreuses conversions s'en suivirent. Peu après le triduum, une neuvaine fut faite pour implorer l'aide de Notre Dame pour l'Équateur. Le Miracle se répéta trois jours durant, devant de nombreux témoins.

Le siège de Quito était vacant au moment du premier miracle. Son Excellence Frederick Gonzoles Suarez, évêque d'Ibarra, y fut nommé. Le nouvel archevêque pris possession de son siège le 6 juillet, quand le miracle se reproduisit trois fois. La troisième se produisit à deux heures de l'après-midi, au moment même où l'archevêque entrait dans la ville et que la chorale chantait :

Vuelve otra vez, Maria
Los maternales ojos,
A los que aqui de hinojos
Te piden compasion[11].

Sur l'image, la Sainte Vierge bougea lentement ses yeux. Alors l'arrière-plan de la peinture disparut et son visage apparut en relief. Son teint était celui d'une personne vivante. Elle ouvrit et ferma les yeux. Par deux fois elle dirigea son regard vers le Ciel. De temps en temps elle sembla tenter de réprimer quelques larmes. Puis elle pâlit, son visage se figea, comme si elle était

---

[11] O Marie, tournez une fois encore
Votre Maternel regard
Sur ceux qui, à genoux,
Demandent votre compassion.

— X —

sur le point d'expirer. Le peuple affolé poussa des cris et éclata en sanglots, implorant son pardon et sa pitié, et finalement Notre Dame bénie retrouva son visage serein et reprit ses couleurs naturelles.

A Riobamba, le miracle se produisit également sur une reproduction de cette sainte image. Les membres des familles à la tête de la commune, plus de vingt-cinq dont le maire, virent distinctement les yeux s'ouvrir et se fermer[12].

Pour encourager les fidèles à prier devant cette sainte Image de Notre Dame de Quito et en propager la dévotion, Sa Sainteté le Pape Pie X décida d'accorder, le 12 octobre 1907, une indulgence de 100 jours aux fidèles qui réciteraient trois Je Vous salue Marie devant cette image.

Garcia Moreno avait passé commande d'une peinture pour la consécration de l'Équateur au Sacré-Cœur le 25 mars 1873. Sur l'image, Notre Seigneur, un sceptre en main, se tient près d'un globe terrestre. Sur le globe, l'Équateur recevant les rayons de lumière émanant de Son Cœur. Trente-trois ans plus tard, en 1906, elle devint également l'étendard d'un autre apôtre du Règne du Christ, le Père Mateo Crawley-Boevey, SS.CC., fondateur de la Croisade pour l'Intronisation du Sacré-Cœur.

> L'image du Sacré-Cœur fut mise à la place d'honneur au Parlement comme un signe d'affirmation de la consécration de l'Équateur au Sacré-Cœur...[13]

Evidemment, ce remarquable acte public de foi et de charité - si inhabituel en ces temps de scepticisme et de révolte publique à l'encontre de l'autorité du

---

[12] « Notre Dame des Douleurs à Quito » Etudes sur Fatima, mai 1966.
[13] Rev. Francis Larkin, SS.CC., *Intronisation du Sacré-Cœur*, (Fairhaven, National Enthronement Center, 1974), p. 181.

Christ – irrita ses ennemis dont les francs-maçons étaient la tête[14].

Après la mort de Garcia Moreno, une révolution éclata. A deux reprises, on essaya de mettre feu à la peinture du Sacré-Cœur. Elle fut providentiellement sauvée des mains des ennemis par des membres de la famille de Moreno, et fut confiée par sécurité à un père du Sacré-Cœur du Chili, qui était alors en Équateur pour raison professionnelle. La peinture fut ensuite confiée aux pères du Sacré-Cœur de Valparaiso.

Des années plus tard, le jeune Père Mateo aidait sa communauté à ranger les archives. Fouillant dans un coffre, il y trouva une toile roulée. Il la déroula et fut stupéfait de ce qu'il découvrit. La peinture semblait être le symbole de sa mission: la reconnaissance du règne de Jésus Notre Roi, régissant toute la société par la puissance de son Amour, au travers de son Cœur.

Il s'empressa de demander à son supérieur l'origine de cette peinture. Avec étonnement, et avec la sensation que Garcia Moreno lui transmettait l'étendard du Roi d'Amour pour continuer le combat de la reconnaissance de Sa Loi sur les hommes et les nations, il en écouta l'histoire. Il demanda de pouvoir conserver cette peinture.

L'autorisation lui fut donnée à la condition qu'elle fut encadrée et conservée en la possession des Pères du Sacré-Cœur.

Une amie, madame Sara Vives Pomar, offrit le cadre choisi par le jeune prêtre. La peinture fut installée à une place d'honneur dans la nouvelle université de droit, où elle y demeura jusqu'au célèbre tremblement de terre...[15]

---

[14] *Ibid*, pp. 181-182.
[15] *Ibid,* pp. 183-184.

— XII —

Par une journée calme et ensoleillée d'août, le lendemain de la fête de l'Assomption, le père Mateo était en récréation avec quelques confrères, dans la cour du collège du Sacré-Cœur. La cloche venait tout juste de sonner la fin de la recréation. Alors qu'ils allaient rentrer, la terre se mit soudain à trembler violemment sous leurs pieds. Ils se jetèrent au sol, s'attendant à être écrasés à tout moment par la chute des murs. C'était partout et très vite, mais quel ravage en une si courte durée ! L'œil ne rencontrait que scènes de destruction... L'immense clocher de la chapelle du collège s'était écroulé dans le sanctuaire, et des dégâts inestimables étaient faits aux bâtiments du collège. Mais aucun des religieux n'avait perdu la vie, bien que le glas sonnât lourdement dans la ville.

Debout dans les ruines de ce qui fut sa chère université de droit, le père Mateo fut tenté de demander « Pourquoi l'avez-Vous permis ? » Mais il ne le fit point. Il fit un acte de foi aveugle en l'infinie Sagesse de Dieu.

Il dit qu'il ne le regretta jamais. En fait, maintenant il remercie le Sacré-Cœur d'avoir permis le tremblement de terre : Si cela ne s'était pas produit, je ne serais peut-être jamais devenu le globe-trotter du Sacré-Cœur. L'une des rares choses non endommagée dans l'université du Sacré-Cœur était la grande peinture du Sacré-Cœur. Elle fut retrouvée accrochée de manière invraisemblable à une poutre, recouverte de poussière, mais intacte...

Cette peinture a été réalisée par un grand artiste équatorien, sur ordre de Gabriel Garcia Moreno, et servie pour la consécration solennelle de l'Equateur au Sacré-Cœur en 1874[16].

---

[16] *Ibid*, pp. 179-180.

Cette célèbre peinture est maintenant conservée dans une petite chapelle privée attachée à la basilique du Vœux national des pères oblats de Quito, et a pour deux gardiens, deux cœurs conservés dans des vases de cristal. Du côté droit de la peinture celui de Garcia Moreno et, du côté gauche, celui du serviteur de Dieu, l'archevêque José Checa y Barba. Près du cœur du président Moreno est écrit à la main, « Don Gabriel, vous qui êtes plus près de Dieu, priez pour nous ».

L'archevêque Checa, né en 1829, fut un prélat modèle, comme il fut un prêtre modèle dans les premières années de sa vie religieuse. Il brava le bouleversement politique qui suivit l'assassinat de Garcia Moreno et continua de défendre la cause catholique en combattant fermement les abus et les persécutions dont était victime l'Eglise par le gouvernement révolutionnaire ultérieur de Veintemilla. Mais le matin du 30 mars 1877, célébrant la messe du Jeudi Saint dans la cathédrale de Quito, il tomba au sol comme foudroyé en buvant le vin consacré du calice qui avait été empoisonné avec de l'arsenic. Les assassins ne furent jamais retrouvés, mais il y avait de fortes preuves que Veintemilla lui-même avait orchestré ce crime à travers ses complices. Aussi le peuple indigné l'en tint responsable. Le gouvernement s'est couvert d'un nouveau déshonneur en accusant du crime un prêtre nommé Andrade. Cette propagande, toutefois, ne convainquit pas le peuple indigné, et sur son lit de mort Veintemilla affirma encore qu'il n'avait rien à voir avec ce crime.

Les cœurs de l'archevêque Checa et de Garcia Moreno furent retrouvés le 8 mars 1975 dans le couvent des Sœurs du Bon-Pasteur à Quito, par Francisco Salazar Alvarado, petit-neveu du général Francisco Javier Salazar Arboleda, très proche de Garcia Moreno. En 1913 ces deux cœurs furent soigneusement dissimulés avec leurs documents d'identification, dans les colonnes de chaque côté de l'autel de la chapelle du couvent. Ils sont toujours conservés dans de l'alcool, à l'intérieur de vases de cristal identiques. Les cœurs ont une couleur blanchâtre parce qu'ils n'ont plus de sang. Le cœur de Garcia Moreno est gros, ferme et intact. Le cœur de l'évêque Checa a une tache, selon des médecins à cause du poison mortel.

Une semaine plus tard, Francisco Salazar découvre également le corps de Garcia Moreno caché secrètement par le Chanoine Jose Maria Terrazas en 1883, dans le couvent des Mères de Sainte Catherine[17]. Le cercueil contenait une image sous-verre de Garcia Moreno, ainsi que des documents authentifiant les restes. Les reliques ont été transférées en grande pompe à la cathédrale, le 6 août 1975, pour le centenaire de sa mort[18].

Le lecteur pourra se demander si Garcia Moreno peut être considéré comme martyr. Père Ricardo Vasquez, S.J., publia des centaines de brochures avec quelques remarques sur ce sujet. Il écrivit l'article suivant en Equateur en 1938 :

> *Quelles sont les conditions demandées par l*'Église *pour donner à un* chrétien héroïque *le titre de martyrs ? Les conditions canoniques sont :* La victime a accepté la mort réelle et volontaire, sauf si Dieu l'en a empêché

---

[17] Severo Gomezjurado, S.J., *The Consecration of Ecuador to the Sacred Heart of Jesus* (Dolorosa Press, 2013), p. 180.

[18] Fracisco Salazar Alvarado, *Encuentro con la Historia; Garcia Moreno: lider católico de Latinoamérica* (Quito, Margaria Borja/ Yanko Molina Editores, 2005), pp. 19-42. Notez cependant que, selon sœur Mercedes, actuellement sous-prieure dans ce couvent, présente à la découverte du corps alors qu'elle était encore novice, M. Salazar était en fait dans la sacristie en train de signer un document officiel indiquant que le corps n'avait pu être trouvé dans le couvent alors qu'ils avaient creusé un peu partout. A ce moment même sœur Juanita suggéra de fouiller là où le corps a été retrouvé. Elle remarqua : « Ils ont creusé partout ailleurs, pourquoi n'ont-ils pas creusé là ? » Sœur Mercedes dit qu'elle pense que c'était une inspiration. M. Salazar fut immédiatement informé que le corps avait été retrouvé dans la sacristie. Cette information est fondée sur une entrevue que j'ai eue avec sœur Mercedes en avril 2006.

miraculeusement ; Le tyran ou le criminel a causé la mort injustement. La raison ou le motif du sacrifice de la victime est la haine de Dieu, de l'Eglise, de la religion catholique, ou d'une vertu chrétienne, ou les droits et prérogatives de l'Église.

L'Eglise a-t-elle vérifié toutes ces conditions pour la mort de Garcia Moreno, le grand président de l'Equateur ? Garcia Moreno savait très bien qu'ils (les ennemis de l'Eglise) cherchaient à en faire une victime, et il se préparait à son sacrifice... « Les ennemis de Dieu et de l'Eglise peuvent me tuer : mais Dieu ne meurt pas. Je vais être assassiné : je vais être heureux de mourir pour la foi » (*citation de Garcia Moreno*).

Qui tua Garcia Moreno ? Il ne fait aucun doute que ce sont les loges [maçonniques] et autres ennemis de la religion [catholique] [qui le tuèrent].

Pourquoi l'assassinèrent-ils ? Ils l'assassinèrent parce qu'ils virent en lui le modèle du chef catholique.

Quel jugement Pie IX et Léon XIII portèrent-ils sur la mort de Garcia Moreno ? Pie IX déclara, « Garcia Moreno tomba sous l'acier (le couteau) des assassins, victime de sa foi et de sa charité chrétienne. » Léon XIII dit, « Il tomba pour l'Église par le fer des méchants. »

Cela signifie-t-il que Garcia Moreno n'avait commis aucune faute et n'avait aucun défaut ? Non. Même les plus grands saints ont eu leurs faiblesses et pour cette raison ils ont fait pénitence.

Comment les martyrs se font ils pardonner leurs péchés ? En versant leur sang par amour pour Dieu, ils sont parfaitement purifiés et montent directement au Paradis.

Qui déteste encore Garcia Moreno ? Francs-maçons, Socialistes et ennemis de l'Eglise et de la patrie ; mais également quelques catholiques mal influencés,

— XVI —

imprégnés de préjugés, et qui ne connaissent pas le héros.

Y a-t-il beaucoup de personnes d'accord avec lui et qui le vénèrent ? Tous les catholiques, les meilleurs de l'Équateur, et tous les catholiques hors d'Équateur, qui ont la vraie foi, vénèrent Garcia Moreno.

Peut-on implorer la grâce divine et demander des miracles par l'intercession de Garcia Moreno, en utilisant son image ou ses reliques ? Oui, mais seulement en privé, et pour obtenir des faveurs. Dans le cas où on les obtiendrait, il convient de les rapporter en détail à son supérieur ou à son directeur spirituel dans l'Eglise. De cette manière, on rend gloire à Dieu par ses serviteurs.

Sainte âme de Garcia Moreno, priez pour moi ! [19]

« En 1924, les autorités ecclésiastiques ont commencé à étudier canoniquement la question du martyre de Garcia Moreno. Mgr Polit, archevêque de Quito, prépara le procès diocésain. » [20] Le procès de béatification commença à Quito le 20 décembre 1939, mais fut interrompu peu de temps après le deuxième Concile du Vatican, quand les gouvernements catholiques et l'union de l'Eglise et de l'Etat ne furent plus encouragés par l'Eglise conciliaire libérale.[21] Mais peu avant, en 1958, une prière pour demander la canonisation de Garcia Moreno fut écrite par ledit cardinal.

---

[19] Gomezjurado, *The Consecration*, pp. 324-325 et *Vida de Garcia Moreno* (Quito, Imprenta ARPI, 1978), vol. 12, pp. 229-231.

[20] Rev. Fr. Alphonse Ritzenthaler, C.Ss.R., *le R.P. Auguste Berthe, rédemptoriste: Apôtre par la Parole et par la Plume*, (Paris, Librairie Pierre Téqui, 1927), p. 182.

[21] En 1974 Son Eminence Pablo Munoz Vega répondit à Hamish Fraser sur la progression du procès, « Malheureusement il n'y a ni le climat religieux ni le climat politique ». (Gomezjurado, *The Consecration*, p. 335).

— XVII —

O Sainte Vierge de Lourdes ! Souvenez-vous de votre Serviteur Garcia Moreno qui jura de défendre le privilège de votre Immaculée Conception. Il était un membre de votre Congrégation, et récitait assidûment le saint rosaire. Selon le témoignage du Pape Pie IX qui définit votre exemption du péché originel, il « mourut comme victime de la foi et en raison de sa charité chrétienne pour son pays bien aimé ». O Sainte Vierge, obtenez-nous la glorification canonique d'un tel exemple, que des hommes si puissants tant dans les actes que dans les mots, se lèvent pour défendre la cause de la foi et de notre pays bien aimé. Et enfin accordez la grâce particulière que nous implorons si c'est pour le bien de mon âme. Ainsi soit-il.

(Après avoir fait sa requête, il faut prier un *Ave* et un *Gloria Patri*.)

Avec approbation de l'Eglise (300 jours d'indulgence)
C.M Cardinal de la Torre, archevêque de Quito, 21 janvier 1958[22]

Finalement le Ciel donna son sceau d'approbation à Mère Mariana par la préservation miraculeuse de sa dépouille.

« Le 8 Février 1906, l'année du miracle de l'amour maternel de la Mère de Douleur du collège, dont les yeux pleurèrent au présage de la déchristianisation de l'enfance et de la jeunesse en Équateur, fut également l'année de la renaissance de la gratitude et de l'amour de notre peuple pour son ange gardien, pierre angulaire de notre vie chrétienne, noyau vital de la vénération et de la dévotion à l'auguste Mère du Bon Succès, la servante de Dieu Mère Mariana Francisca de Jesús

---

[22] Gomezjurado, p. 240.

Torres. Deux cent sept ans après sa mort temporelle, avec la permission de Dieu, le corps virginal et intact de cette bienheureuse épouse du Christ a dû quitter son tombeau d'origine situé dans l'un des murs du chœur inférieur du monastère, pour être mis, tel qu'il est maintenant, dans un sarcophage de verre construit dans la petite chapelle de la Très Sainte Vierge du Mont Carmel, aux pieds de sa Sainte Mère, comme les filles ont l'habitude de s'asseoir aux pieds de leur mère. » [23]

A l'origine de cette biographie, le révérend père Berthe, un rédemptoriste français, écrivit la première édition de ce livre de 800 pages, et fut publié par Retaux-Bray libraire-éditeur à Paris en 1887. La seconde édition fut publiée en deux volumes. Deux ans plus tard il abrégea l'ouvrage et publia une édition populaire de 400 pages. Madame Elizabeth Herbert of Lea, traduisit cette dernière édition en anglais en 1889. A la même époque, elle fut également traduite en espagnol par l'espagnol Don Navarro Valloslada, et en italien par M. Balbo. La version anglaise n'a jamais été republiée jusqu'alors. Cependant, une version plus condensée fut éditée par Hamish Fraser, l'éditeur de la publication *Approaches*. M. Fraser montra la haute estime en laquelle il tenait Garcia Moreno en donnant à sa maison en Écosse le nom de : « Maison Garcia Moreno ». Du fait de l'épuisement de l'édition anglaise de Lady Herbert, très peu de bibliothèques en ont un exemplaire. En général les exemplaires que l'on peut encore trouver sont en très mauvais état. Ainsi pour le Dakota du Nord, seule la bibliothèque de Bismark en possède un, mais si dégradé qu'aucune copie n'est autorisée. Au Minnesota, il semble qu'il n'y ait qu'un seul exemplaire en bibliothèque, dans celle du Carleton College, collège méthodiste,

---

[23] Cadena y Almeida, Luis E., *Mensaje Profético* (Jesús de Misericordia, Quito), p. 7.

qui en a hérité d'une succession. Il est en plutôt meilleur état, et la direction a gracieusement copié le texte sur une machine à copier spéciale avec un verre strié permettant cette nouvelle édition.

Mais comment l'abbé Berthe eut-il une connaissance si précise de Garcia Moreno ? Il obtint une partie de ses informations de Mgr Ordoñez de Riobamba, ami intime de Garcia Moreno. Quasiment par miracle, cet évêque échappa de peu à la mort par empoisonnement. Il se refugia alors à Paris pour y recevoir un traitement médical en attendant des jours meilleurs. Conduit par la Providence à Paris, il s'entretint de nombreuses fois avec l'abbé Berthe. Une autre source, le père Hengbart, rédemptoriste français également, qui rapporta au père Barthe de son voyage en Équateur, une série de journaux que Garcia Moreno écrivit au début de sa carrière politique. M. Raphaël Borja, ami très dévoué du Président, et M. Sarrade, gouverneur de Latacunga, lui procurèrent également de précieuses notes et mémoires. Malheureusement un des envois du père Hengbart fut perdu dans un naufrage, et ce n'était pas le moins intéressant car il contenait le journal intime de Garcia Moreno. Ses parents et amis avaient tout bonnement remis au père Hengbart les originaux sans en conserver une copie. L'abbé Berthe a dû profondément regretter la perte de cet ouvrage. Car ces correspondances intimes et ces écrits auraient présenté son héros comme un fils affectionné et un mari, un père tendre et aimant, un ami fidèle et délicat[24].

La vie de Lady Herbert mérite également d'être mentionnée. Elle se convertit de l'anglicanisme malgré l'opposition à laquelle elle a dû faire face en raison de son appartenance à la noblesse anglaise. Son mari, Sidney Herbert, fils du cadet du comte de Pembroke, était ministre de la Guerre durant la campagne de Crimée et peu après avoir était fait baron Herbert de Lea, mourut la laissant veuve avec quatre garçons et trois filles. Elle

---

[24] Ritzenthaler, pp. 161-162.

se convertit sous l'influence du cardinal Manning mais il lui fut interdit par le gouvernement d'emmener ses enfants à la messe, de peur que les héritiers du comte de Pembroke devinssent également catholiques. Seule une de ses filles la suivit dans l'Eglise catholique[25].

Une réfutation de la biographie rédigée par le révérend père Bethe fut publiée en 1889 par l'ancien Président Borrero, sujet du premier chapitre de l'épilogue ci-après. Borrero était un catholique libéral qui trahit la confiance que Garcia Moreno lui avait témoignée. Il fut bientôt lui-même trahi par les radicaux, qui le supportèrent avec tiédeur suffisamment longtemps pour préparer la voie à Veintimilla, successeur totalement révolutionnaire. Ce livre s'intitule : *Réfutation du livre du révérend père A. Berthe intitulé : Garcia Moreno, Président de l'Équateur, Vengeur et Martyr du Droit Chrétien*[26]. Publié une première fois en 3 volumes en 1889, il fut plusieurs fois réédité en 1956, 1960, 1968 et 1989 et ensuite. Il s'efforce, sans grande conviction, de réfuter systématiquement, chapitre après chapitre la biographie de référence du RP Berthe. N'est-ce pas une forme d'honneur que les ennemis des apôtres du royaume du Christ sur la terre aient jugé ce travail digne de leur attaque ? Maintenant, si les ennemis du Christ sont si zélés à contrer la vérité, alors il est d'autant plus nécessaire que ce livre soit réédité et une fois encore mis à la disposition de

---

[25] "Lady Elizabeth Herbert of Lea,"*The Catholic Encyclopedia*, (1914 ed.), vol. 16, p. 44; Herbert Alfred Cardinal Vaughan, Letters of Herbert Cardinal Vaughan to Lady Herbert of Lea, (London, Burns & Oates, 1942).

[26] « Dr. Antonio Borrero publia un ouvrage, *Refutation del Libro de Rvdo. Padre A. Berthe Titulado: Garcia Moreno, Presidente del Ecuador, Vengador y Mártir del Derecho Christiano*. Cette réfutation fut à son tour contestée par un éminent littéraire, Juan Leon Mera. Il entreprit les premiers chapitres d'une nouvelle biographie de ce héros [Garcia Moreno], mais mourut avant de pouvoir l'achever. » (Prologue de l'abbé Severo A. Gomezurado dans « Dios No Muere » (Quito, Piemagraf, 1985), par Jaime Vinicio Sosa V, p. 17).

tous ceux qui veulent proclamer publiquement le Règne social du Christ.

Abbé Paul M. Kimball
Le 25 mars 2014

PRÉFACE.

Il y a quinze ans, les journaux signalèrent la mort d'un personnage étrange. Il était président de la République de l'Équateur, un des États révolutionnaires nés dans l'Amérique méridionale du démembrement des colonies espagnoles. Trente ans seulement après les guerres de l'Indépendance, sans aucun respect pour les principes anarchistes du faux libéralisme qui régnait autour de lui, cet homme avait par un coup de force balayé les misérables qui s'engraissaient aux dépens du peuple souverain, installé dans son pays un gouvernement aussi catholique que celui de saint Louis, et tiré la nation du chaos où elle expirait. En 1862, il signait un concordat qui restituait à l'Église son entière liberté d'action, et en 1867, une constitution destinée à faire de son peuple, au milieu des nations sans Dieu, le vrai peuple du Christ. En 1870, il eut la hardiesse de protester seul contre l'envahissement des États Pontificaux, alors que les rois se faisaient les complices des *annexions* italiennes ; il obtint même du congrès, en 1873, un subside national en faveur du pontife captif et dépouillé. En même temps il consacrait la République au Sacré-Cœur de Jésus, et ordonnait de placer aux frais de l'État, dans toutes les cathédrales, une pierre commémorative de ce grand évènement. Dans un pays pauvre et ruiné, il trouva moyen de réaliser en dix ans, au point de vue matériel et intellectuel, des prodiges tels que l'imagination la plus audacieuse n'eût osé les concevoir. Naturellement les démocrates qu'il avait évincés du gouvernement, firent rage contre lui; mais son bras de fer les écrasa toutes les fois qu'ils ouvrirent leurs serres pour ressaisir leur proie. Enfin, comme le peuple reconnaissant venait de lui confier une troisième fois la suprême magistrature, sa mort fut décrétée dans les loges maçonniques. Il l'apprit, et écrivit au pape ce mot sublime : « Puissè-je être jugé digne de verser mon sang pour la cause de l'Église et de la société ! »

Dieu l'en jugea digne : le 6 août 1875, il tomba sous le poignard de la Révolution. Sa dernière parole fut le cri du martyr ! « *Dios no muere*, Dieu ne meurt pas ! » A l'Équateur, des jours de deuil et de désespoir suivirent l'exécrable assassinat. En Europe aussi bien qu'en Amérique, retentit le nom à jamais mémorable de Garcia Moreno. Pie IX éleva une statue au nouveau Charlemagne dans cette Rome dont il avait si noblement revendiqué les droits, et le congrès de l'Équateur lui donna par un décret solennel, les glorieux titres de *Régénérateur de la Patrie*, et de *Martyr de la civilisation*.

C'est l'histoire de ce grand homme que nous livrons au public. Nous avons cru que Garcia Moreno ne devait point, comme un météore, passer au milieu de ses contemporains sans laisser de trace après lui. Ne pas mettre en lumière une telle personnalité, ce serait ravir à Dieu la gloire de ses œuvres, et à cet homme de Dieu l'immortalité qui lui est due, même sur cette terre ; ce serait, de plus, priver l'humanité d'un grand secours, car l'histoire de Garcia Moreno donne au monde une leçon providentielle, la dernière peut-être avant le cataclysme que tout le monde prévoit, et que lui seul a essayé de conjurer.

Du reste, aujourd'hui que les héros deviennent rares, le public s'est arrêté devant celui-ci. *Garcia Moreno* a paru pour la première fois en mai 1887, et déja vingt mille exemplaires, pour ne parler que de la France, publient les hauts faits du patriote martyr. Non seulement il a pénétré partout, dans les familles et les presbytères, les collèges et les séminaires, les universités et les congrès; mais partout on l'a lu avec passion, partout il a fait battre les cœurs et ravivé les espérances. Des centaines de lettres, écrites sous l'impression laissée dans l'âme par la rencontre inattendue d'un sauveur de peuples, se terminent presque invariablement par l'exclamation que poussait un prince en achevant cette lecture : « Dieu réserve-t-il à notre chère France un Garcia Moreno !... »

Ces lettres, ou du moins la plupart d'entre elles, exprimaient un *desideratum :* On eût voulu voir ce livre dans toutes les mains ; mais, pour y arriver, disait-on, il faudrait dégager les faits historiques des *thèses* politiques qui les accompagnent, tout en laissant subsister le grand principe du *Droit chrétien*, qui inspira les actes du Héros-Martyr. Avec ses allures plus rapides, et, grâce à des *illustrations* qui feraient passer sous nos yeux le pays, pour nous inconnu, de Garcia Moreno, cette histoire serait d'une lecture plus facile et plus attrayante pour la masse des lecteurs, et surtout pour les jeunes gens. Dans nos écoles, nos pensionnats, nos collèges catholiques, partout, elle allumerait cette noble passion de servir l'Église et la société, qui seule fait les grands esprits et les grands cœurs.

Nous avons suivi ce conseil, et de là l'édition *abrégée* et *illustrée* de Garcia Moreno que nous présentons au public, en demandant à Dieu de la bénir. Daigne ce Dieu, « qui ne meurt pas » féconder le sang du martyr dont ces pages retracent la vie, et susciter sur sa tombe des chrétiens assez intelligents pour le comprendre, assez courageux pour l'imiter !

GARCIA MORENO

CHAPITRE I.

PREMIÈRES ANNÉES.

1821-1836.

Quand le voyageur a traversé l'Atlantique, franchi l'isthme de Panama, et fait sur le grand océan un nouveau trajet de deux cent cinquante lieues, il arrive enfin à Guayaquil, le port principal de la République de l'Équateur. C'est dans cette ville, le 24 décembre 1821, que naquit don Gabriel Garcia Moreno, le héros dont nous écrivons l'histoire.

Il appartenait à une famille ancienne aussi distinguée par sa noblesse que par ses mérites. Son père, don Gabriel Garcia Gomez, natif de Villaverde, dans la vieille Castille, avait fait de brillantes études à Cadix ; grâce à l'influence d'un oncle, autrefois secrétaire du roi Charles IV, il pouvait même aspirer aux honneurs, lorsque, vers la fin de 1793, il lui prit fantaisie de s'expatrier pour chercher fortune en Amérique. Depuis la conquête du Nouveau-Monde et la fondation trois fois séculaire de leurs riches et brillantes colonies, les Espagnols considéraient l'Amérique comme une seconde patrie. Garcia Gomez embarqua donc sur la frégate *Notre-Dame des Neiges* une importante cargaison dont il était propriétaire, et vint s'établir à Guayaquil, où bientôt il épousa la senora Mercédès Moreno.

Dona Mercédès était fille de don Manuel Ignacio Moreno, chevalier de l'Ordre de Charles III et ministre inamovible de la municipalité de Guayaquil. Elle eut dans sa parenté deux hommes qui illustrèrent l'Église et l'État, son oncle, don José Ignacio Moreno, archidiacre de Lima, auteur très estimé des *Lettres Péruviennes,* ainsi que d'un essai *sur la Suprématie du Pape,* et son frère, don Michel Ignacio Moreno, promu par le roi d'Espagne à l'Audience de Guatemala. Ce dernier fut le père du cardinal Moreno, naguère archevêque de Tolède.

Les deux époux étaient dignes de leurs ancêtres par de rares qualités personnelles et surtout par leur invincible attachement à la religion catholique. Quand, au commencement de ce siècle, éclata la révolte de l'Amérique contre la mère-patrie, Garcia Gomez resta fidèle à l'Espagne. Homme de foi, serviteur dévoué de l'Église, il professait un souverain mépris pour ces faux indépendants qui visaient à s'affranchir, non seulement de l'Espagne, mais des habitudes religieuses dont elle avait pénétré ses colonies. D'un caractère doux et aimable, il savait au besoin montrer une intrépidité que tous admiraient. Pendant que les révolutionnaires criblaient de balles les maisons de son quartier, on le voyait paraître à son balcon avec un calme imperturbable. En témoignage de leur estime, ses concitoyens le nommèrent procureur municipal. La senora Mercédès, son épouse, se signalait par la supériorité de son esprit, sa solide piété, la dignité de son caractère, et je dirai presque l'austérité de sa conduite. Aussi ardente royaliste que son mari, elle refusa jusqu'à la fin de sa vie d'illuminer et de pavoiser sa maison le jour de la fête de l'Indépendance, aimant mieux payer l'amende imposée aux contrevenants que de paraître se réjouir au souvenir d'une révolution.

Dieu récompensa les vertus de ces généreux chrétiens par une magnifique couronne d'enfants qui tous firent leur consolation et dont le plus jeune sera éternellement leur gloire. L'aîné se consacra au service des autels. Le second, bien que laïque, fit une étude approfondie de la liturgie catholique. Le troisième, don Pedro Pablo Garcia Moreno, un des grands propriétaires de l'Équateur, aida son jeune frère, devenu président de la République, à réaliser ses grandes entreprises. Plus tard, témoin de l'ingratitude de ses concitoyens, il lui disait souvent : « Retire-toi n'importe où hors de l'Équateur, et puise dans ma bourse autant que tu voudras. » Mais don Gabriel répondait invariablement « Dieu ne m'a pas créé pour faire le bien n'importe où, mais à l'Équateur. » Le quatrième fut Michel Garcia Moreno, que le président préposa plus tard à l'administration des salines de l'État. Homme intègre et habile, au lieu de profiter de sa position pour s'enrichir, il ne voulait pas même s'attribuer, comme ses prédécesseurs, les déchets que la loi lui accordait. Don Gabriel avait aussi trois sœurs, Rosario, Mercédès et Carmen. Toutes trois ont été la joie et l'ornement de leur famille, l'honneur de la Vierge bénie dont elles portaient les noms ; toutes trois n'ont quitté la terre qu'après l'avoir édifiée par une vie sainte et irréprochable.

Gabriel Garcia Moreno fut le dernier rejeton de cette nombreuse et intéressante famille, au sein de laquelle il puisa ces sentiments de foi vive, d'honneur chevaleresque, et surtout cette noble passion du devoir qui caractérisent sa vie entière. Du reste, pour mieux tremper son âme et la préparer au rôle exceptionnel qu'il lui destinait, Dieu prit soin d'ajouter aux enseignements de la famille les rudes leçons de l'adversité.

Par suite des révolutions incessantes qui bouleversaient l'Amérique, don Garcia Gomez essuya de grands revers de fortune. D'opulente qu'elle était, sa famille tomba dans la médiocrité puis dans la gêne, et bientôt dans un dénûment d'autant plus pénible qu'il se dissimulait à tous les yeux. Les deux époux en souffrirent surtout pour le petit Gabriel. Leurs aînés avaient terminé leur éducation, ils pouvaient prendre leur vol et se frayer un chemin dans le monde ; mais qui s'occuperait du pauvre déshérité ?

Dona Mercédès comprit la tâche que les circonstances lui donnaient à remplir. Elle se chargea de former l'esprit et le cœur de l'enfant, comptant sur Dieu pour son avenir. Entouré des soins les plus tendres, il s'habitua, sous la direction de cette bonne mère, à vivre dans la piété, l'amour du devoir et de la régularité, surtout à ne jamais se plaindre des peines de la vie. Dona Mercédès se fit de plus son institutrice assidue, et l'enfant profita si bien qu'à sept ans il savait parfaitement lire et écrire. Son intelligence trop précoce se développa aux dépens de ses forces physiques ; il devint chétif et maladif, ce qui redoubla encore les sollicitudes maternelles. Le petit Gabriel, dont le cœur s'épanouissait au contact de cette noble femme, comprenait tous les sacrifices qu'elle s'imposait pour lui. Il aimait sa mère avec passion, et jamais il n'oublia l'admirable dévouement dont elle lui donna tant de preuves pendant cette période de sa vie. Plus tard en parlant de Guayaquil, la cité par excellence des révolutions et des pronunciamentos, il disait agréablement : « Je n'y connais que deux bonnes choses : ma mère et... la banane ! »

Chose étrange ! l'homme qui plus tard étonna le monde par son audace, se montra dans son enfance timide et craintif à l'excès. Les ténèbres, les tempêtes, les morts surtout lui causaient de mortelles frayeurs, à tel point que son père, vrai chevalier sans peur, crut devoir employer les moyens les plus énergiques pour le guérir d'une pusillanimité qui l'inquiétait à bon droit. Un jour que l'ouragan ébranlait les maisons de la ville, il enferma dans un balcon l'enfant affolé, et le laissa seul s'accoutumer aux bruits du vent, des vagues et du tonnerre. Dans une autre circonstance, un cadavre gisait au milieu d'une chambre isolée ; quatre cierges éclairaient seuls, au milieu de la nuit, la face du défunt ; Garcia Gomez commanda au petit Gabriel d'aller, de ses mains tremblantes, allumer une bougie aux terribles veilleuses qui, bon gré mal gré, lui mirent devant les yeux le spectre redouté. Du reste, les évènements dont Guayaquil fut le théâtre en ces temps troublés, n'aidèrent pas peu à dissiper ces terreurs imaginaires et initièrent l'enfant à la vie tourmentée qui l'attendait. On peut dire qu'il fut élevé au bruit de la fusillade et du canon. A peine âgé de neuf ans, sans avoir quitté sa ville natale, il avait passé par quatre nationalités successives. Sujet, à son entrée en ce monde, de la grande République colombienne, il devint, en 1827, membre de la *Republiquita* de Guayaquil, libre et indépendante ; puis, citoyen du Pérou qui trouva bon de s'annexer cette « perle du Pacifique ». Enfin, en 1830, lors des derniers déchirements de la Colombie, on l'improvisa citoyen de la République de l'Équateur, constituée définitivement en état souverain. Ces changements à vue, fruits d'insurrections de caserne ou d'invasions triomphantes, ces hordes qui passaient et repassaient en hurlant contre les tyrans, ces bombardements dont la ville était sans cesse menacée, familiarisèrent l'enfant avec les révolutions, les coups de main, les dangers de tout genre, et contribuèrent sans doute à doter son âme de cette insensibilité stoïque dont il fit preuve, même dans les conjonctures les plus périlleuses.

A cette époque, un nouveau malheur, plus grand que tous les autres, acheva de désoler l'enfant et sa mère Garcia Gomez fut ravi à leur amour au moment où son appui devenait plus nécessaire que jamais. C'était le temps pour le jeune Gabriel de fréquenter les écoles, d'apprendre les langues, et d'acquérir cette science dont son âme avait déjà soif. Or, la mort de son père, en privant la famille de son unique soutien, ne permettait plus à l'enfant d'aspirer à une instruction quelconque. Combien de fois, les larmes dans les yeux, il suivit du regard ses jeunes camarades plus heureux, mais inconscients de leur bonheur, quand ils allaient chercher la leçon du maître ! Désespérée de cette pénible situation, Dona Mercédès n'avait d'autre ressource que de se plaindre au ciel, quand le Dieu qui compte les larmes des mères vint à son secours d'une manière inattendue.

Non loin de la maison qu'elle habitait alors, se trouvait un vieux couvent de Notre-Dame de la Merci. L'un des religieux de ce couvent, le P. Bétancourt, confident des secrètes anxiétés de la senora Mercédès, s'offrit à donner à l'enfant des leçons de grammaire. Au comble de la joie, le petit Gabriel se jeta sur le rudiment avec une véritable fureur. En dix mois, il acquit une connaissance approfondie de toutes les règles de la langue latine ; en quelques années, il parcourut le cercle entier des études élémentaires. Le P. Bétancourt admirait dans son élève une singulière pénétration qui lui faisait saisir au premier coup d'œil les questions les plus difficiles, une mémoire qui tenait du prodige, une passion du travail qu'on rencontre rarement à cet âge, même dans les natures privilégiées. Il avait évidemment devant lui une intelligence d'élite à exploiter ; mais où trouver les ressources nécessaires pour lui donner la culture dont elle était susceptible ?

L'enfant allait atteindre sa quinzième année. Son digne professeur ne pouvait continuer une éducation qui lui demandait trop de temps et d'efforts, et, d'un autre côté, Guayaquil ne possédait point alors de collège où l'on trouvât un enseignement complet. L'unique moyen d'arriver à la science était de se transporter à Quito pour fréquenter les cours de l'Université. En dépit des obstacles et des impossibilités, le jeune Gabriel décida qu'il continuerait ses études à l'Université. On eut beau lui remettre sous les yeux que jamais sa mère ne pourrait pourvoir aux frais d'un long séjour dans la capitale : rien n'ébranla sa volonté de fer. Les moyens lui restaient inconnus, mais il déclara qu'il arriverait au but. En attendant, il dévorait les livres.

A force de chercher, ce fut encore le P. Bétancourt qui triompha d'une difficulté en apparence insurmontable. Le vénérable religieux se souvint qu'il avait à Quito deux sœurs aussi bonnes et aussi charitables que lui, d'une fortune plus que modique, mais d'un cœur excellent, près de qui son jeune protégé trouverait, outre le logement et la nourriture, toutes les facilités pour suivre, sans frais et sans périls, les cours de l'Université. Les deux sœurs saisirent de grand cœur l'occasion d'être utiles à un jeune homme de brillant avenir, et il fut convenu qu'à la rentrée des classes, Garcia Moreno prendrait le chemin de la capitale.

Il quitta donc sa famille pour se rendre à Quito, au mois de septembre 1836. Il était au comble de ses vœux ; mais comment peindre l'émotion douloureuse qu'il éprouva en disant adieu à sa mère tendrement aimée, à ses frères et sœurs, ses seuls amis en ce monde, et à ce bon religieux qui, depuis plusieurs années, remplaçait ici-bas le père que Dieu lui avait enlevé ? Pour apprécier les angoisses de cette première séparation, il faut se rappeler que l'Amérique a conservé les mœurs patriarcales d'autrefois, et surtout la vie de famille avec sa douce tendresse, sa cordiale hospitalité, ses habitudes religieuses, sa naïve et franche expansion. Comment quitter sans déchirement de cœur le foyer tout embaumé de ces purs et nobles sentiments ?

Mais à quinze ans on sèche vite ses larmes, surtout quand on entreprend un long voyage avec l'inconnu devant soi.

Seul avec les rudes muletiers auxquels on l'avait confié, insensible aux fatigues et aux périls du voyage, le jeune Gabriel s'élança plein d'ardeur sur cette route de Guayaquil à Quito, dont les accidents aussi variés que pittoresques exaltent l'imagination des touristes les plus blasés. De ce beau fleuve Guayas qui l'entraînait vers la *tierra fria*[1], il voyait se rapprocher les cîmes neigeuses des Andes, ces géants qu'il avait contemplés de loin, au milieu desquels il allait maintenant habiter. Des hauteurs du Chimborazo, il envoyait une

Vue du Chimborazo.

dernière pensée à sa chère cité de Guayaquil, ensevelie au loin dans les brumes de l'Océan, puis ses idées se concentraient sur la vieille capitale des Incas, le pays de ses rêves et de ses espérances.

A Quito il fut reçu à bras ouverts par ses nouvelles mères, tout heureuses de faire retrouver sous leur toit à cet étudiant, devenu leur enfant, les soins et les douceurs de la maison paternelle.

[1] On distingue à l'Équateur la plaine maritime exposée aux ardeurs d'un soleil brûlant, *tierra caliente*, et la région montagneuse naturellement plus froide, *tierra fria*.

CHAPITRE II.

L'ÉTUDIANT.

1836-1840.

    A l'encontre de beaucoup de jeunes gens obligés de quitter la famille pour le collège, Garcia Moreno envisageait la salle d'étude, non comme une monotone et ennuyeuse prison, mais comme une sorte de paradis terrestre où les élus seuls pouvaient pénétrer. C'est que, pure encore de toute influence vicieuse, son âme n'avait d'autre aimant pour l'attirer que le désir insatiable de savoir. Il s'y livra avec tout l'élan de ses puissantes facultés et d'un courage à toute épreuve.

    On décida qu'avant d'aborder les études philosophiques, le jeune Gabriel compléterait ses humanités en suivant le cours supérieur de grammaire que professait à l'Université le docte Bonaventura Proano. Ce maître expérimenté eut bientôt apprécié le nouvel élève, qui d'un bond prit la tête de ses condisciples. Il admirait les éminentes qualités de son esprit, sa parfaite régularité, son ardeur au travail, mais par-dessus tout une fermeté de caractère qu'il n'avait jamais rencontrée dans un enfant de cet âge : aussi lui confia-t-il sans hésitation la surveillance des *transitos*, c'est-à-dire des galeries dans lesquelles les élèves se promenaient silencieusement en préparant leurs leçons avant l'heure des classes.

    L'inspecteur de quinze ans ne trompa point les prévisions du maître. Bientôt les paresseux, les étourdis, les délinquants habitudinaires et incorrigibles, durent compter avec lui. Par sa tenue sévère, son ton d'autorité, son regard d'aigle attaché sur le coupable, il acquit sur ses camarades un tel ascendant qu'il prévint presque toutes les infractions au règlement. Déjà on voyait poindre en lui cet esprit dominateur, qui ne souffrait ni observation ni insoumission.

Ennemi des lâches condescendances, il notait sans respect humain les auteurs du moindre désordre et les dénonçait aux sévérités des supérieurs. Un jour que les élèves travaillaient sous les yeux de leur Argus, les moins absorbés virent pénétrer dans la galerie deux personnages qui paraissaient fort désorientés et décontenancés de tomber en cette compagnie. C'était un pauvre tailleur français, attaché depuis peu à l'établissement, qui s'était fourvoyé avec sa fille au milieu de ces lutins sans pitié. L'étrange accoutrement des nouveaux venus, leur air passablement morfondu, furent salués par un gros éclat de rire, bientôt suivi de quolibets et de lazzis de toute espèce. Argus eut beau lancer des éclairs : toute la classe émancipée prit part au tumulte, sauf quatre imperturbables qu'aucun esclandre n'avait le don d'émouvoir. En pareil cas, il est prudent de faire l'aveugle et d'accorder aux coupables une amnistie intéressée ; don Gabriel n'eut pas même cette tentation : il dénonça le scandale, et les espiègles furent impitoyablement fouettés. On s'en souvint longtemps à Quito.

C'est aussi dans l'exercice de sa charge de surveillant qu'il donna la preuve de sa merveilleuse mémoire. Tous les jours, matin et soir, il faisait, sans consulter son registre, l'appel nominal par ordre alphabétique des trois cents élèves placés sous son inspection. Il savait même par cœur le nombre des points, bons ou mauvais, mérité par chacun de ses élèves.

Ainsi se passa cette première année d'études, excellente à tout point de vue pour don Gabriel. Il gagna l'estime de ses maîtres et même, malgré son inflexible rigidité, l'amitié de ses camarades, j'oserai presque dire leur respect. Bientôt il se lia d'une manière intime avec plusieurs d'entre eux dont les familles occupaient un rang distingué dans la capitale. Les parents avaient connu son digne père et sa vertueuse mère, sans tenir compte de la position inférieure que les évènements lui avaient faite, ils furent très heureux de voir leur fils s'attacher à cet écolier d'avenir, aussi recommandable par ses vertus que par les nobles qualités de son esprit.

Le 1ᵉʳ septembre 1837, don Gabriel entra au collège San-Fernando, pour y étudier la philosophie, les mathématiques et les sciences naturelles.

A cause de l'éminente supériorité dont il avait fait preuve durant ses humanités, le gouvernement lui octroya une des bourses dont il disposait, à la condition de professer la grammaire, tout en assistant au cours de philosophie. Il continua aussi de surveiller les élèves avec plus d'autorité qu'un maître de discipline rompu au métier. On se demandait comment il menait de front ces différentes besognes et parvenait à éclipser ses émules ; mais, ce qui attira surtout l'attention durant sa première année de philosophie, ce fut un progrès très sensible dans la piété. On le voyait assister aux exercices religieux avec plus d'assiduité et de ferveur, s'approcher chaque semaine des sacrements et prendre à cœur, avec plus d'amour que jamais, tout ce qui pouvait contribuer au service de Dieu ou à la gloire de l'Église.

Son esprit était en ce moment envahi par l'idée que Dieu l'appelait à l'état ecclésiastique. Il lui paraissait beau de se faire soldat du Christ et champion de l'Église en ce temps de révolution où les braves auraient sans doute à livrer de rudes combats. Il s'en ouvrit un jour à l'évêque désigné de Guayaquil, Mgr Garaïcoa, qui se trouvait à Quito pour la cérémonie de son sacre. Connaissant la pieuse famille et les antécédents si honorables de son diocésain, l'évêque non seulement l'encouragea dans ce qu'il croyait être sa vocation, mais vu les renseignements qui lui parvinrent de tous côtés, il lui conseilla même d'entrer immédiatement dans la cléricature. Quelques jours après le sacre, don Gabriel recevait de la main du nouveau pontife la tonsure et les ordres mineurs.

Dès ce jour il tint à honneur de porter la couronne cléricale et le collet distinctif des clercs. Déjà même il s'était procuré la soutane dont il devait se revêtir au jour où l'évêque lui conférerait les ordres majeurs. Ce saint habit était précieusement serré dans sa chambre, comme un signe extérieur destiné à lui rappeler sans cesse l'excellence et les obligations de son état. Il se trouvait bien parmi ses camarades quelques loustics disposés à plaisanter le jeune tonsuré, mais on n'allait jamais au delà de quelques quolibets inoffensifs dont il était le premier à rire : aucun n'eût osé pousser plus loin la pointe, car dès lors don Gabriel était le clérical qu'on n'attaqua jamais en face sans avoir à s'en repentir.

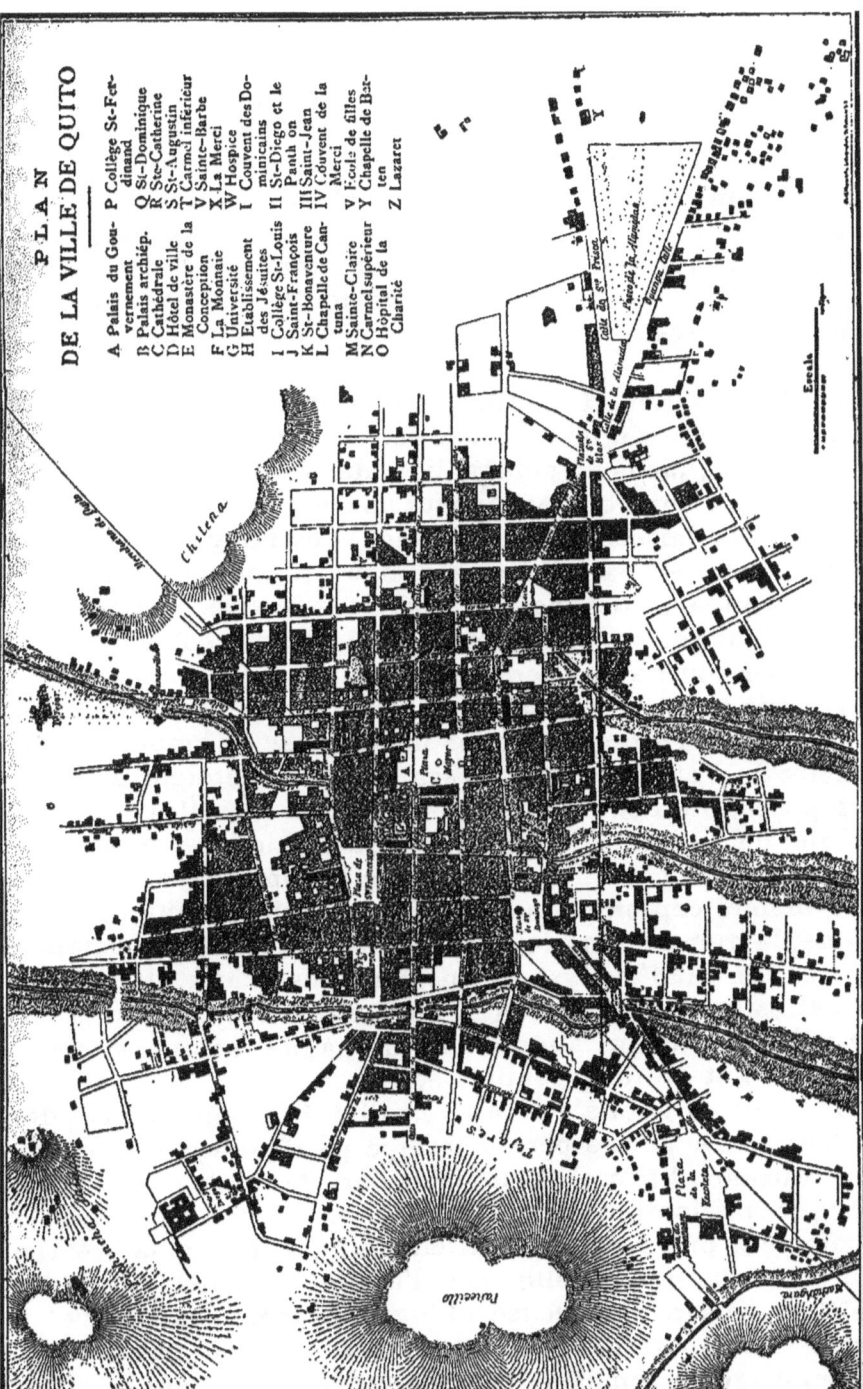

Ce grand fait religieux domina cette première année de philosophie, marquée d'ailleurs par les plus brillants succès. Déjà sa mère, en vaillante chrétienne, le félicitait de sa détermination ; son frère aîné, alors curé de Monte Christi dans le diocèse de Guayaquil, s'offrait à pourvoir à tous les frais de son éducation ecclésiastique, lorsqu'une passion puissante, tyrannique, absorbante comme toutes les passions, vint l'arracher à ses préoccupations religieuses et captiver son âme.

A dix-huit ans, le jeune homme subit généralement une crise. Souvent d'ignobles instincts s'emparent de l'étudiant et le jettent, pieds et poings liés, dans l'égout de la volupté. Heureux ceux qui échappent aux enchantements de Circé, et ne se laissent point, comme les compagnons d'Ulysse, métamorphoser par elle en animaux immondes. Trop élevée, trop pieuse aussi pour ramper dans le vice, l'âme ardente de don Gabriel se laissa dominer et comme posséder par la noble passion de la science.

Durant ces dernières années, à Quito comme à Guayaquil, il avait attiré l'attention de ses maîtres par un amour extraordinaire de l'étude ; mais ni ses facultés n'étaient assez développées, ni l'objet de son travail assez attrayant pour subjuguer son âme. Aujourd'hui qu'à l'aide des notions élémentaires, il pouvait se mettre en rapport avec la vérité elle-même, contempler dans ses études philosophiques Dieu, l'âme, le monde matériel avec ses innombrables substances, descendre par l'analyse scientifique jusqu'aux éléments de ces êtres mystérieux, il entra pour ainsi dire dans une sorte de ravissement qui augmentait à chaque instant sa soif de connaître et de tout connaître.

Il visait en effet à une universalité de connaissances dont le besoin s'explique par la trempe particulière de son âme. Contrairement à ces spécialistes dans lesquels un don quelconque prédomine au détriment des autres, ses facultés également puissantes, parfaitement équilibrées, se prêtaient un mutuel appui. Intelligence d'une pénétration presque intuitive, raison vigoureuse et logique, mémoire facile et tenace, imagination brillante, âme de feu, il possédait cet assemblage de qualités départies par la Providence à certains hommes exceptionnels. Sollicité par chacune de ses facultés, il voulut tout savoir, tout creuser, tout approfondir, la littérature et l'histoire, la philosophie et les sciences exactes, les sciences naturelles aussi bien que l'éloquence et la poésie. De fait, il cultiva chaque branche de l'enseignement avec l'amour et l'acharnement d'un spécialiste. Doué d'une surprenante facilité d'assimilation, il alliait les études les plus contradictoires et quelquefois s'y adonnait à la même heure. On le vit suivre les démonstrations d'un professeur, tout en lisant un livre traitant d'autres matières. Appelé inopinément au tableau pédagogique, il laissait sa lecture et poursuivait aussitôt l'opération commencée.

On comprendra maintenant que Garcia Moreno ait pu être à la fois orateur incisif, poète entraînant, polémiste vigoureux, homme d'État incomparable, mathématicien et chimiste sans rival. S'il eut dans ses études une prédilection quelconque, ce fut pour les mathématiques et la chimie. Pendant ses années de philosophie, il leur consacra la majeure partie de son temps et finit par dépasser ses maîtres, ce qui donnait lieu parfois à des anecdotes moins amusantes pour eux que pour leurs élèves. Dans un examen de mathématiques, comme personne ne trouvait la solution d'un problème, d'ailleurs très difficile, le docteur Angulo, professeur émérite, s'approcha du tableau pour faire lui-même sous les yeux des étudiants l'opération demandée. Et déjà il alignait les chiffres avec toute l'assurance que donne le savoir, quand tout à coup du groupe des spectateurs silencieux part une voix stridente : « Le professeur se trompe. » C'était la voix de Garcia Moreno. — « Je ne me trompe nullement, répond le docteur un peu piqué. — Voulez-vous que je vous montre l'erreur ? » réplique l'audacieux ; et d'un bond il s'élance au tableau, saisit le crayon, signale la bévue du professeur, et résout le problème avec tant d'exactitude et de rapidité que tous les assistants éclatent en applaudissements. Un ingénieur français, le docteur Wyse[1], dont il devint bientôt l'a-

---

[1] M. Sébastien Wyse fut appelé à l'Équateur en 1839. On lui doit une carte topographique du pays et plusieurs traités scientifiques très estimés.

mi, lui enseigna en ce temps les hautes mathématiques. Il avouait aussi que son élève le stupéfiait par la facilité avec laquelle il faisait les calculs les plus longs et les plus compliqués. Pendant que ce savant distingué cherchait la solution d'un problème au moyen des règles ordinaires, don Gabriel, par des méthodes personnelles et les ressources de sa prodigieuse mémoire, arrivait au résultat bien avant le maître.

Toutefois, même avec des aptitudes exceptionnelles, il est impossible de mener de front des études si nombreuses et si variées sans se livrer à un travail excessif. Don Gabriel vivait comme un reclus au milieu de ses livres : pour lui ni fêtes, ni congés, ni sociétés, ni plaisirs d'aucune sorte. Il se reposait d'un travail plus sérieux par l'étude des langues étrangères, le français, l'anglais, l'italien, qu'il parlait avec aisance ; s'il se délassait avec quelques amis, c'était en commentant au milieu d'eux quelque ouvrage nouveau de littérature ou d'histoire [1]. La nuit, quand la ville entière était endormie, il veillait, à la clarté d'une pauvre lampe, courbé sur un volume de philosophie ou d'algèbre. Vaincu enfin par la fatigue, il enlevait de son lit matelas et couvertures et se couchait tout habillé sur les planches, pour ne pas s'exposer à prolonger son sommeil au delà des limites qu'il s'était fixées. A trois heures du matin il était debout et à l'œuvre. Si ses paupières se fermaient malgré lui, il se lavait le visage ou passait de longues heures les pieds dans l'eau froide pour réveiller ses sens engourdis. Ces excès longtemps prolongés lui occasionnèrent des maux d'yeux, des névroses et d'autres désordres graves, dont il ne se débarrassa que par les traitements les plus douloureux. Nobles excès que la raison condamne sans doute, mais qu'on ne peut s'empêcher d'admirer, surtout quand on rapproche ces nuits de travail, ces nuits fécondes, de ces nuits infâmes où tant de jeunes gens

---

[1] Dans ses lectures en commun, ses compagnons eurent bien souvent l'occasion de constater sa vaste érudition et la sûreté de sa mémoire. Il s'inscrivit un jour en faux contre une citation de Tacite par M. Nettement, et rétablit de mémoire ce qu'il disait être le vrai texte de l'historien romain. On ouvrit un Tacite et l'on vit non sans ébahissement, qu'il avait raison.

usent leurs forces et abêtissent leur âme dans l'orgie et la débauche !

Naturellement, avec de tels efforts, don Gabriel obtint dans tous ses cours des succès hors ligne. Son nom acquit une véritable célébrité dans la ville de Quito. Les professeurs le désignaient de préférence pour soutenir les thèses publiques, de sorte qu'on eut l'occasion à diverses reprises de remarquer l'étendue de son savoir, l'inflexible logique de ses raisonnements, la finesse et la vivacité de ses reparties, et surtout son laconisme incisif et pénétrant, fidèle expression de son caractère. Pour ses maîtres comme pour le public, il fut dès lors bien établi que dans n'importe quelle carrière, ce jeune homme arriverait prochainement à jouer le premier rôle.

CHAPITRE III.

L'AVOCAT.

1840-1845.

Avant d'aborder les études spéciales, don Gabriel dut penser au choix définitif d'un état de vie. Ses sentiments religieux n'avaient subi aucune altération depuis son entrée dans la carrière ecclésiastique ; mais son caractère, ses aptitudes, ses pressentiments, les conseils de ses maîtres et de ses amis, le poussaient vers un poste plus militant. L'avenir nous montrera que Dieu l'avait créé, non pour être prêtre, mais pour escorter le prêtre, l'épée à la main, c'est-à-dire pour être l'évêque du dehors, selon la belle expression de l'empereur Constantin. Garcia Moreno ne devinait point encore cette mission ; il s'y prépara néanmoins en se décidant à suivre le cours de droit, comme acheminement à la vie publique.

Malheureusement, de nos jours, étudier le droit, c'est souvent désapprendre les notions du vrai et du juste, surtout quand il s'agit du droit social, politique et religieux. La Déclaration des droits de l'homme a purement et simplement biffé de nos codes les droits de Dieu, de l'Église, de la famille, principes fondamentaux de la société, pour concentrer tous les pouvoirs dans les mains du dieu-État. En conséquence, dans les universités sécularisées par la Révolution, on a supprimé les chaires de droit naturel et de droit canonique comme n'ayant plus d'objet. Rien de plus logique, car si le peuple est l'unique souverain, il est aussi l'unique législateur, et le droit se trouve tout entier dans le Bulletin des lois ; le droit naturel devient une fiction, et le *Corpus juris* un anachronisme. De là cette race d'avocats ignorants et impies qui, dans les deux mondes, oppriment l'Église et la société au nom d'une légalité absurde et souvent infâme.

Pour un jeune homme désarmé, l'étude du droit n'est aujourd'hui que l'apprentissage systématique de la tyrannie.

Quand don Gabriel prit ses inscriptions à l'Université de Quito, la Révolution triomphante avait détrôné l'Espagne. Elle enseignait à l'Équateur comme partout la suprématie absolue de l'État. Dans les rapports de l'Église avec le pouvoir temporel, elle investissait la république des franchises et privilèges accordés autrefois aux rois d'Espagne sous le nom de patronat royal, prétention évidemment schismatique, qu'aggravaient encore d'autres usurpations calquées sur nos articles organiques, par exemple le recours comme d'abus devant les tribunaux séculiers.

Un jeune homme de vingt ans, même aussi chrétien que don Gabriel, se soustrait difficilement à l'infection de ces doctrines corruptrices. Sans doute le bon sens naturel éclairé par la foi proteste instinctivement contre cette servitude de l'Église ; mais comment réagir à cet âge contre l'autorité des auteurs, l'ascendant des maîtres, les institutions et la législation du pays? Avec son esprit investigateur, don Gabriel comprit vite qu'il y avait là des mystères à élucider, des compétitions à concilier. Toutefois, ne se sentant pas de force à débrouiller des questions aussi ardues, il fit comme tout le monde : il accepta les textes officiels sans se mettre beaucoup en peine de les confronter avec les lois de l'éternelle justice.

Réduite à ces proportions, l'étude du droit n'est plus qu'une affaire d'emmagasinage : il s'agit de se bourrer la tête d'une formidable nomenclature de titres, de chapitres et d'articles. Don Gabriel n'eut qu'à mettre à contribution son incomparable mémoire pour éclipser tous ses rivaux ; encore réservait-il le meilleur de son temps à ses études favorites.

Ce qui caractérisa cette période de sa vie, ce fut le développement progressif de l'énergie morale dont il avait déjà donné tant de preuves. L'étudiant comprenait que, pour être un vrai justicier au milieu du monde, un jurisconsulte ne suffisait pas; qu'il fallait un Bayard, un chevalier sans peur et sans reproche, décidé à briser toute opposition et toute insurrection pour arriver au triomphe du droit. Aussi travaillait-il à devenir cet homme de fer, dont parle Horace, qui ne broncherait pas même devant l'écroulement d'un monde.

Don Gabriel était alors un jeune homme accompli. De haute taille, d'une figure régulière et expressive, son âme se peignait dans sa physionomie. On voyait briller dans ses grands yeux noirs la flamme de son intelligence, et sur son large front une franchise et une loyauté qui lui gagnaient tous les cœurs. Ses brillants succès, son caractère ouvert, expansif même dans les conversations intimes, le faisaien naturellement rechercher de la société. Jusque-là son idole, je veux dire la science, l'avait écarté des salons. S'il y paraissait quelquefois, c'était pour lier conversation avec les livres étalés sur la table, dont il feuilletait avidement les pages tout en répondant aux interpellations qui lui étaient adressées. Mais vers ce temps, soit lassitude d'esprit, soit diminution de ferveur, soit entraînement naturel à son âge, on s'aperçut qu'il prenait goût aux réunions plus ou moins mondaines et sacrifiait moins à ses chers livres. A Quito comme à Guayaquil, on ne trouve ni cafés ni théâtres, excepté quand une troupe d'infortunés comédiens, chassée de partout, se décide à escalader les montagnes pour dresser ses tréteaux dans la capitale durant quelques semaines ; on passe les soirées au salon à dire ces mille riens spirituels qui font couler de longues heures sans qu'on s'en aperçoive. Invité partout, choyé de tous, don Gabriel se laissa prendre au charme des doux amusements, et le sauvage finit par s'apprivoiser. Il le voyait, il se reprochait ces heures perdues ; mais une fois dans les liens du monde, comment les briser ?

Pour couper court à toute tergiversation, l'étudiant prit une résolution héroïque : il se fit raser la tête comme un moine et s'enferma chez lui durant six semaines sans donner signe de vie. Rien de plus radical ni de plus efficace pour rompre une habitude. Mentor jeta Télémaque à la mer pour l'arracher à une enchanteresse : don Gabriel fut à lui-même son Mentor. On peut le qualifier d'original, on ne lui refusera pas la virilité de l'âme. Avis à ces jurisconsultes en herbe, moins assidus aux cours de droit qu'aux bals de barrières, aujourd'hui étudiants sans livres et demain avocats sans causes !

Fort contre lui-même, don Gabriel n'était pas moins intrépide quand il s'agissait de tenir tête à un adversaire. Chez lui l'énergie dégénérait alors en audace et quelquefois en violence. Un jeune officier l'apprit un jour à ses dépens. Dans une discussion avec l'étudiant il s'emporta jusqu'à le provoquer en duel. Oubliant son devoir de catholique, l'étudiant releva le gant, et l'on prit jour pour une rencontre. Mais l'officier, trop prudent, conta l'affaire à son colonel qui tout naturellement le consigna à la caserne, la loi interdisant le duel sous les peines les plus sévères. Au jour et à l'heure convenus, don Gabriel se rendit sur le terrain ; à sa grande surprise, l'adversaire si prompt à le défier ne parut point. Évidemment il s'était fait interner pour n'avoir point à combattre l'étudiant furieux courut à la caserne, le traita de lâche, et, dans l'exaspération de sa colère, lui appliqua un vigoureux soufflet ; puis, il quitta la place, laissant le bravache à ses réflexions. On applaudit à cet acte de violence ; mais l'emportement n'est pas de la force, pas plus que le faux point d'honneur n'est de la dignité. Don Gabriel le savait mieux que tout autre ; il avouait que s'il est beau de ne pas craindre l'homme, c'est une folie de ne pas craindre Dieu.

Il voulait arriver à cette intrépidité que rien n'émeut, pas même l'imminence d'un péril grave, pas même la subite apparition de la mort. Et comme la nature, en pareil cas, excite dans l'âme des impressions instinctives dont la volonté n'est pas maîtresse, il essayait de se raidir contre ces mouvements indélibérés en se familiarisant avec le danger. Un jour qu'il se promenait à la campagne un livre à la main, il se trouva en face d'un énorme rocher qui formait une voûte naturelle sous laquelle les rayons du soleil ne pouvaient pénétrer. Profitant de cet abri pour prendre un instant de repos sans discontinuer sa lecture, il s'aperçut tout à coup que ce bloc gigantesque, suspendu au-dessus de sa tête, était presque entièrement détaché de sa base et pouvait à la moindre commotion le broyer dans sa chute. Mû comme par un ressort, il s'élança d'un bond hors de cette dangereuse caverne. Mais aussitôt, rougissant d'avoir cédé à la peur, il retourna s'asseoir sous la roche branlante et y demeura durant une heure. Plusieurs jours consécutifs, afin d'assujettir l'instinct à la volonté, il revint faire sa lecture au même endroit. Évidemment un homme de cette trempe ne reculera pas devant le poignard d'un bravo ni la fureur d'une assemblée.

L'expédition qu'il entreprit en 1845, de concert avec le docteur Wyse, peut-être la plus aventureuse qu'on ait jamais risquée par amour de la science, témoignera mieux encore de son audace. Il s'agissait d'explorer l'intérieur du Pichincha, le terrible volcan dont les éruptions ont fait plusieurs fois de la ville de Quito un monceau de ruines.

Vue du Pichincha.

En suivant un chemin plein de détours pour éviter les profonds ravins qui sillonnent les flancs de la montagne, ils arrivèrent après deux jours de marche à une altitude d'environ quatre mille cinq cents mètres, en face du cratère. L'immense cavité du volcan présente deux orifices semblables à deux entonnoirs, l'un à l'est, l'autre à l'ouest. Ils descendirent d'abord dans le cratère oriental, chargés de leurs instruments et accompagnés du seul indien qui eût osé les suivre, puis ils s'enfoncèrent dans le cratère occidental jusqu'à une profondeur de quatre cent quinze mètres. Ensevelis vivants dans ces abîmes, ils y passèrent plusieurs jours, au milieu de quartiers de roche mesurant jusqu'à quatre mètres de côté, et de soixante-dix soupiraux d'où s'échappait une fumée assez chaude pour brûler, assez épaisse pour asphyxier. Ces énormes rochers noircis par le temps, l'obscurité des cratères dans lesquels les rayons du soleil ne pénètrent que cinq ou six heures par jour, ces bouches volcaniques lançant des colonnes de fumée d'un gouffre de sept cent cinquante mètres de profondeur, le sifflement que produisent les gaz en s'échappant des cheminées, semblable à celui qui jaillit de la soupape d'une machine à vapeur, tout donnait à ces cavernes un aspect mystérieux et terrible.

Après quatre jours d'exploration, ils quittèrent le fond du cratère occidental, mais l'ascension se fit péniblement à cause d'un brouillard très épais qui les empêchait de voir à dix pas devant eux. Pour comble de malheur, la pluie ne cessa de tomber durant toute la journée. A un moment donné, Garcia Moreno et l'indien échappèrent à la mort comme par miracle. Ils montaient un ravin et changeaient de direction lorsqu'un coup de tonnerre épouvantable retentit dans la hauteur, et aussitôt une nuée de gros projectiles s'abattit avec un fracas et un sifflement horribles à deux mètres de leurs têtes. Quelques pas de plus, et l'avalanche les emportait au fond du gouffre.

Vers cinq heures du soir, trempés par la pluie, brisés de fatigue et couverts de blessures, ils atteignirent le fond du cratère oriental. Force leur fut cependant de passer encore la nuit au fond du volcan, car leurs jambes endolories et engourdies refusaient de les porter. Ils prirent un peu de glace pour leur souper; puis blottis derrière un rocher, la tête entre les genoux à la mode des indiens, ils essayèrent de dormir. Au point du jour, lorsqu'ils se remirent en route, ils éprouvaient une telle difficulté à se mouvoir qu'ils crurent leurs membres paralysés et comme pétrifiés. Garcia Moreno courut encore à ce moment un grand danger. Tandis qu'il montait un plan très incliné, le pied lui manqua, et il glissa sur le dos la longueur de dix mètres, jusqu'à la rencontre d'une pierre contre laquelle il vint heurter. Enfin, après des fatigues et des peines inouïes, ils arrivèrent vers neuf heures au sommet du volcan [1].

Au milieu de ces distractions scientifiques et des luttes politiques auxquelles son nom était déjà mêlé, don Gabriel avait achevé ses quatre années de droit, conquis à vingt-trois ans le grade de docteur, et commencé son stage au barreau sous la direction du savant jurisconsulte Joachim Henriquez. On connaîtra le jugement que portaient alors sur Garcia Moreno les hommes les plus compétents, et le prestige dont il jouissait à Quito, par le certificat qu'Henriquez signa de sa main le jour où son pupille, après quelques années de jurisprudence pratique, fut reçu dans l'ordre des avocats. Mettant en relief ses talents, déjà de notoriété publique, il s'exprime ainsi : « Ses conférences ne se bornent point à élucider une thèse ou à démontrer par de bonnes raisons les questions qu'il a entrepris de prouver : son rare jugement lui fait mettre le doigt sur toutes les réformes à introduire dans nos codes pour améliorer la procédure et arriver à une plus parfaite équité dans les arrêts. Sa constante application à étudier la jurisprudence, son tact exquis du bien et du juste, en font un maître distingué dans sa profession, un jurisconsulte éminent à qui l'on peut confier sans crainte le soin de défendre la propriété, l'honneur et la vie de ses semblables. En outre, chacun sait que Gabriel Garcia Moreno possède des connaissances très étendues en littérature et surtout des vertus très rares dont la République a le plus grand besoin. Le bien général, le progrès, la gloire de l'Équateur, voilà les idoles de ce noble cœur, et c'est à ces grands objets qu'il a consacré jusqu'aujourd'hui ses travaux et ses efforts. »

Garcia Moreno exerça peu ses fonctions d'avocat : à la date de ce certificat si plein d'éloges, les affaires publiques absorbaient déjà son attention. Jamais cependant, il ne refusa

---

[1] Le compte-rendu de cette exploration, signé Sébastien Wyse et Garcia Moreno, publié par l'*Equatoriano* de Quito, puis par les *Nouvelles Annales des voyages*, fut communiqué à l'Académie des sciences, le 6 juillet 1846. On le retrouve dans les *Lectures Géographiques* de C. Raffy, 1867. Laissant de côté la partie scientifique, qui est très remarquable, nous y avons puisé les détails qui intéressent l'historien.

d'aider le pauvre qui réclamait son appui, et c'est ainsi que le plus grand nombre de ses clients furent des malheureux dont il se constitua gratuitement le défenseur. La charité fut toujours sa vertu favorite : nous en citerons plus tard des traits sublimes.

Exemptes du verbiage ordinaire aux avocats, ses plaidoiries se distinguaient par leur clarté, leur concision, la vigueur du raisonnement et la fermeté des conclusions. Il pensait que l'orateur du barreau n'a pas pour mission d'embrouiller les causes, mais de les éclaircir. Il n'avait pas à surprendre la bonne foi du juge, estimant assez la profession de l'avocat pour ne point la prostituer à la défense de l'injustice. Jamais il n'eût consenti à plaider une cause mauvaise ou simplement suspecte c'était chez lui une répugnance invincible. Le président du tribunal voulant un jour lui imposer d'office la défense d'un assassin notoire, il refusa net et se tira d'affaire par cette boutade : « Soyez sûr, monsieur le président, qu'il me serait plus facile d'assassiner que de défendre un assassin. » Il éconduisit de la même manière un espagnol, procureur des procès nationaux, qui, connaissant son grand talent, voulut le charger d'une affaire embrouillée et peu délicate. Après avoir examiné le dossier, don Gabriel refusa son concours, malgré les instances de son client, qui plaida quand même et perdit son procès. Le lendemain de sa déconfiture, il exhalait son mécontentement devant Garcia Moreno « Si j'ai perdu mon procès, c'est votre faute! lui disait-il avec animation. — Vous l'avez perdu parce que votre cause était mauvaise, répondit l'avocat. — N'importe, ajouta l'espagnol, vous l'auriez rendue bonne, si vous l'aviez défendue. »

Avant d'entrer avec lui dans l'arène politique, jetons un dernier coup d'œil sur sa vie intime. Depuis longtemps son esprit transcendant, sa conduite irréprochable, et le brillant avenir qui se dessinait devant lui, avaient fait oublier son humble situation de fortune. Il lui était certainement permis d'aspirer à une alliance honorable dans les familles distinguées de Quito. Ses amis le lui disaient souvent; lui seul avait l'air de n'y pas penser.

Or, dans les premiers mois de 1846, il voyageait un jour

à travers les montagnes pour se rendre à Guayaquil avec un de ses plus intimes amis. La nuit venue, ils s'arrêtèrent dans un *tambo*, espèce de hutte où l'on recueille les voyageurs. L'ami dormait profondément, quand tout à coup don Gabriel le réveille en sursaut et lui dit très sérieusement « Sais-tu qu'il y a deux heures j'ai contracté mariage? » Son compagnon lui demanda s'il avait le cauchemar. « Je te dis la vérité, reprit-il : j'ai laissé ma procuration en quittant la ville, et voilà deux heures que le contrat est signé. » Il avait conduit cette affaire, comme toutes les choses graves dont il s'occupait, sans laisser soupçonner ses intentions même à son meilleur ami.

Il épousait la senora Rosa Ascasubi, noble dame dont les ancêtres avaient été mêlés aux luttes de l'Indépendance. Ses deux frères, Manuel et Robert, vivaient en parfaite communauté de sentiments avec Garcia Moreno. Ils aimaient en lui l'ardent patriote, l'homme d'action qui deviendrait au besoin un chef de parti. Outre les biens de la fortune, la senora Rosa lui apportait beaucoup d'esprit et de dignité, et une parfaite conformité d'idées et de caractère avec l'homme dont elle allait partager les destinées. Jamais union n'eût été plus heureuse si les orages de la vie publique n'avaient bien vite troublé les joies intimes du foyer.

Mais, à cette date, Garcia Moreno avait déjà le pressentiment du rôle important que les circonstances et son amour du bien public allaient lui imposer. A ses amis qui le pressaient d'écrire l'histoire de l'Équateur, il répondit en souriant : « Il vaut mieux la faire. » En effet, son histoire va désormais se confondre avec celle de son pays. Toutefois, pour la comprendre et pour la juger, il est nécessaire de jeter un coup d'œil rétrospectif sur l'Équateur et ses vicissitudes politiques depuis les guerres de l'indépendance jusqu'à la première révolution à laquelle prit part Garcia Moreno.

CHAPITRE IV.

LE PRÉSIDENT FLORÈS.

1830-1845.

De grands évènements avaient bouleversé l'Amérique méridionale pendant la première moitié du dix-neuvième siècle. Après la lutte victorieuse des États-Unis contre l'Angleterre et la proclamation des Droits de l'homme par la Révolution française, on ne parla plus dans les colonies espagnoles que d'émancipation et d'indépendance. Plusieurs tentatives d'insurrection eurent lieu dès les premières années du siècle, mais sans succès. Pour triompher des armées de l'Espagne, il fallait un homme de la taille des Alexandre et des Napoléon : l'Amérique vit surgir tout à coup l'incomparable Bolivar.

Au nom de la souveraineté du peuple, Simon Bolivar jura de délivrer sa patrie de ceux qu'il appelait « les tyrans espagnols. » Il tint parole. Sous le nom de *Libérateur*, que lui donnèrent ses compatriotes, à la tête d'une véritable armée de géants, il franchit les fleuves, les vallées, les montagnes, poussant devant lui les soldats de l'Espagne qui se défendirent avec l'énergie du désespoir. Après douze années de combats incessants, maître absolu du Venezuela, de la Nouvelle-Grenade et de l'Équateur, il forma de ces trois États la grande République de Colombie dont il fut nommé président. Mais cette conquête ne suffisait pas au zèle du Libérateur. En 1822, il reprit sa formidable épée, chassa les Espagnols du Pérou, fonda la République de Bolivie, et ne s'arrêta qu'après avoir vu le dernier ennemi quitter le sol américain. Alors, en 1825, debout sur le sommet du Potosi, prenant en main l'étendard de la Colombie, il rappela aux vieux grenadiers qui l'entouraient leurs mémorables victoires. « Nous avons jeté par terre, s'écria-t-il, l'édifice de la tyrannie. Nous avons affranchi des millions d'esclaves. Les pieds sur cette montagne d'argent, dont les veines inépuisables ont rempli durant trois siècles le trésor espagnol, je déclare qu'à mes yeux tous ces biens sont un pur néant si je les compare à l'honneur d'avoir arboré l'étendard de la liberté des plages brûlantes de l'Orénoque au sommet du Potosi, la merveille de l'univers. »

Bolivar était sincère, mais il apprit bientôt à ses dépens que l'étendard de la liberté, dans les mains de la Révolution, n'est que le sombre drapeau d'un despotisme mille fois plus lourd que celui des rois. Pendant qu'il affranchissait le Pérou, la grande république colombienne sombrait dans un abîme de maux. Un parlement composé de Voltairiens et de francs-maçons, au nom de la souveraineté de la nation, opprimait le pays, réduisait l'Église en servitude, substituait à l'enseignement catholique un enseignement impie, et ruinait le peuple en l'écrasant d'impôts. On en était venu à craindre une nouvelle session parlementaire plus qu'un ouragan ou un tremblement de terre. Bolivar accourut aux cris des opprimés, mais les patriotes francs-maçons lui opposèrent son principe de la souveraineté nationale, l'accusèrent de tyrannie, et le forcèrent à quitter le pouvoir. Victime de son faux libéralisme, il abandonna la présidence et résuma d'un mot l'histoire de ces vingt années : « Concitoyens, nous avons conquis l'indépendance ; mais je vous le dis, le rouge au front, nous avons perdu tous les autres biens. » Son malheur fut d'ignorer qu'il n'y a pas d'autre souveraineté que celle de Dieu et de son Église, et qu'un parlement sans Dieu n'est pas autre chose que le despotisme du nombre substitué au despotisme d'un seul. Moins heureux qu'Alexandre, Bolivar assista de son vivant au démembrement de la grande République, dont ses officiers se partagèrent les tronçons. Abreuvé de chagrins, il mourut peu de temps après, le 17 décembre 1830, au moment où il s'apprêtait à passer en Europe. En guise de testament, il laissa aux américains cette prédiction : « L'Amérique est ingouvernable. Travailler sur ce peuple, c'est labourer sur les flots. Ce pays va tomber sous les coups d'une populace sans frein, et passer ensuite aux mains d'imperceptibles rongeurs qui le dévoreront sans pitié comme sans vergogne. » L'horoscope se vérifiera jusqu'au jour où paraîtra le vrai libérateur, l'homme assez fort pour chasser les révolutionnaires, assez chrétien pour remplacer la souveraineté du peuple par la souveraineté du Christ, et les droits de l'homme par les droits de Dieu.

La République de l'Équateur naquit du démembrement de la Colombie, cette brillante mais éphémère création du génie de Bolivar. Entre la Nouvelle-Grenade au Nord et le Pérou au Sud, elle comprenait les trois grands départements de Quito, de Cuenca et de Guayaquil, et s'étendait au delà des Cordillères, dans la région sauvage encore, jusqu'aux frontières du Brésil. La jeune République se donna Quito pour capitale, et pour président, le général Florès, un des brillants officiers de Bolivar. D'après la Constitution, calquée sur la charte ultra-libérale de la défunte Colombie, la présidence ne devait durer que quatre ans.

Florès aimait la gloire, mais aussi le plaisir. On l'accusa bientôt de se procurer de l'argent par des spéculations inavouables et de ruiner le pays pour entretenir une armée dont il faisait sa garde. Un des patriotes mécontents, Rocafuerte, souleva la population contre lui, mais Florès écrasa les insurgés et sut gagner les bonnes grâces de l'ambitieux Rocafuerte en le nommant gouverneur de Guayaquil. Les quatre ans révolus, il le porta même, en pesant sur les électeurs, à la présidence de la République, sûr de remonter au fauteuil après lui.

Les patriotes, exaspérés, essayèrent quelques soulèvements partiels, mais Rocafuerte avait la main ferme il exila les uns et fusilla les autres. Ennemi de la religion et du clergé, il sécularisa l'Université, travailla de toutes ses forces à laïciser les écoles, et même essaya d'introduire le protestantisme à l'Équateur par des machinations indignes de son caractère. A l'expiration de son pouvoir, il céda sa place à Florès et reprit tranquillement son poste à Guayaquil en attendant un nouveau mandat présidentiel.

Mais cette fois il fut trompé dans son attente. Bien que détesté des patriotes, Florès se trouvait bien au fauteuil. En 1843, sous prétexte de créer un gouvernement fort, il convoqua une Convention composée de ses créatures, qui modifia la constitution, le nomma président pour huit ans et l'investit d'un pouvoir presque absolu. Impossible de décrire l'exaltation du peuple à la nouvelle de ce coup d'État. Rocafuerte dénonça la « charte d'esclavage, et demanda la mise en accusation du président.

Et cependant, Florès eût peut-être triomphé de cette formidable opposition, si la Convention n'eût ajouté aux vio-

Vue de Quito.

lences politiques de véritables attentats contre la religion du pays.

Avec de grands airs d'orthodoxie, les députés glissèrent dans la constitution un article stipulant que « la religion de l'État est la religion catholique, apostolique et romaine, à l'exclusion de tout autre culte *public*. » On ouvrait ainsi la porte aux juifs et aux protestants, qui formeraient d'abord des réunions *privées* sous prétexte que le culte public seul était interdit, sauf à demander, après le recrutement d'un certain nombre d'adeptes, l'autorisation d'ériger un temple ou une synagogue, autorisation qu'on ne pourrait plus leur refuser. Ainsi s'implantait dans un pays où n'existait pas un seul dissident, le germe des divisions et des haines religieuses. Bientôt ces conventionnels, si pressés d'accorder aux faux cultes des licences que personne ne réclamait, affichèrent leur intolérance envers le clergé catholique en excluant tous ses membres de la représentation nationale. Ouvertes aux fonctionnaires de tout ordre, les chambres étaient fermées aux prêtres et aux évêques, traités en véritables parias.

Le gouvernement allait apprendre à ses dépens qu'on ne violente pas impunément la conscience d'un peuple dont la foi, pure du venin libéral, n'est point paralysée par cette fatale léthargie qu'on appelle l'indifférence. L'Équatorien aime son Église, ses prêtres, ses religieux, son culte, ses cérémonies saintes. Il déteste le judaïsme qui crucifie Jésus-Christ et l'hérésie qui déchire le sein de l'Église. On a beau lui vanter hypocritement les bienfaits de la tolérance : le vieux sang espagnol bouillonne à la pensée que les autels de Baal viendraient souiller ces nobles montagnes où jusqu'ici le catholicisme a brillé sans ombre, comme ce splendide soleil qui resplendit sans nuages au-dessus de ses temples. Et voici que, non content de favoriser les faux cultes, le gouvernement ne reculait pas devant l'ostracisme des ministres du vrai Dieu ! Le peuple tout entier, prêtres et laïques, répondit à cet acte insensé par une protestation solennelle contre la constitution. Comme il fallait grouper toutes ces volontés, impuissantes quand elles restent isolées, terribles si l'on parvient à les réunir en faisceau, des sociétés patriotiques se formèrent dans les grandes cités pour organiser la résistance. Les unes réunissaient les citoyens influents, officiers, avocats, négociants, propriétaires, tous hommes de bon conseil. Les autres se composaient plus spécialement de jeunes gens aptes aux coups de main, parmi lesquels on ne sera pas surpris de retrouver notre Garcia Moreno.

Agé de vingt-trois ans à cette époque, il achevait son

cours de droit. Depuis longtemps, uni de cœur et d'âme avec les patriotes contre la tyrannie, il avait espéré voir la jeune république de l'Équateur s'établir et prospérer à l'ombre de la religion, de la justice, de la science et des arts, sous un gouvernement honnête, laborieux, dévoué au bien public. Comment aurait-il pu rester indifférent devant la force écrasant la religion et la justice ? Il se dit que si la force a sa raison d'être, elle doit sauver le peuple, non l'opprimer ; défendre la religion, cette clef de voûte de la société, non la détruire. Depuis quelques années il faisait partie d'un cercle littéraire composé de jeunes gens de talent et d'avenir, tels que le docteur Carvajal, le docteur Nicolas Martinez, etc., dont la plupart s'unirent à lui d'étroite amitié et devinrent plus tard ses appuis et ses collaborateurs dans sa grande œuvre de restauration sociale. Naturellement à leur tête par son éloquence, son esprit de suite, son caractère décidé, il ne manquait pas une occasion de les exciter à la lutte en mettant sous leurs yeux les erreurs et les fautes du gouvernement. Au lieu d'exercices académiques, il leur commentait avec sa véhémence ordinaire des articles de *La Lanterne magique*, publication incendiaire qui tous les jours jetait feu et flamme contre le général Florès et ses partisans. Ainsi transformée par son influence en club d'opposition politique, la *Société Philanthropique Littéraire*, c'était le nom du cercle des jeunes gens, ne tarda pas à porter ombrage au pouvoir et dut même disparaître pour ne pas trop éveiller ses défiances.

La résistance s'ouvrit par une protestation du clergé contre la situation que faisaient à l'Eglise les décrets de la convention. Au nom de la religion catholique et de la dignité de ses ministres, on réclamait à la fois l'abrogation de l'article relatif à la tolérance des cultes et l'éligibilité pour le prêtre comme pour tout autre citoyen. La convention répondit par une fin de non-recevoir, « attendu que l'Inquisition était abolie, que la liberté ne compromettait en aucune manière les intérêts de l'Église catholique bien compris, » et autres rengaînes à l'usage des francs-maçons au pouvoir. Quant à l'exclusion du clergé des chambres législatives, « la convention avait agi dans la plénitude de son droit, et personne n'avait qualité pour faire la leçon au peuple souverain. »

Cette déclaration déchaîna la tempête dans tout le pays. Des bandes parcoururent les rues en criant : « Vive la religion ! A bas la constitution ! » Au lieu de se rendre aux vœux de la nation, le gouvernement mit au jour un ukase présidentiel enjoignant à tous les fonctionnaires civils, militaires, ecclésiastiques, de prêter serment à la constitution maudite. Un grand nombre de laïques ignorants ou pusillanimes, et même certains membres du clergé partisans de la conciliation à outrance, prêtèrent le serment exigé ; mais la masse du clergé résista. Évêques, docteurs en théologie, professeurs, curés, déclarèrent le serment illicite et les décrets attentatoires aux droits imprescriptibles de l'Église, ce qui exaspéra les membres de la Convention. Pour avoir raison des réfractaires ecclésiastiques ou civils, ils les condamnèrent à la privation de leurs droits politiques, emplois ou bénéfices, et même à l'expulsion s'ils devenaient une cause de trouble pour l'ordre public. C'était la persécution de 93, moins l'échafaud.

C'était aussi la guerre civile. « Impossible, dit l'historien de l'Équateur[1], que la partie la plus éclairée de la nation se résignât à vivre sous cette loi d'esclavage, sans même que la presse bâillonnée pût faire entendre une plainte ; impossible que les curés et bénéficiers restassent indéfiniment privés de leurs emplois et de leurs biens pour avoir refusé de souscrire à une constitution réprouvée par leur conscience ; impossible que les assermentés ne conçussent pas de scrupules en présence de leurs frères plus timorés ; impossible que les peuples écrasés d'impôts, vexés et torturés de mille manières se contentassent toujours de pleurer et de gémir ; impossible enfin que les patriotes attendissent huit ans la fin de cette tyrannie, surtout avec la perspective de voir le dictateur s'éterniser au pouvoir. »

Aussi, dès que l'édit de proscription fut connu, le peuple se souleva en masse dans toutes les provinces. Comme le gouvernement, à bout de fonds, avait eu la malencontreuse idée de faire voter par les chambres un impôt de capitation de trois piastres, on poussa le cri de guerre « Vive la reli-

---

[1] Don P. Cevallos, *Historia del Ecuador*. V. 534.

gion! A bas les trois *pesos!* » Sur tous les points du territoire eurent lieu des escarmouches entre citoyens et soldats, préludes d'une insurrection générale. Pour lutter avec avantage contre les bataillons aguerris de Florès, il fallait trouver des chefs, de l'argent et des armes; les sociétés patriotiques se mirent à l'œuvre avec ardeur, s'efforçant par tous les moyens possibles de se ménager des intelligences dans les places fortes et de se procurer des engins de guerre.

On apprit un jour que le général Florès devait expédier une certaine quantité de fusils au gouverneur de Napo. Des troupes d'indiens étaient chargées d'exécuter ces transports. Garcia Moreno, suivi d'une escouade de jeunes patriotes, s'embusqua dans les montagnes, attendant la caravane et son chargement. Bientôt il vit arriver les naïfs indigènes qui firent halte pour prendre leur repas non loin de l'endroit où il était caché. Garcia Moreno s'approcha du groupe avec quelques-uns de ses compagnons et se mit à raconter des histoires jusqu'au moment où, sous l'influence de la fatigue et de la *chicha*[1], ses auditeurs s'endormirent d'un profond sommeil. A leur réveil, ils furent tout étonnés de ne retrouver ni leur joyeux narrateur, ni leur cargaison de fusils. Garcia Moreno les avait mis en lieu sûr.

Enfin toutes les mesures prises, la révolution éclata à Guayaquil, le 6 mars 1845, sous la direction du général Elizalde. Une partie de la garnison essaya de résister, mais les notables, les jeunes gens, les hommes du peuple assiégèrent les casernes et les forcèrent à capituler. Ce coup de main mit à la disposition des patriotes les troupes de la place, l'arsenal et les embarcations de guerre. Aussitôt tous les pères de famille, réunis en conseil, cassèrent les actes de la convention et prononcèrent la déchéance du président. Un gouvernement provisoire, composé de personnages éminents, Olmédo, Roca et Noboa, se chargea du pouvoir exécutif et fit un appel au peuple en vue de la lutte qui allait s'engager.

A la nouvelle de cette insurrection, Florès dirigea sur Guayaquil un corps d'armée qu'il fit camper dans son hacienda d'Elvira, près de Babahoyo. De là il expédia au gouverne-

---

[1] Bière du pays.

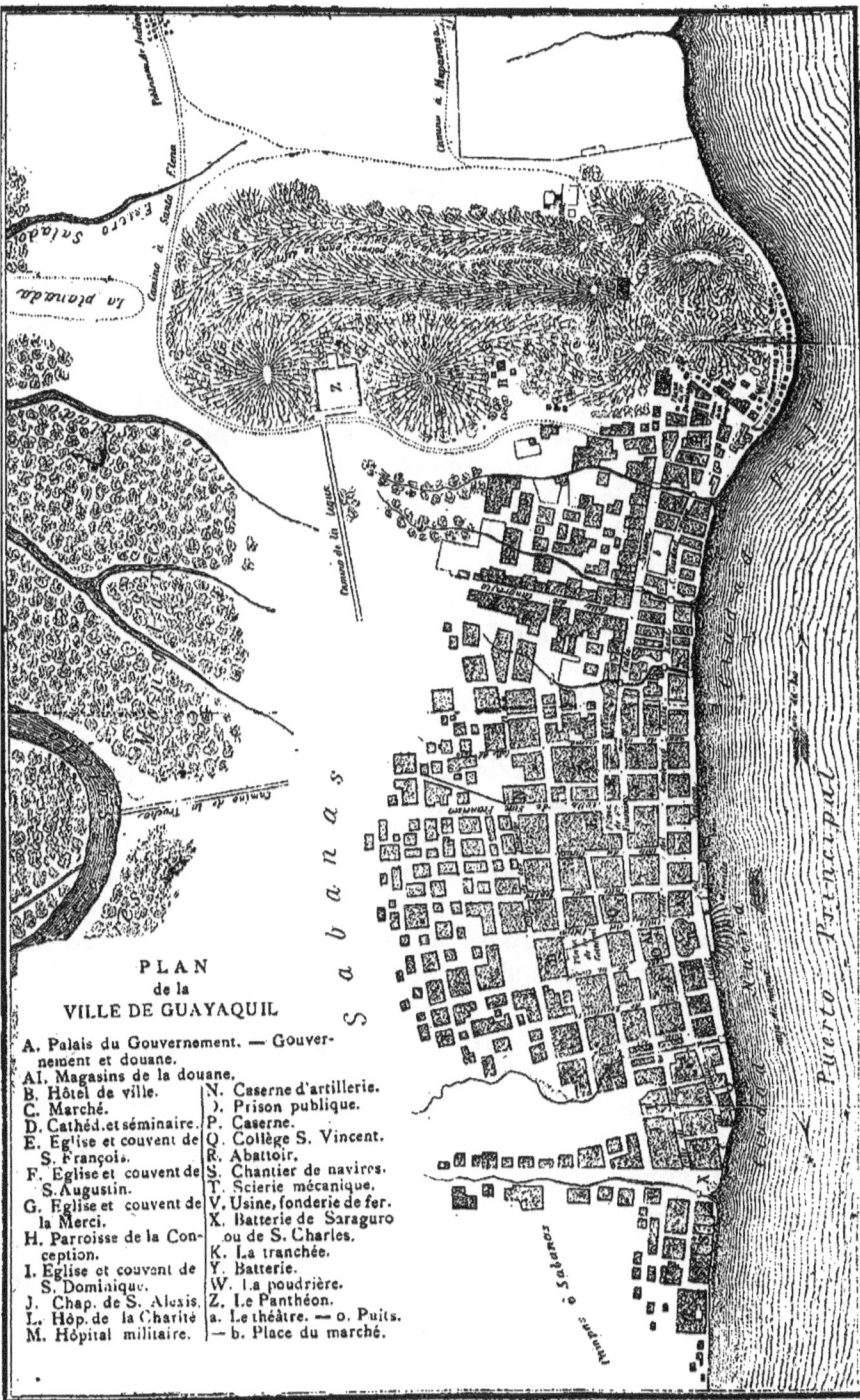

PLAN de la VILLE DE GUAYAQUIL

A. Palais du Gouvernement. — Gouvernement et douane.
AI. Magasins de la douane.
B. Hôtel de ville.
C. Marché.
D. Cathéd. et séminaire.
E. Eglise et couvent de S. François.
F. Eglise et couvent de S. Augustin.
G. Eglise et couvent de la Merci.
H. Parroisse de la Conception.
I. Eglise et couvent de S. Dominique.
J. Chap. de S. Alexis.
L. Hôp. de la Charité.
M. Hôpital militaire.
N. Caserne d'artillerie.
O. Prison publique.
P. Caserne.
Q. Collège S. Vincent.
R. Abattoir.
S. Chantier de navires.
T. Scierie mécanique.
V. Usine, fonderie de fer.
X. Batterie de Saraguro ou de S. Charles.
K. La tranchée.
Y. Batterie.
W. La poudrière.
Z. Le Panthéon.
a. Le théâtre. — o. Puits.
— b. Place du marché.

ment provisoire un projet d'arrangement ; mais on lui signifia que le seul moyen pour lui de mettre fin à la guerre civile, c'était de quitter le pays. Il se décida donc à fortifier l'Elvira, où deux assauts infructueux et sanglants lui furent livrés par les patriotes, ce qui donna lieu à de nouvelles explosions de haine et de vengeance. La lutte aurait pu se prolonger fort longtemps, si la révolution ne s'était propagée comme une traînée de poudre dans tout l'Équateur. Pendant que Florès tenait en échec les troupes de Guayaquil, derrière lui, à Loja, à Riobamba, à Cuenca, on arborait sur les places publiques et dans les casernes le drapeau du 6 mars. Les patriotes de Quito, enrôlés sous la bannière de José Maria Guerrero, soulevaient les provinces du nord. Garcia Moreno était du nombre de ces volontaires qui, après avoir battu les troupes du gouvernement à plusieurs reprises, forcèrent le pouvoir exécutif à quitter la capitale. Chaque jour apportait à Florès une nouvelle alarmante : les communications étaient interrompues, les troupes en révolte, les lettres interceptées par le peuple ; de sorte que, ne pouvant lutter contre l'armée et la nation, il prit le parti de capituler.

Le 17 juin 1845, après deux mois de guerre, le gouvernement provisoire conclut avec le général Florès le traité de la Virginia. Il fut arrêté que le nouveau gouvernement convoquerait immédiatement une convention pour régler les affaires de l'Équateur, et que l'ex-président passerait deux années en pays étranger, afin qu'en son absence on pût travailler librement à la réforme des institutions. A cette condition, on lui maintiendrait son titre de général en chef, ses dignités, ses propriétés, et la juste considération dont jouissait sa famille. Le 24 juin, monté sur le brigantin *Seis de Marzo*[1], en partance pour Panama, Florès put entendre les cris de joie mêlés aux salves d'artillerie qui saluaient le triomphe du droit sur le despotisme.

Garcia Moreno avait été l'un des principaux acteurs dans ce drame national. Frappé de l'ascendant qu'il exerçait sur tous, le gouvernement ne craignit point, après la victoire, de lui confier une mission bien délicate pour un jeune homme de

---

[1] *Le six mars.*

vingt-quatre ans. Comme il fallait, avant de les licencier, payer aux volontaires l'arriéré de leur solde et que le trésor était à sec, on eut recours à un impôt extraordinaire. Déjà écrasés sous le poids de leurs charges, les contribuables refusèrent de payer. Le gouvernement chargea Garcia Moreno du recouvrement de cette taxe. Celui-ci, par son sang-froid, sa ténacité, son indomptable énergie, triompha de toutes les clameurs et désarma toutes les oppositions. Il s'acquitta de cette ingrate et pénible besogne avec un désintéressement absolu, comptant pour rien les sacrifices personnels, pourvu que son pays sortît enfin de l'impasse où le despotisme l'avait acculé.

CHAPITRE V.

LE VENGEUR. »

La joie fut grande à l'Équateur quand on apprit le départ pour l'Europe du général Florès ; mais, hélas ! les patriotes apprirent bien vite que, depuis la révolution de 1789, si l'on change souvent de gouvernants, on ne change presque jamais de gouvernement. La majorité des députés mit au gouvernail le président Roca, un commerçant qui profita de son passage au pouvoir pour faire ses affaires et celles des députés qui l'avaient nommé. Dès son avènement, l'agiotage le plus effréné, le plus scandaleux, envahit toutes les branches de l'administration.

Il n'en fallait pas tant pour révolter Garcia Moreno, le rigide patriote que la moindre apparence d'injustice ou de corruption faisait bondir. Au mois d'avril 1846, quatre mois après l'élection, il lança dans le public un journal humoristique, *Le Fouet*, véritable fouet de Juvénal, dont il cingla chaque semaine ceux qu'il appelait les vendus, sans en excepter le président Roca. Il prit à tâche de flageller ces vampires qui s'attachent aux flancs des peuples sous prétexte de les représenter ou de gérer leurs intérêts, sans avoir d'autre souci que d'accaparer les emplois, de lancer des spéculations véreuses, et de se gorger d'or aux dépens de leurs mandataires. Trois mois durant, l'implacable pamphlétaire poursuivit ses exécutions. Les journaux du gouvernement tâchaient de panser les plaies des pauvres fonctionnaires, mais aussitôt le *Fouet* déchirait les bandages et ravivait les blessures. Le mécontentement allait croissant et tournait à l'aigu quand une échauffourée du général Florès arriva fort à propos pour rendre au gouvernement une certaine popularité, et fournir à Garcia Moreno l'occasion d'entreprendre une nouvelle campagne.

L'ex-président avait quitté l'Équateur, humilié mais non résigné. Vers 1846, se trouvant à la cour d'Espagne, où son prestige d'homme de guerre et d'homme d'État, son bel extérieur, sa conversation spirituelle, éblouissaient les grands et les princes, il conçut le dessein d'équiper une flottille et de reconquérir, avec quelques milliers de mercenaires un pouvoir dont il se croyait injustement dépossédé. La reine Christine lui ouvrit un crédit de dix millions pour armer des vaisseaux et recruter un corps de volontaires, à la condition, dit-on, que Florès accepterait pour chef de l'Équateur un prince espagnol dont il serait le premier ministre et le protecteur.

Malgré tous les soins que l'on prit pour tenir secrets les préparatifs de l'invasion, Roca en fut averti par des communications particulières. Du reste, les journaux annoncèrent bientôt que Florès avait acquis quatre vaisseaux de guerre, enrôlé cinq cents hommes en Irlande, sans compter les officiers et soldats embauchés en Espagne, et que, ses armements achevés, il ferait voile pour Guayaquil.

Ces nouvelles mirent en feu non seulement l'Équateur, mais toute l'Amérique méridionale, dont l'indépendance était menacée si l'Espagne parvenait à rétablir sa domination sur un point quelconque du continent américain. Toutefois, il ne manquait pas d'hommes à l'Équateur qui, par égoïsme, désiraient le retour de leur ancien patron et se montraient disposés à favoriser son expédition. Ils ne faisaient point mystère de leurs espérances, d'autant plus que le peuple, ignorant et indifférent, s'inquiétait assez peu de savoir s'il serait dépouillé par Roca ou par Florès. Dans de pareilles conjonctures, un hardi coup de main pouvait décider des destinées du pays.

Pendant que les patriotes se lamentaient, Garcia Moreno comprit qu'il fallait agir promptement et résolûment. La première chose à faire était de sacrifier tout ressentiment, de cesser toute opposition, et de prêter main forte au gouvernement dans une question où il s'agissait de l'existence même de la patrie. Il offrit donc généreusement ses services au président Roca, et, grâce à l'influence qu'il exerçait sur ses amis politiques, on ajourna toute récrimination pour aviser uniquement au salut de la nation. Comme il était impossible de résister à une invasion étrangère sans organiser un soulèvement général, une croisade patriotique, Garcia Moreno créa un nouveau journal, *Le Vengeur* [1], dont le programme fut un vrai coup de tocsin :

« Nous n'aurions pas pensé, dit-il, à mettre au jour cette nouvelle feuille, si le danger qui menace jusqu'à notre existence ne nous forçait d'élever la voix pour réveiller le peuple de son sommeil et le préparer à vaincre ou à mourir. L'abandonner dans sa léthargie sur le bord de l'abîme, ce serait une lâcheté et un crime. Le peuple dort, et le tyran s'approche. Le peuple dort, et une horde de flibustiers rapaces s'apprête à fondre sur le beau pays des Incas. Le peuple dort, et dans son sein d'exécrables traîtres ourdissent contre la patrie la plus scélérate des conspirations. Le peuple dort, et les bourreaux cherchent déjà les victimes pour les égorger. L'Amérique dort, et Florès tient dans ses mains les chaînes qui vont une fois encore nous river au despotisme espagnol.

« Que veut donc *Le Vengeur* ? — Réveiller par ses accents patriotiques tous les cœurs que la servitude n'a point flétris, défendre notre indépendance contre les ennemis de l'intérieur et du dehors, montrer aux républiques américaines qu'elles doivent se conféderer pour sauver leur existence et l'honneur national. Tel sera le cri du *Vengeur,* et nous espérons qu'il aura de l'écho dans toutes les poitrines républicaines. »

Ce premier article signale déjà le danger qui préoccupait surtout Garcia Moreno les ennemis de l'intérieur. Florès avait en effet de nombreux partisans, pour ne pas dire de complices, dans les commerçants qu'il avait enrichis, les fonctionnaires qu'il comblait jadis de ses faveurs, les officiers et soldats dont il autorisait ou du moins tolérait les déprédations ; en un mot, dans cette masse de viveurs qui attendaient son retour pour émarger au budget. *Le Vengeur* ne craignit pas de dénoncer à la vindicte publique ces hommes égoïstes qu'il appelait les « Janissaires » du tyran.

« Chose étrange, disait-il, l'expédition de Florès jette l'alarme dans tous les cœurs américains et en même temps comble

---

[1] *El Vengador.*

d'allégresse des citoyens de l'Équateur. Le contentement qu'ils éprouvent se peint malgré eux sur leur visage et met sur leurs lèvres un sourire infernal. Ces complices du vaincu de l'Elvira se délectent à l'avance du beau spectacle qu'ils vont avoir sous les yeux. Des campagnes dévastées, des populations affamées, des femmes en deuil poursuivies par de féroces envahisseurs, des poignards levés partout pour immoler les fils de la liberté voilà ce qui les fait tressaillir d'aise. Ils ont raison du reste : il leur fallait travailler pour vivre, et voici venir l'homme qui va les nourrir à rien faire. Périsse la patrie, pourvu qu'ils profitent de sa ruine !

« Équatoriens, ces janissaires de Florès sont ceux qui déjà ont souillé notre sol de cruautés capables d'épouvanter le bourreau lui-même ; ceux qui ont versé par torrents le sang de nos pères pour éterniser la servitude ; ceux qui, vaincus en 1845, n'ont pas cessé de compter sur des révolutions de casernes pour remonter au pouvoir. Ils supputent déjà les milliers de têtes qu'ils pourront abattre, ils stipendient les assassins qui préparent les voies au tyran, ils rient au spectacle de nos cités fumantes et de nos campagnes couvertes de cadavres !

« Pour vaincre, Florès compte bien moins sur ses bandits espagnols que sur ses janissaires de l'intérieur. Il sait qu'un traître caché fait plus de mal que cent ennemis luttant à découvert. Si donc nous voulons nous défendre, il faut attaquer d'abord ces satellites de l'envahisseur qui, en ce moment, ruinent l'ordre public, provoquent l'abandon des emplois et spéculent pour tout oser sur la vénalité des juges. Contre les pirates de Florès, nous avons l'enthousiasme populaire, l'énergie du gouvernement et la valeur de nos généraux ; contre les traîtres de l'intérieur, il faut au pouvoir exécutif assez de fermeté pour les consigner en lieu sûr.

« Le gouvernement tient du congrès les pouvoirs nécessaires pour sauver notre indépendance. S'il les juge insuffisants, qu'il fasse usage de ceux que la nécessité confère. C'est un axiome connu de tous que le salut du peuple est la loi suprême[1]. Des politiques à courte vue, des janissaires dégui-

---

[1] Salus populi suprema lex esto.

sés vous diront que la constitution est inviolable en toute circonstance et dans n'importe quel danger public, comme si la constitution, qui doit assurer la vie de la société, ne cessait pas d'obliger quand elle se transforme en lacet fatal qui l'étrangle. La constitution pour le peuple, et non le peuple pour la constitution ; la médecine pour le malade, et non le malade pour la médecine : voilà ma devise. Quel imbécile aimerait mieux mourir que de violer les ordonnances de nos modernes hippocrates? Le premier objet d'une constitution, c'est sans contredit de sauvegarder la nationalité, je veux dire l'existence d'un peuple. Donc, la constitution cesse d'exister quand elle devient impuissante à sauver la nation.

« Si nous étions le gouvernement, nous mettrions l'Océan entre les janissaires et nous, et, en cas de récidive, l'éternité. Nos conseils sont d'autant plus faciles à suivre, que peu d'Équatoriens se vantent d'appartenir à Florès. Qu'ils s'en aillent donc, emportant avec eux les malédictions de la patrie et le mépris de tous les siècles. Au surplus, ils ne doivent pas oublier que, si nous avons été cléments après la victoire, ils nous trouveront implacables au moment du danger. Nous présenterons nos poitrines aux balles de l'étranger, mais après avoir arraché le poignard des mains des fratricides.

« Et maintenant, union et courage ! Au lieu de nous terrifier, les rugissements du lion de Castille réveilleront notre ardeur. Les canons de l'Espagne ne prévaudront pas contre les lances américaines. Janissaires ! en dépit de vos malédictions et de vos sourires, le peuple se sauvera sans vous et contre vous. Nous jurons de défendre la patrie jusqu'à la dernière goutte de notre sang. Plutôt la mort que l'esclavage! »

Dans la composition de l'armée qu'il voulait opposer à Florès, le gouvernement, aveugle et indécis, semblait ne pas tenir compte de ce péril intérieur. Obéissant à des considérations de convenance ou d'amitié, il nommait aux différents commandements des chefs plus ou moins dévoués à l'ex-président. Garcia Moreno ne craignit pas de dénoncer cette fausse manœuvre comme une imprudence et une trahison

« Qu'attendez-vous donc de ces officiers? s'écriait-il. De la loyauté? ils vous en ont donné depuis trente-trois ans des preuves inoubliables. Vous devez attendre d'eux l'infidélité et la trahison le passé vous pronostique l'avenir. Pour les janissaires, il ne devrait y avoir que deux chemins : le chemin de l'exil ou celui de l'échafaud. »

Pendant que, soulevé par ces virulentes catilinaires, le peuple courait aux armes, Garcia Moreno suscitait à l'envahisseur des adversaires dans toutes les républiques américaines, et s'efforçait même d'intéresser les cours de l'Europe à la cause de l'Équateur. *Le Vengeur* lança ce projet de coalition dans une suite d'articles où la violence se combine très habilement avec toutes les finesses de la diplomatie.

« Sans doute, disait Garcia Moreno, nous devons fortifier Guayaquil, la clef de nos provinces ; mais le Pérou n'est pas moins obligé de fortifier ses ports, en particulier le Callao[1], et d'équiper une armée pour couvrir sa capitale à l'approche de Florès. L'escadre des quatre républiques du Pacifique, pourrait anéantir en un combat toutes les forces expéditionnaires. Que notre gouvernement se mette donc d'accord avec les républiques sœurs, puisque tous manifestent hautement leur volonté d'assurer envers et contre tous le triomphe de l'indépendance américaine.

« Nous appelons, en outre, l'attention de tous les Américains sur la perfidie du cabinet de Madrid, de ce cabinet assez cynique pour se faire le complice d'une odieuse invasion. Sans respect pour la souveraineté de l'Équateur reconnue par la mère-patrie, sans considération pour les liens d'amitié qui unissent les deux pays, au mépris des règles les plus vulgaires de l'honneur et de la civilisation, l'Espagne souffre qu'on embauche des troupes sur son territoire contre une nation pacifique et amie. Devant un procédé qui équivaut à une rupture, l'Équateur insulté n'a que deux partis à prendre : employer la force pour se faire rendre justice ou dénoncer le traité d'union. Le premier est impossible pour le moment ; reste donc à réaliser le second sans délai. Rappelons notre représentant de Madrid, fermons nos ports aux vaisseaux espagnols, et poussons tous les états d'Amérique à prendre des résolutions semblables. Ce sera le châtiment

---

[1] Le port de Lima, capitale du Pérou.

de la déloyauté castillane et le dernier coup porté au commerce de la péninsule. »

Cet appel chaleureux fut entendu. Les états du Pacifique s'unirent à l'Équateur pour repousser l'ennemi commun. Le Pérou arma des vaisseaux pour défendre ses ports ; le gouvernement chilien proposa aux chambres de suspendre toute relation commerciale avec l'Espagne et de négocier une alliance offensive et défensive avec l'Équateur ; le président de la nouvelle-Grenade, Thomas Mosquera, adressa au peuple une proclamation énergique, dans laquelle il déclare marcher avec les peuples du Pacifique contre « les sacrilèges profanateurs du sol américain. Cette ligue se montrait si belliqueuse qu'au printemps de 1847, les nouvelles devenant plus alarmantes, Garcia Moreno put dire sans trop d'outrecuidance :

« Florès arrive avec ses flibustiers. Partira-t-il des côtes d'Espagne ou des côtes d'Angleterre ? on l'ignore ; mais enfin dans quelques mois il apparaîtra sur nos rivages. Qu'il vienne donc : nous tâcherons de le bien recevoir et de lui préparer une tombe assez profonde pour l'ensevelir, lui et ses crimes. Qu'il vienne : nous irons à sa rencontre pour exterminer la race des traîtres ! Qu'il vienne : nous argumenterons contre ses bandits avec des raisons subtiles comme la lance et solides comme le plomb. Qu'il vienne, et de toutes les poitrines sortira ce cri vainqueur : mort aux envahisseurs et vive l'Amérique ! »

Cette levée patriotique de tous les peuples du continent sud-américain força les diplomates européens à se préoccuper d'une expédition réprouvée par le droit des gens, d'autant plus que *Le Vengeur* excitait les républiques confédérées à fermer leurs ports, non seulement à l'Espagne, mais à tous les pays où Florès avait recruté ses vaisseaux et ses soldats. L'Angleterre se sentit atteinte dans ses intérêts, et dès lors l'expédition fut très compromise. Au moment même où la petite flottille allait quitter les ports de la Grande-Bretagne, les journaux supplièrent le gouvernement de mettre l'embargo sur les vaisseaux. Tremblants pour leurs comptoirs d'Amérique, les commerçants de la Cité présentèrent un mémoire à lord Palmerston dans lequel on rappelait que « le général Florès, manifestement d'accord avec le gouvernement espagnol, se préparait à envahir l'Amérique du Sud ; que l'expédition comptait déjà quatre mille hommes bien armés, des vapeurs de grande force et des transports de guerre ; que cet armement se faisait, au vu et au su de tout le monde, en Angleterre aussi bien qu'en Espagne et au Portugal ; que d'ailleurs, les produits des manufactures anglaises se consommant surtout en Amérique, et de nombreux emprunts ayant été contractés en Angleterre par les républiques du Pacifique, les intérêts britanniques seraient évidemment très menacés par cette expédition. » En conséquence, les négociants de la Cité priaient instamment le ministre de s'opposer à une invasion tout à fait désastreuse pour ses nationaux.

Garcia Moreno avait touché la corde sensible. Lord Palmerston s'occupait peu du droit des gens, mais les représentations du commerce anglais devaient toucher son cœur. Le gouvernement mit l'embargo sur la flottille expéditionnaire, et Florès, obligé de licencier ses Irlandais et ses Espagnols, dut ajourner sa téméraire et coupable entreprise.

Cette nouvelle inattendue fut saluée dans toute l'Amérique par un cri d'allégresse. A l'Équateur particulièrement, on se félicitait d'en avoir été quitte pour la peur, grâce à la vaillante attitude des patriotes, et surtout de l'homme énergique qui avait conduit la campagne. Tout en se réjouissant avec le public de cet heureux dénouement, Garcia Moreno prétendait que cet insuccès ne décourageait ni Florès ni ses partisans. Il conseillait donc au gouvernement de surveiller plus que jamais les « janissaires ». « L'avortement de l'expédition, disait-il, dans un des derniers numéros du *Vengeur*, n'est pour Florès qu'un contre-temps, et non comme on se l'imagine trop facilement, le renversement absolu de ses projets. Son auguste protectrice fera de nouveaux sacrifices d'argent, ne serait-ce que pour ne pas perdre les millions déjà déboursés. N'eût-il que vingt hommes à sa disposition, il tentera quelque mauvais coup, car il sait, lui, que sa grande force, c'est la bande de traîtres disséminés dans nos cités. Fort de cette avant-garde, il n'abandonnera jamais ses idées de conquête. Si le gouvernement veut annihiler les forces de Florès à l'étranger, qu'il commence par détruire son armée de l'intérieur. »

L'évènement lui donna raison. L'année n'était pas écoulée qu'on découvrit à Guayaquil un complot ourdi par les *Floréanos*[1], pour renverser le gouvernement au profit de leur ancien maître. Le pronunciamento allait éclater quand les principaux conjurés, dont les mesures avaient été mal combinées, furent saisis et jetés en prison. En présence des partis violemment surexcités, le gouverneur écrivit à Roca qu'il ne répondait plus de l'ordre. Comprenant alors la gravité de la situation, le président fit appeler Garcia Moreno et le chargea sous sa responsabilité de pacifier cette cité de Guayaquil, livrée aux fureurs de l'anarchie. Celui-ci, bien que malade, n'hésita pas devant cette redoutable mission et partit à marches forcées pour Guayaquil.

On vit en cette circonstance ce que peut un homme énergique et résolu. Il trouva les têtes montées jusqu'au dernier degré de l'exaltation ; l'émeute vaincue, mais frémissante ; les patriotes, animés d'une vraie rage contre les Floréanos, se livrant à de véritables actes de sauvagerie. Le colonel Soler, l'un des conspirateurs, avait été poignardé par les soldats chargés de le garder ; les autres prisonniers attendaient le même sort. Garcia Moreno n'eut qu'à paraître au milieu de ces insurgés furibonds et de ces soldats en délire, pour imposer à tous le respect de la loi. Froid comme le marbre, il dicta ses ordres d'un ton qui ne souffrait pas de réplique, et tous comprirent qu'il fallait obéir. En huit jours, l'ordre était rétabli, le sort des prisonniers assuré, la conspiration anéantie. Le pacificateur revint à Quito, trop heureux d'avoir rendu service au pays et aussi trop désintéressé pour accepter la rémunération qu'on voulait lui offrir sous forme de solde, ou d'indemnité, ou de récompense civique. Une autre raison pour laquelle il ne voulut rien recevoir du gouvernement de Roca, c'est qu'après l'avoir servi six mois par amour du bien public, il prévoyait que ce même amour le forcerait derechef à le combattre.

En effet, Garcia Moreno ne pouvait sympathiser avec cette

---

[1] C'est ainsi qu'on désignait les partisans de Florès.

bande d'agioteurs pour qui l'exercice du pouvoir n'était qu'un commerce un peu plus lucratif que les autres. L'équipée de Florès avait troublé leur digestion pendant quelques mois, mais Florès n'était plus à craindre : son parti avait tenté une révolution, mais en somme le gouvernement avait eu le dessus. On pouvait donc se livrer à la joie, drainer la richesse du pays pour la convertir en or et en plaisirs, et puis dormir tranquille. Afin d'effacer tout souvenir importun, le congrès de 1847 vota un acte d'amnistie destiné à jeter le voile de l'oubli sur les rébellions passées. Son naïf président déclara solennellement que « ces insurrections devaient être attribuées à des égarements d'opinion bien plus qu'à une volonté criminelle ou coupable. » Là-dessus, ministériels et Floréanos s'embrassèrent comme des frères en libéralisme. Ils avaient échangé des coups de fusil pour savoir à qui appartiendrait le gâteau, mais le plus fort consentait à en céder une partie au plus faible, pour ne pas être troublé dans son festin.

Garcia Moreno reprit son fouet. Ses coups furent plus terribles, sa forme plus sarcastique et plus acérée que jamais. Il appela son nouveau journal *El Diablo*, et comme on lui demandait, à ce diable, ce qu'il voulait, il ne cacha point son but : « Je ne suis, dit-il, ni employé, ni quêteur d'emploi, comme tant de pauvres diables de ma connaissance ; je ne suis pas militaire comme tant de charlatans qui se vantent à tout propos des bons coups qu'ils ont donnés ; je ne suis pas ministériel, n'ayant jamais voulu me vendre ; ni janissaire, parce que le crime me répugne. Ami loyal d'un peuple infortuné qui n'a sur la terre d'autre défenseur que le diable, je viens combattre ceux qui le martyrisent, et dissiper les flots de poussière dont on obscurcit l'air pour couvrir l'arrivée des bandits de Florès. »

Naturellement, la verve railleuse d'*El Diablo* s'exerça sur l'amnistie de ces nouveaux iscariotes « saluant la patrie par un baiser avant de lui planter un poignard dans le cœur ; abattant les murs de la moderne Troie pour y faire entrer leur cheval plein de janissaires. » — « Ils chantent l'union, ajoutait-il, boivent à la concorde, s'endorment dans l'enchantement de leurs rêves d'azur, quand soudain, au signal convenu, entre dans le port l'escadre de notre Ulysse. Les assassins débarquent en silence et égorgent pendant leur doux sommeil ces naïfs héritiers de la simplesse troyenne. »

Pour justifier l'amnistie, le congrès avait fait appel aux grands principes d'humanité et de justice : *El Diablo* demanda méchamment « pourquoi, dans ce malheureux ciel tout peuplé d'esprits rétrogrades, il ne se rencontrait pas un génie assez progressif pour solliciter de Dieu un décret d'amnistie en faveur des anges rebelles, ses congénères ? » On n'aurait, disait-il, qu'à lui souffler les beaux traits de la harangue sénatoriale « sur ces pauvres disgraciés qui ont erré dans leurs opinions, à la suite de Lucifer. Évidemment Dieu se rendrait à des raisons de cette gravité, l'enfer se dépeuplerait, et le ciel deviendrait un pandémonium, comme le sera l'Équateur jusqu'à la consommation des siècles.

Pas une bévue qu'*El Diablo* ne relève avec son infernale malice. Pris subitement d'un tendre amour pour Florès, le congrès avait biffé d'un décret précédent l'appellation d'*ex-général*, pour lui substituer ce titre honorifique : *El Senor don Juan José Florès*. Le malin, émerveillé de cette exquise politesse, chercha quel pouvait bien en être le mobile. Il raconta qu'étant de garde auprès d'un moribond, ci-devant ministre des finances, et peu pressé de rendre ses comptes, il entendit un révérend père qui lui disait d'un ton contrit : « Mon fils, il faut renoncer au démon, si vous voulez vous sauver. » L'agonisant qui avait vécu dans des temps difficiles, était devenu prudent ; d'une voix défaillante, il balbutia ces mots : « Je renie *el Senor don Demonio*. » Le bon père, étonné, demanda au pauvre malheureux pourquoi il traitait avec tant de courtoisie un être aussi ennemi de l'âme que Florès l'est de l'Équateur, et le ministère du sens commun. « Ah ! *padre mio*, répliqua le mourant, je voudrais tant n'être mal avec personne ! » « De là l'urbanité plus que raffinée du congrès envers *el Senor don Juan José Florès ;* de là aussi l'aveuglement de cet Argus aux cent yeux, dont les uns sont crevés par la vanité stupide, et les autres restent hermétiquement fermés par le narcotique puissant de la popularité malsaine. Et pendant qu'Argus endormi contemple avec amour le fantôme de ses rêves, les hommes clairvoyants découvrent les signes avant-coureurs de la tempête, aperçoivent le sillon de l'éclair, et entendent déjà retentir au loin les sourds grondements de la foudre. »

L'apparition d'*El Diablo* troubla bien un peu la douce quiétude du président Roca, de ses ministres et fonctionnaires, sans déranger toutefois leurs opérations de finances. Jusqu'à l'expiration de leur mandat, ils continuèrent d'exploiter l'Équateur, dévalisant les contribuables et déportant les mécontents, pendant que Florès parcourait l'Amérique à la recherche d'un gouvernement qui voulût bien épouser sa querelle. Dans ces conditions, l'Équateur n'était plus pour notre implacable satirique « qu'une espèce d'enfer où le désordre et la confusion paraissaient aussi bien naturalisés que dans le bagne éternel. » Et cependant sa grande âme ne perdait pas tout espoir : « A côté des traîtres, disait-il, grandit un peuple courageux, décidé à verser la dernière goutte du sang de ses fils plutôt que de sacrifier l'existence, l'honneur et la liberté de la patrie. » C'était vrai dans une certaine mesure ; mais, à ce peuple que ses catilinaires avaient réveillé, il fallait un chef : où le trouver à cette misérable époque ? D'ailleurs, Garcia Moreno ignorait encore jusqu'où peut aller la patience d'une nation livrée aux oiseaux de proie de la Révolution. Dans cet enfer dont parlait *El Diablo*, comme dans celui du Dante, il y a différents abîmes dont son œil n'avait pas encore mesuré toute la profondeur. Nous allons le voir aux prises avec une race autrement perverse que celle des Florès et des Roca.

CHAPITRE VI.

LA « DÉFENSE DES JÉSUITES. »

1850 - 1851

Durant ces vingt premières années de son existence, l'Équateur avait vécu sous la domination du libéralisme conservateur, qui consiste à vanter le peuple souverain et à se maintenir au pouvoir envers et contre tous. Ce faux libéralisme est surtout à craindre parce qu'il porte dans ses flancs un fils plus repoussant que lui, je veux dire le radicalisme, ennemi de Dieu, de l'Église, de la famille et de la propriété. Un intrigant, le général Urbina, profita des haines populaires contre les Florès et les Roca pour arborer le drapeau de l'impiété radicale et livrer l'Équateur à ses séïdes.

Comme ce triste personnage va jouer un rôle important dans notre histoire, il convient de rappeler en quelques mots ses antécédents. A dix-huit ans, simple enseigne de vaisseau, on le rencontre dans les antichambres du général Florès, qui l'honorait de ses bonnes grâces et même de son intimité. Le protégé partageait les goûts du maître, et lui rendait, dit-on, des services qui lui valurent bientôt le grade de colonel. En 1837, on le retrouve à Bogota, comme chargé d'affaires. Dans ce nid de francs-maçons, il se lia tout naturellement avec les meneurs de la révolution. Ennemi acharné des institutions religieuses, fougueux partisan des idées anarchiques, on le voyait, au milieu des frères et amis, insulter sans vergogne le général Florès, son bienfaiteur, et même comploter contre le gouvernement qui l'accréditait. Rocafuerte, mis au courant de ses intrigues, l'exila pour cause de rébellion ; mais, en remontant au fauteuil, Florès lui donna le gouvernement de la province de Manabi. En guise de remercîment, Urbina souleva les casernes contre le président au profit de la révolution du 6 mars 1845, ce qui lui valut le grade de général et la place enviée de gouverneur de Guayaquil.

Dès lors, le second rôle ne suffisant plus à son ambition, il se dit qu'avec son astucieuse habileté, son audace de conspirateur et son habitude de la trahison, rien n'était plus facile que d'arriver à la présidence. A son instigation, la garnison de Guayaquil fit un pronunciamento contre Manuel Ascasubi, beau-frère de Garcia Moreno, qui, depuis l'expiration des pouvoirs de Roca, gouvernait la République en qualité de vice-président. Pour ne point se démasquer prématurément, Urbina proclama chef suprême un certain Diégo Noboa, vieux conservateur sans portée politique, dont il se proposait d'exploiter la simplicité !

Garcia Moreno n'assista point à cette révolution. Fatigué des luttes politiques, il avait quitté l'Équateur à la fin de 1849, et fait voile vers l'Europe, non sans prévoir les nouvelles crises dont son pays allait être victime. En passant à Guayaquil, il comprit à la fermentation des esprits qu'une révolution était proche et avertit même son beau-frère de se précautionner contre les mesures d'Urbina. Peut-être avait-il alors l'intention de se lancer dans le commerce, à l'imitation de son frère Pablo ; mais à peine eut-il mis le pied sur le continent européen, que son esprit se reporta dans les régions qu'il habitait depuis longtemps. En parcourant l'Angleterre, la France et l'Allemagne, il étudia l'état politique de ces pays presque aussi révolutionnés que l'Amérique et en plein désarroi depuis le cataclysme de 1848. Ce qui le frappa surtout en France, ce fut le retour aux idées religieuses. A la vue du gouffre entr'ouvert, les journaux du libéralisme faisaient leur paix avec l'Église, prônant à l'envi les ordres religieux si souvent insultés par eux, et même cette instruction cléricale toujours bafouée par leur antichrétienne et antisociale Université. Sans doute, l'instinct de conservation, plus que la foi, opérait cette soudaine métamorphose, mais le témoignage de ces impies n'en était que plus concluant pour tout observateur impartial. Après six mois passés dans la vieille Europe, Garcia Moreno reprit la mer, de plus en plus convaincu que Jésus-Christ est l'unique sauveur des peuples et qu'un État sans religion est irrémédiablement voué au sabre d'un autocrate ou au poignard des anarchistes.

De retour à Panama, il fit une rencontre qui, malgré les bonnes résolutions qu'il avait prises, le rejeta immédiatement dans la lutte. Au moment de s'embarquer pour Guayaquil, il aperçut un certain nombre de religieux tristement groupés près d'un navire à destination de l'Angleterre. C'étaient des religieux de la compagnie de Jésus que le gouvernement franc-maçon de la Nouvelle-Grenade venait d'expulser, sans autre raison que la haine de cette Église catholique dont les jésuites sont partout les plus ardents défenseurs. Appelés six ans auparavant par le parti conservateur, alors au pouvoir, leur crime était d'avoir fondé plusieurs collèges dans les villes et un centre d'apostolat dans la région encore sauvage du pays. Naturellement les radicaux avaient dénoncé le grand péril que courait la liberté, non seulement à Bogota, mais dans toute l'Amérique ; et il s'était trouvé un congrès pour chasser ignominieusement les jésuites, après les avoir couverts de calomnies et d'outrages. A la recherche d'un sol plus hospitalier, les victimes allaient quitter l'Amérique quand Garcia Moreno se présenta devant le supérieur pour lui faire une proposition aussi simple qu'inattendue. Se demandant pourquoi l'Équateur ne profiterait pas du crime stupide de ses voisins, il offrit aux exilés un refuge à Quito, où depuis longtemps nombre de familles désiraient leur confier l'éducation de la jeunesse. Il leur rappela qu'en différentes circonstances des démarches avaient été faites à cet égard, démarches restées infructueuses faute du personnel nécessaire à la fondation d'un nouveau collège. Or, grâce à l'injustice de leurs persécuteurs, ce personnel longtemps cherché était maintenant trouvé.

Habitués de longue date à suivre le précepte du Maître : « si l'on vous chasse d'une ville, allez dans une autre », les jésuites se montrèrent tout disposés à s'embarquer pour l'Equateur sous l'égide de Garcia Moreno ; mais pouvait-il assurer que les autorités de son pays ne s'opposeraient pas à leur débarquement ? La question était douteuse ; toutefois, Garcia Moreno opinait pour l'affirmative. Il connaissait particulièrement Diégo Noboa, le nouveau chef suprême, esprit débonnaire disposé par goût à favoriser le catholicisme. Sans doute ce bon vieillard était à la merci d'Urbina, qui l'avait élevé au pouvoir pour gouverner sous son nom et le supplanter à la première occasion ; mais, avec un peu d'adresse, on pouvait obtenir le *placet* du bienveillant Noboa avant qu'il eût le temps de consulter son mauvais génie. Garcia Moreno exprimant le ferme espoir de réussir, les jésuites prirent place sur le vaisseau.

Ni les religieux, ni leur guide, ne se faisaient une idée de la rage obstinée des francs-maçons de la Nouvelle-Grenade. Pendant la traversée, Garcia Moreno remarqua, parmi les passagers, un personnage qui l'observait attentivement tout en se dissimulant de son mieux. Quel ne fut pas son étonnement de reconnaître le général Obando, l'un des plus acharnés persécuteurs des jésuites et le principal auteur de leur expulsion ? Évidemment cet espion, chargé de les suivre, allait leur fermer tous les ports de l'Amérique ; il n'aurait qu'à faire un signe au général Urbina pour leur interdire l'entrée de Guayaquil. Cette découverte ne laissa pas que de déconcerter un peu le protecteur et les protégés ; mais les difficultés ne faisaient que stimuler le courage de Garcia Moreno.

Arrivé au port de Guayaquil, il s'empressa de débarquer avant tous les voyageurs, courut, sans perdre une minute, chez Noboa, lui parla chaleureusement de la bonne rencontre qu'il venait de faire et lui demanda l'autorisation d'introduire à Quito les religieux expulsés. Toute la république saurait gré au nouveau chef suprême de cet acte d'humanité et de justice.

Préoccupé de se concilier l'opinion, surtout dans la capitale, où le congrès allait procéder à l'élection présidentielle, le bon vieillard accueillit favorablement cette requête. Quelques heures après, la petite caravane s'embarquait précipitamment sur le fleuve Guayas pour gagner les Cordillères. Quand Obando vint à son tour, au nom de son gouvernement, réclamer l'interdiction des jésuites, on lui répondit qu'il était trop tard, et que d'ailleurs l'Équateur n'avait pas à s'immiscer dans les querelles politiques ou religieuses de la Nouvelle-Grenade.

Dès ce moment, la question des jésuites fut à l'ordre du jour et passionna tous les esprits. La convention nationale en fut saisie immédiatement après le vote de la convention et l'élection définitive de Noboa comme président de la république. Devait-on faire une loi de rappel ou confirmer le décret de bannissement de Charles III édicté contre les jésuites au siècle précédent? telle était l'alternative posée aux législateurs. La discussion fut longue, l'opposition violente, mais enfin la majorité, cédant au vœu populaire exprimé par des pétitions aussi pressantes que nombreuses, vota l'acte solennel de réparation. La foule salua le décret par des applaudissements enthousiastes. On rendit à la compagnie de Jésus l'église qui lui avait appartenu avant la suppression ; on lui alloua de plus un couvent spacieux, ainsi que l'hôtel de la Monnaie pour y établir un collège. Un article du décret portait en outre que les pères rentreraient en possession de tous leurs biens non aliénés. Le jour de leur réinstallation dans l'église du Jésus, après un exil de quatre-vingt trois ans, fut pour les jésuites un jour d'ovation triomphale. Les rues de la capitale étaient tapissées de draperies ; la foule se pressait joyeuse sur leur passage. Pour la première fois depuis près d'un siècle, on revoyait à l'autel ces hommes de Dieu dont le dévouement et la science étaient connus de tous, ces héroïques missionnaires qui n'avaient pas craint de s'aventurer dans les déserts et les forêts de l'Amazone, pour y fonder d'admirables *réductions*, aujourd'hui anéanties. A voir l'émotion et l'enthousiasme de la population, on eût dit que chaque famille retrouvait un ami et un père.

Garcia Moreno triomphait : il pouvait espérer en effet que la loi de rappel, réclamée par un pétitionnement général de la capitale et des provinces, votée par la convention après un débat contradictoire, sanctionnée par le président de la république, fêtée par les acclamations de tout un peuple, il pouvait espérer, dis-je, que cette loi serait respectée de l'opposition prétendûment libérale. Mais les frères et amis, furieux jusqu'à l'exaspération, se chargèrent de lui prouver une fois de plus, et d'une manière péremptoire, qu'ils s'inspirent, non des volontés du peuple, mais uniquement de leur haine contre l'Église et ses institutions. Ils dressèrent aussitôt un plan de campagne d'une simplicité remarquable : il s'agissait d'abattre révolutionnairement Noboa, puis de jeter brutalement les jésuites hors de l'Équateur.

Le général Urbina ne demandait pas mieux que de profiter de cette excellente occasion pour renverser et remplacer le faible Noboa. Ses journaux représentèrent le président comme un esclave des jésuites, et de plus un floréano déguisé. « Il avait évidemment manqué à tous ses devoirs en sanctionnant la loi de rappel. Quelle honte pour le pays de se voir courbé de nouveau sous le joug odieux du jésuitisme ! D'un autre côté, quoi de plus inopportun et de plus funeste pour l'Équateur que cet espèce de défi jeté à la Nouvelle-Grenade ? Car n'était-ce point condamner audacieusement la politique d'un gouvernement voisin, politique vraiment progressiste et vraiment libérale, que d'ouvrir ses portes à des religieux expulsés comme fauteurs de troubles et de rébellion ? »

Encouragé par ces insinuations et d'autres non moins antipatriotiques, le gouvernement grenadin, qui s'entendait avec Urbina, ne craignit point de soulever un conflit international et de réclamer le bannissement des jésuites au nom de je ne sais quelle théorie franc-maçonnique. On lui répondit, comme on devait le faire, en envoyant une division à la frontière.

Les radicaux ne connurent plus de bornes. La patrie était menacée, et cela pour l'amour des jésuites, ces hommes exécrés du monde entier. Furieux de son échec, l'agent diplomatique de la Nouvelle-Grenade s'oublia jusqu'à publier contre la compagnie de Jésus un pamphlet odieux, dans le goût et le style de ces venimeuses productions tant de fois rééditées depuis un siècle. Les constitutions de l'ordre, sa doctrine, sa morale, la conduite de ses membres, leurs actes à la Nouvelle-Grenade, y étaient représentés comme des monstruosités. Ces mensonges, ajoutés à d'insolentes menaces, ne laissaient pas que d'impressionner la masse des conservateurs, trop souvent timides et faibles. Aussi le champion du droit, le chevaleresque Garcia Moreno comprit-il qu'il était de son devoir d'intervenir. Introducteur des jésuites dans son pays, c'était à lui que revenait la tâche et l'honneur de les défendre. Reprenant donc sa plume vengeresse, il opposa au pamphlet du diplomate sa *Defensa de los Jesuitas*[1] un des plus beaux plaidoyers qui aient été composés en faveur de la compagnie de Jésus. On reconnaît l'homme à la déclaration qui termine la préface :

« On m'appellera fanatique et jésuite, parce que j'ai consacré mes loisirs à écrire cette défense, mais cela m'importe peu. Je suis catholique et fier de l'être, bien que je ne puisse compter au nombre des chrétiens fervents. J'aime ma patrie avec passion, et j'estime que c'est un devoir de travailler à son bonheur. Chrétien et patriote, je ne puis garder le silence sur une question qui intéresse au plus haut degré la religion et la patrie. D'ailleurs, mon caractère me porte naturellement à prendre en main la cause du faible et de l'opprimé. La tyrannie me révolte partout où je la rencontre, et je déteste la froide barbarie de ces hommes qui savent rester neutres entre la victime et le bourreau. »

Après cette profession de foi, empreinte de tant de noblesse et de grandeur, commence l'exécution de l'étourdi pamphlétaire :

« L'auteur d'un écrit calomnieux, récemment publié contre les jésuites nous avertit qu'il est jeune encore, et il le prouve incontinent par un début tout à fait enfantin. Selon lui, nous sommes obligés de le croire, pour plusieurs raisons: d'abord, parce qu'il a vu ce qu'il raconte ; puis, parce qu'il se présente comme interprète de son siècle ; ensuite, parce qu'à son âge on est d'une sincérité ingénue ; enfin parce qu'entre républicains démocrates règnent toujours la franchise et la loyauté. On enseignait autrefois que pour mériter créance, il fallait simplement ne pas se tromper et ne pas vouloir tromper les autres, savoir ce que l'on dit et dire ce que l'on sait. Mais comme cet ingénu ne sait pas toujours ce qu'il dit et dit encore moins ce qu'il sait, il a inventé ces motifs de crédibilité plus que puérils, afin de déraisonner et de mentir à son aise.

Apprenez donc, jeune homme, que pour avoir droit à notre foi, un témoin oculaire doit se montrer encore témoin intelligent et rapporteur fidèle. Trop souvent en effet l'esprit

---

[1] Opuscule de 60 pages in-8°. Quito, 1851.

de parti fait de notre instrument d'optique un prisme trompeur. — Vous parlez, dites-vous, au nom de vos contemporains : mais il y en a qui mentent en parlant au nom de Dieu ! — Cinq lustres à peine pèsent sur votre tête, et à cet âge on est candide : à cet âge les vices les plus honteux peuvent déshonorer le cœur de l'homme ; à cet âge, Néron avait tué sa mère, sa femme et ses maîtres, brûlé Rome pour s'amuser, puis calomnié les chrétiens pour avoir le plaisir de les brûler aussi. — Vous affirmez que les républicains se doivent la vérité les uns aux autres : sont-ils donc si francs, les républicains ? Dans leur bouche hypocrite, patriotisme n'est-il pas souvent synonyme d'ambition, liberté de tyrannie, justice et progrès de vol et de vengeance ? Combien de constitutions républicaines où l'on parle de garanties qui ne garantissent rien, et d'un peuple souverain toujours couronné d'épines, vêtu de haillons et entouré de bourreaux ? En tout cas, si vous êtes franc et loyal avec vos amis, il n'y paraît guère, jeune homme, dans votre pamphlet.

« Vous prétendez nous faire croire que vous exterminez les jésuites par amour et pour la plus grande gloire du catholicisme. — Fourberie et mensonge! Vous ne frappez les jésuites que pour atteindre le catholicisme. C'est une vérité désormais historique que tous les ennemis de l'Église abhorrent la compagnie de Jésus. Vous dites avec Calvin « Les jésuites sont nos grands adversaires ; il faut les tuer, ou les chasser, ou les écraser sous le mensonge et la calomnie. Avec d'Alembert : « La ruine de l'Église suivra de près l'anéantissement des jésuites. » Avec Manuel de Roda : « L'opération ne laisse rien à désirer ; nous avons tué la fille, il ne nous reste plus qu'à tuer la mère, notre sainte Église romaine. » Vous voulez ébranler les colonnes pour renverser le temple, et désarmer l'Église avant de l'opprimer. »

Entrant alors dans le vif du débat, Garcia Moreno poursuit son adversaire pied à pied, jetant par terre tout son échafaudage de calomnies. A propos des tendances politiques de l'institut, qui, d'après le jeune diplomate, « élève son pouvoir sur des monceaux de cadavres et offre des sacrifices sanglants sur l'autel du Sacré-Cœur, » le vigoureux polémiste lui lance cette apostrophe :

« Comment osez-vous publier ces grossières impostures quand il est notoire qu'à la Nouvelle-Grenade, comme du reste en tous lieux, les jésuites ont uniquement prêché la morale évangélique, le respect dû aux autorités, et même la soumission à la loi quand cette loi les condamnait injustement à l'exil ? Ils fomentaient, dites-vous, les passions politiques : mais, à leur arrivée dans votre pays, deux partis se faisaient une guerre sans merci, et tel fut sur tous l'ascendant de ces religieux, telle fut la puissance de leur prédication que, pendant les six années de leur résidence à la Nouvelle-Grenade, la concorde et l'union n'ont pas cessé d'y régner, tandis que leur départ devient le signal de nouvelles guerres. Hommes étranges, n'est-ce pas ? qui maintiennent l'ordre en prêchant le désordre, et font naître la discorde aussitôt qu'ils ne la prêchent plus. Malheureux ! si vos provinces du sud sont en conflagration, la faute n'en est pas aux jésuites, mais au général Obando qui, en lançant sur elle une horde de brigands, a mis les citoyens dans la nécessité de recourir aux armes pour défendre leur honneur, leurs biens et même leur vie. »

L'impitoyable athlète poursuit ainsi son adversaire durant soixante pages, l'enserre dans les liens de sa logique de fer, et finit par l'écraser sous le poids du ridicule. Sa conclusion, c'est le cri d'indignation d'un vrai patriote :

« Des calomnieuses et audacieuses invectives lancées contre la compagnie de Jésus, vous inférez que votre gouvernement a le droit d'exiger de nous le renvoi des jésuites. Or, nous venons de voir que vos accusations ne sortent jamais du vague ou de la déclamation, et que si d'aventure vous hasardez une preuve, c'est un texte falsifié. Votre prétendu droit repose donc sur une fiction et votre justice sur un mensonge.

« Mais eussiez-vous cent fois raison et les jésuites fussent-ils cent fois plus criminels que vous ne les faites, de quel droit une nation étrangère vient-elle nous mettre en demeure de les chasser ? Qu'on demande l'extradition d'un individu dans les cas prévus par les traités, d'accord ; mais exiger l'expulsion de réfugiés parfaitement inoffensifs que nous avons recueillis par un sentiment de généreuse pitié, c'est un attentat contre la souveraineté d'un peuple indépendant.

« La Nouvelle-Grenade n'aura garde de réclamer de l'Angleterre ou des États-Unis l'expulsion des jésuites. Elle sait trop bien qu'une pareille prétention serait regardée comme une injure par les gouvernements de ces deux pays ; mais avec l'Équateur on peut tout se permettre. Elle nous outrage parce qu'elle nous croit faibles ; elle nous menace parce qu'elle nous croit tout au plus capables de faire des pronunciamentos. En cela elle se trompe : l'amour de la patrie n'est pas mort dans le cœur des Équatoriens. Au jour du danger, tous les partis s'uniront pour défendre l'indépendance nationale, et le gouvernement s'ensevelira sous les ruines de la république plutôt que de mettre son honneur à la merci de l'injustice : telle est son inébranlable résolution.

« Quant à nous, nous savons que la guerre est déclarée, non pas aux jésuites mais au sacerdoce et à la foi catholique. On proscrira les jésuites, puis le clergé séculier, puis tous les enfants de l'Église. Ainsi sera creusé l'abîme où s'engloutiront la Nouvelle-Grenade, et l'Équateur, et toutes les républiques catholiques, si nous poussons la lâcheté jusqu'à nous soumettre aux infernales exigences de la bande rouge. Mais non, cela ne sera pas ; la foi de nos pères ne cessera jamais d'illuminer notre Équateur. Pour la défendre, le clergé ne montrera pas d'apathie, le peuple ne s'endormira point dans une silencieuse résignation. Nous marcherons au combat sous la conduite de l'éternelle Providence. Si nous devons, comme les hébreux, passer par les flots de la mer Rouge, Dieu ouvrira un chemin à son peuple choisi, et nous entonnerons sur l'autre rive le cantique du triomphe et de la délivrance. »

Cet écrit, jeté au milieu des passions ardentes, commenté d'un bout de l'Équateur à l'autre, accueilli favorablement par les libéraux eux-mêmes, fit sur les ennemis des jésuites l'effet d'un coup de foudre. Leurs machinations étaient déjouées, les prétentions de la Nouvelle-Grenade ridiculisées, le gouvernement affermi dans sa détermination de ne pas capituler devant l'intimidation, les patriotes énergiquement décidés à lui prêter main-forte. Aussi le gouvernement grenadin cessa-t-il d'enfler la voix, le diplomate imberbe disparut de la scène, et l'intrigant Urbina attendit qu'un nouvel incident lui fournît l'occasion de s'asseoir sur le siège présidentiel, convoité depuis si longtemps. Quant au pacifique Noboa, il s'endormit dans une sécurité absolue. Les provinces de l'intérieur avaient confiance dans son gouvernement conservateur ; et, si les provinces maritimes se montraient plus turbulentes, son fidèle Urbina, son cher enfant, comme il l'appelait, n'était-il pas gouverneur de Guayaquil ?

CHAPITRE VII.

URBINA AU PILORI.

1851-1853.

Dans les premiers mois de 1851, alors que le peuple était encore sous l'impression des évènements que nous venons de raconter, le bruit se répandit dans tout l'Équateur qu'un grand danger menaçait la ville de Guayaquil. Il s'agissait d'une nouvelle invasion du général Florès, lequel voulait à toute force rentrer en vainqueur sur ces montagnes équatoriales considérées par lui comme son apanage. Après l'avortement de son expédition d'Espagne, il s'était réfugié à New-York où longtemps il avait cherché des auxiliaires sans pouvoir réussir. On venait d'apprendre, non sans stupéfaction, son arrivée à Lima et l'organisation à bref délai d'une nouvelle expédition de flibustiers, avec la complicité du gouvernement péruvien et le secours de gros capitalistes dévoués à l'ex-président. Il n'en faillait pas tant à un conspirateur de la force d'Urbina pour semer dans tout le pays les germes d'une révolution.

Après avoir fait miroiter à tous les yeux le spectre de Florès, les journaux du parti avancé dénoncèrent tous les conservateurs, Noboa en tête, comme des floréanos déguisés. L'on n'avait rappelé les jésuites que pour aplanir les voies au tyran ; si l'on ne déjouait au plus tôt leurs manœuvres, c'en était fait de l'Équateur, menacé d'un côté par l'armée de la Nouvelle-Grenade, de l'autre par les bandes péruviennes de Florès. A peine émise, cette idée de trahison fit son chemin dans le peuple et surexcita toutes les têtes. La ville de Guayaquil en particulier, où la main cachée d'Urbina remuait les matières inflammables, fut bientôt dans un état de véritable ébullition.

C'était pour l'habile intrigant l'heure de pêcher en eau trouble. Dans les premiers jours de juillet 1851, Noboa reçut des lettres de son très dévoué gouverneur de Guayaquil, dans lesquelles ce maître en dissimulation l'avertissait qu'une certaine agitation régnait toujours dans la cité au sujet des dissentiments avec la Nouvelle-Grenade, et de l'arrivée de Florès au Pérou. Il ajoutait que la présence du chef de l'État ardemment désirée de tous, contribuerait singulièrement à faire renaître le calme dans les esprits. Pour vaincre les hésitations du bon vieillard, une seconde missive annonçait que l'effervescence allait croissant et qu'une démarche de sa part devenait urgente. Urbina lui conseillait même de se présenter en grand apparat, afin d'agir plus puissamment sur ce peuple, que la magnificence de ses chefs ne manque jamais d'éblouir. Les intimes de la présidence, flairant un piège, déconseillaient ce voyage ; mais don Diégo, plein de confiance en son favori, ne voulut rien entendre, et se mit en route avec toute la pompe qui convient au premier magistrat du pays.

Pendant qu'il descendait les Cordillères, le bruit de la prochaine arrivée du président se répandait à Guayaquil. On faisait de brillants préparatifs pour le recevoir. Des arcs de triomphe s'élevaient, par ordre d'Urbina, le long de la route qu'on devait parcourir.

Or, le 17 juillet, le jour même où le président devait faire son entrée dans sa bonne ville de Guayaquil, trois généraux vendus à Urbina, Villamil, Roblez et Franco, entraient dans les casernes et distribuaient de l'argent aux troupes ; puis, après avoir exalté leur amour de la liberté, les poussaient à prononcer la déchéance de Noboa, cet esclave des aristocrates, des conservateurs et des jésuites, et finalement à proclamer Urbina chef suprême de la République. Habitués aux pronunciamentos, les officiers se laissèrent acheter ; les soldats applaudirent ; Urbina consentit à prendre sur ses épaules le fardeau du pouvoir et répondit à l'adresse de ses complices par une proclamation cynique, dans laquelle il transforme ces vendus en « vaillants et incorruptibles soldats de la liberté. Ils n'avaient pu voir sans frémir la présence de Florès au Pérou, la réinstallation scandaleuse de ses séides dans tous les emplois, en un mot, la trahison perfide du gouvernement. Incapables de rester indifférents à l'asservissement de la patrie, il avaient poussé le cri redoutable qui l'avait sauvée en 1845. » Ces braves étaient d'autant moins indifférents que, chefs et soldats, avaient reçu un fort pourboire aux dépens de la trésorerie de Guayaquil.

Cependant le vieux Noboa, toujours radieux malgré les inquiétudes de son entourage, avait franchi les pentes du Chimborazo, et se préparait à descendre majestueusement le cours du Guayas. Un vapeur, orné comme aux grands jours de fête, l'attendait à Bobahoyo. Une garde d'honneur le reçut avec force démonstrations enthousiastes. Don Diégo monta sur le vaisseau, s'applaudissant d'avoir fermé l'oreille aux insinuations des craintifs. Dans l'excès de sa joie, il ne vit point une barque légère descendre rapidement le cours du fleuve, pour annoncer à Urbina que sa proie ne pouvait lui échapper.

En approchant du quai, le vaisseau qui portait le président vira de bord inopinément, et se dirigea vers un bâtiment à voiles qui semblait l'attendre. Avant que Noboa eût pu demander compte de cette manœuvre, le capitaine des gardes mit la main sur lui, en disant : « Président, je vous arrête. — Vous m'arrêtez ? s'écria le vieillard stupéfait, et en vertu de quel droit ? — En vertu du mandat que m'a donné le général Urbina, le nouveau chef suprême ! » Au nom de l'Iscariote, Noboa baissa la tête comme un homme frappé de la foudre et ne fit entendre aucune prostestation. On le transborda dans le vaisseau à voiles qui leva l'ancre aussitôt et gagna la haute mer. Durant plusieurs mois, Noboa erra sur l'Ocean, sans que personne, pas même les membres de sa famille, pussent savoir ce qu'il était devenu. On apprit plus tard, quand Urbina n'eut plus rien à craindre de la réaction, que l'ex-président avait été jeté sur les côtes du Pérou pour y passer le temps de son exil.

Sans perdre de temps, Urbina fit ratifier ce brigandage par un semblant de réunion populaire, puis se laissa conduire triomphalement à l'Hôtel de ville où il jura sur l'Évangile fidélité à la nation. Quelques jours après, il lança un corps d'armée dans la montagne pour soumettre les provinces de l'intérieur, qui se rendirent après quelques escarmouches. Une convention composée presque exclusivement de ses créatures, inaugura le règne de la terreur, en rapportant toutes les lois conservatrices émanées du pouvoir déchu.

Naturellement, pour satisfaire sa haine autant que pour payer sa dette à la Nouvelle-Grenade, le persécuteur s'acharna contre les jésuites. Il voulait à toute force un décret d'expulsion ; mais pour ne pas assumer sur lui la responsabilité d'une mesure absolument impopulaire, il fit rendre ce décret par sa convention. Au dernier jour de leur mandat, en séance secrète, comme des criminels qui assassinent dans l'ombre, les députés votèrent la déportation des jésuites malgré les cris d'un peuple exaspéré, malgré d'innombrables pétitions couvertes de milliers de signatures. Encore une fois, qu'importe à ces hommes la volonté de ce peuple qu'ils appellent ironiquement leur souverain ?

Le décret rendu, le peuple s'obstinait à croire que Garcia Moreno pourrait en empêcher l'exécution. En ce mois de décembre 1852, celui-ci s'était blessé gravement à la jambe en déchargeant un revolver. Comme il revenait un soir à son domicile, marchant péniblement appuyé sur un bâton, il se vit tout à coup entouré d'une grande foule qui le suppliait d'agir en faveur des victimes ; mais Urbina comprit le danger des manifestations populaires. Le lendemain, ordre fut donné au soudard Franco et à cinquante de ses bandits d'expulser les jésuites de leurs résidences sans leur laisser aucun délai, sans même leur permettre d'emporter avec eux les effets nécessaires au voyage. Comme on pouvait craindre dans les grands centres l'explosion d'une indignation difficile à contenir, on traîna les exilés par des chemins déserts vers le petit port de Naranjal, où, sans s'inquiéter de la destination choisie par eux, on les jeta sur un vaisseau qui les conduisit à Panama.

Dès ce moment, l'Équateur fut traité en pays conquis. Le despote s'installa dans sa capitale comme un sultan dans son sérail, sous la garde de ses mameluks, les célèbres Tauras, espèces de sauvages qu'il appelait plaisamment « ses chanoines ». Roblez et Franco, les principaux instruments du pronunciamento qui avait renversé Noboa, surveillèrent les provinces maritimes en qualité de gouverneurs de Guayaquil et de Manabi. Le vol, le pillage, l'assassinat, le sacrilège, furent à l'ordre du jour, aussi bien que les contributions forcées et les déportations au Napo. L'Équateur goûtait les douceurs du radicalisme démocratique, c'est-à-dire de l'état sauvage. Armés de lances et de poignards, les Tauras vagabondaient à leur aise, attaquant les citoyens inoffensifs, insultant les femmes, assassinant sans pitié quiconque osait se défendre. Si l'on s'enhardissait jusqu'à porter plainte contre eux, le tyran répondait qu'à partir de six heures un honnête homme devait se renfermer dans sa maison, et qu'en tout cas il ne répondait point de l'ordre après le coucher du soleil. Pour mener joyeuse vie avec ses prétoriens, Urbina épuisait le trésor public et commettait les plus infâmes exactions contre les particuliers. La convention, avant de se dissoudre, avait décidé qu'un si grand homme était au-dessus de tout contrôle, et qu'on ne pouvait sans affront lui demander des comptes. Comment d'ailleurs mettre sur la sellette cet usurpateur éhonté, quand la moindre allusion à ses crimes était punie journellement de la prison ou de l'exil? La tête courbée sous le joug, les conservateurs recevaient en silence les coups de cravache du tout-puissant dictateur.

Un homme cependant ne put se résigner à contempler froidement le meurtre d'une nation. « Incapable de rester indifférent entre la victime et le bourreau », Garcia Moreno était non moins incapable de rester silencieux. Il savait par cœur toutes les raisons des prudents ; mais il pensait qu'il est toujours opportun de troubler le repos des méchants en donnant une voix à la conscience publique ; que plus les voleurs aiment le silence, plus on a raison de faire du bruit ; et qu'enfin à force de patience, les peuples habitués au joug, finissent par s'endormir dans le plus abject matérialisme. Au milieu d'un peuple terrorisé, alors que la presse était bâillonnée et la chaire muette, il ne craignit pas de clouer au pilori le tout-puissant dictateur. L'indignation dont son cœur débordait fit explosion dans une satire d'une virulence sans égale, et dont chaque trait restera comme un honteux stigmate sur le front du coupable. La pièce signée et adressée « au général Urbina », portait cet en-tête :

« Non contents d'oublier qu'ils ont autrefois traîné votre nom aux gémonies, vos vils adulateurs déchargent aujourd'hui leur colère sur l'auteur supposé de je ne sais quelle pièce satirique. Ces écrivains de taverne, qui chantent vos louanges à tant par jour, devraient bien se contenter de faire leur besogne avec l'irrésistible logique et le gracieux langage qui les distinguent, sans attribuer à un mien ami une œuvre dont il est aussi innocent que je le suis des vôtres. Ne croyez pas que le repentir ou la crainte me dictent cette rectification, car, avec votre permission, je vais ajouter à la susdite pièce un autre essai que vous pourrez appeler défectueux, prosaïque, illisible même ; toutefois, comme il est signé de ma main, vos illustres apologistes ne pourront plus équivoquer sur le nom de l'auteur. »

Après cette préface, où le poète se livre aux vengeances d'Urbina, vient cet épigraphe de Moratin : « J'ai vu d'audacieux tyrans s'élever de la poussière, régner un instant et périr. » Puis la flagellation commence sous la forme antique d'une ode « *à Fabius* ».

« Fuis loin d'ici, vertueux Fabius, si tu veux préserver du vice ton âme candide encore. Ici, tu le vois, le crime lève bien haut son front déshonoré ; ici l'astucieuse ambition, après s'être roulée dans la fange des égouts, monte subitement au pouvoir comme ces miasmes infects qui s'élèvent en empoisonnant les airs. Ici sous des oripeaux guerriers, se cache l'infâme !... Son bras énervé brandit le fer immaculé, que n'empourpra jamais le sang d'un ennemi ! Son pâle visage est marqué de stigmates indélébiles... Aucun des vices qui ont souillé l'humanité en de longs siècles de perversité ne lui est inconnu : trahison, parjure, escroquerie, brigandage, barbarie sauvagerie, rien n'y manque. Son ignoble vie est racontée, chapitre par chapitre, dans les articles du code !

« Et ce composé de toutes les corruptions, ce monstre qui par son contact déshonorerait jusqu'à l'échafaud, il triomphe, il règne, il vit en paix ! De sa voix perfide, il fait appel au peuple imbécile, pour l'outrager ensuite avec un cynisme brutal. Et le peuple ainsi torturé pleure et... se résigne. La probité proscrite est réduite à se cacher, traquée pour délit d'innocence, exposée aux embûches du délateur vendu qui l'espionne.

« Fuis loin d'ici, te dis-je, et ne tarde pas. N'espère point améliorer par la patience ta condition misérable : le sentier de l'honneur ne mène point à la fortune. Celui qui poursuit sa marche audacieuse jusqu'au sommet des hautes montagnes, n'obtient d'autre résultat que de s'approcher de la foudre ; mais, s'il laisse les Andes pour les vallées fécondes de la terre de feu, il arrête bientôt ses regards enchantés sur les campagnes fleuries et les bois verdoyants. Ainsi l'homme intrépide qui gravit les cimes orageuses de la vertu marche sûrement à sa ruine, tandis que le méchant, dans les sentiers de l'ignominie, recueille fortune et jouissances.

« Veux-tu à toute force arriver à l'opulence ou au pouvoir ? Tu n'as qu'à regarder autour de toi pour découvrir le secret. Sois menteur, calomniateur, voleur ; profane à tout propos les noms de patrie et de liberté ; bassesses ignobles, adulations hypocrites, noires dissimulations, n'épargne rien. Fais du sordide intérêt ta loi suprême, et tes infortunes disparaîtront comme les terreurs d'un songe.

« N'entends-tu pas le cynique Espino entonner l'*hosanna* triomphal sur les pas du vainqueur du jour ? Que le malheureux monte au Golgotha, Espino le poursuivra de ses cris de mort. Eh bien ! de trahison en trahison, sa vie se déroule paisiblement, comme un torrent de lave impure s'écoule, au milieu des cendres et des quartiers de roche, sur les flancs déchirés du Sangaï. Et Corredor, et Viperino, et tous ces rebelles qui doivent leurs galons, non aux luttes guerrières, mais aux lâches séditions ; et ce renégat de Turpio Vilio, qui se donne à tous les partis pour les vendre tous ; n'ont-ils pas fini par émerger de la poussière, et par conquérir la célébrité de l'ignominie ?

« Sur cette terre de malédiction, à quoi servent la loyauté, la bravoure, la constante honorabilité, l'héroïsme d'un grand cœur qui poursuit la gloire, même au prix de la vie ? L'ingratitude l'abreuve de son fiel, l'envie lui distille ses poisons, et trop souvent le poignard d'un assassin !... Telle est la récompense que l'Équateur réserve à la vertu. Malfaiteur ou malheureux, pas d'autre alternative   choisis bien vite, avant que la sombre disgrâce ne t'enveloppe de son voile funèbre.

« Mais non ! intrépide et magnanime, méprise ces lâches

calculs. Incline la tête sous le couteau, jamais sous l'affront. Que la grande voix de l'ouragan résonne, que la foudre éclate et tombe : reste immobile et sans peur. Ils pourront te traîner à l'échafaud, mais non t'avilir.

« Je sais, oui, je sais le sort qui m'attend. De sombres présages attristent mon âme, des images sanglantes tourbillonnent autour de moi dans mes nuits agitées. Je vois, je vois l'avenir qui s'ouvre devant moi ; je sens les dures épines qui vont blesser mon front. J'approcherai de mes lèvres le calice des douleurs ;... la balle d'un scélérat me percera le cœur !... Mais si ma patrie, délivrée de l'oppression qui l'étouffe, peut enfin respirer librement, c'est avec joie que je descendrai au tombeau. »

Il est difficile de se figurer l'impression que produisit cette espèce d'éruption volcanique sur des natures équatoriales, inflammables comme la poudre, à ce moment surtout où personne n'osait espérer un vengeur. Plusieurs fois déjà, Garcia Moreno avait exercé sa verve satirique aux dépens des puissants, jamais avec cette énergie solennelle d'un homme qui, à défaut de juges, se fait lui-même grand justicier. On lut cette pièce comme on va voir les criminels marqués à l'épaule. C'était bien le despote dans sa hideuse laideur ; c'était bien ses séides, peints au naturel et très reconnaissables sous le voile transparent du pseudonyme. On éprouva l'intime satisfaction que durent ressentir les cœurs honnêtes lorsque l'anathème tomba des lèvres du Maître sur les hypocrites pharisiens.

Urbina frémit de rage, mais devant l'effervescence publique il crut prudent de dissimuler. Poursuivre Garcia Moreno, c'était attirer l'attention sur le portrait sorti de sa plume et par là même en multiplier les exemplaires ; le déporter sans aucune forme de procès, c'était peut-être provoquer une insurrection. Il voua une haine implacable à l'homme qui venait de le fustiger devant tout le pays, attendant toutefois pour se venger une occasion moins compromettante.

Garcia Moreno n'était pas d'humeur à le faire attendre longtemps. L'ode « à Fabius » inaugurait une guerre à outrance, dans laquelle il ne reculerait pas devant le sacrifice de sa vie pour délivrer sa patrie. Familiarisé, comme il le dit lui-même, avec les « images sanglantes, » il prévoyait qu'un jour « le poignard ou la balle d'un scélérat » lui percerait le cœur. Cette sinistre perspective, il l'a bien montré depuis, ne pouvait l'émouvoir. Il entreprit donc de continuer l'agitation au moyen de sa vaillante plume, afin de réveiller dans les masses, avec la honte de la servitude, les nobles passions qui donnent le courage de s'en affranchir.

Un mois à peine après le cri d'alarme qui avait retenti dans tous les cœurs, il fonda de concert avec quelques amis un journal hebdomadaire intitulé : *La Nacion*[1]. Ce titre indiquait suffisamment l'idée des rédacteurs : la nation esclave allait tous les huit jours agiter ses chaînes et protester contre l'oppresseur.

Dans le premier numéro, Garcia Moreno traçait un programme net et fier. On relevait de dessous les pieds du président le drapeau de la civilisation catholique, le vrai drapeau de la patrie. On l'arborait intrépidement en face de l'ennemi. « Il était temps, disait-on, de déchirer tous les voiles et de montrer au pays que, sous le gouvernement des radicaux, la loi constitutionnelle n'est qu'un leurre, la souveraineté du peuple une chimère, et les garanties légales de ridicules fictions. » On apportait en preuve les illégalités sans nombre, les proscriptions, les crimes honteux qui composaient l'histoire du dictateur. Les principes étaient fermes, le style nerveux, le ton d'une ironie sanglante.

Urbina comprit que *La Nacion* allait devenir une véritable machine de guerre contre son gouvernement. Il avait pu tolérer une poésie fugitive, mais la seule pensée d'une feuille périodique d'opposition le rendit furieux. En vertu de son pouvoir discrétionnaire sur la presse, il informa Garcia Moreno que, s'il osait lancer un second numéro de *La Nacion,* lui et ses complices seraient inexorablement déportés, ce qui signifiait internés au milieu des sauvages du Napo, ou fusillés dans un défilé quelconque par une escouade de Tauras. Le commandant général de Quito reçut l'ordre de lui notifier cet ukase.

— « Dites à votre maître, lui répondit Garcia Moreno,

---

[1] *La Nacion* parut le 8 mars 1853.

qu'aux nombreux motifs de continuer le journal, se joint maintenant celui de ne point me déshonorer en cédant à ses menaces. »

La ville entière, vivement surexcitée, observait avec attention ce duel d'un nouveau genre. Au jour marqué, parut le second numéro de *La Nacion*, plus fort, plus agressif que le premier. Comme on n'avait pas longtemps à vivre, il fallait s'expliquer clairement. Sous ce titre : « Politique du cabinet, » on lisait en tête du journal une critique violente des actes du gouvernement depuis son origine ; puis, Garcia Moreno libellait contre Urbina ce formidable réquisitoire :

On aurait pu croire que le gouvernement usurpateur chercherait un titre de légitimité dans le bien qu'il ferait au peuple. Vain espoir ! Plein de témérité et d'insanité, il veut dominer par la terreur ; il voile son impuissance sous les apparences de la force : il met sa gloire à insulter l'opinion. Fier de récolter la haine pourvu qu'il sème l'effroi, il dirait volontiers comme Tibère : *Oderint dum metuant*[1] !

« Dans notre système actuel d'administration, on n'aperçoit pas le moindre atome d'esprit, de cœur ou de bon sens. Le trésor est à sec, le budget de l'année courante dévoré, le soldat sans solde. N'importe ; au lieu d'introduire dans les finances une économie sévère et de réduire les dépenses militaires, on continue les dilapidations, les négociations ruineuses, les malversations les plus révoltantes. On maintient sur pied une armée déguenillée et affamée, insuffisante pour une guerre extérieure, écrasante pour un pays pauvre et ruiné. Avec tout cela, le gouvernement affecte des airs belliqueux qui font pitié. S'il se rencontre quelque part un jeune rodomont aussi couard que rapace, aussi rapace qu'insolent, on peut être sûr que ce propre à rien deviendra gouverneur d'une province ou premier magistrat d'un canton. Il volera, il écrasera le peuple jusqu'à ce qu'il ait enfin lassé sa stoïque patience. »

Après ce tableau de la politique gouvernementale, Garcia Moreno rappelait les crimes commis contre l'Église et notamment la scandaleuse et brutale expulsion de la Compagnie

[1] Qu'on me haïsse pourvu qu'on me craigne.

de Jésus. Il montrait comment « un perfide et lâche conspirateur n'avait pas craint d'acheter la protection d'un état voisin au prix du sang du juste et de l'honneur national, comment une assemblée prostituée, composée de toutes les incapacités, plus platement servile que le parlement de Cromwell, n'avait pas reculé devant l'exécution de l'infâme complot tramé par un assassin et un traître ; comment elle avait voté son décret de proscription, dans le huis-clos d'une session secrète, à la dernière minute de son existence, et comme en se bouchant les oreilles pour ne pas entendre les cris de réprobation d'un peuple exaspéré. » Il stigmatisait enfin la barbarie de l'exécution et l'ignoble conduite d'un gouvernement assez éhonté pour calomnier ses victimes avant de les torturer. « Honte éternelle, ajoutait-il, à ces lâches oppresseurs de l'innocence, à ces implacables persécuteurs de la vertu ! »

En guise de conclusion, il dépeignait avec son pinceau d'artiste les terreurs et les affolements de ce gouvernement sans boussole. « C'est, disait-il, un homme ivre, à la démarche incertaine, à la vue trouble, à la voix balbutiante. Il fait mille détours pour trouver son chemin, heurte à toutes les bornes, et attribue ses vertiges à la hauteur des édifices. Toujours vacillant, il se plaint qu'on le pousse et qu'on lui fait perdre l'équilibre. Il roule des yeux hagards, lève la main pour saisir une ombre tenace, sans se douter qu'elle est produite par son propre corps. Il accuse le soleil et se plaint qu'il fait nuit en plein midi, parce que ses yeux obscurcis ne distinguent plus les objets. Épouvanté, il affirme que le sol tremble, parce qu'il ne tient plus sur ses jambes, jusqu'à ce qu'enfin, haletant, somnolent, n'en pouvant plus, il tombe et s'endorme pour cuver son vin. C'est la parfaite image de notre gouvernement : il prépare sa chute, et sa chute sera celle d'un ivrogne. »

Garcia Moreno ne se faisait aucune illusion sur le dénoûment de cette tragédie. Avec un dévoûment digne des anciens romains, il sacrifiait à l'amour de la patrie son repos et son bonheur. Il avait trente-deux ans ; il venait d'épouser une femme digne de lui ; un avenir brillant s'offrait à ses regards. Lancer sa feuille, c'était l'exil, mais c'était aussi pour l'homme néfaste qui égorgeait son pays un coup de massue capable de l'étourdir. La persécution qui allait l'atteindre rendrait le persécuteur plus odieux encore et réveillerait dans les cœurs la noble passion du devoir. Sans hésitation il lança sa feuille et attendit le bourreau.

La Nacion parut dans la matinée du 15 mars 1853 : deux heures après, Urbina signait l'arrestation de Garcia Moreno. L'irritation du président ne connaissait plus de bornes, mais l'exaltation du peuple croissait aussi. Averti que la police avait reçu l'ordre de le saisir, Garcia Moreno sortit de sa demeure, escorté de deux complices comme lui décrétés d'exil, et se rendit sur la place publique afin de forcer les sbires à l'appréhender en pleine rue devant toute la population. De fait, on vit bientôt arriver les agents de la force publique, en nombre respectable. Après qu'ils eurent exhibé le mandat d'arrêt, les trois prisonniers montèrent à cheval sans opposer de résistance ; puis, saluant leurs amis, ils sortirent de Quito sans savoir où leur escorte allait les conduire.

Au silence de mort qui accueillit cette nouvelle infamie, à la sombre indignation peinte sur tous les visages, aux larmes qui coulaient de tous les yeux, Urbina put savoir combien il était craint, mais aussi combien il était détesté. Évidemment le cœur du peuple accompagnait l'exilé, et tous allaient l'attendre comme un libérateur.

CHAPITRE VIII.

L'EXILÉ.

1853-1856.

L'homme vraiment héroïque, c'est celui qui poursuit sa noble tâche aussi bien dans les revers qu'au milieu des succès, sans tenir compte des sacrifices auxquels il se condamne ni des dangers qu'il rencontrera sur son chemin. Ce caractère chevaleresque était si naturel à Garcia Moreno qu'en suivant les sbires sur la route de l'exil, il pensait moins à son infortune qu'aux moyens à prendre pour délivrer son pays. Cependant, tout en rêvant de nouvelles luttes, il s'aperçut que l'odyssée menaçait d'être des plus aventureuses. La caravane se dirigeait, par les provinces du nord, vers la Nouvelle-Grenade. Sans doute, Urbina voulait confier les trois déportés à ses bons amis, les francs-maçons de Bogota. En peu de jours, ils arrivèrent à Pasto, premier poste du territoire grenadin, où le gouverneur les fit incarcérer.

De pareils hommes on pouvait tout craindre. Estimant moins dangereux de tenter une évasion que de rester entre leurs mains, Garcia Moreno profita d'un moment où la garde n'avait point l'œil sur lui pour franchir subtilement les portes de sa prison, traverser la ville à la faveur des ténèbres et se jeter dans la campagne. Quelques jours après, à la faveur d'un déguisement, il rentrait à Quito pour combiner avec ses amis un nouveau plan d'attaque. Mais il s'aperçut bien vite que, si l'indignation était grande chez les conservateurs, ils n'avaient pas encore assez souffert pour regimber contre l'autocrate. Il prit alors le chemin de Guayaquil, voulant voir par lui-même avant de s'expatrier si, dans cette province plus ardente, il trouverait les esprits disposés à secouer le joug. Des entrevues secrètes avec ses amis politiques suffirent pour lui démontrer que le moment de la délivrance n'était point venu. Jugeant inutile dans ces conditions de prolonger son séjour au milieu de ses ennemis, il s'embarqua sur un vaisseau étranger qui faisait voile vers le Pérou.

Toutefois il acquit bientôt la preuve de l'immense influence que les protestations d'un homme de cœur exercent sur l'opinion publique, surtout s'il affronte l'exil et la prison, plutôt que de fléchir le genou devant un tyran. A peine sur la terre étrangère, il apprit que, malgré les déclarations furibondes des journaux ministériels, les conservateurs de Guayaquil l'avaient choisi comme leur représentant au sénat, en vue du congrès qui devait s'ouvrir au mois de septembre. C'était une condamnation de l'odieuse conduite du président et même une invalidation indirecte du décret d'exil, car la constitution stipulait l'inviolabilité des membres du congrès pendant la durée des sessions. En vain le gouvernement employa-t-il les moyens les plus iniques pour tromper ou intimider les électeurs ; ils résistèrent à toutes les séductions, et Garcia Moreno fut élu sénateur à une forte majorité. La résistance active portait ses fruits.

Cet affront, d'autant plus sanglant qu'il lui venait de sa bonne cité de Guayaquil, jeta le président dans une grande perplexité. Usant de son droit, Garcia Moreno ne manquerait pas d'occuper son siège au congrès, ni de profiter de l'occasion pour mettre à nu devant le pays les turpitudes du dictateur. Il fallait à tout prix conjurer cet éclat. D'un autre côté, après tant de méfaits révoltants, fouler aux pieds l'immunité d'un sénateur légitimement élu, immunité garantie par le pacte constitutionnel, n'était-ce point serrer trop violemment les freins et s'exposer à un soulèvement populaire? Urbina balança les chances, et, comptant avec raison sur la servilité des députés comme sur le dévoûment de son ami Roblez, il décida que Garcia Moreno ne siégerait pas au congrès.

Celui-ci s'attendait bien à un coup de force, mais il entrait précisément dans ses vues de pousser le despote à multiplier les actes de brutalité afin de le mettre au ban de l'opinion. Il se présenta donc, à l'ouverture des chambres, pour prendre possession de son siège. Le gouverneur de Guayaquil.

l'âme damnée d'Urbina, l'ivrogne Roblez, exécuta ponctuellement la consigne qu'il avait reçue du maître. Ses agents empoignèrent le sénateur sans plus de façon que s'il se fût agi d'un simple vagabond, et le traînèrent, après quelques jours de détention, sur un vaisseau de guerre qui le déposa sur les côtes du Pérou, dans le petit port de Payta.

Garcia Moreno resta dix-huit mois sur cette plage déserte, enseveli dans un cabinet d'études au milieu de ses livres. Une fois dans la solitude, la passion de savoir, plus vivante que jamais, revint tourmenter son esprit, jusqu'à lui faire oublier les repas, la promenade, et jusqu'au soin de ses yeux fatigués et malades. Il ne sortit qu'une fois de ses méditations scientifiques, et ce fut pour répondre à l'odieux Urbina qui, pour colorer ses mesures de proscription, accusait l'exilé d'avoir conspiré contre la sûreté de l'État.

« On m'accuse, dit-il, d'avoir conspiré contre le gouvernement, et d'avoir embauché les officiers de l'armée. — Je réponds à mon accusateur qu'il en a menti. Si ce mot l'offusque, qu'il publie la preuve de ses accusations et les dénonciations des militaires embauchés par moi ; oui, qu'il la publie, si le rouge de la honte peut encore se peindre sur son front d'airain. Non, je n'ai pas commis le crime de conspiration ; si j'ai commis un crime, c'est celui de ne pas conspirer contre un régime d'oppression et d'ignominie, contre l'organisation du vol et du brigandage. Voilà le délit de lèse-patrie que je confesse et que je me reprocherai toujours.

« On m'accuse d'avoir qualifié de « prostituée » l'assemblée de Guayaquil et d'avoir affirmé que toutes les incapacités y étaient largement représentées. » — Oui, je l'ai dit, seigneur Espinel ; et suis-je donc un conspirateur pour avoir délivré un brevet d'incapacité à des rustres qui ne pourraient pas même concourir avec l'âne de Balaam ? Mais, dans ce cas, je conspire depuis que je suis au monde, car la nature m'a mis au cœur le penchant irrésistible de donner à chaque chose son vrai nom, et, comme Boileau, j'appelle un chat un chat, Urbina un traître, et la convention de Guayaquil une prostituée. De quelle épithète qualifier une assemblée qui, en dépit de la constitution, de la justice, de la volonté du peuple, de l'honneur national, décrète la barbare expatriation des jésuites, uniquement parce que l'assassin Obando réclame du traître Urbina l'exécution d'un pacte infâme ?

« La cause réelle de mon expulsion, c'est d'avoir créé un organe périodique pour dénoncer au peuple les abus et les crimes dont le gouvernement se rend journellement coupable. Le tyran ne put supporter cette voix importune, écho de la conscience publique et de sa propre conscience. Il étouffa cette voix ; il me bannit de Guayaquil malgré l'inviolabilité parlementaire ; il me bâillonna, sachant bien que j'aurais fait sans crainte le hideux tableau de ses brigandages. J'aurais dit pourquoi il refusait de rendre des comptes ; comment six mille piastres ont disparu mystérieusement du trésor de Manabi ; comment Urbina paya son médecin, le docteur Arcia, sur la caisse des contribuables ; par quels moyens il tenta de s'approprier sept mille piastres, destinées à différents commerçants de Guayaquil et de Quito ; avec quelle générosité il assigna au général Roblez mille piastres au-dessus de sa solde ordinaire ; avec quel désintéressement il remit vingt-sept mille piastres au receveur de Babahoyo sur les quarante mille que ce dernier devait verser au trésor. Vous avez craint ces révélations, et voilà pourquoi vous m'avez jeté hors de l'Équateur.

Il termine cette véhémente catilinaire par ces accents prophétiques, véritable inspiration du patriotisme dont brûlait son grand cœur

« Je pardonnerais à mes ennemis tout le mal qu'ils ont voulu me faire, s'ils eussent travaillé au bonheur de mon pays au lieu d'accroître chaque jour sa disgrâce et de ruiner ses espérances. Je leur pardonnerais, s'ils n'abusaient de la stupeur d'un peuple aux abois pour s'engraisser de sa chair comme de vils oiseaux de proie. Ils ont cru que la léthargie, c'était la mort, et, semblables à des chacals affamés, ils ont bondi sur le pauvre patient comme sur un cadavre. Ils ont cru que l'éternelle Providence permettrait toujours de décerner au brigandage un culte et à la prostitution des autels. Mais qu'ils se détrompent! l'aiguillon de la douleur va tirer le peuple de son engourdissement, un cri de fureur s'échappera bientôt de toutes les poitrines, et le cadavre, retrouvant la chaleur et la vie, se redressera dans la conscience de son droit et le sentiment de sa dignité. Vienne alors l'heure de la justice, et nous jetterons à la côte la horde des tyrans. Avant peu, quiconque voudra trouver Urbina, ira chercher sa tombe dans le champ réservé aux infâmes et aux parricides. »

Garcia Moreno entrevoyait le jour de la délivrance, parce que, grâce à ses excitations énergiques, les tyrans n'avaient pu assez chloroformiser le peuple pour le rendre insensible à leurs attentats. Sans doute ce peuple laissait sous ses yeux ébranler la morale et la religion, les deux colonnes de la société ; mais, à ses sourds rugissements, on entrevoyait le moment où l'instinct de conservation lui arracherait le cri redoutable qui met en fuite les assassins. Alors, si un homme se rencontrait, capable de faire l'œuvre de Dieu, la nation se relèverait de ses ruines. L'ardent patriote pressentait vaguement qu'il était cet homme, et que la plume bientôt devrait le céder à l'épée. Il résolut donc, pendant qu'Urbina comblerait la mesure de ses iniquités, de consacrer à son propre perfectionnement le temps qu'il devrait passer encore sur la terre étrangère. Et comme il ne pouvait dans ce désert de Payta, sans maîtres et sans ressources, pousser bien loin ses observations scientifiques et politiques, il prit le parti de traverser une seconde fois les mers et de demander asile à la France. Vers le mois de décembre 1854, il dit adieu à ses compagnons d'exil et s'embarqua pour Panama. Un mois après, il arrivait dans la capitale de la France.

Paris est pour les étrangers de toute provenance et de toute condition, européens, asiatiques, américains, littérateurs ou politiques, exilés ou touristes, la ville par excellence des plaisirs et du *dolce far niente*. C'est la Babylone moderne : dans ses murs, on trouve peu de Juifs qui pleurent Jérusalem, je veux dire la patrie absente. Garcia Moreno n'allait-il pas, après tant d'autres, se laisser prendre au sourire de la grande fascinatrice, et subir, après avoir résisté dix ans aux tyranneaux de son pays, le joug d'une tyrannie plus ignoble et plus impérieuse? A trente-trois ans, à deux mille lieues de ses montagnes, après un long internement dans les sables de Payta, n'irait-il pas chercher dans les plaisirs faciles l'oubli de ses chagrins? Sans doute, il emportait dans son cœur l'image de son pays martyrisé ; mais, à cette distance, on n'entend ni les cris des persécuteurs, ni le râle des victimes, et l'on s'endort, comme Renaud, aux pieds d'une nouvelle Armide. Que de belles âmes ont connu ces défaillances !

L'exilé de Quito n'eut pas même à combattre cette tentation. Son cœur était trop élevé, son tempérament trop chrétien, son caractère trop énergique, pour dévier un instant du chemin de l'honneur. D'ailleurs, le pressentiment dont nous avons parlé, pressentiment qui ne manque jamais aux grandes âmes, l'avertissait qu'avec le temps il aurait quelque chose à faire pour son pays. Or, pour travailler à la régénération d'un peuple, il faut monter, non descendre Il le comprit, et Paris devint le Manrèze où tous les nobles germes déposés par Dieu dans son cœur, reçurent leur complet épanouissement.

Nos lecteurs se souviennent de sa constante passion pour l'étude et de ses brillants succès à l'Université de Quito. Depuis ses jeunes années, malgré ses devoirs d'avocat, ses préoccupations et travaux politiques de chaque jour, il n'avait jamais cessé d'approfondir la science du droit, de l'histoire, et surtout les sciences naturelles et mathématiques. Il professait un culte spécial pour la chimie, et ce qu'il chercha de prime abord à Paris, ce furent des maîtres, des instruments, des laboratoires. Il eut la bonne fortune de trouver, dans l'illustre naturaliste Boussingault, un professeur distingué entre tous. Boussingault avait vingt ans auparavant parcouru l'Équateur, étudié ses volcans, distancé Humboldt lui-même dans l'ascension du Chimborazo : il se lia d'amitié avec ce singulier exilé, qui trouvait moyen de pénétrer dans le cratère du Pichincha, en même temps qu'il travaillait à endiguer les torrents de lave impure du volcan révolutionnaire. Malgré ses nombreuses occupations, l'illustre maître consentit à le recevoir au nombre de ses élèves privilégiés.

Dès lors, Garcia Moreno reprit la vie d'étudiant, d'étudiant reclus, sans autres compagnons que ses livres. Confiné dans un appartement très modeste, rue de la Vieille-Comédie, loin des boulevards tumultueux, des théâtres bruyants, de la foule oisive, il se levait de grand matin, travaillait toute la journée, et, bien avant dans la nuit, les habitants du quartier voyaient briller la lampe qui veillait à côté de l'infatigable chercheur. Aussi les maîtres de la maison où il était logé, ses commensaux, et jusqu'aux simples serviteurs, témoignaient-ils le plus profond respect pour cet étranger dont la vie et les habitudes contrastaient si étrangement avec l'immoral vagabondage du trop fameux quartier latin.

Il écrivait en ce temps à l'un de ses anciens compagnons d'exil : « J'étudie seize heures par jour, et, si les jours en avaient quarante-huit, j'en passerais quarante avec mes livres, sans broncher. » De fait, ces seize heures de travail opiniâtre lui paraissant trop courtes, il voulut économiser les quelques minutes consacrées à une distraction bien inoffensive. Comme tous les Américains, il était grand fumeur. Aussi, en passant aux Antilles pour se rendre en France, avait-il fait une ample provision de cigares de qualité superfine. Un jour qu'un de ses amis, sur le point de retourner à l'Équateur, lui faisait ses adieux, Garcia Moreno lui offrit pour son voyage le coffret qui contenait son trésor. Son interlocuteur lui faisant observer qu'il ne trouverait rien de comparable à Paris, tandis que lui serait bientôt à la source : « Prenez, lui dit-il, vous me rendrez un grand service. Il me faut étudier, étudier toujours, et je ne veux plus perdre le temps que je passe à allumer ces malheureux cigares. » Il n'était point de la race de ces sybarites qui s'entretiennent télégraphiquement de leurs « cigares exquis », pendant que leur pays agonise sous les coups de cinq cent mille envahisseurs.

Avec un pareil régime, il fit en peu de temps des progrès merveilleux. Il recevait les leçons du professeur en compagnie d'un américain du nord, familiarisé depuis deux ans avec les matières dont il entreprenait l'étude. « Il sera peut-être difficile de vous mettre à son niveau, » avait dit le maître. — « Nous essayerons, » répondit l'élève, et en quelques semaines, il avait atteint son compagnon. Il trouva bientôt que celui-ci marchait lentement, trop lentement à son gré. Le malheureux Yankee, piqué au vif, jura de le suivre ou de mourir à la tâche, et tint si bien son serment que l'excès d'application le conduisit au tombeau cette année-là même. D'une constitution robuste, habitué depuis l'adolescence à se surmener sans pitié, Garcia Moreno ne souffrit aucunement de ce labeur exagéré.

Pour se délasser, il se mettait au courant du mouvement politique, littéraire, industriel et militaire de la France. Il étudiait spécialement nos collèges, nos lycées, nos écoles primaires, en un mot, l'organisation de l'instruction publique. Rien ne lui était indifférent, parce qu'il ne voulait rester étranger à aucune des connaissances qu'un homme d'État doit posséder. Une fois renseigné sur les méthodes, sur les systèmes, il se réservait de les juger à la triple lumière de la religion, de l'expérience et du bon sens.

Paris fut donc pour Garcia Moreno une école de haute science ; mais, par la grâce de Dieu qui voulait faire de cet homme un instrument de salut pour tout un peuple, « cette vaste fabrique d'antechrists et d'idoles [1] » devint encore pour lui le foyer de la vraie vie chrétienne. Depuis plusieurs années, sa piété, autrefois si fervente, s'était sensiblement refroidie. Les luttes politiques et les préoccupations de la science avaient trop absorbé son âme, et naturellement cette surexcitation des facultés intellectuelles avait fini, en desséchant le cœur, par compromettre la vie surnaturelle. Quand il disait, dans sa belle défense des jésuites « Je suis catholique, je suis fier de l'être, *bien que je ne puisse compter au nombre des chrétiens fervents,* » l'exacte vérité sortait de son noble cœur. Enfant dévoué de l'Église, soumis à toutes ses lois, il n'avait plus pour Dieu la filiale piété d'autrefois. Sa conscience le lui reprochait souvent, mais qu'il est difficile de retrouver la vie du cœur !

Un singulier incident vint donner à cette âme engourdie le coup d'éperon dont elle avait besoin. Garcia Moreno se promenait un jour dans les allées du Luxembourg avec quelques compatriotes, exilés comme lui, mais dont les idées religieuses différaient des siennes. L'entretien roula bientôt sur un malheureux qui, s'obstinant dans son impiété, avait refusé les sacrements en face de la mort. Quelques-uns, fanfarons d'athéisme, trouvaient cette conduite irréprochable, car enfin, disaient-ils, cet homme a pris son parti dans la plénitude de sa conscience et de sa liberté. Garcia Moreno prétendait, au contraire, que si l'irréligion s'explique assez facilement

---

[1] Louis Veuillot.

pendant la vie, par suite de la légèreté humaine et des affaires qui absorbent l'attention, l'impiété à la mort est une véritable monstruosité. Ses adversaires s'en prirent alors au catholicisme, ressassant toutes les objections que l'incrédulité oppose à nos dogmes ; mais, sur ce terrain encore, ils virent bientôt qu'ils avaient affaire à plus fort qu'eux. Avec sa foi ardente, sa logique impitoyable, il mit en poussière leurs vaines arguties; puis, s'animant par degrés, il leur montra non seulement la vérité, mais encore la souveraine grandeur et l'idéale beauté des mystères chrétiens, et cela avec tant d'enthousiasme et de sagacité qu'un de ses interlocuteurs, pour esquiver la discussion, lui dit avec une franchise un peu brutale : « Vous parlez très bien, cher ami; mais cette religion si belle, il me semble que vous en négligez un peu la pratique. Depuis quand vous êtes-vous confessé? »

Cette observation, qui frappait juste, arrêta court l'éloquent polémiste. Déconcerté, il baissa la tête un instant, puis regardant dans les yeux son contradicteur : « Vous m'avez répondu, dit-il, par un argument personnel qui peut vous paraître excellent aujourd'hui, mais qui demain, je vous en donne ma parole, ne vaudra plus rien. » Et il quitta brusquement la promenade. Rentré dans sa chambre, en proie à une vive surexcitation, il médita longtemps sur les années écoulées depuis le jour où, plein de ferveur, il se consacrait à Dieu aux pieds de l'évêque de Guayaquil. Dieu ne l'avait point appelé au service des autels, mais l'avait-il dispensé de l'aimer de tout son cœur ? Sous une vive impression de douleur, il tombe à genoux dans sa chambre, prie longtemps, et s'en va, le soir même, se confesser au premier prêtre qu'il rencontre dans une église. Le lendemain, il était à la sainte table, remerciant Dieu de l'avoir forcé à rougir de sa négligence et de sa tiédeur.

Dès lors il reprit ses habitudes de piété, pour ne plus les quitter jamais. On le rencontrait presque tous les jours à Saint-Sulpice, où il entendait la messe avant de se mettre au travail. Chaque jour aussi, il récitait le chapelet en l'honneur de la sainte Vierge, dévotion que sa pieuse mère avait inspirée à tous ses enfants. Le dimanche, les paroissiens de Saint-Sulpice admirèrent longtemps un étranger, au maintien noble et sérieux, à l'air profondément recueilli, priant assidûment devant l'autel : c'était l'exilé, recommandant à Dieu son âme, sa famille et sa patrie. On le coudoyait aussi parfois dans la chapelle des Missions-Étrangères, où il allait demander aux martyrs l'héroïsme qui ne recule jamais, même devant la mort, alors qu'il s'agit d'accomplir un devoir. Aux sciences humaines il joignit ainsi la science de Dieu qui les domine toutes, pour en faire les instruments et les ornements de la véritable civilisation.

Soutenu par ces deux forces, le travail et la prière, Garcia Moreno vécut à Paris aussi solitaire qu'à Payta. Jamais il ne mit le pied dans un théâtre, jamais il ne chercha d'autre distraction qu'une promenade, le dimanche, dans les environs de la ville. Les grandes *attractions*, rendez-vous des foules superficielles, le faisaient fuir. Ce qu'il admirait dans notre capitale, c'étaient les merveilles de la science et de l'industrie, et non cette corruption dorée du Bas-Empire qui se glorifie de payer une actrice autant qu'un maréchal de camp, fait litière de la morale, et abaisse les caractères en dégradant les âmes.

Si nous ajoutons maintenant qu'avec la science et la piété, Garcia Moreno trouva dans la capitale de la France le complément de son éducation politique, nous comprendrons par quel dessein providentiel Dieu permit ce douloureux mais nécessaire repos de l'exil.

Garcia Moreno était trop bon appréciateur des hommes et des choses pour n'avoir pas remarqué l'immense influence que peut exercer une personnalité puissante sur les destinées d'un peuple. Même quand les vents sont déchaînés et que les peuples, secoués par l'ouragan révolutionnaire, sont comme pris de frénésie, le mot du poëte reste vrai : qu'un dominateur apparaisse sur la scène, le calme se fait à l'instant [1]. Il sentait d'instinct qu'un jour il aurait à exercer le rôle de dompteur : aussi fut-il heureux d'étudier sur place une de ces soudaines métamorphoses opérées dans une nation par la volonté d'un homme. De 1848 à 1852, la France, semblable à une furie, se débattait dans une sorte de rage épilepti-

---

[1] Virum... si quem conspexere... silent. *Virgile.*

que. Le monde tremblait à l'aspect de ses convulsions, et l'on se demandait si l'année 1852 ne serait point l'année fatidique de l'agonie d'un grand peuple. Lors de son dernier voyage, Garcia Moreno avait pu entendre ses cris de fureur à la seule pensée d'un maître et d'un frein quelconque. Le maître était venu, lui avait mis le frein, et la bacchante, souple et calme, se taisait. Ses journaux les plus échevelés, comme ses énergumènes de tribune, avaient trouvé la raison ; sauf quelques enragés de parlementarisme, la France s'applaudissait de n'avoir plus en main le poignard avec lequel elle voulait se suicider. De cette expérience accomplie sous ses yeux, Garcia Moreno concluait qu'avec le secours d'en haut, un homme sage et fort sauve un peuple malgré lui, et il demandait à Dieu assez d'énergie pour délivrer son pays du banditisme révolutionnaire.

Mais à quoi sert d'arracher un nation au Moloch démocratique, si on la livre aux étreintes du Moloch césarien ? Le vrai sauveur, c'est celui qui rend la vraie liberté en la courbant devant Dieu seul. Plus heureux que Napoléon III, qui substitua la tyrannie impériale à la tyrannie républicaine, Garcia Moreno eut encore la bonne fortune, en ce temps-là, de s'initier à la plus magnifique révélation du droit chrétien.

Au milieu du dix-neuvième siècle, alors que les universités gallicanes, pour la plus grande gloire de l'omnipotence royale, avaient replongé le monde dans un vrai chaos doctrinal, Dieu suscita un vrai missionnaire des droits de l'Église et de la papauté. Ce missionnaire, l'abbé Rohrbacher, éleva le gigantesque monument qui tua le gallicanisme dans tous les esprits sérieux, je veux dire *l'Histoire universelle de l'Église catholique*. Dans cette encyclopédie, la théologie, la politique et l'histoire, harmonieusement fondues ensemble, s'appuient sur la tradition des siècles comme sur les mystères les plus profonds de la nature humaine, pour arriver à cette conclusion que personne n'ébranlera jamais : l'Église catholique est la reine du monde, à laquelle doivent obéir les rois aussi bien que les peuples ; elle est la tête du grand corps social dont l'État n'est que le bras : donc, pas de lutte entre l'État et l'Église ; pas de divorce non plus, mais l'harmonie la plus intime par la subordination de l'État à l'Église.

La chute des empires dans l'antiquité et les révolutions incessantes du monde moderne servent de contre-épreuve à cette exposition saisissante.

A la lecture de cet ouvrage qu'on peut appeler providentiel, Garcia Moreno vit s'élever devant ses yeux éblouis comme une apparition de la céleste vérité, devant laquelle s'évanouirent ces droits révolutionnaires tant vantés : quatre articles, droits de l'homme, lois du patronat, articles organiques, et autres chaînes forgées par l'État pour garrotter l'Église. Il comprit dès lors que le peuple du Christ a le droit d'être gouverné chrétiennement, et qu'on ne peut le déposséder de l'Église sans lui ravir la liberté, le progrès, la civilisation. Il comprit également que la tyrannie ne peut être inviolable. Le Christ Rédempteur a dû pourvoir son Église du droit de sauver les âmes et les peuples, en écartant les tyrans qui lui barrent le chemin. Les peuples de leur côté, guidés par leur céleste directrice, ont le droit de choisir le moment opportun pour défendre, même par les armes, leurs autels et leurs foyers.

Garcia Moreno aimait dans le nouvel historien de l'Église précisément ce que d'autres lui ont reproché, le mélange de la théologie avec l'histoire. Son génie scrutateur éprouvait le besoin d'analyser les faits pour en chercher la raison dernière, c'est-à-dire la loi théologique. Il estimait aussi, dans ce défenseur de la vérité, l'homme entier, ennemi des compromis et des palliatifs, le chevalier sans peur et sans reproche, frappant et de taille et d'estoc sur l'erreur, cette erreur eût-elle pour patrons Fleury, Bossuet ou Pascal. Ce paladin à l'humeur joyeuse, mais terrible jusque dans ses joyeusetés, allait tout naturellement à son caractère franc et généreux.

Nous devions insister sur cette *Histoire*, car en lui révélant le rôle politique de l'Église, que tant d'hommes d'État mourront sans connaître, elle fit pénétrer dans son âme l'esprit de Charlemagne et de saint Louis. Aucun livre sorti de la main des hommes n'exerça sur lui pareille influence. Il en lut trois fois les vingt-neuf volumes, approfondissant à chaque reprise les thèses exposées par l'auteur, dont il admirait de plus en plus le génie. Grâce à son excellente mémoire, il en citait souvent des pages entières pour appuyer ses opinions.

L'exil avait donc grandi et mûri Garcia Moreno. Assez fort pour se mesurer avec la Révolution, assez humble pour s'agenouiller devant l'Église, il était de la race des vrais libérateurs, et Dieu pouvait lui rouvrir les portes de sa patrie. Avant de le montrer aux prises avec l'ennemi, qu'on nous permette encore, sur son séjour à Paris, d'emprunter quelques lignes au grand écrivain qui fut, avec Rohrbacher, le plus vaillant défenseur des droits de l'Église en notre siècle
« Sur la terre étrangère, seul, inconnu, mais soutenu de sa foi et de son grand cœur, Garcia Moreno s'éleva lui-même pour régner, si telle était la volonté de Dieu. Il apprit ce qu'il devait savoir afin de gouverner un peuple autrefois chrétien, mais qui redevenait sauvage et ne pouvait plus être ramené à la civilisation de la croix qu'avec un frein brodé des verroteries l'Har Dans b il avait voulu être savant. Paris, où l'amenait la Providence, était bien l'atelier convenable à cet apprenti. Paris, chrétien aussi, et en même temps barbare et sauvage, offre le spectacle du combat des deux éléments. Il a des écoles de prêtres et de martyrs, il est une vaste fabrique d'antechrists, d'idoles et de bourreaux. Le futur président et le futur missionnaire de l'Équateur avait là sous les yeux le bien et le mal..... Quand il retourna dans son lointain pays, son choix était fait. Il savait où se trouvaient la vraie gloire, la vraie force, les vrais ouvriers de Dieu. S'il fallait préciser le seuil d'où il partit, le dernier lieu où s'attacha son cœur, nous nommerions sa chère église de Saint-Sulpice, ou peut-être quelque humble chapelle de missionnaires où il avait coutume de venir prier pour sa patrie[1]

1 Louis Veuillot, *Univers*. 27 septembre 1875.

CHAPITRE IX.

LE RÉVEIL D'UN PEUPLE.

1857 - 1858.

Pendant que Garcia Moreno se préparait dans l'exil à son rôle de régénérateur, Urbina, comme tous les despotes, travaillait à la dégradation progressive du peuple, afin d'étouffer dans le naufrage universel des consciences toute idée de revendication ou de révolte. L'Église étant la première force vitale d'une nation, il fallait la détruire ou l'enchaîner. Le président n'eût point osé chasser les évêques et les prêtres comme il avait chassé les jésuites, mais il espérait, au moyen de ses prétendus droits, les corrompre ou les dominer. Prétextant l'usuffisance des casernes, il fit main basse sur les couvents pour y loger des soldats. De là des désordres qui achevèrent de ruiner la régularité déjà fort ébréchée. A la faveur des lois qui lui donnaient la haute main sur les séminaires, il choisit pour directeurs des hommes dévoués à sa politique, sans tenir aucun compte de la science ni de la vertu. L'instruction publique ne trouva point grâce devant cet Érostrate. On vit bientôt les collèges transformés en casernes, les leçons suspendues pour un temps indéterminé, les écoles primaires complètement abandonnées. L'Université aurait pu faire entendre une voix accusatrice, Urbina la tua par une loi dite de la liberté des études, qui autorisait les élèves à prendre leurs grades, sans suivre les cours des facultés. De là paresse, ignorance, abrutissement général de la nation.

Dès lors l'autocrate gouverna l'Équateur comme un pays de nègres ou d'ilotes. Pendant que les provinces de l'intérieur gémissaient sous son joug de fer, les deux satrapes, Roblez et Franco terrorisaient le littoral. On ne racontait qu'assassinats d'officiers, de juges et même de prêtres. Pour remplir ses coffres toujours vides, le gouvernement annonçait à chaque instant une nouvelle invasion de Florès et de nouvelles contributions de guerre ; puis, les caisses du fisc remplies, l'ombre de Florès s'évanouissait comme par enchantement. Sans les protestations solennelles du corps diplomatique, Urbina eut même vendu aux États-Unis, pour une somme de trois millions de piastres, les îles de Gallapagos, qui appartiennent à l'Équateur.

On se demandera peut-être comment une dictature aussi insolente a pu s'exercer sous un gouvernement parlementaire. C'est que les deux chambres étaient faites à l'image du maître par le maître lui-même. Les comices électoraux se hasardaient-ils à nommer quelques députés consciencieux et indépendants, Urbina réclamait l'invalidation des élus et la majorité servile applaudissait. Quant aux journaux, leur mission consistait à encenser le despote qui les payait. *L'expectateur* osa revendiquer les droits de la religion et de la patrie : ses rédacteurs furent déportés au Napo. Tout était perdu, si Dieu qui dirige le cours des événements, n'eût ramené à l'Équateur, contre toute prévision, l'homme qu'il tenait en réserve dans une cellule de Paris pour en faire le porte-drapeau de la contre-révolution.

A la fin de 1856, son mandat terminé, Urbina fit nommer président son ridicule comparse, le général Roblez. Celui-ci, comme don de joyeux avènement, publia un décret d'amnistie qui permit aux exilés de rentrer à l'Équateur. Garcia Moreno reparut donc à Quito avec tout le prestige d'un chevalier qui a beaucoup souffert pour la sainte cause de la religion et de la patrie. On ne l'avait point perdu de vue durant ces trois années d'absence ; on vantait sa force d'âme qu'aucune persécution n'avait pu abattre, mais plus encore cet intrépide courage qui lui avait fait préférer les veillées solitaires de l'étude aux distractions bruyantes du monde parisien ; on savait qu'il revenait muni de toutes les connaissances nécessaires pour élever son pays au niveau des nations les plus civilisées de l'Europe, et l'on comptait sur son audace bien connue pour terrasser ceux qu'on appelait déjà *les deux jumeaux*, Urbina et Roblez.

A peine arrivé, les distinctions les plus flatteuses et les plus honorables vinrent le chercher avec un empressement d'autant plus marqué qu'on voulait, en l'exaltant, rabaisser ses persécuteurs. La municipalité de Quito le nomma *Alcade,* emploi qui correspond à celui de juge en première instance. Quelque temps après, la charge de recteur de l'Université étant devenue vacante, les docteurs, investis du droit de nomination, n'hésitèrent pas à la lui conférer comme au plus digne d'occuper ce poste éminent, mais difficile. Il fallait relever l'enseignement du mépris dans lequel il était tombé sous l'administration précédente, et opérer pour cela des réformes radicales que n'accepterait jamais le gouvernement de Roblez. Toutefois Garcia Moreno se mit à l'œuvre, résolu de faire le possible en attendant des temps meilleurs. Il stimula au travail les professeurs et les élèves en accordant les grades non plus à la faveur, mais au savoir. Lui-même présidait aux examens, écartant impitoyablement tout candidat incapable. Cette mesure contraignit les étudiants à fréquenter les cours, en dépit de la liberté que leur octroyait la loi des études.

La Faculté des sciences n'existait que de nom. Elle n'avait ni professeurs, ni cabinet de physique, ni cabinet de chimie, ni laboratoires, ni instruments d'aucune sorte. Le gouvernement estimait les expériences dangereuses, et en tout cas trop coûteuses. Tout dévoué à son œuvre, Garcia Moreno fit présent à l'Université d'un magnifique cabinet de chimie qu'il avait apporté de Paris pour son usage personnel, et se chargea lui-même d'enseigner cette science, alors presque inconnue. Ses élèves apprécièrent bientôt l'étendue de ses connaissances, sa puissance d'investigation, et surtout la ténacité de sa mémoire qui lui permit de réciter un jour, sans hésiter un instant, toute la nomenclature des éléments simples. Aux leçons quotidiennes il ajouta des cours publics, dans lesquels il montra par des expériences saisissantes l'application des sciences à l'agriculture et à l'industrie, de manière à en faire ressortir, même aux yeux des plus aveugles, l'excellence et l'utilité. Aussi tous l'admiraient, mais particulièrement les jeunes gens, que passionne et subjugue toujours la flamme du génie, jointe à l'énergie du caractère.

Cependant le plaisir de présenter à ses compatriotes ces « verroteries de l'Europe » ne lui faisait pas oublier le grand but à poursuivre, c'est-à-dire la délivrance de son peuple. Il considérait les charges publiques comme un acheminement aux fonctions parlementaires qui lui permettraient de débattre les grands intérêts de la nation. Aussi, comme en mai 1857 devait avoir lieu l'élection des membres du congrès, il résolut d'entrer au sénat avec quelques-uns de ses amis politiques et d'y arborer enfin le drapeau de l'opposition en face des adulateurs dont le pouvoir s'entourait depuis cinq ans. Il n'ignorait pas qu'il faudrait forcer les portes, mais on ne sauve point sans combattre un pays livré à la Révolution.

Pour poser sa candidature, il fallait créer un journal, arme dangereuse qui lui avait valu, à lui, trois années d'exil, et naguère aux rédacteurs de *l'Expectateur*, l'internement au milieu des sauvages. Il y avait tout à craindre si l'on dressait contre le gouvernement une nouvelle machine de guerre. Cette considération l'arrêta si peu que, quatre mois après son retour de France, paraissait à Quito le premier numéro de *La Union Nacional*[1], organe électoral des candidats de l'opposition.

Le titre seul était un programme. Il s'agissait de grouper en faisceau tous les mécontents pour écraser sous cette coalition les candidats du gouvernement. Lors de l'élection présidentielle, Roblez n'avait obtenu, sur neuf cents votants, qu'une majorité de soixante-dix-neuf voix. En embrigadant dans une liste de conciliation tous les ennemis d'Urbina, catholiques déterminés, patriotes libéraux, démocrates avancés, on avait l'espoir de contrebalancer l'immense influence dont disposait le gouvernement au profit des candidatures officielles. Sans doute, on ne fonde rien avec des coalitions, mais ce sont d'excellents béliers pour démolir. Garcia Moreno traça d'une main ferme le but que poursuivait le nouveau journal.

« Quand une cité ensevelie dans les ténèbres d'une nuit profonde se livre aux douceurs du sommeil, un grand silence

---

[1] *La Union Nacional* fit son apparition le 21 avril 1857.

règne autour d'elle : c'est à cette heure que l'assassin saisit son poignard, quitte son repaire, et se rend sur le théâtre choisi par lui pour un nouveau crime. Sûr de l'impunité, car la nuit lui sert de voile et ses victimes sont endormies, il avance hardiment, attaque dans l'ombre la demeure paisible de l'honnête homme, et d'une main le dévalise pendant que de l'autre il s'apprête à l'égorger. Mais que soudain retentisse le cri d'alarme, que les citoyens émus se précipitent au secours de la victime, le brigand s'enfuit en jetant son butin.

« De même, une nation, abreuvée d'outrages, réduite au désespoir par une longue série de revers, cherche dans le sommeil, l'oubli de ses douleurs. Malheur à elle, si elle ne se réveille pas avant l'attentat final! Malheur à ses fils, si au lieu de voler à son secours, ils se plongent dans un lâche repos, ou se livrent aux fureurs de la discorde !

« L'Équateur se trouve-t-il aujourd'hui dans cette effroyable passe ? Les actes, ou plutôt les scandales du gouvernement répondent douloureusement à cette question. Or, sachez-le, si dans une monarchie le silence des peuples est la leçon des rois, dans une république, c'est la mort à bref délai. Inutile de chercher en pays étranger la preuve de cette vérité : qu'il suffise d'évoquer le nom maudit d'Urbina, ce synonyme de toutes les infamies et de tous les crimes.

« Aujourd'hui que les urnes électorales vont décider de l'avenir de la république, le silence du peuple équivaudrait à l'atonie du cadavre. Aujourd'hui plus que jamais, il nous faut l'union loyale et le concours de tous les citoyens qui s'intéressent encore à l'honneur de la patrie. Voilà pourquoi nous agitons le drapeau de *l'Union Nationale,* persuadés que, si nous marchons ensemble, on ne verra plus se hisser au pouvoir des misérables qui devront, au jour de la justice, gravir les marches de l'échafaud [1] »

Après ce coup d'éperon aux engourdis, toujours très nombreux dans le parti de l'ordre, Garcia Moreno les pousse aux urnes, l'épée dans les reins, en leur faisant remarquer que les électeurs primaires, dont les comices vont faire choix à

---

[1] *La Union Nacional,* 21 avril 1857.

l'occasion du renouvellement du congrès, auraient à nommer plus tard le futur président. Il s'agissait donc ou de préparer la réélection d'Urbina ou d'éliminer à jamais le despote exécré. A la pensée que cet homme de malheur pourrait régner encore sur son pays, le polémiste donne libre cours à son indignation :

« Cinq ans durant, il a fait peser sur nous son despotisme immoral, sans qu'un acte honorable ait légitimé son usurpation, ni couvert ses crimes aux yeux de la postérité. Bâillonner la presse pour étouffer la conscience publique, transformer les collèges en casernes, abrutir la nation en supprimant toute espèce d'enseignement, ériger le vol en système sous le nom d'emprunts forcés, décréter l'impunité des bandits à sa solde, calomnier pour persécuter, persécuter pour terroriser, exiler au désert des innocents, s'abreuver du sang et des larmes d'un peuple — tel fut le gouvernement d'Urbina à l'intérieur. Dans ses relations avec les nations étrangères, duplicité, mauvaise foi, mensonge, couardise, félonie voilà sa politique. Et cet homme ressaisirait le pouvoir ! Et nous serions ainsi livrés au crime et à la barbarie à perpétuité ! Donc voter pour les listes ministérielles, c'est se déshonorer, car derrière ces noms se cache celui d'Urbina ! Hormis les employés besogneux ou les courtisans faméliques qui sacrifient le patriotisme au salaire, le peuple tout entier, las d'être victime, marchera comme un seul homme à la conquête de ses droits.

A la suite de ces excitations virulentes, le peuple se réveilla en effet de sa longue léthargie. Les jeunes gens surtout, que l'air malsain de la servitude n'avait pas eu le temps de corrompre, se préparaient à lutter énergiquement pour la bonne cause et pour l'homme héroïque qui les menait au combat. De son côté, le gouvernement, décidé à triompher *per fas et nefas*, employait tous les moyens de pression et d'intimidation dont sont coutumiers les pouvoirs d'aventure. Les municipalités suspectes de patriotisme, comme celle de Quito, furent désorganisées par d'indignes procédés ; des chefs de police, arbitrairement destitués pour faire place aux hommes de poigne ; les gardes nationaux, embrigadés par leurs chefs respectifs, afin de marcher aux urnes avec ensemble.

Même on ne rougit pas d'afficher au début de la période électorale l'édit concernant la provision des cures vacantes, afin d'influencer les candidats aux cures et bénéfices, et par eux tout le public. Les agents de police et la troupe des employés furent lancés sur chaque électeur pour en faire le siège. Urbina comprenait, lui aussi, que son avenir dépendait du scrutin.

Garcia Moreno dénonça au pays ces scandaleuses pratiques. « Vous nous disiez autrefois, s'écrie-t-il, que Florès s'éternisait au pouvoir par son adresse, sa force, et surtout la pression qu'il exerçait sur les électeurs ; mais un tour d'adresse que n'a pas trouvé Florès, c'est de créer des gardes nationaux au moment de l'élection pour les faire voter militairement ; un magnifique tour de force, c'est d'escorter les citoyens jusqu'aux urnes ; le comble de la pression, ne serait-ce pas d'ouvrir un marché simoniaque de bénéfices ecclésiastiques ? Équateur, les voilà ces hommes qui te vantent chaque jour la souveraineté du peuple ! Voilà comme ils t'outragent en préparant ta ruine[1]. »

Après trois mois de préparatifs, arriva le jour de la grande bataille. Pour animer ses troupes, Garcia Moreno ne craignit pas de comparer cette lutte à celle de 1845 : « Les 3 et 10 mai 1845, dit-il, vous avez enterré vos chaînes dans les tranchées de l'Elvira, d'où vous pensiez qu'elles ne sortiraient jamais. Vous vous trompiez ; pour être libres, il faut encore vous débarrasser d'Urbina, le plus méprisé mais aussi le plus astucieux des séides de Florès. En 1845, vous avez salué l'aurore de la liberté ; en 1857, vous chasserez les nuages qui ont empêché le soleil de la régénération d'illuminer notre beau pays. »

Au moment du vote, les deux partis se trouvèrent en présence, comme deux corps d'armée prêts à fondre l'un sur l'autre. Les employés du gouvernement, transformés en espions, surveillaient chaque électeur pour surprendre le secret des votes. On ne s'approchait des urnes qu'en traversant les bataillons parqués sur la place. Leurs dignes officiers, l'épée au poing, répétaient les commandements du colo-

[1] *La Union Nacional*, 5 mai 1857.

nel Patricio Vivero, la terreur du pays. Des menaces, des injures même, étaient adressées aux citoyens calmes et inoffensifs. Irrités de ces violences, de nombreux jeunes gens appartenant aux meilleures familles de la capitale, décidés à repousser la force par la force pour maintenir la liberté du vote, vinrent se placer en escouades devant les soldats. Ceux-ci dégainèrent, les jeunes patriotes ripostèrent à coups de canne, et le sang coula dans les rues de Quito.

Néanmoins, en dépit de ses illégalités tyranniques, le gouvernement fut battu par Garcia Moreno, qui l'emporta de haute lutte, entraînant après lui un assez grand nombre de candidats de l'opposition. Déroute pour le ministère, mais triomphe national dont l'organisateur ne manqua pas de faire ressortir l'importance pour l'avenir

« Pénétré de cette vérité que l'union fait la force, et que pour vaincre il faut énergie et discipline, le peuple de Quito a sacrifié sur l'autel de la patrie les germes de division qui fermentaient dans son sein. La nation entière enveloppant dans ses rangs enthousiastes tous les citoyens distingués par leur probité et leur patriotisme, s'est rendue aux urnes bien déterminée à exclure pour toujours du gouvernement le misérable tyranneau qui nous a perdus. Avec de tels combattants, la victoire ne pouvait être douteuse. En vain les agents ministériels prodiguèrent-ils promesses et menaces ; en vain les officiers de la garnison entourèrent-ils l'urne électorale, comme l'avant-garde de la violence et du désordre, en vain versa-t-on le sang du peuple, le sang du peuple cette fois encore fertilisa le champ sacré de la liberté.

« Le ministère a prouvé par ses mesures de rigueur et de vengeance qu'il avait conscience de son impopularité. Le peuple, au contraire, en opposant une invincible fermeté aux provocations d'une soldatesque arrogante, a montré que, pour vaincre des ennemis acharnés, l'union suffit, sans qu'il soit besoin de sortir de la légalité. Qu'il forme un corps solide et compact, et nul tyran ne pourra le subjuguer. Les gouttes de pluie dispersées dans les champs sont absorbées par la terre ou s'évaporent aux rayons du soleil ; rassemblées au contraire, elles forment un torrent impétueux dont la force irrésistible brise tous les obstacles. Ainsi une nation bien unie s'avance, d'un pas rapide, dans le sentier que lui ouvre la main de la Providence. »

Urbina comprit que cette défaite était un coup mortel porté à son despotisme jusque-là sans contrôle. Désormais il aurait dans les chambres à compter avec l'opposition, et de plus avec un peuple honteux de sa trop longue patience. Quatre ans auparavant, il avait fait enpoigner pour le déporter au Pérou le sénateur élu de Guayaquil ; mais qui donc oserait aujourd'hui mettre la main sur le sénateur élu de Quito ? Le 15 septembre 1857, aux applaudissements de tout le peuple, Garcia Moreno, entouré de ses collègues de l'opposition, prenait place au congrès.

La session législative s'ouvrit par un de ces messages optimistes qui feraient sourire de pitié si la littérature officielle pouvait exciter dans l'âme un sentiment quelconque. Roblez « adressait de ferventes actions de grâces au suprême Législateur de ce que la République, pendant cette première année de l'administration nouvelle, avait suivi une marche tranquille, normale, constitutionnelle et progressive à l'intérieur, cordiale et harmonieuse avec les nations étrangères. » On était bien en procès avec le Vénézuela, en discussion avec la Nouvelle-Grenade, en délicatesse avec le Pérou, mais ces dissonances ne brisaient point l'harmonie. A l'intérieur, un gouverneur de province avait failli périr sous les coups de ses subordonnés ; mais on avait fini par s'arranger avec les mutins. L'instruction publique, l'armée, les finances étaient en désarroi; mais rien de tout cela n'arrêtait la marche du progrès. Quant au scandale électoral, le gouvernement préparait un petit projet de loi destiné à ruiner l'influence et l'action des municipalités, afin de laisser au gouvernement le soin de diriger les électeurs sans aucune opposition.

En dépit de ses affirmations emphatiques, les relations avec les puissances étrangères n'étaient ni « cordiales » ni « harmonieuses ». Depuis longtemps déjà une question litigieuse, relative aux frontières, tenait en agitation l'Équateur et le Pérou. En vue d'amortir sa dette extérieure, l'Équateur avait cédé à ces créanciers anglais et américains des terrains assez considérables dans la province orientale, terrains incultes, forêts vierges, contrées absolument inproductives, que les émigrants coloniseraient à leur profit, mais dont l'État conservait le haut domaine. Le Pérou réclama contre cette aliénation d'un territoire qu'il prétendait injustement lui appartenir en vertu d'anciennes délimitations. A l'âpreté des revendications se joignait une antipathie profonde pour Urbina et Roblez, antipathie du reste parfaitement justifiée.

Le général Castilla, président du Pérou depuis 1856, avait refusé de se faire l'exécuteur des hautes œuvres d'Urbina contre Florès. Urbina voulait absolument fermer tous les ports d'Amérique à son ancien seigneur et maître, dont l'ombre seule lui donnait maintenant le cauchemar. Loin d'acquiescer à cet ostracisme, Castilla reçut Florès à Lima avec toutes sortes de démonstrations d'amitié et lui accorda même une pension. Selon ses habitudes, Urbina se vengea bassement, favorisa des tentatives de révolution contre Castilla, dépouilla et emprisonna même des nationaux du Pérou, enfin prodigua l'insulte et l'outrage par ses scribes officiels à l'ambassadeur Cavero, qui de son côté révoltait les équatoriens par sa hauteur et ses prétentions outrecuidantes. A la suite d'une correspondance diplomatique d'une nature très violente, Roblez rompit les négociations avec Cavero, et lui envoya ses passeports. Castilla répondit par un ultimatum dans lequel il exigeait la réadmission de l'ambassadeur outragé et menaçait en cas de refus de bloquer immédiatement le port de Guyaquil.

Députés et sénateurs avaient suivi avec attention les péripéties de cette longue négociation qui paraissait devoir se dénouer par une guerre avec le Pérou. Tout en blâmant les formes peu courtoises des diplomates équatoriens, ils s'accordaient à trouver injustes les revendications de Castilla. Aussi, quand Roblez réclama du congrès les pouvoirs extraordinaires nécessités par la situation, les représentants, sous la seule inspiration du patriotisme, rendirent un décret qui autorisait le gouvernement « à transporter le siège de l'État à Riobamba ou à Cuenca tout le temps que durerait le péril actuel, et de plus à contracter un emprunt de trois millions de piastres. » Toutefois pour ne pas confier des pouvoirs illimités à des autocrates tels qu'Urbina et Roblez, le congrès spécifia certaines restrictions, par exemple la défense de transférer la capitale à Guayaquil ou de conserver après la guerre les facultés exceptionnelles dont le gouvernement se trouvait momentanément investi.

Telles étaient les dispositions des représentants et l'on peut dire de tous les citoyens, quand Urbina quitta son gouvernement de Guayaquil et revint s'installer à Quito, pour exercer au nom de son comparse les pouvoirs dictatoriaux, je veux dire ses basses vengeances. Le recrutement des soldats s'opéra d'une manière arbitraire et de façon à froisser toutes les populations. On décréta des emprunts forcés, dont la répartition injuste et souverainement déloyale excita de telles fureurs qu'il fallut mettre la troupe sur pied pour en opérer le recouvrement. Le gouvernement paraissait faire ses préparatifs de combat, non contre le Pérou, mais contre l'Équateur. Diverses nouvelles plus ou moins alarmantes circulaient dans la capitale ; on parlait ouvertement d'un coup d'État, de la dissolution des chambres, de la translation de la capitale à Guayaquil malgré le décret du congrès. Le gouvernement, disaient les officieux, avait des baïonnettes pour se soutenir: les délibérations de casernes l'emporteraient sur les radotages des députés. Enfin, un écho de Guayaquil acheva de bouleverser les têtes on racontait qu'Urbina et Roblez traitaient de nouveau avec un agent des États-Unis de la cession des îles de Gallapagos contre une somme de trois millions de piastres. S'ils s'obstinaient à transférer le gouvernement à Guayaquil, cette mesure inconstitutionnelle au premier chef, absurde au point de vue de la défense, s'expliquait par la nécessité de fuir la capitale pour conclure ce honteux marché.

Sous le coup de l'émotion générale, le congrès se réunit d'office afin de conjurer le nouveau danger qui menaçait le pays. Dans une séance des plus agitées, le sénat délibéra sur le retrait des pouvoirs extraordinaires concédés au gouvernement, en alléguant pour motif que l'imminence de la guerre avait disparu. « Le président, disait-on, ne semble pas croire à de prochaines hostilités; au lieu de fortifier son armée, il venait de dissoudre et de désarmer la garde nationale de Quito. Urbina n'y croyait pas davantage autrement il n'eût pas quitté Guayaquil, le vrai poste du combat, pour demeurer dans la capitale, où sa présence n'était nullement requise. » Garcia Moreno insista vivement sur la nécessité de dépouiller le gouvernement de pouvoirs facultatifs dont on abusait jusqu'à l'extrême licence; il montra le despostisme relevant la tête, et le devoir, pour le congrès de défendre la constitution menacée. Après une discussion des plus orageuses, l'assemblée se sépara sans rien conclure.

Le lendemain, le président intervint dans la délibération par un message où l'indignation était jouée à merveille. « Il avait appris l'odieuse accusation, qu'on avait colportée jusqu'au sein du sénat. Lui, Roblez, vendre les îles de Gallapagos ! Il fallait que les sénateurs eussent été bien peu maîtres de leurs impressions pour discuter sérieusement une pareille imposture, suspecter la loyauté d'un soldat de sa trempe, mettre tout l'Équateur en émoi, donner au Pérou le spectacle de divisions intestines au moment où il s'apprête à envahir le sol de la patrie. Quelle indignité ! Évidemment l'horrible faction de Florès avait mis en avant cette infâme calomnie. Du reste, si le président consentait à se défendre, c'était moins pour venger son honneur outragé, que pour rejeter sur les sénateurs la responsabilité du décret par lequel ils allaient enlever au pouvoir le moyen de sauver la patrie.[1]

Cette irritation, ce dédain blessèrent au vif les membres du sénat. Le message fut discuté avec une sanglante acrimonie. Plusieurs sénateurs du parti démocratique mirent le gouvernement au défi de nier les charges qui pesaient sur lui. « Oui ou non, le cabinet avait-il eu la pensée de dissoudre les chambres? Oui ou non, avait-il essayé de mutiler le sénat pour empêcher le cours de ses sessions? Oui ou non, avait-il décrété la translation de la capitale à Guayaquil, malgré l'interdiction formelle du congrès? N'est-ce pas à cause de ce décret, déjà rédigé, qu'un ministre avait démissionné, sans qu'on pût trouver un homme pour ramasser son portefeuille? » Garcia Moreno mit à néant le message, en prouvant que le gouvernement possédait les moyens de résister à l'ennemi, c'est-à-dire des hommes et de l'argent, et

[1] Voir me. octobre 1855.

que, s'il exigeait des pouvoirs arbitraires, c'était uniquement pour continuer ses brigandages.

Après deux jours de délibération, la ville entière participait à l'effervescence qui animait les sénateurs. Urbina voulut en finir. Comme Garcia Moreno ne manquait pas une occasion de le mettre en scène et de lui attribuer tous les crimes imputés au gouvernement, il donna l'ordre à une escouade de Tauras de se porter le lendemain à la barre de l'assemblée et d'arrêter en pleine séance le terrible lutteur s'il se permettait de nouvelles invectives. Heureusement la capitale était en éveil par la crainte d'un coup d'État. Le bruit de ce guet-apens ayant transpiré dans le public, les jeunes gens, enthousiastes de Garcia Moreno, le supplièrent de ne pas assister à la séance du lendemain parce que les sbires apostés par Urbina n'hésiteraient pas à l'assassiner. Il répondit que jamais il ne reculerait devant ces vils criminels, ni devant un danger quelconque. En effet, à l'heure accoutumée, il se rendit au vieux couvent de Saint-Bonaventure, où le sénat tenait ses séances. Dès son arrivée, il se trouva escorté d'une nombreuse compagnie de jeunes patriotes accourus de tous les points de la ville pour le défendre en cas de besoin.

Cette garde improvisée n'était point inutile. Les Tauras, à leur poste, l'œil enflammé, l'épée au poing, la menace à la bouche, regardaient fièrement l'assemblée. Le public attendait avec effroi le dénouement d'une tragédie si bien préparée, quand Garcia Moreno reprit les débats avec plus d'animosité que la veille. Jamais il ne fut plus agressif ni plus mordant. Amené par son sujet à dépeindre les brutalités du gouvernement, son mépris de la loi, de la constitution, des assemblées souveraines, il s'interrompt tout-à-coup et, désignant du geste les odieux sicaires debout à la barre, il dénonce d'une voix vibrante l'abominable projet d'Urbina contre la représentation nationale ainsi que la lâcheté de ces soldats transformés en bourreaux. Il les presse, les poursuit tellement de ses paroles enflammées, que les malheureux perdent contenance et quittent la salle en tremblant. Le retrait des pouvoirs fut enfin voté à une grande majorité. Après la séance, les Tauras stationnaient à la porte du couvent, bien décidés à mettre la main sur Garcia Moreno au moment où il regagnerait sa demeure, mais les patriotes avaient deviné leur dessein. Au sortir de la salle ils entourèrent le vaillant tribun, le comblèrent de félicitations et le reconduisirent triomphalement à son domicile.

Les deux despotes crurent qu'il serait plus facile d'intimider la chambre des députés. Pendant qu'elle délibérait à son tour sur le retrait des pouvoirs, Roblez fulmina un nouveau message contre l'opposition ; les sbires d'Urbina se montrèrent chaque soir, le poignard en main, près de la demeure des députés hostiles, comme pour leur signifier le sort qui les attendait ; mais rien ne put décider la majorité à laisser la nation sous l'arbitraire de ces deux misérables, mille fois plus à craindre que les flottes du Pérou elle vota le retrait des pouvoirs.

Toutefois le congrès prouva bientôt qu'en opposant une inébranlable barrière au despotisme dictatorial, il n'entendait nullement mettre obstacle à la défense nationale. Dans les premiers jours de novembre, parvint à Quito la nouvelle du blocus de Guayaquil. Les deux chambres offrirent immédiatement leur concours au gouvernement avec l'intention de voter les ressources nécessaires en hommes et en argent pour soutenir l'honneur et l'indépendance de la nation ; mais cela ne suffisait point à Urbina, qui guettait cette circonstance pour se débarrasser de tout contrôle et s'engraisser aux dépens du peuple. N'osant employer la force pour dissoudre le congrès, il eut recours à la ruse. Onze députés à sa dévotion désertèrent lâchement le poste d'honneur qu'on leur avait confié et, par cette manœuvre déloyale, rendirent impossible toute délibération de l'assemblée. Faute du nombre de votants exigé par la constitution, la représentation nationale fut anéantie de fait, pour faire place à une nouvelle dictature qui prit le nom de « Direction suprême de la guerre ». Après avoir créé Urbina général en chef de l'armée, Roblez, le « Directeur suprême, » partit pour Guayaquil, muni, disait-il dans une adresse à la nation, « des pouvoirs que le peuple lui avait confiés ».

Roblez se moquait du peuple, après avoir foulé aux pieds ses représentants. Il oubliait, l'insensé ! qu'on n'entreprend pas une guerre avec l'étranger, en laissant derrière soi une nation au paroxysme de la fureur. Mais Dieu aveugle ceux qu'il veut perdre.

CHAPITRE X

SOULÈVEMENT NATIONAL.

1859.

On ne peut se faire une idée de l'exaspération des esprits après le coup d'État du gouvernement contre le congrès. Sauf pour les employés et les radicaux, habitués à baiser la main qui les nourrit, Urbina et Roblez apparurent comme deux mauvais génies dont il fallait se débarrasser sous peine de mort. Le brigandage érigé en système, les contributions forcées, les déportations arbitraires, l'écrasement des populations, et cela devant l'invasion menaçante n'était-ce pas la mort à bref délai ? Guidé par son patriotisme et sa religion, le peuple allait se sauver lui-même, ou c'en était fait de l'Équateur. Dans ces conjonctures, les représentants de la majorité, injustement dépossédés de leur mandat, comprirent toute l'étendue du péril et résolurent de ne point abdiquer. Sous l'impulsion de Garcia Moreno, députés et sénateurs rédigèrent une protestation indignée contre la dissolution du congrès, surtout contre les manœuvres déloyales auxquelles le gouvernement avait eu recours pour annuler la représentation. Après avoir dénoncé la dictature comme absolument illégale et inconstitutionnelle, ils déclaraient laisser aux deux usurpateurs la responsabilité des effroyables calamités qui allaient fondre sur le pays et peut-être l'anéantir. Urbina essaya de réfuter ce manifeste, mais quel moyen d'obscurcir des faits aussi éclatants que la lumière du jour ? Le peuple tout entier applaudit ses représentants.

Alors, comme pour lasser la patience de ce peuple, le gouvernement quitta la capitale pour se transférer à Guayaquil, en face de l'ennemi. C'était narguer la majorité, qui avait accordé tous les pouvoirs sauf celui de transporter à Guayaquil le siège du gouvernement; c'était en outre abandonner les provinces de l'intérieur à la merci d'une soldatesque sans frein et provoquer la guerre civile. Au nom de la ville délaissée, au nom de tous les intérêts compromis, le conseil municipal de Quito protesta contre l'illégalité et l'iniquité d'une pareille mesure. Ses énergiques réclamations parvinrent à la connaissance du public, grâce à l'héroïque dévouement de l'imprimeur Valentia, qui ne craignit point d'affronter la colère des deux despotes.

Cette colère devint bientôt du délire. Sur l'ordre du gouvernement, plusieurs conseillers municipaux, des vieillards aussi distingués par leurs talents que par leurs services, furent saisis et déportés. L'imprimeur Valentia condamné à l'exil quittait la patrie sous bonne escorte avec les docteurs Herrera, Mestanza et autres victimes de la tyrannie, lorsque ces malheureux prisonniers s'aperçurent qu'ils avaient affaire, non à des soldats, mais à des assassins. Arrivés dans la plaine de Cunchibamba, ils essayèrent de fuir, mais Valentia, monté sur un mauvais cheval, fut repris, attaché à un arbre et fusillé, pendant que ses compagnons, plus heureux, parvenaient à s'évader. Il n'y eut qu'une voix pour flétrir cet attentat aussi lâche que féroce. Garcia Moreno prit la plume pour dénoncer au pays l'incarcération barbare de nobles généraux que tout le peuple vénérait et admirait. Les démocrates eux-mêmes stigmatisèrent le régime barbare qui s'imposait à l'Équateur. Alors, traqués de toutes parts, comme l'animal en fureur qui se jette sur le premier venu, les dictateurs ne distinguèrent plus entre amis et ennemis. Le docteur Moncayo, un des soutiens d'Urbina, fut appréhendé et jeté en prison. « Ce noble martyr, disait son journal le lendemain de l'arrestation, vient d'être pris d'assaut par un des « chanoines » envoyés ici pour terroriser et assassiner les gens de cœur. Inutile de demander à ces magistrats de la mort quel crime a commis notre illustre compatriote. Chacun sait qu'aujourd'hui les exploits sanguinaires, les violences, les crimes, les assassinats, sont comptés par leurs auteurs comme titres de gloire. Moncayo gémit dans les fers pour avoir réclamé l'exécution des lois, blâmé la dictature et défendu la constitution. » Peu s'en fallut que Garcia Moreno ne subît le même outrage. S'étant rendu à Guayaquil pour conférer avec ses amis sur le moyen de sauver le pays, on le suspecta de comploter contre le gouvernement. Décrété d'exil, il n'eut que le temps de gagner un vaisseau et s'enfuir au Pérou.

Réduits à cette espèce d'agonie, les hommes influents dans l'armée comme dans la noblesse et la bourgeoisie, pensèrent qu'on ne doit pas assister impassible au meurtre d'une nation, mais que le moment était venu de proclamer la république en danger et de combattre pour l'autel et le foyer, comme autrefois nos braves Vendéens. D'ailleurs, en ordonnant le blocus de Guayaquil, le général Castilla avait déclaré faire la guerre, non au peuple équatorien, mais aux tyrans qui l'opprimaient ; les dictateurs à bas, on se délivrait du même coup de la guerre étrangère.

Le ciel sembla donner lui-même le signal du bouleversement. Le 22 mars, un épouvantable tremblement de terre, en moins d'une minute, menaça de ruiner la capitale. Les temples, les palais, les monuments ébranlés ou sérieusement endommagés, nombre de maisons renversées, parurent le triste présage d'ébranlements plus profonds dans l'ordre politique et moral. Le 4 avril, l'armée de Guayaquil aux ordres du très brave, mais très imprudent général Maldonado se prononça contre les dictateurs. A onze heures du soir, le commandant Darquea, suivi de vingt hommes bien armés, se présenta chez le président Roblez, qu'il trouva jouant tranquillement aux cartes avec son ami Franco. Il l'arrêta sans éprouver de résistance, et l'emmenait à la caserne pour l'y incarcérer, lorsque Franco, qui s'était échappé, revint sur la petite troupe, le pistolet au poing, et brûla la cervelle à Darquea. Pendant ce temps, au lieu d'appuyer le mouvement de ses inférieurs, Maldonado campait sur une hauteur avec ses meilleures troupes. En apprenant la mort de Darquea, il perdit contenance, et, sur les avances qu'on lui fit, entra en pourparlers avec Roblez. Les troupes mutinées rentrèrent dans leurs quartiers, sauf cinq cents hommes qui profitèrent de la bagarre pour déserter.

Cet échec était de mauvais augure pour les patriotes. Les dictateurs enhardis exercèrent de nouvelles vengeances contre les chefs de l'opposition ; mais ils n'avaient pas fini de plaisanter sur l'échauffourée de Guayaquil qu'une insurrection populaire balayait leur gouvernement à Quito. Comme le gros de l'armée se trouvait soit à Guayaquil sous les ordres de Roblez, soit à Cuenca sous ceux d'Urbina, il ne restait dans la capitale que quelques bataillons de garde nationale et un peloton de cavalerie. Ces forces ne suffisaient pas pour contenir le parti des mécontents qui grossissait chaque jour. Aussi le 1er mai 1859, une troupe de jeunes gens, armés de vieux fusils, de lances et de bâtons se ruèrent sur la caserne qui se rendit après une résistance assez faible. Quand le ministre Espinel, dépositaire du pouvoir, accourut avec quelques démocrates de son espèce pour prêcher la soumission, il trouva les militaires fraternisant avec les civils et jugea prudent de s'éclipser. La déchéance du gouvernement fut prononcée aux acclamations de la multitude. A entendre les cris d'allégresse et d'enthousiasme qui retentissaient dans toute la ville, on eût dit que Quito venait d'échapper à un nouveau tremblement de terre.

Il fallait substituer un gouvernement à celui qu'on venait d'abattre. A cet effet, les personnages influents de la cité, convoqués par les chefs du mouvement, se réunirent au palais de l'Université, et décidèrent de former un gouvernement provisoire composé de trois membres. Dans l'élection qui suivit immédiatement, on ne pouvait oublier le grand patriote dont la parole et les écrits avaient, depuis dix ans, aux prix de son repos et de sa liberté, préparé ce grand jour de la délivrance. Le nom de Garcia Moreno retentit le premier au milieu d'une tempête d'applaudissements. On lui adjoignit comme membres du triumvirat Carrion et Gomez de la Torre[1]; puis, le pouvoir ainsi constitué, l'assemblée signifia le pronunciamento du 1er mai aux gouverneurs de provinces. Le mouvement s'étendit comme une traînée de poudre dans tout l'intérieur, et bientôt, des cantons et des cités, arrivèrent de chaleureuses lettres d'adhésion au gouvernement provisoire. Il ne resta de fait aux deux dictateurs que les dis-

---

[1] L'assemblée nomma aussi trois suppléants : Chiriboga, Avilez et Carvajal.

tricts occupés par leurs troupes, Cuenca et Loja à l'intérieur, Guayaquil et Manabi sur la côte.

Tout en se félicitant de cet heureux coup de main, les patriotes comprenaient qu'il était plus facile de révolutionner le pays que de le défendre contre les bataillons aguerris d'Urbina et de Roblez. Il fallait se préparer à une lutte terrible, et l'on ne connaissait qu'un homme assez hardi pour l'entreprendre, assez fort pour la mener à bonne fin l'intrépide Garcia Moreno, alors réfugié au Pérou. Le gouvernement provisoire lui dépêcha un courrier pour lui annoncer comment le peuple avait disposé de lui sans le consulter, persuadé que son courage serait toujours à la hauteur des circonstances. On le conjurait d'arriver en toute hâte pour se mettre à la tête des volontaires embrigadés pour faire face à l'armée des despotes. Le vaillant patriote n'était pas homme à temporiser en un pareil moment. Pour éviter les embuscades de l'ennemi, il prit le chemin de Quevédo et s'en vint à marches forcées, au milieu des forêts et des déserts, par les défilés des montagnes, vers la capitale de l'Équateur. Mais que d'épreuves l'attendaient sur cette route! Bientôt son guide, piqué par une vipère, expira sous ses yeux. Ne sachant plus alors comment se diriger sur les hauteurs des Cordillères, il s'égara dans ces affreuses solitudes. Ses vivres étaient épuisés et depuis deux jours il n'avait pris aucune nourriture, quand, pour comble de malheur, sa mule, à bout de forces, s'affaissa sur le chemin. Force lui fut de continuer la route à pied. Après une journée de marche, brisé de fatigue, mourant de faim, il aperçut une hutte de berger, mais il eut beau frapper à la porte pour demander un peu de nourriture, personne ne lui répondit. Il ouvrit alors la pauvre cabane, trouva un peu de farine d'orge, s'en fit une espèce de gâteau, et, après avoir ainsi réparé ses forces, continua sa route jusqu'à Quito, où les patriotes l'accueillirent comme un sauveur.

Sans prendre un instant de repos, Garcia Moreno voulut se rendre compte de la situation, et converser avec ses collègues sur les nécessités les plus urgentes. Pour entretenir le feu sacré du patriotisme et la volonté de lutter jusqu'à la mort contre les tyrans, il créa un organe périodique dont le titre seul, *Le Premier Mai*, rappelait à tous l'aurore de la régénération. Le programme, qui parut bientôt, était écrit en traits de flammes. « A bas les tyrans ! Tel fut le cri qui s'échappa de la poitrine du peuple, lorsque le 1ᵉʳ Mai il brisa ses chaînes. Ce cri de liberté, la presse de l'Équateur si longtemps bâillonnée par Urbina et Roblez, doit le répéter tous les jours, unissant sa voix à la grande voix de la nation pour la défendre contre la force brutale et les entreprises criminelles.

« A bas les tyrans ! Là où ils règnent, l'intelligence est enchaînée, la loi violée, la nation martyrisée, la république au bord de l'abîme.

« A bas les tyrans ! Ils ont confisqué l'Équateur par la force des baïonnettes, ils en ont fait leur patrimoine, ils l'ont opprimé, dégradé, saccagé. Le pauvre esclave n'a plus qu'à rendre l'âme sur le vil grabat où ils l'ont couché !

« A bas les tyrans ! que tous les citoyens s'unissent au gouvernement provisoire pour créer enfin des institutions civilisatrices et une république digne de ce nom ! C'est dans ce but que *Le Premier Mai* fait aujourd'hui son apparition. »

Quelques jours après, Garcia Moreno déposait la plume du journaliste pour prendre en main l'épée du capitaine. Cédant le commandement des troupes de Guayaquil au général Franco, Roblez gravissait les Cordillères avec douze ou quinze cents hommes bien armés, et s'avançait à grands pas vers la capitale. Un corps de volontaires marchait à sa rencontre ; mais à ces soldats improvisés il fallait un chef, et ce chef ne pouvait être que Garcia Moreno. Sans être soldat de profession, il s'était initié au noble métier des armes. Dans un pays si souvent troublé par des révolutions de caserne, où l'escarmouche la plus insignifiante peut décider du sort des citoyens, on n'exerce une influence sérieuse qu'à condition de défendre son droit. Aussi voulut-il par l'exercice acquérir l'adresse et la vigueur d'un soldat, et par l'étude, les ressources et les capacités d'un général. Maniant l'épée comme un maître d'escrime, très habile tireur, il passait également pour le plus fort lancier et le meilleur cavalier de tout l'Équateur, ce qui n'est pas peu dire. Pour se former au commandement, il avait étudié avec grand soin les ouvrages les plus remarquables sur l'art militaire, comparé la tactique des différents pays, assisté fréquemment aux manœuvres et consulté sur les détails de la stratégie les officiers de tout grade. Avec cela, corps vigoureux et robuste, tempérament de fer, coup d'œil d'aigle, audace de lion. Si l'on pouvait regretter quelque chose dans un pareil chef, c'était un excès de bravoure qui confinait à la témérité, et cette ardeur impatiente du résultat qui précipite l'action quand il faudrait gagner du temps.

Les recrues lancées contre le corps d'armée de Roblez, se composaient de sept à huit cents hommes raccolés en toute hâte, mal équipés, mal exercés, véritable troupeau envoyé à la boucherie. Il fallait encore plus d'abnégation que de courage pour se mettre à la tête d'une pareille troupe. Garcia Moreno se dévoua sans hésitation. Après avoir recueilli l'impôt volontaire que les patriotes souscrivirent avec une généreuse émulation, il partit pour Santiago, village des environs de Guaranda, où les soldats, impatients de combattre, l'accueillirent avec des transports de joie.

Emporté par cette ardeur un peu fébrile qui ne connaissait ni délai ni retard, Garcia Moreno ne tarda pas à subir l'entraînement impétueux de ses bandes inexpérimentées. Inférieur en nombre et surtout en armement, il aurait dû peut-être éviter une rencontre immédiate avec Urbina, accouru de Cuenca pour se mettre à la tête de l'armée ennemie. Sans doute Urbina ne passait pas pour un foudre de guerre, mais il commandait à quinze cents hommes habitués au feu. Quoi qu'il en soit, le lendemain de son arrivée, 3 juin, Garcia Moreno rencontra l'ennemi campé près de Tumbuco dans une excellente position qui lui permettait de combattre à l'abri de retranchements naturels, tandis que les patriotes entièrement découverts se trouvaient exposés à tous les coups. Le combat s'engagea vers dix heures du matin et dura jusqu'à quatre heures du soir. Chefs et soldats firent des prodiges de valeur. Garcia Moreno affronta vingt fois la mort, se multipliant pour exciter ses soldats là où l'action paraissait faiblir. Mais ce fut en vain ; la déroute fut complète. Vers 4 heures du soir, la majeure partie de ses compagnons jonchaient de leurs cadavres le champ de bataille ; les survivants fuyaient dans les montagnes, traqués par les vainqueurs. Garcia Moreno montra dans cette circonstance une bonté d'âme égale à son intrépidité. On le vit, au milieu du feu, oubliant tout danger personnel, s'occuper activement des blessés et verser des larmes sur un malheureux jeune homme expirant à côté de lui. Il ne pouvait se résoudre à quitter ce champ de mort où il laissait tant de braves sacrifiés à la patrie. Quand il voulut fuir pour ne pas tomber entre les mains de l'ennemi, il se trouva seul, à pied, car son cheval avait été tué sous lui, perdu dans des défilés inconnus, exposé à rencontrer à chaque détour des soldats d'Urbina qui se fussent réjouis de cette glorieuse capture. Tout à coup, il voit passer devant lui le colonel Vintimilla qui, monté sur un bon cheval, cherchait aussi son salut dans la fuite. En l'apercevant, Vintimilla met pied à terre et lui offre généreusement sa monture. — « Non, dit Garcia Moreno ; que deviendrez-vous si je vous laisse ici? — Peu m'importe, s'écrie noblement le colonel, il ne manquera jamais de Vintimillas, mais nous n'avons qu'un Garcia Moreno. » Et, d'un geste qui ne souffrait point de réplique il le força de prendre son cheval et de s'éloigner au galop[1].

Garcia Moreno disparut dans les bois. Sur la route il vit couler bien des larmes, il entendit des cris de joie. On pleurait les morts, on oubliait tout à la pensée qu'il était vivant. A Ambato, l'on put juger de l'ascendant qu'exerçait sur tous cet homme extraordinaire. En apprenant la déroute de Tumbuco, déroute à laquelle ne survivrait pas selon toute apparence la révolution du premier mai, les urbinistes joyeux avaient repris leurs emplois. Ils se félicitaient de l'évènement avec leurs partisans de l'endroit, quand tout à coup, vers 8 heures du matin, on vit arriver le vaincu de Tumbuco, absolument seul, monté sur une pauvre bête de somme qu'il avait louée en chemin[2], les pieds embarrassés dans de mauvais étriers de bois et de jonc, les vêtements en lambeaux, la tête couverte d'un vieux sombréro de laine. En l'apercevant dans ce triste équipage, ses amis, qui six jours auparavant, l'a-

[1] Ignacio Vintimilla fut président de la république de 1876 à 1884. *Quantum mutatus ab illo!*
[2] Après avoir perdu le cheval de Vintimilla.

vaient félicité à son passage, l'entourèrent pour lui exprimer leurs condoléances. « Je vous remercie, leur dit-il, mais avant tout, un morceau de pain, car voilà trois jours que je n'ai rien pris. » Après qu'il se fut réconforté, on lui donna des habits décents, un bon cheval, un écuyer, et il reprit sa route. Or de toute la multitude qui l'entourait, dans laquelle se trouvaient de nombreux urbinistes, deux voix seulement osèrent insinuer qu'on ne ferait pas mal de livrer à Urbina ce chef de la révolution ; encore ces deux voix furent-elles étouffées par les cris d'indignation de toute l'assemblée.

Au sortir d'Ambato, Garcia Moreno rencontra un de ses plus fidèles amis, le docteur Léon Méra. En quelques minutes il lui raconta les détails et la malheureuse issue du combat qui venait de se livrer, et comme celui-ci lui demandait ce qu'il pensait faire dans une situation aussi désespérée : « Je vais continuer ma tâche, répondit-il, jusqu'à ce que nous en ayons fini avec Urbina et les urbinistes. Nous dominerons la situation, si difficile qu'elle soit, pourvu que nous ne perdions ni confiance ni courage. » Deux jours après, il arrivait à Quito où la population, bien qu'abattue, le reçut avec enthousiasme, heureuse de le voir sain et sauf et de lui montrer que, malgré cet insuccès, il restait l'homme de la patrie.

Les circonstances étaient extrêmement critiques. Dans une conférence avec ses collègues du gouvernement provisoire, Garcia Moreno émit l'opinion que, la lutte à main armée devenant absolument impossible, il fallait recourir à la diplomatie. Il se proposait donc de retourner immédiatement au Pérou, afin de s'entendre avec le président Castilla sur les difficultés pendantes entre les deux pays, et obtenir son appui contre Urbina et Roblez. Durant ces négociations, le gouvernement quitterait la capitale qu'il était impossible de défendre, et se transférerait dans les provinces du Nord, sur les frontières de la Nouvelle-Grenade. Il exhortait vivement ses collègues à ne pas capituler avant de connaître les résultats de la mission qu'il allait remplir.

Ce plan accepté, Garcia Moreno partit en toute hâte pour Payta, où se trouvait alors le président du Pérou, mais cette fois encore il ne parvint au littoral qu'en courant les plus grands dangers. Urbina avait pris toutes les précautions imaginables pour s'emparer de son ennemi mortel ; ses agents le suivaient partout, ses espions surveillaient toutes les routes. Après avoir traversé la Cordillère par le chemin d'Angamarca, le voyageur trouva un canotier qui consentit, moyennant une forte somme, à le transporter jusqu'à la mer ; mais comment éviter, le long de la rivière, les regards des gens intéressés à faire une aussi bonne capture ? Garcia Moreno se fit entourer et couvrir de dattes et fruits de toute espèce, de sorte que le patron de la barque, ainsi transformé en marchand de comestibles, arriva à destination, sans que personne eût pu soupçonner qu'il avait à son bord celui que cherchaient tous les sbires d'Urbina.

Cependant le gouvernement provisoire, avec la petite garnison de Quito, les épaves de Tumbuco, et trois ou quatre cents notables trop compromis dans la Révolution pour n'avoir pas tout à craindre des vengeances d'Urbina, se retirait à Ibarra. Mais ce dernier, rentré victorieux dans la capitale le 15 juin, ne tarda pas à poursuivre l'ennemi. Le gouvernement provisoire recula jusqu'à San-Vicente, à deux journées de la frontière où il attendit avec anxiété des nouvelles du Pérou. Aucun secours n'étant annoncé, l'un des membres du triumvirat, Carvajal passa la frontière avec quelques chefs militaires, pour n'avoir point à signer la capitulation. Resté maître de tout le pays, Urbina accorda une amnistie générale en se réservant de torturer à son aise ceux dont il voulait se venger, sous prétexte que, sur les trois membres du gouvernement provisoire, un seul avait signé l'acte de soumission. Bientôt après, Roblez rentra dans sa capitale, écrasée plutôt que pacifiée ; Urbina revint à Cuenca piller les caisses publiques ; Franco gouverna Guayaquil sous le titre de commandant militaire. Avec un triumvirat de cette force et toute l'armée pour l'appuyer, la révolution du 1er mai, plus qu'agonisante, n'avait guère chance de revivre. Il lui restait cependant une lueur d'espoir. Le brave Carvajal organisait une nouvelle armée de volontaires sur le territoire de Pasto ; sa petite troupe comptait déjà un millier d'hommes, décidés à passer la frontière au moment favorable pour réorganiser le gouvernement provisoire. D'un autre côté,

Garcia Moreno, toujours à Payta, n'avait pas dit le dernier mot du général Castilla. Celui-ci, plein d'égards et de courtoisie, affirmait encore qu'il s'était vu forcé de bloquer Guayaquil pour obtenir réparation des injures faites à son ambassadeur, qu'il répugnait aux sentiments fraternels du Pérou d'infliger à l'Équateur les calamités d'une guerre entreprise par un gouvernement de flibustiers contre la volonté de la nation, et qu'il réglerait les questions en litige avec le successeur de Roblez. Mais, en dépit de ses belles paroles, Garcia Moreno s'en convainquit bien, vite, Castilla convoitait tout simplement une portion du territoire équatorien, et n'accorderait ses faveurs qu'à l'homme assez lâche pour conclure avec lui un odieux marché. On ne pouvait donc, sans forfaire à l'honneur, rien attendre de ce politique.

En désespoir de cause, le négociateur résolut de s'adresser au patriotisme du général Franco. S'étant rendu à Guayaquil sur un vaisseau péruvien, il lui proposa par lettres d'abandonner le parti des deux misérables que le pays repoussait avec horreur, pour se rattacher avec son armée au gouvernement provisoire. Franco sollicita une entrevue, dans laquelle Garcia Moreno essaya de lui faire comprendre que jamais la nation ne subirait le joug des deux dictateurs, et que d'ailleurs, Castilla refusant de traiter avec eux, la guerre civile et la guerre étrangère dureraient aussi longtemps qu'ils exerceraient le pouvoir. Le commandant de Guayaquil suivait parfaitement ce raisonnement simple et logique, mais il avait aussi son plan secret qui l'empêchait d'accepter les conclusions de son interlocuteur. Il voulait débarrasser l'Équateur d'Urbina et de Roblez, non au profit du gouvernement provisoire, mais pour s'élever lui-même à la présidence de la république. Au fond, Castilla et Franco s'entendaient comme deux larrons en foire : Franco deviendrait président par la grâce de Castilla, et Castilla obtiendrait du très peu scrupuleux Franco un lambeau de territoire, peut-être même cette perle de Guayaquil que le Pérou n'a cessé de convoiter. Un mois après cette entrevue, le 21 août, on apprit, non sans stupéfaction, que, par suite d'une convention entre Castilla et Franco, les provinces maritimes allaient se donner un gouvernement. C'était l'annonce d'un pronunciamento en faveur de Franco contre Urbina et Roblez. Ce dernier le conprit si bien, qu'à cette nouvelle il se rendit à Guayaquil pour aviser aux moyens de parer ce coup imprévu. Mais Dieu attendait ce moment pour arracher aux deux despotes le pouvoir dont ils abusaient depuis huit ans. Au lieu de discuter avec Roblez, le sauvage Franco le fit saisir et déporter sans aucune forme de procès. Et comme Urbina, informé de l'exil du président, venait se mettre à la disposition du nouvel autocrate, celui-ci l'embarqua sur un vaisseau qui venait de Panama et l'envoya brutalement rejoindre son comparse en pays étranger. Ainsi l'Équateur fut débarrassé de ces deux hommes néfastes par un troisième larron.

Sur ces entrefaites, de graves évènements se passaient à Quito, où régnait une grande effervescence depuis le départ de Roblez. On apprit que Carvajal avait, avec sa petite armée, battu à Cuarantum, dans la province d'Ibarra, les troupes du gouvernement. Il marchait sur la capitale, mais les patriotes n'eurent pas la patience de l'attendre. Le 4 septembre, à la suite de nouvelles vexations du gouverneur, la population se souleva tout entière contre ses oppresseurs. Armés de fusils, de pierres, de tous les instruments qui leur tombaient sous la main, les insurgés se ruèrent sur la caserne d'artillerie, et forcèrent les soldats à mettre bas les armes. Le commandant de place, plusieurs militaires et patriotes restèrent sur le terrain. Quelques jours après cette victoire du peuple, Carvajal arrivait à Quito avec sa troupe, et le gouvernement provisoire, solennellement rétabli, reprenait ses fonctions dans la capitale. De son côté le général Franco, jouant à Guayaquil la comédie concertée avec Castilla, convoquait les citoyens pour l'élection d'un chef suprême. Le 6 septembre, sans tenir compte des provinces de l'intérieur, ni même des populations du littoral dévouées au gouvernement de Quito, au mépris des règles les plus élémentaires du droit électoral qui dans un vote de cette nature exigent la majorité absolue, il mettait en avant une majorité relative de cent soixante-une voix contre cent soixante données spontanément à Garcia Moreno, et se proclamait chef civil et militaire de la République.

Ainsi se termina cette première campagne.

CHAPITRE XI.

LE DRAME DE RIOBAMBA.

1859.

L'Équateur était délivré des deux « jumeaux », mais à ses flancs restait attaché le sauvage Franco, le dernier survivant de l'infâme triumvirat, le traître qui ne rougissait pas de s'appuyer sur l'invasion étrangère pour accaparer le pouvoir suprême. Il s'agissait maintenant pour Garcia Moreno de l'envoyer rejoindre ses deux compagnons, projet éminemment patriotique, mais de tout point irréalisable si l'on considère les forces respectives des deux partis au moment de la révolution de septembre.

Le gouvernement provisoire représentait presque toute la nation. Les provinces d'Imbabura, de Pichincha, du Chimborazo, s'étaient dès l'abord prononcées en sa faveur ; Cuenca fit acte d'adhésion immédiatement après le départ d'Urbina. Sauf trois cents hommes ralliés au parti de Franco, les troupes du despote prirent fait et cause pour le gouvernement de Quito. Même dans la province de Guayaquil, la majorité n'hésitait point à adhérer par des protestations publiques au pronunciamento de septembre. A ne considérer que la volonté populaire, Garcia Moreno et ses collègues avaient pour eux le droit ; mais comment vaincre et désarmer l'usurpateur ? Avec la petite armée de Carvajal et les bataillons indisciplinés d'Urbina, sans arsenaux, sans approvisionnements, quel moyen de tenir tête aux soldats de Franco, appuyés par cinq ou six mille péruviens et les canons de l'escadre qui bloquait Guayaquil ?

Garcia Moreno embrassa d'un coup d'œil toutes ces difficultés, et, néanmoins, déclara résolûment qu'il ne se donnerait pas une minute de repos avant d'avoir assuré le triomphe complet de la nation. Il lui faudrait jouer tous les rôles, se faire recruteur, instructeur, ingénieur, diplomate, général, chef d'État, mais il sentait en lui ce génie universel qui suffit à toutes les nécessités.

L'expérience de Tumbuco lui avait appris que la bravoure est impuissante contre le nombre et la tactique. Point de victoire sans une armée régulière, armée qui n'existait pas même à l'état d'embryon. Il commença par envoyer au camp de Guaranda des recrues destinées à former le noyau des troupes libératrices. Les bataillons d'Urbina, sur lesquels il comptait moins, restèrent en réserve à Riobamba. Il fit ensuite un appel chaleureux aux volontaires, qui accoururent de toutes les provinces pour contribuer au salut de la nation. Des officiers dévoués les exercèrent aux manœuvres militaires, souvent sous les yeux de Garcia Moreno qui, présent partout, inspirait à tous le courage, l'esprit d'ordre et de discipline.

La difficulté n'était pas tant de recruter des soldats que de les empêcher de déserter. Les jeunes gens arrivaient de tous côtés, et l'effectif des compagnies diminuait au lieu d'augmenter. Pour couper le mal dans sa racine, Garcia Moreno crut devoir recourir aux grands moyens : il annonça dans les casernes que dorénavant tout déserteur serait immédiatement fusillé. On s'imagina que c'était une vaine menace, et cette nuit-là même plusieurs recrues prirent la fuite. Trois furent saisis, jugés et fusillés sans miséricorde. A partir de ce moment, les chefs ne constatèrent plus une seule désertion. Mais comment créer des ressources pour l'entretien de cette armée ? Où trouver, dans ce pays épuisé, de l'argent, des vivres, des chevaux, des approvisionnements de toute espèce ? Il mit à contribution la bonne volonté de tous. Ce qu'il ne put obtenir du libre sacrifice, il l'exigea par des réquisitions et des impôts répartis avec justice et impartialité. Ses ennemis les plus acharnés n'osèrent jamais articuler à ce sujet une plainte contre lui.

La question en apparence insoluble était celle de l'armement. Fusils, canons, munitions se trouvaient aux mains de Franco, qui se disposait à les braquer contre le gouvernement provisoire. Et comme on ne pouvait espérer aucun secours de l'étranger, il s'ensuivait que pour avoir des armes, il fallait en créer sur place. Garcia Moreno ne recula pas devant cette extrémité. A quatre lieues de la capitale, dans l'hacienda de Chillo, propriété d'un de ses intimes amis[1], existait une grande manufacture de coton : il en fit une fabrique d'armes. Par ses soins les vieux canons, les fusils hors de service trouvés dans les arsenaux de Quito, et d'autres qu'il réussit à introduire dans le pays, furent transportés dans ce chantier improvisé, où à force de recherches et de combinaisons, il parvint à les transformer et à leur donner la justesse et la sûreté de nos meilleurs produits. De là sortirent les boulets, les obus, la poudre et autres munitions dont on fit usage pendant cette guerre ; de là les lances dont furent armées les jeunes recrues. Mais que de travaux et d'études pour établir ses calculs avec la précision mathématique exigée en pareille matière, renseigner les ouvriers sur chaque branche de leur art, surveiller même en détail chacune de leurs opérations ! Le jour, on le voyait partout donnant ses ordres ; le soir, au milieu des livres, la tête dans les mains, il cherchait la solution d'un problème ou d'une difficulté. Souvent il devait interrompre les calculs les plus compliqués pour traiter une affaire urgente ou entreprendre un long voyage. Doué d'une activité prodigieuse et d'une santé de fer, il suffisait à toutes ces besognes.

Jamais il n'abandonna pendant la durée de cette guerre les travaux de Chillo, les regardant à bon droit comme les plus nécessaires. Un jour qu'il revenait de Guayaquil à marches forcées, on lui annonça qu'ils étaient suspendus. Immédiatement il se mit en route au milieu des ténèbres, fit à cheval les quatre lieues qui séparent la capitale de Chillo, et ne consentit à prendre un peu de repos qu'après avoir vu les ouvriers à la besogne. Dans une autre circonstance, après une course non interrompue de quarante-huit heures à travers les montagnes, il arriva au milieu des ouvriers tellement accablé de lassitude et de sommeil qu'il s'endormit en descendant de cheval et ne se réveilla que fort longtemps après. « Je puis tout dominer, disait-il, même la faim ; mais

[1] M. Juan Aguirre.

le sommeil, je ne puis le vaincre. » Il le regrettait amèrement, car la journée lui paraissait de beaucoup trop courte pour toutes les tâches si importantes et si disparates que la force des choses lui mettait sur les bras.

Cependant, tout en se préparant à la guerre, Garcia Moreno ne désespérait point encore d'arriver à un arrangement pacifique. Dans les premiers jours d'octobre, c'est-à-dire un mois après la chute des dictateurs, il se rendit à Payta, où se trouvait l'escadre péruvienne : Là, dans une dernière entrevue avec Castilla, il lui remit sous les yeux sa proclamation dans laquelle il affirmait n'avoir point pris les armes contre le peuple équatorien, mais contre ses oppresseurs. En supposant cette parole sincère, les hostilités n'avaient plus de raison d'être après la disparition de Roblez et d'Urbina. Poussé dans ses derniers retranchements, Castilla démasqua ses batteries et demanda formellement, comme condition du retrait des troupes, la cession du territoire en litige. Indigné d'une conduite aussi déloyale, Garcia Moreno répondit que jamais le gouvernement de Quito, le seul gouvernement de l'Équateur, n'accepterait une proposition absolument contraire à la justice et à l'honneur national. Alors, en vrai chevalier qui met sous le pied toute répugnance quand le salut de la patrie est en jeu, il condescendit à s'aboucher avec le traître Franco pour lui proposer une dernière fois d'unir leurs forces contre l'ennemi commun. Il lui montra la tache indélébile dont il allait souiller son nom s'il acceptait le démembrement du territoire, et, afin de lui prouver son absolu désintéressement, offrit de donner à l'instant sa démission pour introduire dans le gouvernement provisoire un membre de celui de Guayaquil et céder à Franco le titre de général en chef de l'armée. Ainsi s'éteindraient les divisions des équatoriens, qui tourneraient leurs armes contre l'étranger au lieu de s'égorger dans ces luttes fratricides. Ne pouvant opposer à ce noble langage aucune raison spécieuse, Franco se tira d'affaire en feignant d'accepter ce compromis ; mais Garcia Moreno déjoua sa ruse en lui proposant d'amener immédiatement des renforts à Guayaquil pour commencer les hostilités contre Castilla. Pris dans ses filets, Franco refusa net et rompit la conférence.

Après avoir ainsi passé tout le mois d'octobre en négociations infructueuses, Garcia Moreno reprit la route de Quito, avec l'intention de visiter les troupes échelonnées sur son passage. Il apprit dans son voyage à mieux connaître les moyens que ne rougissent pas d'employer les politiques peu scrupuleux pour se débarrasser d'un ennemi gênant. A peine avait-il quitté Guayaquil, que des scélérats, armés de poignards et de révolvers, s'élancèrent à sa poursuite. Ils croyaient l'atteindre facilement, mais il trompa leurs prévisions par sa manière extraordinaire de voyager. Il franchissait en effet les étroits défilés des montagnes, leurs escarpements tortueux et presque impraticables, avec une telle célérité que personne ne pouvait le suivre. Grâce à cette course furibonde, les assassins apprirent à chaque station qu'il gagnait du terrain sur eux et renoncèrent à leur criminel projet. Mais, à peine échappé aux sicaires, le fugitif tomba dans une embuscade plus dangereuse encore, où son âme héroïque dut déployer toute son énergie. Malgré les invraisemblables péripéties de ce drame tant soit peu romanesque, nos lecteurs sont priés de croire à la parfaite exactitude de notre récit.

Après la fuite d'Urbina, les troupes, en grande majorité rattachées au gouvernement de Quito, se trouvaient, comme nous l'avons dit, casernées à Riobamba. Tout naturellement Franco, pour amoindrir les forces du gouvernement provisoire, entreprit de gagner à sa cause ces vétérans d'Urbina et de Roblez, dont il connaissait mieux que tout autre l'esprit d'indiscipline et de violence. Ayant parmi leurs officiers des amis d'ancienne date, il ne lui fut pas difficile d'entretenir des intelligences avec eux et de semer ainsi au milieu des régiments des germes de discorde et de rébellion. On en a la preuve écrite [1], Franco et même Castilla étaient renseignés avant l'évènement sur les troubles futurs de Riobamba, ce qui prouve évidemment leur complicité.

Quoi qu'il en soit, après avoir visité les troupes campées à Guaranda, Garcia Moreno arrivait, le 7 novembre, à Riobamba, avec l'intention de s'y reposer quelques jours de ses

---

[1] Voyez *El Primero de Mayo*, n° 8 *Documentos importantes*.

Vue de Riobamba.

travaux et de ses courses. Voilà qu'en pleine nuit, au bruit des cris tumultueux, ses serviteurs effarés se précipitent dans sa chambre et le réveillent en sursaut, lui annonçant que les casernes mutinées sont en pleine insurrection ; les soldats ameutés se plaignent d'être mal nourris, mal vêtus, et de ne pas recevoir leur solde ; les chefs déclament avec fureur contre le gouvernement provisoire, en particulier contre le chef suprême ; les têtes sont tellement échauffées qu'on peut craindre les plus grands malheurs. Calme et silencieux, Garcia Moreno réfléchissait aux moyens d'étouffer cette sédition, lorsque le commandant Cavero se présente avec l'arrogance d'un révolté, et lui intime l'ordre de renoncer au mandat qu'il a reçu du peuple. — « Jamais ! » lui répond fièrement Garcia Moreno. Et comme le commandant se permettait de le menacer : — « Assez ! s'écrie-t-il, vous pouvez briser ma vie, mais aucun de vous n'est assez fort pour briser ma volonté. » Sur un signe de Cavero, le capitaine Palacios, désigné pour une telle besogne par ses tristes antécédents, arrêta l'intrépide représentant du pouvoir et le jeta en prison, en lui signifiant que s'il persistait dans sa résolution, le lendemain serait son dernier jour.

Débarrassés de leur chef, officiers et soldats se répandirent dans les divers quartiers de la ville pour se livrer au pillage, à l'ivrognerie et à la débauche, selon leurs vieilles habitudes. Seules quelques sentinelles de faction à la porte du cachot se désolaient de ne pouvoir prendre part au sac de la cité. Un gardien veillait dans une chambre attenante à celle du prisonnier. La première pensée de Garcia Moreno fut de recommander son âme à Dieu, n'ignorant pas que ces brigands étaient hommes à l'assassiner sans miséricorde ; puis, avec un admirable sang-froid, il s'occupa tranquillement des moyens de prolonger une vie qu'il n'estimait pas inutile à la patrie. D'une lucarne donnant sur la rue, on voyait les gardes, l'air assez maussade, suivre de l'œil leurs compagnons plus heureux ; d'où le prisonnier conjectura, que l'instinct triomphant de la consigne, ils ne tarderaient pas à déserter le poste pour se gorger avec les autres de liqueurs et de butin. En ce moment, le serviteur d'un de ses amis fidèles ayant obtenu sous un prétexte quelconque la faveur de l'entretenir un instant, lui fit observer qu'il était facile d'escalader le mur de sa prison, après avoir descellé les barreaux d'une fenêtre. Une fois libre, il trouverait à la porte de la ville un cheval tout sellé pour fuir. — « Dites à votre maître, répondit le prisonnier, que je sortirai d'ici, non par la fenêtre, mais par où je suis entré. »

Ses prévisions se réalisèrent de point en point. Les gardes disparurent les uns après les autres, abandonnant toute surveillance à la sentinelle de l'intérieur. Après quelques instants de réflexion, Garcia Moreno s'approche de cet unique gardien et lui dit d'un ton de maître, ou plutôt de juge : — « A qui donc as-tu fait serment de fidélité ? — Au chef de l'État, répond le soldat tremblant. — Le chef légitime de l'État, c'est moi : tu me dois donc obéissance et fidélité ; tes officiers sont des rebelles et des parjures. N'as-tu pas honte de leur prêter main-forte et de trahir ainsi ton Dieu et ta patrie ? » Le soldat effrayé tombe à genoux et demande grâce : « Je te ferai grâce, si tu veux m'obéir et accomplir ton devoir. »

Quelques instants plus tard, avec l'aide de ce brave militaire, il avait franchi les portes de la prison. Accompagné d'un fidèle général, il sortait de Riobamba et s'élançait à bride abattue sur la route de Calpi, où il avait donné l'ordre à ses partisans les plus résolus de le rejoindre sans délai.

Après cette étrange aventure, voyant le terrain s'effondrer partout sous ses pas, va-t-il désespérer du succès et abandonner la partie? Le croire ce serait méconnaître l'homme qui ne connut jamais d'obstacle, parce que jamais il ne recula devant la mort. Une heure après sa sortie de Riobamba, il se trouvait à Calpi avec quatorze braves, accourus pour se mettre à sa disposition et décidés à le suivre partout où il les conduirait. Sans leur laisser le temps de réfléchir, il leur suggère l'étrange idée de reprendre à l'heure même le chemin de Riobamba, pour ressaisir le commandement des troupes mutinées et châtier les principaux rebelles. Tous l'approuvent, et la petite troupe se met en marche, comptant pour l'exécution du projet, sur l'audace bien connue de son chef. A leur entrée dans la ville, au milieu des maisons saccagées, régnait le calme plat qui suit une nuit d'orgie. Plusieurs chefs,

chargés de butin, avaient disparu avec leurs compagnies ; les autres, parmi lesquels le capitaine Palacios, le grand fauteur de la rébellion, étaient ivres ou endormis. Sans perdre un instant, Garcia Moreno saisit Palacios avec les principaux bandits, et les traîne sur la place où il installe un conseil de guerre composé de ses quatorze compagnons à cheval et armés jusqu'aux dents. Palacios comparaît le premier sans trop se rendre compte, par suite de l'ivresse, de sa terrible position. Condamné à mort, il répond à ses juges par des insolences ; mais bientôt la voix sévère de Garcia Moreno le rappelle à la réalité : « Vous avez une demi-heure pour vous préparer à la mort, s'écria-t-il, pas une minute de plus.
Un prêtre était là pour réconcilier ces coupables avec Dieu, mais Palacios refusa son ministère. A l'heure fixée, le bandit tomba sous les balles du peloton d'exécution.

Un autre officier avait subi le même sort, lorsque comparut devant le conseil de guerre un malheureux capitaine qui protestait de son innocence. On avait cru le reconnaître comme un des principaux meneurs de l'insurrection, mais une dame des plus honorables de Riobamba affirma qu'en effet, au lieu d'exciter à la rébellion, cet homme s'était tenu caché dans sa maison aussi longtemps qu'avait duré le sac de la ville. Implacable devant le crime, mais toujours juste, Garcia Moreno s'en remit au témoignage de cette dame et rendit la liberté au condamné.

Ce coup d'audace terrifia cette soldatesque aussi lâche qu'indisciplinée. En voyant tomber ses chefs, elle comprit qu'elle avait un maître et rentra dans l'ordre. Alors, non content d'avoir éteint le foyer de l'incendie, l'infatigable lutteur résolut de poursuivre les fuyards, afin de les châtier et de les assujettir, eux aussi, au joug de la discipline. Au déclin du jour, il partit avec ses quatorze compagnons renforcés de quelques autres braves, pour donner la chasse au gros de la troupe, qui avait pris la direction de Mocha. Arrivés dans cette petite ville à la tombée de la nuit, les brigands s'étaient couchés dans les galeries qui entourent la place, leurs fusils en faisceaux à côté d'eux. Ils dormaient profondément sous la garde des sentinelles placées à toutes les avenues.

L'épée au poing, Garcia Moreno, suivi de ses compagnons,

arriva vers minuit à Mocha. Le temps était pluvieux, les ténèbres assez épaisses. A leur approche soudaine, la sentinelle voulut fuir, mais un coup de baïonnette l'étendit par terre. Surpris dans leur sommeil au milieu de l'obscurité, les bandits se crurent enveloppés par une troupe nombreuse et n'essayèrent pas même de résister. Quelques-uns furent blessés dans la bagarre, d'autres réussirent à s'enfuir, quatre-vingts désarmés et garrottés furent expédiés à Riobamba sous la garde de cinq braves, qui reçurent l'ordre de les fusiller tous à la première tentative de fuite ou de rébellion.

Garcia Moreno se croyait maître du terrain, quand tout à coup on lui signale dans les environs une autre troupe de plusieurs centaines d'hommes. Il lance ses compagnons à leur rencontre; on se bat avec fureur dans les ténèbres; plusieurs tombent morts ou blessés. — « Rendez-vous, crie Maldonado, au chef de la bande. — Jamais! répond celui-ci percé d'un coup de lance. — Rendez-vous, brigands, » crie Moreno, à son tour, frappant de son épée à droite et à gauche. Un soldat reconnaît sa voix, le nom de Garcia Moreno vole de bouche en bouche, et l'on reconnaît avec douleur que de part et d'autre on a été victime d'une fatale méprise. Cette troupe, composée non de pillards, mais de soldats fidèles, arrivait d'Ambato pour combattre les insurgés de Riobamba.

Après avoir pleuré la mort du malheureux chef et de ses compagnons, Garcia Moreno, à la tête de ces renforts, continua la poursuite des révoltés, et réussit enfin à en incarcérer trois cents qui, leur peine terminée, furent réincorporés dans l'armée. Les restes insignifiants de ces cohortes prétoriennes, si chères à Urbina et à Roblez, se dispersèrent dans les montagnes pour y vivre en brigands, ce qui n'était pas pour elles changer de métier.

Ainsi se termina cette sombre tragédie qui aurait dû finir par un désastre. Le génie et la valeur d'un seul homme avaient triomphé des traîtres, d'une armée en révolte et de la mauvaise fortune la plus opiniâtre. Brisé de fatigue, mais plus encore de douleur à la pensée de l'anarchie qui désolait son pays, Garcia Moreno revint en toute hâte à Quito, pour activer les préparatifs d'une campagne, désormais inévitable, contre le pseudo-gouvernement de Guayaquil.

NÉGOCIATIONS ET BATAILLES.

1859-1860.

Pendant que Garcia Moreno désarmait les insurgés de Riobamba, Castilla et Franco découvraient plus clairement leurs projets. Au milieu de novembre, Castilla paraissait à l'embouchure du Guayas avec une escadre forte de six mille hommes. Le lâche Franco autorisait le débarquement de ces soldats étrangers, livrant ainsi au Pérou la clef de son pays ; puis, pour colorer cette trahison, il signait, le 4 décembre, une convention avec Castilla à l'effet d'ouvrir des négociations, auxquelles serait convié le gouvernement de Quito, pour statuer définitivement sur les revendications territoriales du Pérou. Traiter avec Castilla, entouré de six mille troupiers ! Quel habile diplomate que ce Franco !

Édifié sur ces deux larrons, Garcia Moreno savait qu'aucune négociation n'empêcherait le démembrement de l'Équateur, parce que aucune considération ne les ferait renoncer à leurs plans ambitieux. Il fallait donc, selon lui, payer d'audace et répondre à la force par la force. Dans cet ordre d'idées, il envoya un renfort de mille hommes au camp de Guaranda pour surveiller les opérations de Franco ; mais évidemment on ne pouvait, avec des recrues peu exercées, alors que les travaux d'armement commençaient à peine, tenir tête à une armée régulière soutenue par toutes les forces d'un état étranger. Garcia Moreno entretint donc ses collègues d'une pensée qui dominait son esprit, surtout depuis l'insurrection de Riobamba. Au sein de pareilles dissensions, de soldats sans discipline et sans mœurs, de traîtres prêts à toutes les félonies, l'existence même de la

République lui paraissait menacée, si on ne l'abritait sous le protectorat d'une puissance européenne. Il nomma la France, qui toujours tint à honneur de protéger les faibles, et qui naguère encore avait tiré l'épée pour arracher le turc aux serres du vautour moscovite. Il avoua qu'il avait à ce sujet échangé plusieurs lettres avec le représentant du gouvernement français à l'Équateur.

Il ne s'agissait pas, fit remarquer Garcia Moreno, d'annexer l'Équateur à la France, ni d'en faire une colonie dépendante ou vassale, mais de se couvrir du pavillon français pour échapper à une invasion de pirates, appelés au sac du pays par une horde de traîtres. Le noyé s'attache à la barre de fer qu'on lui présente, fût-elle rougie au feu pourquoi une nation devrait-elle mourir, sans crier au secours ? La non-intervention dans un cas d'égorgement est un principe sauvage. Ainsi pensait Bolivar qui, dans des circonstances analogues, avait tenté de placer sa naissante Colombie sous le patronage d'un peuple illustre et puissant. Du reste, il avouait que ni lui, chef suprême, ni ses collègues du gouvernement provisoire, n'avaient mission pour réaliser ce projet. Le peuple seul, consulté directement ou par l'organe de ses représentants, pouvait décider de ses destinées.

Cette proposition resta toujours à l'état de projet. Elle parut inefficace aux autres membres du gouvernement provisoire, et de plus, vu les dispositions du gouvernement français, irréalisable. Nous pouvons ajouter qu'elle était inutile. Sans doute Castilla paraissait incomparablement le plus fort, mais, avec un homme de la taille de Garcia Moreno, d'un génie aussi élevé, d'un courage aussi chevaleresque, on peut espérer des prodiges. Le génie, plus que l'épée de Washington et de Bolivar, a délivré les deux Amériques. A ceux qui blâment Garcia Moreno d'avoir trop souvent compté sur lui-même, nous osons répondre qu'en cette circonstance, et surtout après le drame de Riobamba, il ne se rendit pas suffisamment justice.

L'idée de protectorat écartée, le gouvernement provisoire, voulant épuiser tous les moyens de pacification, accepta la conférence officiellement proposée par Castilla et Franco au sujet de la délimitation du territoire. Dans les dépêches expédiées de Guayaquil, on demandait que quatre plénipotentiaires, choisis dans les deux camps, fussent autorisés à régler cette question spéciale. En conséquence, le gouvernement de Quito députa deux de ses membres, Avilez et Gomez de la Torre, munis de pleins pouvoirs, mais sous la réserve expresse de ne « compromettre en rien l'intégrité du territoire ni l'indépendance de la nation. » Le premier janvier 1860, ces deux délégués, mis en rapport avec ceux de Franco, arrêtèrent un projet de *convenio* stipulant que « le gouvernement de Guayaquil, chargé dans cette circonstance de représenter tout l'Équateur, ne pourrait ni céder, ni annexer la moindre parcelle du territoire à un gouvernement quelconque, et cela sous n'importe quelle formule ou prétexte. Les démarcations des frontières tracées antérieurement resteraient jusqu'à nouvel ordre obligatoires pour les deux états. Les doutes relatifs aux terrains situés à l'orient de la Cordillère seraient soumis à un tribunal arbitral, et ces terrains déclarés neutres jusqu'à la délimitation définitive.

Rien de plus équitable que cette convention, dont les termes, du reste, furent acceptés sans difficulté par les représentants de Franco. Ils reconnurent qu'on ne doit jamais, dans l'intérêt de la paix, sacrifier la nationalité d'un pays. « Le gouvernement de Guayaquil, ajoutèrent-ils, saurait répondre à la confiance qu'on voulait bien lui témoigner. » Déjà les deux délégués de Quito se félicitaient d'avoir eu plus de foi que Garcia Moreno dans leurs très peu scrupuleux adversaires, mais ils furent bientôt détrompés. La clause restrictive insérée dans le *convenio* déplut à Castilla. Il n'avait pas mis six mille hommes sur pied pour s'en retourner les mains vides : aussi s'efforça-t-il de faire comprendre au général Franco qu'on les avait dupés tous les deux. Sur ce, l'irritable « doyen des chanoines » entra dans une violente colère contre les plénipotentiaires de Quito qui lui avaient tendu ce piège et contre ses ministres assez stupides pour s'y être laissé prendre, et refusa nettement de ratifier la convention. Ajoutant les voies de fait à la déraison, il fit jeter en prison et tenir au secret les deux délégués ; puis, quand il les crut assez démoralisés pour céder à ses volontés, il leur offrit la liberté mais à la condition qu'ils bifferaient de la convention la clause relative à l'aliénation du territoire. « Ils devaient se rappeler que Franco avait à sa disposition l'armée de la République, la forteresse de Guayaquil et l'escadre de Castilla ! En cas d'obstination de leur part, Franco gravirait la Cordillère avec ses bataillons, et les gens de Quito, au premier coup de clairon, verraient leurs misérables recrues de Guaranda s'enfuir à toutes jambes. »

Insensibles aux menaces de ce bravache et prêts à sacrifier leur vie plutôt que de compromettre l'honneur du pays, les deux ambassadeurs refusèrent d'outre-passer leurs pouvoirs. Franco allait peut-être céder à un accès de rage furieuse, mais, sur l'intervention du chargé d'affaires de la Grande-Bretagne, il consentit à délivrer des passeports aux deux délégués, en leur intimant l'ordre d'avoir à quitter Guayaquil dans les six heures. Ceux-ci rédigèrent une protestation sévère, dans laquelle, après avoir rappelé les faits ci-dessus mentionnés, ils répondaient aux menaces réitérées d'une invasion prochaine. « Par cette conduite, disaient-ils, le général Franco violera les principes les plus élémentaires de la justice et entassera victimes sur victimes, quand il est si facile de pacifier le pays sans recourir aux armes. Notre gouvernement décline la responsabilité d'une guerre qui va diviser nos forces en présence de l'étranger, et proteste devant le monde entier contre l'inqualifiable politique du gouvernement de Guayaquil. »

Après un tel outrage à ses ambassadeurs, le gouvernement de Quito comprit qu'il fallait vaincre ou mourir. Garcia Moreno démasqua devant tout le peuple l'inqualifiable conduite de Franco. « Équatoriens, vous n'apprendrez pas sans surprise ni sans indignation, qu'à l'issue de la conférence, le général Franco rompit les négociations, jeta nos ambassadeurs en prison malgré l'immunité dont ils jouissaient, et n'eut pas honte de leur donner un délai de six heures pour quitter Guayaquil ! Et il nous fait cette sanglante injure, au moment où les soldats du Pérou sont logés dans les casernes de notre vieille cité maritime. L'héroïque peuple de Guayaquil sous la garde d'une armée étrangère, et cela jusqu'au jour où un traité définitif consacrera la honte et la ruine de notre nation ! Équatoriens, les lâches seuls préfèrent la trahison à la guerre, l'intrigue à l'épée, l'infamie à la mort. Aux armes donc, pour défendre l'honneur, la nationalité, la patrie ! Union et vaillance ! La Providence nous protège, et les peuples américains, nos frères, ne regarderont pas avec indifférence la lutte héroïque qui va s'ouvrir ! »

Les deux partis brûlaient d'en venir aux mains. Immédiatement après la rupture des négociations, Franco donna l'ordre au colonel Léon de gravir la Cordillère avec un millier d'hommes, pour sonner ce fameux coup de clairon qui devait faire sur le camp de Guaranda l'effet des trompettes de Jéricho. Il comptait d'autant plus sur la victoire que depuis deux mois ses partisans avaient révolutionné l'importante ville de Cuenca, dont un de ses fidèles, le commandant Zerda, avait pris possession. Zerda n'avait qu'à combiner ses mouvements avec ceux du colonel Léon pour mettre entre deux feux la petite armée de Guaranda et l'écraser au premier choc.

Afin de ne pas laisser à ces deux chefs le temps de se concerter, Garcia Moreno se rendit immédiatement au camp pour prendre le commandement des troupes. Ses soldats, exaspérés contre Franco, ne demandaient qu'à combattre. Ce fut avec des trépignements de joie et d'enthousiasme qu'ils entendirent cette proclamation du chef suprême :

« Nobles défenseurs de l'indépendance nationale, après avoir vendu à l'étranger vos frères du littoral pour satisfaire à son ambition, l'infâme gouvernement de Guayaquil tourne contre vous et les peuples de l'intérieur des armes qui auraient dû servir à défendre la patrie. Il veut ouvrir au perfide envahisseur de nos provinces un chemin couvert de votre sang. Il veut abattre le drapeau national pour arborer celui de l'étranger. Il veut lui faire hommage de notre patrie, de nos foyers, de nos gloires et de nos libertés. Soldats, ce vil instrument du brigandage a oublié sans doute que vous êtes ici les fermes remparts de notre nationalité. A vous de lui faire payer cher ses odieuses insultes et son exécrable trahison.

« Officiers, et soldats, comme le gouvernement provisoire, vous n'avez qu'une tâche à remplir sauver l'honneur et l'intégrité du pays. Le gouvernement a fait pour cela de grands sacrifices ; il ne déposera point les armes avant d'avoir assuré l'indépendance de la patrie. Il compte sur vous pour accomplir cette glorieuse mission ; il est à côté de vous, confiant dans la victoire qui fera de vos noms l'honneur du pays et l'orgueil de la postérité. »

Stimulée par les paroles brûlantes de son chef, la petite armée s'élança, le 20 janvier, à la rencontre de l'ennemi. Le colonel Léon s'était fortifié sur les hauteurs de Piscurco, attendant pour commencer l'attaque l'arrivée du commandant Zerda et des renforts de Guayaquil. Il s'agissait de déjouer ce plan en lui livrant immédiatement bataille. Au signal donné par Garcia Moreno, les troupes se ruèrent avec fureur sur leurs adversaires, mais la position était tellement avantageuse que, malgré les efforts d'une audace plus que téméraire, elles ne purent les déloger de leurs retranchements. Garcia Moreno résolut alors, en tournant l'ennemi, de tomber sur son arrière-garde, ses munitions et sa cavalerie. Pour cacher cette manœuvre, il laissa devant Piscurco le colonel Davallos avec plusieurs compagnies d'infanterie et un escadron de cavalerie, pendant que lui, prenant à droite, se jetait dans le chemin d'Yagui. Une pluie diluvienne inondait la route en ce moment et la convertissait en un ravin boueux au point qu'il fallut plus de sept heures pour faire un trajet de deux lieues. Enfin, vers deux heures du soir, il rencontra l'ennemi campé dans l'hacienda d'Yagui d'où, par une charge vigoureuse, il le délogea en cinq minutes. C'était assez pour le but qu'on voulait obtenir ; mais, une fois lancées, les jeunes recrues ne connurent plus de rappel. Acharnées à la poursuite des fuyards, elles infligèrent à l'ennemi des pertes considérables et le mirent en complète déroute. De leur côté, le colonel Davallos et ses braves compagnons soutinrent durant trois heures consécutives une très vive fusillade : une charge brillante de lanciers les rendit enfin maîtres du camp et détermina la victoire. Le lendemain, Garcia Moreno chercha de nouveau le colonel Léon, mais, avec les débris de sa troupe, il descendait rapidement les pentes abruptes de la montagne, pour éviter une nouvelle attaque.

L'occasion était excellente pour se débarrasser de tous les

adhérents de Franco dans les provinces de l'intérieur. Pendant que les troupes victorieuses rentraient au camp de Guaranda, Garcia Moreno détacha quelques compagnies d'élite, aux ordres du colonel Maldonado, pour marcher à la rencontre du commandant Zerda, qui accourait de Cuenca, comme nous l'avons dit, au secours du colonel Léon. Maldonado attendit son adversaire dans les plaines de Sabun, où nul obstacle ne pouvait entraver la bouillante ardeur de ses soldats. Le 7 février, lorsque les colonnes ennemies se furent assez engagées pour ne pouvoir plus reculer, l'infanterie de Maldonado se précipita sur elles à la baïonnette et les mit en déroute, malgré leur courage. La cavalerie se chargea d'achever les malheureux fuyards. Le gros de la troupe, le commandant Zerda, et bon nombre d'officiers, tombèrent dans les mains du vainqueur.

Maldonado profita de son succès pour marcher sur Cuenca. La place était défendue par le colonel Ayarza, flanqué de soudards urbinistes qui avaient trempé dans toutes les révolutions. Ils sortirent de la ville et attendirent Maldonado dans la plaine de Machangara ; mais en voyant l'infériorité numérique de ses bandes, le pauvre Ayarza, qui connaissait du reste la bravoure de Maldonado, capitula sans coup férir. Il s'engagea même à rentrer dans la vie privée, pendant que ses soldats s'incorporeraient à la troupe de Maldonado. La province de Cuenca put enfin respirer à l'aise et suivre ses sympathies en adhérant, comme elle l'avait fait d'abord, au gouvernement de Quito.

Restait à soumettre la province de Loja, située sur les frontières du Pérou. La ville de Loja, hésitante d'abord, s'était rattachée au parti de Franco ; mais, depuis le succès de ses adversaires, elle flottait derechef entre les deux gouvernements. C'était de la politique marchande : en réservant l'acte de soumission, on trouverait peut-être moyen de l'échanger contre une exonération totale ou partielle des charges publiques. Pour couper court à ces tergiversations intéressées, Garcia Moreno se rendit personnellement à Loja. En deux jours il applanit toutes les difficultés, et la ville fit sa soumission, aux acclamations de la province entière.

Cette série de brillants succès ne laissa guère au général

Franco que la province de Guayaquil, dévouée de cœur au gouvernement national, mais de fait occupée par l'usurpateur. Garcia Moreno se hâta de rentrer au quartier général de Guaranda pour descendre les Cordillères et se mesurer enfin, dans une action décisive, avec Franco et Castilla.

CHAPITRE XIII.

PRISE DE GUAYAQUIL.

1860.

Après une année de pourparlers infructueux et d'escarmouches sans résultats, il devint clair pour tous que la paix réelle et définitive ne serait signée qu'à Guayaquil. Aussi, bien qu'on se rendît parfaitement compte des difficultés presque insurmontables d'une marche en avant, citoyens et soldats la désiraient de tout leur cœur, confiants dans le Dieu qui bénit les causes justes et dans le patriote incomparable dont on célébrait partout le courage et le génie.

L'admiration pour Garcia Moreno s'accroissait du mépris voué à Franco, mépris qui devint de la haine le jour où se consomma l'attentat préparé depuis longtemps. Le 25 janvier, cinq jours après sa défaite d'Yagui, par un traité signé, ratifié et déclaré immédiatement exécutoire, Franco cédait au Pérou le territoire en litige, « déclarant nulle et de nul effet l'adjudication faite aux créanciers de l'Équateur, lesquels seraient indemnisés par la concession d'autres terrains non disputés. En revanche, « le gouvernement du Pérou s'engageait à soutenir celui de Guayaquil jusqu'au jour où l'ordre serait rétabli. »

A la divulgation de ce traité, qui stipulait la vente officielle du territoire, un concert de malédictions s'éleva contre Franco. Il n'y a plus à balancer, disait-on de toutes parts : il faut ensevelir le traître dans son repaire, et avec lui son abominable marché. Sous le coup de l'indignation, un riche propriétaire accourut de son hacienda pour offrir à la trésorerie de Quito ses capitaux et ses propriétés, heureux de sacrifier tous ses biens et au besoin d'affronter la mort pour sauver l'honneur de la nation. De toutes les provinces arrivaient au gouvernement provisoire des protestations indignées. Les jeunes gens, les étudiants, par lettres collectives, réclamaient des armes pour voler au secours de la patrie. Garcia Moreno profita de ce mouvement et de quelques mois de répit obtenus par ses récentes victoires, pour discipliner ses troupes, fortifier ses armements, et préparer ainsi le dernier acte de cette longue tragédie.

Toutefois, avant d'affronter les canons de l'ennemi, il se demanda s'il avait assez fait pour que la responsabilité du sang versé ne retombât point sur lui. Trois fois il avait supplié Franco de revenir à des sentiments d'honneur, sans émouvoir cette âme abjecte ; mais, aujourd'hui que sa honteuse défaite avait dû lui inspirer quelque crainte relativement au dénoûment final, aujourd'hui qu'un cri de réprobation s'élevait contre lui de tous les points de l'Équateur, refuserait-il un sacrifice à la patrie, si lui, Garcia Moreno, proposait de faire un sacrifice semblable ? Sous l'empire de ces généreuses pensées, il écrivit à l'usurpateur l'admirable lettre que voici :

« Général, le désir d'épargner le sang de nos frères me pousse à faire un dernier appel à votre patriotisme. La nation a fait des sacrifices très onéreux, mais absolument nécessaires, pour défendre et son indépendance et l'intégrité de son territoire. Pour défendre votre cause vous avez versé le sang équatorien ; afin d'empêcher une nouvelle effusion de ce sang au profit du lâche et perfide Castilla, je vous propose un moyen honorable de terminer nos divisions.

« La lutte fratricide que les peuples de l'intérieur ont dû soutenir, a rejeté dans les casernes de Guayaquil les restes de cette armée que vous employez à défendre les intérêts de l'étranger. Ce résultat, c'est-à-dire la victoire du parti national et l'impuissance notoire du parti opposé, doit terminer la guerre. Les défenseurs du pays n'ont à s'occuper désormais que de son organisation et du rétablissement de l'ordre constitutionnel. Castilla, de son côté, doit être satisfait des sacrifices sanglants et des humiliations imposés à notre patrie, sans qu'il lui ait coûté autre chose qu'une vaine parade militaire. Continuer cette lutte atroce, après la résistance scandaleusement obstinée que vous avez opposée à toutes les propositions si honorables et si patriotiques du gouvernement provisoire, ce serait ruiner toute espérance pour le jour du repentir, alors que votre cœur d'Équatorien tremblera sous le poids des anathèmes que lancent déjà contre vous les peuples de l'Amérique. Il est temps, il est plus que temps de mettre un terme à cette guerre sauvage.

« Comme moyen d'en finir, je propose pour vous et pour moi l'exil volontaire. Éloignons-nous tous les deux ; laissons le pays, libre de toute pression étrangère, se constituer selon sa volonté et recueillir enfin le fruit amer de tant de sang répandu. La province de Guayaquil adhérera comme celles de l'intérieur au gouvernement provisoire, et une convention librement élue mettra un terme à nos malheurs. Si vous acceptez cette proposition, qui vous fournit le moyen d'assurer l'intégrité du territoire sans blesser votre honneur, je renonce à l'instant au pouvoir et je quitte le pays. J'aurais mauvaise grâce de vous demander un sacrifice, si je n'étais disposé à vous donner l'exemple. En m'imposant pour le salut de la patrie cet exil volontaire, mon ambition sera pleinement satisfaite. Ainsi tomberont les misérables calomnies que vos journaux de Guayaquil entassent tous les jours contre moi. »

Loin d'être attendri par ce langage sublime, Franco entra en fureur à la pensée d'abdiquer la présidence, unique objet de ses convoitises. Il se répandit en injures contre Garcia Moreno, déclara sa lettre outrageante, et s'emporta jusqu'à jeter en prison le messager qui l'avait apportée. Garcia Moreno mit sous le pied les ignobles procédés de cette âme vile et n'en fut que plus tenace dans ses efforts désespérés pour éviter l'effusion du sang. Vraiment, on ne sait ce qu'il faut le plus admirer durant cette période de sa vie, ou de son ardeur à préparer la guerre, ou de son obstination à combiner les moyens d'une paix honorable pour tous. Voici la pièce que, le 28 avril, un mois après sa lettre à Franco, il adressa comme dernière ressource à tous les agents du corps diplomatique, pour réclamer leur médiation collective :

« Le malheureux traité du 25 janvier a élevé entre le gouvernement de Quito et celui de Guayaquil un mur de séparation qu'aucun des deux ne peut abattre. Le premier ne reconnaîtra jamais un pacte contraire aux droits, aux intérêts, à l'honneur du peuple équatorien ; de son côté, le général Franco ne déchirera pas sa signature, d'autant plus qu'elle lui vaut l'appui des baïonnettes étrangères. Pour renverser ce mur, je ne vois d'autre alternative que l'abdication ou la guerre ; l'abdication de l'homme qui a signé le traité, ou une guerre d'extermination. Avant d'en venir à cette terrible extrémité, à laquelle cependant nous sommes suffisamment préparés, nous proposons l'abdication du général Franco, non pas comme une condition humiliante, mais comme un moyen de salut inspiré par le patriotisme et basé sur les considérations de respect et de fraternité que se doivent les habitants d'un même sol et les membres d'une même famille.

« Et pour que le général Franco ne regarde point cette abdication comme déshonorante pour lui, le gouvernement provisoire propose également son abdication, laquelle sera suivie de l'exil volontaire pour un temps déterminé de tous les membres des deux gouvernements. Nous donnerons ainsi un témoignage irrécusable de notre désintéressement ; nous aurons la gloire d'avoir terminé nos discordes civiles sans verser le sang de nos frères, et de conserver à la nation des forces si nécessaires à sa défense et à sa sécurité.

« En vous associant à ces propositions, vous aurez assuré les intérêts les plus chers de l'Équateur, écarté la guerre civile, et contribué au relèvement du pays. Mais si, ce qu'à Dieu ne plaise, cette dernière tentative de conciliation ne devait pas aboutir, elle nous laissera au moins la conviction de n'avoir point assumé sur nous la responsabilité du sang qui va couler pour l'honneur, l'indépendance et l'intégrité de la République. »

Naturellement Franco résista aux instances du corps diplomatique, comme il avait résisté aux efforts de Garcia Moreno. Pour faire diversion, il osa même réclamer l'expulsion de son rude antagoniste, l'auteur principal, disait-il, de tous les maux qui pesaient sur l'Équateur. A l'occasion du 1er mai, glorieux anniversaire de la révolution de Quito, sa rage ne connut plus de bornes. Partout cet anniversaire fut célébré par des acclamations de joie et d'espérance. Des villes même du littoral, de Babahoyo, de Manabi, arrivèrent des protestations d'union au gouvernement provisoire, ainsi que des volontaires désireux de combattre avec leurs frères contre les persécuteurs de la patrie. Pour empêcher ces désertions, Franco fit traquer tous les hommes capables de porter un fusil : on les conduisait enchaînés dans les casernes, où plusieurs expirèrent sous les coups.

La magnanime initiative du gouvernement provisoire produisit un tout autre effet sur Castilla. Le président du Pérou comprit la victoire morale que ses adversaires venaient de gagner, non seulement devant les citoyens de l'Équateur, mais devant les membres du corps diplomatique. Supposé maintenant que les colonnes de Garcia Moreno attaquassent Guayaquil après avoir battu Franco, pouvait-il, lui président du Pérou, exterminer cette armée victorieuse pour défendre un misérable que tout le pays repoussait avec horreur? D'autre part, lui convenait-il d'assister, les bras croisés, en simple spectateur, à la lutte qui allait s'engager ? S'apercevant un peu tard de sa fausse position, Castilla donna l'ordre à ses troupes d'évacuer Guayaquil pour rentrer au Pérou. Quant à lui, il resta dans le port avec quelques divisions et une partie de l'escadre pour suivre les évènements, conseiller son ami Franco, et l'appuyer de ses canons si l'intervention du Pérou devenait nécessaire pour sauver le traité du 25 janvier.

La situation s'éclaircissait et les forces des deux partis tendaient à s'équilibrer, quand le gouvernement provisoire reçut un renfort aussi précieux qu'inattendu par l'arrivée au camp de Guaranda du vieux général Florès. Exilé du pays depuis quinze ans, l'ex-président avait fait, comme nous l'avons vu, plusieurs tentatives inutiles pour y rentrer à main armée, puis s'était établi au Pérou grâce à la bienveillance de Castilla dont il était l'ami. Ce dernier se croyant en droit de solliciter la coopération de son protégé dans cette guerre déloyale contre l'Équateur, lui demanda formellement de soutenir la cause de Franco, à la tête d'un corps d'auxiliaires péruviens ; mais, si le vieux soldat de l'Indépendance voulait bien guerroyer pour régner sur son pays, il se révoltait à l'idée de le livrer à Castilla. Il réprouva publiquement les prétentions du Pérou, le soulèvement militaire de Riobamba qu'on disait organisé par ses partisans et poussa tous ses amis à s'unir au gouvernement provisoire pour défendre l'indépendance, l'honneur et la dignité de la patrie. De plus, oubliant ses malheurs, ses longues années d'exil, ses ressentiments, il écrivit à Garcia Moreno : « Dans les circonstances difficiles où vous vous trouvez, faites-moi savoir si je puis vous être utile, et je suis à vos ordres. » En recevant cette lettre, Garcia Moreno ne se rappela point ses anathèmes d'autrefois contre le général Florès ; il ne vit point dans cet homme de guerre un rival qui venait, au moment de terminer cette misérable campagne, lui dérober une partie de sa gloire, il ne pensa qu'à remercier Dieu du secours providentiel qu'il lui ménageait au plus fort du danger, et se contenta de répondre à Florès : « Venez immédiatement, et soyez notre général en chef. » Quelques jours après, les deux adversaires politiques, unis dans un même sentiment de patriotisme s'embrassaient à la vue de toute l'armée, ivre de joie et d'enthousiasme.

Florès prit le commandement des troupes, juste au moment où l'on avait besoin de ses talents militaires et de sa longue expérience des combats. Un mois après son arrivée au camp de Guaranda, l'on apprit que Franco remontait le fleuve Guayas avec ses soldats et ses canons pour s'établir à Babahoyo, au pied de la montagne, et de là s'élancer sur les provinces de l'intérieur. Les deux chefs décidèrent aussitôt qu'on ne lui laisserait pas le temps de gravir la Cordillère, mais qu'on irait le chercher dans la plaine, au milieu des populations écrasées sous son joug. En attendant, Garcia Moreno adressa aux habitants de Guayaquil et de Manabi la proclamation suivante :

« Mes chers concitoyens, j'ai vu vos souffrances et j'y ai compati plus que personne. Vos provinces opprimées et humiliées par une horde de bandits ont été comme noyées durant tout le cours de cette année dans l'opprobre et l'infamie. Le trafic exécrable de l'honneur et du territoire, la tyrannie immorale et sauvage, la proscription pour crime de probité, l'enrôlement sous peine de mort, la guerre sans pitié à la propriété et à l'industrie, les grades conférés aux criminels des prisons ; la licence d'une soldatesque sans frein, tout ce que l'immoralité peut inventer et le crime exécuter : voilà l'affreux tableau des misères qui ont couvert de deuil notre beau, mais malheureux pays.

« Concitoyens, l'heure de la justice a enfin sonné. Vos frères de l'intérieur ont pris les armes pour vaincre les barbares qui vous tyrannisent. Dans les rangs de ces vaillants fils des montagnes, trouveront un fraternel accueil tous ceux qui viendront combattre avec nous pour la patrie, la liberté, la propriété, l'honneur et la sécurité des familles. Déjà les belliqueux habitants de Babahoyo et des contrées voisines se sont enrôlés dans l'armée libératrice. La cause sainte que nous défendons compte à Manabi d'intrépides et nombreux partisans. Bientôt vos oppresseurs n'auront pour les escorter que les malédictions du peuple, et les remords qui les accompagneront bien au delà de la vie présente.

« Mes amis, c'est sur la division des gens de bien que les méchants fondent leur puissance. L'union et la concorde seront, dans l'avenir, la solide garantie de l'ordre et le plus sûr présage de la prospérité de la patrie. »

Le même jour, 28 juillet, avant de lever le camp de Guaranda, il adressait à l'armée cette allocution :

« Soldats, grands ont été vos sacrifices, mais aussi grande sera votre gloire. Quand, après avoir vendu le sol de la patrie, on lança contre nous les forces qui auraient dû nous défendre, nous manquions encore de troupes régulières, d'armes et d'approvisionnements. On put taxer de téméraire notre résolution d'accepter le combat sans les éléments de résistance nécessaires ; mais nous avions foi dans la protection du ciel : forts de son appui, nous avons marché de victoire en victoire et assuré la liberté de nos provinces intérieures.

« La difficulté de continuer les opérations militaires par des chemins que l'hiver rend impraticables, la nécessité de reformer vos rangs, et par-dessus tout le désir de terminer à l'amiable cette guerre sanglante, ont forcé le gouvernement provisoire à vous accorder quelques mois de repos ; mais en vain avons-nous voulu assurer la paix sans sacrifier nos frontières, en vain avons-nous proposé l'exil volontaire des détenteurs du pouvoir comme moyen de déchirer l'infâme traité du 25 janvier : nos efforts ont échoué contre l'aveuglement de nos ennemis. Ils ont attribué à la faiblesse les avances généreuses du patriotisme ; ils ont poussé l'audace jusqu'à exiger de nous la reconnaissance de leur pacte honteux, et nous ont ainsi placés dans l'alternative de nous déshonorer ou d'en appeler aux armes.

« Soldats, je vois que l'indignation éclate dans vos yeux : prenez donc en main le fer vengeur, et poussez le cri de guerre qui retentira des vallées du Chimborazo aux rives du Guayas. Oui, guerre aux traîtres et aux bandits, guerre aux oppresseurs de nos provinces maritimes, guerre sans trêve aux ennemis de la patrie !

« Soldats, l'issue de la campagne n'est pas douteuse. Vous défendez la plus pure, la plus sainte de toutes les causes, la cause de l'indépendance nationale, de la justice et de la civilisation ; votre nombre a triplé depuis nos derniers combats ; vous avez à votre tête un général illustre, des officiers pleins d'intelligence et de bravoure, et par-dessus tout vous pouvez compter sur la protection visible de la Providence.

« Laissez nos ennemis s'amuser au souvenir des discordes des anciens jours ; laissez-les vomir contre nous le torrent fangeux de leurs ignobles calomnies ; laissez ces poltrons nous lancer leurs insultes pour se consoler de leurs déroutes, et préparez-vous à de nouveaux combats, je veux dire à de nouveaux triomphes. Soldats, je n'ai qu'un ordre à vous donner : marchez à la victoire ! »

Il ne fallait rien moins que les commotions électriques de cette éloquence passionnée pour inspirer aux soldats confiance et courage au début de cette périlleuse campagne. Le lecteur comprendra les difficultés d'une marche sur Guayaquil, s'il se rappelle la configuration du pays que l'armée devait traverser. Au sortir de Guaranda, se présentaient les pentes abruptes et sauvages de la Cordillère. Plusieurs jours durant, au milieu des précipices, par des sentiers étroits, sinueux, défoncés, impraticables, les troupes avaient à descendre les escarpements de ces monts gigantesques, traînant après elles armes et bagages, munitions et approvisionnements. En débouchant dans la plaine, elles pouvaient s'attendre à rencontrer l'armée de Franco, supérieure en nombre, supérieure surtout en artillerie et en cavalerie. Si, contre toute espérance, la victoire les favorisait en rase campagne, Franco reprendrait le Guayas sur la flotte qui l'avait amené, pour s'abriter derrière les fortifications de Guayaquil où il faudrait l'assiéger. C'était une entreprise formidable et digne des vétérans de Bolivar. De là les plaisanteries des soldats de Franco sur ces pauvres recrues de l'intérieur, qu'ils s'apprêtaient à reconduire la baïonnette dans les reins jusque dans les neiges de leur Chimborazo.

Ils comptaient sans le génie militaire de Florès et l'invincible audace de Garcia Moreno. Ces deux chefs, de nature différente, se complétaient l'un par l'autre. Ils posèrent en principe qu'on chercherait à surprendre l'ennemi et qu'on éviterait toute rencontre directe, sauf à l'attaquer avec la dernière vigueur quand les circonstances paraîtraient opportunes. Ce plan, le seul possible dans les conditions d'infériorité où ils se trouvaient, fut exécuté avec la plus merveilleuse habileté.

Les troupes de Guayaquil formaient deux corps d'armée. Le premier occupait Babahoyo, ville située au pied de la Cordillère, et reliée avec Guayaquil par le fleuve Guayas. Se réservant le soin de défendre cette importante position, Franco commandait ce premier corps. Le second, sous les ordres du général Léon, occupait Catarama, petit village situé sur la route de Ventanas, à droite du fleuve. Or l'armée de Quito devait nécessairement ou suivre la route ordinaire de Babahoyo et se heurter au corps d'armée de Franco, ou prendre celle de Ventanas, beaucoup plus longue et plus mauvaise, et entrer en collision avec celui du général Léon. Voulant à tout prix empêcher la jonction des deux généraux, Florès entreprit de tourner l'armée de Franco pour l'attaquer à l'improviste, et cela sans donner l'éveil au général Léon.

Afin de masquer ses intentions, il fit descendre une division à Bilovan, près de Babahoyo, pendant qu'à la faveur de cette fausse démonstration, le gros de l'armée se dirigeait à marches forcées, par les sentiers inconnus de la montagne, sur la route de Ventanas. Le 5 août, à six heures du soir, les deux premiers corps étaient arrivés ; les autres suivirent de près. Malgré d'indicibles fatigues, il fallut se remettre en route dans le secret de la nuit, en silence, afin d'échapper au général Léon dont le camp n'était pas éloigné. Heureusement les campagnards, dévoués à Garcia Moreno, donnaient les renseignements les plus précis sur la position et les forces de l'ennemi. Servant de guides et même de sapeurs, ils ouvraient à coups de hache un chemin au travers des bois quand les sentiers connus pouvaient être dangereux. On marcha de la sorte seize mortelles heures avant d'arriver à Babahoyo. Les mouvements furent si rapides et si bien concertés, le secret si strictement gardé, que le voyage s'effectua sans brûler une cartouche.

Le 7 à dix heures du matin, commença l'attaque de Babahoyo. Surpris dans son quartier, Franco voulut se défendre ; mais ses soldats décontenancés par cette alerte soudaine et inattendue, ne purent tenir contre l'impétueuse ardeur des troupes de Quito. Toutefois le feu des batteries ennemies avait durant deux heures retardé et même rendu incertaine l'issue du combat, quand Florès donna l'ordre à la cavalerie de charger les artilleurs, qui furent sabrés sur leurs pièces ou mis en fuite. Dès lors la déroute devint générale ; Franco lui-même, blessé à l'épaule, poursuivi par un lancier qui le serrait de près, n'eut que le temps de se jeter sur un vaisseau pour aller cacher sa honte à Guayaquil.

Après trois heures de combat, Garcia Moreno se trouva donc maître de la place importante de Babahoyo. Grand nombre d'officiers et de soldats, trois canons, quantité de fusils et de munitions, l'imprimerie du gouvernement, les salines de l'État, tombèrent en son pouvoir. Un an auparavant il avait juré de ne prendre aucun repos avant d'avoir assuré le triomphe de sa cause ; après cette victoire, il écrivit à ses collègues du gouvernement provisoire : « J'ai tenu parole, et je crois bientôt pouvoir vous annoncer la fin de cette campagne visiblement bénie du ciel. » Puis, avec un oubli de soi-même dont les grands hommes seuls sont capables, il ajoutait : « Ces avantages, nous les devons principalement au génie guerrier de notre général en chef, nous les devons ensuite aux vertus militaires de nos officiers et soldats.

La prise de Babahoyo avait mis le général Léon dans une situation critique. Coupé de sa ligne de communication, il ne pouvait sans témérité attaquer des troupes supérieures en nombre, et dont la victoire avait décuplé les forces. Pour se dégager, il descendit jusqu'à Zamboroddon avec l'intention d'y embarquer ses troupes et de rejoindre Franco à Guayaquil; mais déjà Florès, qui l'avait deviné, se trouvait à Bocca Corvina, en face de Zamboroddon, avec artilleurs et canons, pour couler ses vaisseaux. L'infortuné fut réduit à gagner la cité maritime en traversant bois et rivières sous les feux d'un soleil dévorant.

Le terrain balayé, il restait aux vainqueurs à forcer l'ennemi dans la forteresse de Guayaquil, où Franco préparait une résistance désespérée. Tous les cantons de la province fraternisant avec les troupes de Garcia Moreno, le traître, pour colorer ses prétentions, imagina de concert avec Castilla une comédie plus ridicule que toutes les autres. Un certain nombre de mercenaires à sa solde, réunis en comité, proclamèrent Guayaquil ville libre et indépendante sous le protectorat du Pérou. Moyennant cette farce grossière, Franco restait le défenseur de la cité, et Castilla, en sa qualité de protecteur, s'autorisait à bombarder sans scrupule les envahisseurs de Quito. Tel est le respect de ces démocrates pour la volonté nationale !

Il fallut tout un mois pour s'approcher de Guayaquil. Transportées sur le Guayas jusqu'à Zamboroddon, les troupes suivirent alors le chemin de terre au prix d'énormes fatigues et vinrent camper à Mapasingue, en vue de la cité. Les deux chefs y établirent leur quartier général pour combiner les dernières dispositions à prendre avant de livrer le terrible assaut.

L'entrée de Guayaquil est défendue de ce côté par une colline hérissée de batteries qui la rendent inexpugnable. A gauche de cette forteresse naturelle coule le Guayas, dont les eaux vont se jeter à la mer en cotoyant la ville. A droite s'avance l'Estero Salado, espèce de marécage boueux planté de grands arbres appelés mangliers, véritable bras de mer isolant complètement Guayaquil et la belle plaine qu'elle domine. Pour pénétrer dans la place sans se jeter tête baissée sur les canons de l'ennemi, les deux chefs durent cette fois encore, recourir à un habile et audacieux stratagème.

Depuis quelques jours déjà, Florès préparait ostensiblement un assaut en règle de la colline et du fort qui la relie à l'Estero Salado. De son côté, Franco disposait ses batteries de manière à foudroyer ses adversaires au premier choc. Le 22 septembre au soir, chacun s'en alla prendre son repos, persuadé que la bataille aurait lieu le lendemain, lorsque, la nuit, pendant que les feux brillaient au camp comme à l'ordinaire, l'armée des assaillants se mit en marche, sauf un régiment de lanciers et une compagnie d'artilleurs chargés de défendre en cas d'attaque le quartier général de Mapasingue et d'attirer de ce côté l'attention de l'ennemi. L'armée se transportait à une lieue de là, sur les bords de l'Estero Salado, pour le traverser cette nuit-là même et surprendre Guayaquil du seul côté où Franco ne pouvait l'attendre, car il ne venait à l'imagination de personne que des troupes en armes s'aventurassent jamais dans cet inextricable labyrinthe.

Sous l'habile et énergique direction de leurs chefs, les soldats défilèrent dans le silence et l'obscurité de la nuit, emportant canons et munitions, canots et radeaux, tout le matériel lourd et encombrant qui devait servir à effectuer le passage du Salado et à livrer bataille. Après de longues heures de marche par des sentiers étroits et tortueux, à travers les collines, les rochers et les broussailles, on déboucha enfin dans une petite vallée où les soldats épuisés se livrèrent au sommeil. Sur pied dès l'aurore, ils arrivèrent promptement à l'Estero Salado. Ce bras de mer, pris dans sa largeur, se divise en trois parties. C'est d'abord un marais fangeux, d'où émerge une forêt de mangliers. Ces arbres étranges élèvent leurs racines jusqu'à plusieurs mètres au-dessus du sol, de sorte que celles-ci, se croisant et s'entrelaçant comme les mailles d'un tissu, forment une haie impénétrable de cinq à six cents mètres d'étendue. Au delà, le marais est coupé dans toute sa longueur par un canal profond d'environ trente mètres de large, qu'on appelle le Rio Salado; puis reparaissent les terrains marécageux et le bois de mangliers jusqu'à la savane. C'est cette barrière trois fois infranchissable qu'il fallait traverser pour se jeter dans la vaste plaine qui s'étend de l'Estero jusqu'à Guayaquil.

Le général en chef, entouré d'une compagnie de tirailleurs se rendait compte, avec une grande attention des difficultés du passage, quand un feu de peloton, parti du Salado, lui apprit qu'on l'observait. Sans perdre de temps, il s'élança suivi de ses hommes à travers les mangliers pour reconnaître l'ennemi. C'étaient des éclaireurs montés sur deux embarcations, qui, aux premiers coups de fusil, s'empressèrent de gagner le large. Le Rio rendu libre, les tirailleurs le traversèrent en canots, pour s'établir sur la rive opposée, et protéger la terrible opération du passage des troupes. De l'autre côté, les canons déjà montés sur leurs affûts attendaient le moment de balayer les lignes ennemies.

Alors, au moyen de canots et de radeaux, les différents corps, compagnie par compagnie, s'efforcent de franchir l'affreux bourbier. On ne voit plus que des soldats accrochés aux mangliers, et suivant péniblement la direction tortueuse des racines, tantôt hissés jusqu'aux branches des arbres, tantôt enfouis dans la boue gluante sous un toit d'arbustes et de broussailles. Plusieurs bataillons avaient heureusement gagné l'autre rive, quand du fort de Liza part une vive fusillade ; le canon gronde à son tour ; quelques balles, lancées par les tirailleurs, parviennent jusqu'au Salado : ce sont des détachements ennemis qui accourent pour barrer le passage, difficulté qu'avait prévue le général en chef. A l'instant, sur son ordre, vingt trompettes placées à l'avant-garde au milieu des tirailleurs sonnent la charge comme si toute l'armée suivait. Trompée par cette ruse, une bande de deux cents hommes, après avoir brûlé quelques cartouches, crut prudent de se replier en bon ordre.

Le gros de l'armée se trouvait alors dans les mangliers, déployant une activité prodigieuse. Bientôt les artilleurs, après avoir protégé leurs frères, arrivent eux-mêmes au bord du labyrinthe, traînant leurs canons, leurs affûts, leurs obus, leurs caissons. A la vue de leur chef qui s'élance dans le marais, chargé d'un caisson de cinquante kilos, ces braves le suivent avec leurs pièces. Les canons, attachés dans le sens de la longueur à un levier de quatre mètres de long, sont

portés chacun par douze hommes. Dix autres traînent les
affûts, pendant que leurs camarades chargent sur leurs épaules ou attachent à leur cou les caissons de munitions. Chacun de ces groupes n'avance de quelques mètres qu'au
prix des plus héroïques efforts. Les uns, suspendus aux branches des mangliers, soulèvent le levier, pendant que d'autres,
enfoncés dans la vase, soutiennent de leurs bras nerveux
les lourds affûts. Ceux-ci les dirigent au moyen de cordes à
travers les obstacles; ceux-là écartent les broussailles ou
coupent les racines qui embarrassent la marche. Parfois,
après de longs efforts, une branche pourrie cède sous le poids
de quatre ou cinq hommes qui tombent dans la vase, avec
le canon suspendu à leurs bras, et il faut alors tout le génie
des officiers pour les dégager de l'ornière. Enfin, la figure
couverte de boue, les pieds et les jambes ensanglantés,
l'uniforme en lambeaux, ruisselants de sueur, mourants de
soif au point d'approcher de leurs lèvres le liquide nauséabond dans lequel ils pataugent, ces braves aussi durs que le
bronze de leurs canons, arrivent dans la plaine avec armes
et bagages aux applaudissements de toute l'armée. On avait
mis huit heures à franchir l'Estero Salado, huit heures d'héroïsme silencieux dont nous n'avons voulu omettre aucun
trait, afin de montrer ce que peuvent des hommes de cœur
conduits par des hommes de génie.

Vers le soir, l'armée, formant un vaste quadrilatère, se
développa dans la plaine et attendit frémissante, le signal du
combat. Garcia Moreno et Florès parcoururent les rangs
pour donner leurs dernières instructions. A onze heures, les
clairons sonnèrent la marche en avant, c'est-à-dire la victoire ou la mort. Derrière les combattants s'ouvrait le tombeau de fange qui devait les ensevelir en cas de reculade ;
devant eux, les canons de Franco. Chefs et soldats n'eurent
plus qu'une seule pensée : vaincre les traîtres ou vendre
chèrement leur vie.

A ce moment, tonnèrent à l'unisson les batteries de Franco et les canons du vapeur péruvien *Tumbez*. Les assaillants
répondirent par un cri formidable de : « Vive l'Équateur ! »
et se précipitèrent avec une telle fureur que plusieurs compagnies de l'avant-garde ennemie s'enfuirent en désordre,

reconduites au pas de charge, l'épée dans les reins, par le bataillon du colonel Vintimilla. Le commandant Barreda, appuyé par l'artillerie du général Salazar, dispersa un fort bataillon d'artillerie et lui prit une de ses pièces. En même temps, les volées de mitraille balayaient la plaine si bien que les troupes de Guayaquil, qui ne comptaient nullement sur le canon après le passage du Salado, se retirèrent complètement démoralisées derrière les batteries de la colline [1], après avoir abandonné presque sans résistance la caserne et le parc d'artillerie.

Les hauteurs et les forts continuaient à se défendre. Garcia Moreno et Florès, établis au centre des opérations, donnèrent vers quatre heures le signal d'une attaque générale. Le colonel Vintimilla, sous un feu terrible, prit d'assaut les fortifications de la Legua et s'empara de ses batteries. Vers six heures, le général en chef, entouré d'une faible escorte, s'approcha des retranchements du Cerro pour inviter l'ennemi à ne point prolonger une résistance inutile, et déjà les troupes levaient la crosse en l'air, quand un mulâtre furieux brandit sa lance pour en percer le trop persuasif orateur. Florès n'eut que le temps de fuir au plus vite, sous une pluie de balles auxquelles il échappa comme par miracle. Quelques instants après, il revint à la tête des Vengeurs de Quito, qui s'élançant à la baïonnette sur les parapets, tuèrent les artilleurs sur leurs pièces et se rendirent maîtres du Cerro. Pendant ce temps, les colonels Salvador et Vintimilla démontaient toutes les batteries depuis la Legua jusqu'à l'hôpital militaire.

L'ennemi affolé s'enfuit à la débandade à travers les rues de la ville, s'embusquant dans les maisons pour tirer encore sur les vainqueurs. A neuf heures, les survivants de cette lutte sanglante étaient tous prisonniers. Le général Franco, embarqué sur un vaisseau péruvien, laissait entre les mains de l'ennemi plus de quatre cents soldats, la plupart de ses officiers, vingt-six pièces d'artillerie, son armement et ses munitions. Après cette brillante victoire, le général en chef put dire sans forfanterie à ses compagnons d'armes : « Maî-

---

[1] Le Cerro.

tres de ce boulevard où s'était réfugié le chef sauvage des Tauras, vous avez ceint votre front de lauriers qui ne se flétriront pas. Le passage du Salado avec nos canons, les combats qui ont décidé notre triomphe, seront des faits mémorables dans l'histoire militaire des nations. »

La prise de Guayaquil, qui terminait cette lutte de quinze mois, fut saluée par des acclamations qui retentirent jusqu'aux confins de l'Équateur. On eût dit qu'on célébrait la conquête d'une nouvelle indépendance. Pour donner à cet évènement sa vraie signification et en perpétuer à jamais la mémoire, Garcia Moreno voulut que la bannière déshonorée par les traîtres disparût avec eux de l'Équateur. « Cette bannière, dit-il dans un décret solennel, porté par un chef indigne, couvert d'une tache indélébile, doit s'effacer devant l'antique drapeau teint du sang de nos braves, drapeau toujours immaculé, toujours triomphant, vrai trophée de nos gloires nationales. A partir de ce jour, le noble drapeau colombien redevient le drapeau de la république.

Le chrétien se souvint alors que la victoire doit s'attribuer moins au génie de l'homme qu'à l'intervention du Dieu des armées. La prise de Guayaquil ayant eu lieu le 24 septembre 1860, fête de Notre-Dame de la Merci, il décréta que « pour remercier la Mère du divin Libérateur comme pour mériter son assistance dans l'avenir, l'armée de la République serait placée désormais sous la protection spéciale de Notre-Dame de la Merci et que, chaque année au retour de ce grand anniversaire, le gouvernement et l'armée assisteraient officiellement aux solennités de l'Église. » De fait, Notre-Dame de la Merci, l'antique rédemptrice des captifs, l'avait aidé à délivrer son pays d'hommes plus à craindre que les Sarrasins, je veux dire les hommes de la Révolution.

CHAPITRE XIV.

LE PRÉSIDENT RÉFORMATEUR.

1860-1861.

Durant les quinze années que nous venons de traverser, nous avons admiré en Garcia Moreno les merveilleuses qualités d'un chef d'opposition qui, pour délivrer sa patrie des tyrans libéraux ou radicaux, n'a cessé de combattre avec n'importe quelle arme, plume, parole ou épée. Mais tel brille dans l'opposition qui s'éclipse au gouvernement. On s'était heureusement débarrassé du pouvoir révolutionnaire; mais comment restaurer l'édifice social ébranlé jusque dans ses fondements, surtout dans l'Amérique du Sud, cette fille enthousiaste de la liberté, bercée pendant un demi-siècle au bruit des pronunciamentos militaires, des élections bruyantes et des congrès orageux? Éprises de la souveraineté du peuple et du parlementarisme moderne, qui en est l'expression pratique, les républiques américaines consentiront-elles jamais à les répudier? D'autre part, avec un peuple souverain et des chambres omnipotentes, un chef d'État arrachera-t-il jamais son pays à l'odieuse marâtre de 1789 pour le prosterner aux pieds de sa vraie mère, l'Église? A cet émancipé, tout fier des droits de l'homme et du citoyen, comment réapprendre ses devoirs?

Le faible Équateur était moins accessible que tout autre État à cette tentative de restauration. Surveillé par les républiques voisines, jalouses les unes des autres mais toujours prêtes à se donner la main pour soutenir les droits de la Révolution, l'Équateur ne pourrait accepter la direction de l'Église sans soulever des tempêtes à la Nouvelle-Grenade et au Pérou. A l'intérieur, tous les partis, infatués des idées modernes, crieraient à la trahison. Les libéraux en effet, ne voyaient dans l'Église qu'une esclave asservie à l'État; les radicaux francs-maçons, une ennemie à détruire; les catholiques eux-mêmes hésitaient, pour la plupart, entre les droits inaliénables de l'Église et les prétendus droits du peuple. Partisans de la réconciliation à outrance, ils s'ingéniaient à résoudre le problème de l'Église libre dans l'État libre, comme autrefois on cherchait la quadrature du cercle. Ces éléments disparates, Garcia Moreno avait pu les rassembler un instant sous le drapeau de l'union nationale ; mais, excellentes pour gagner une bataille, les coalitions présentent de graves inconvénients le lendemain de la victoire : chacun des partis se redresse de toute sa hauteur, et demande sa part de butin, sinon le butin tout entier.

Outre les revendications de ses alliés, Garcia Moreno avait à craindre l'opposition violente du parti vaincu. Le triumvirat Urbina-Roblez-Franco laissait derrière lui des adhérents nombreux dans les administrations civiles et militaires, phalanges de viveurs évincés ou qui tremblaient de l'être si un réformateur arrivait au pouvoir. De cette conjuration des vicieux avec les ambitieux, pouvait surgir un danger immédiat : celui d'une convention semblable à celle de 1845, qui déterrerait dans le clan libéral un nouveau Roca pour exploiter l'Équateur.

Pour éviter cette calamité, Garcia Moreno ne craignit pas de réformer le système électoral. Jusqu'alors les trois districts de l'Équateur, Quito, Cuenca et Guayaquil, bien qu'inégaux en population, nommaient chacun le même nombre de députés : système injuste et absurde, mais très cher aux révolutionnaires, parce que cette égalité de représentation permettait à Guayaquil, vrai nid de démocrates, de faire échec à Quito, dont la population plus conservatrice, était trois fois plus nombreuse. Un décret, basé sur le chiffre de la population, déclara que toute fraction de vingt mille citoyens se choisirait un représentant. De plus comme les classes dirigeantes étaient en général moins catholiques et moins conservatrices que le peuple, un second décret investit de l'électorat tout citoyen de vingt-et-un ans, sachant lire et écrire. Les radicaux invectivèrent contre ces mesures, mais les hommes d'ordre applaudirent et se rendirent aux urnes avec allégresse, heureux de donner des collaborateurs au grand homme qui venait de les sauver.

L'assemblée se composait d'une quarantaine de députés, tous plus ou moins acteurs dans la croisade libératrice, tous d'accord pour acclamer Garcia Moreno ; mais, à part ce trait d'union, jamais éléments plus hétérogènes n'avaient figuré dans un parlement.

En tête paraissait le général Florès, encore brillant, bien que sur le retour. Ses collègues n'avaient point perdu le souvenir des quinze années de despotisme, ni de la défaite de l'Elvira, ni des tentatives d'évasion ; mais sa noble conduite à l'heure où la patrie expirante réclamait son épée, son héroïsme pendant la campagne de Guayaquil, l'influence de Garcia Moreno, son ennemi d'autrefois, qui ne voulait plus voir en lui que le vieux guerrier de l'Indépendance et le sauveur de la patrie, le firent nommer président du congrès. Néanmoins, les vieux lutteurs de 1845 ainsi que les jeunes patriotes élevés dans l'horreur du *floréanisme* dissimulaient avec peine leur instinctive répulsion. Ils reprochaient au général sa fierté, ses idées dominatrices, ses revendications pécuniaires. De là des sentiments d'aigreur qui trop souvent donnèrent lieu à de véritables batailles parlementaires, et quelquefois aux apostrophes les plus injurieuses. A propos d'un projet de loi combattu par lui, Florès s'étant avisé de dire que, si ce projet obtenait la majorité des voix, il quitterait « non seulement le congrès, mais la république » — *Senor presidente*, répondit le plus jeune des députés, c'est le plus grand service que vous puissiez rendre à la nation. »

Autour du président se groupaient certaines notabilités du parti conservateur et catholique, même quelques membres du clergé ; mais aujourd'hui, grâce au libéralisme qui déteint sur tout, il y a différentes nuances de conservateurs, différentes nuances de catholiques et, faut-il le dire ? différentes nuances d'ecclésiastiques. La majorité des députés se composait de jeunes gens dont la plupart avaient fait leurs premières armes, et aussi leurs premiers pas dans la politique, durant la période insurrectionnelle qu'on venait de traverser. Catholiques plus ou moins pratiques, mais presque tous libéraux exaltés, ils arrivaient au congrès la tête farcie des idées américaines sur la séparation de l'Église et de l'État, sur le système fédératif, et d'autres utopies alors très prônées à la Nouvelle-Grenade. Ils admiraient en Garcia Moreno, l'invincible ennemi du despotisme, mais on les aurait bien embarrassés en leur demandant une définition de la liberté. N'était-il pas à craindre que cette assemblée, chargée par la nation de panser ses blessures, ne tuât le malade au lieu de le guérir? Heureusement Garcia Moreno veillait sur ce souverain doué de quarante têtes, et capable par là même d'une infinité de bévues.

Après la séance d'ouverture, qui eut lieu le 10 janvier 1861, le gouvernement provisoire rendit compte de ses actes à la convention et lui remit ses pouvoirs. Au récit de cette épopée de quinze mois, sénateurs et députés ne purent s'empêcher de battre des mains et de pousser de longues acclamations. Séance tenante on décréta que les membres du gouvernement provisoire avaient bien mérité de la nation et que les bustes de ces illustres citoyens figureraient au palais du gouvernement pour perpétuer le souvenir de leurs services. Garcia Moreno, chaudement félicité devant tout le peuple, fut nommé président intérimaire. Les représentants n'oublièrent point l'armée qui, par sa bravoure, avait sauvé le pays, ni cette Vierge de la Merci dont la fête avait coïncidé avec la prise de Guayaquil. On confirma le décret qui la déclarait patronne spéciale et protectrice de la République. Malheureusement cet enthousiasme du cœur, cette touchante unanimité, fit place à la discorde, dès que s'ouvrirent les débats sur la révision de la constitution.

Garcia Moreno désirait ardemment doter l'Équateur d'une constitution catholique, seul moyen de « moraliser le pays par l'énergique répression du crime et l'éducation solide des jeunes générations, de protéger la sainte religion des ancêtres et de réaliser les réformes que ni le gouvernement ni les lois ne peuvent obtenir par eux-mêmes[1]. » Mais, au lieu de heurter des législateurs incapables de le comprendre, il crut mieux faire d'ajourner à des temps meilleurs l'exécu-

---

[1] Message de 1861.

tion complète de ses plans et se borna pour le présent à écarter toute disposition de nature à paralyser l'action de l'Église.

Le projet de constitution déclarait la religion catholique, apostolique et romaine, religion de l'État à l'exclusion de toute autre. Loin de constituer une innovation, cet article consacrait un principe toujours admis dans les républiques américaines et, de plus, un fait aussi éclatant que le soleil. Mais le vent était à la liberté des cultes, n'était-ce point là le droit nouveau, accepté dans les deux mondes, et tout récemment à la Nouvelle-Grenade, aux portes de l'Équateur ? Après avoir chassé les tyrans qui l'opprimaient, la nation équatorienne ne devait-elle pas entrer résolûment dans le mouvement d'émancipation qui entraînait tous les peuples, abolir une législation rétrograde, effacer les derniers vestiges de l'Inquisition ? Une fois lancés dans cette voie, les jeunes politiciens se répandirent en tirades échevelées sur la liberté de conscience, les progrès modernes, et autres clichés à l'usage des parlementaires sans idées. Un ecclésiastique, sous l'action de ce feu très peu sacré, s'oublia jusqu'à déclamer avec emphase un discours de Mirabeau. Il affirma solennellement que Dieu, visible comme le soleil, s'impose à tous ; et par conséquent c'est une superfluité presque injurieuse de le reconnaître officiellement. On applaudit ce naïf au lieu d'en rire. Pour quelques-uns cependant, toute cette argumentation cachait plus de malice que de niaiseries. En supprimant l'article comme inutile, on ouvrait frauduleusement une porte détournée par laquelle entreraient bientôt les faux cultes. Quant aux jeunes gens, piqués dans leur amour-propre national, ils voulaient montrer à tous les peuples que le soleil de la liberté luit sur leurs montagnes aussi bien qu'à la Nouvelle-Grenade.

Ces ridicules déclamations n'eurent heureusement d'autre effet que de soulever tout le pays contre leurs auteurs. Scandalisé de voir l'abominable hérésie placée sur le même pied que la vieille religion des ancêtres, le peuple fit entendre contre l'assemblée des murmures significatifs. Pour sa part Garcia Moreno usa de toute son influence pour ramener les égarés à des idées plus saines, et l'article fut maintenu. Dans les délibérations relatives aux rapports de l'Église et de l'État, il réussit même à briser certaines entraves qui gênaient plus ou moins l'action du clergé.

Une autre question vitale vint alors passionner les esprits au dedans et au dehors de l'assemblée. L'Équateur conserverait-il sa forme unitaire, ou se morcellerait-il en petits États indépendants reliés entre eux par un lien fédératif, comme les États-Unis ou les cantons suisses ? Cette discussion était partout à l'ordre du jour depuis que la Nouvelle-Grenade, infatuée de la république modèle de Washington, exaltait avec emphase les avantages du système fédéral et proposait de s'y rallier sous le nom d'États-Unis de Colombie. Beau thème pour nos jeunes constituants, dont la tête abondait en réminiscences de collège. Quoi de plus poétique que les cantons suisses et de plus grandiose que les États-Unis ? Avec la fédération, plus de guerres, plus de despotisme, mais la plus touchante fraternité. Sans doute le gouvernement fédéral suisse opprime parfois les cantons catholiques ; les états du Nord, en Amérique, écrasent de temps en temps ceux du Sud ; mais on n'y regardait pas de si près. Pour les ambitieux, la fédération constituant beaucoup d'États, avait surtout l'immense avantage de nécessiter beaucoup de fonctionnaires et de favoriser ainsi le rêve des nullités qui veulent régner à tout prix, fût-ce sur les infiniment petits.

Il n'était pas difficile de montrer aux moins clairvoyants que le fractionnement de l'Équateur en plusieurs états, établirait entre eux un antagonisme détestable, fomenterait la guerre civile, et ruinerait d'un coup tout espoir de progrès en anéantissant toute ressource dans ce pays d'une immense étendue et d'une population très restreinte. Garcia Moreno s'opposa énergiquement à la division. « Vous voulez, disait-il agréablement, briser le plat pour en rajuster ensuite les morceaux. Vous rendra-t-il plus de services, ainsi rapiécé, que dans son état d'intégrité ? » Après des débats très orageux, accompagnés d'une inondation de pamphlets, la majorité se rallia au système unitaire. En somme, beaucoup de bruit pour rien, et c'est souvent ce qu'on doit espérer de mieux d'une assemblée de constituants.

La convention n'avait plus qu'à délibérer sur les droits

constitutionnels du pouvoir exécutif, question brûlante au lendemain d'une insurrection contre la tyrannie. Quelle belle occasion de lancer des fusées oratoires sur les droits de l'homme et les libertés imprescriptibles du citoyen. On rappela que le pouvoir exécutif n'est que le mandataire du peu-

Le président Garcia Moreno.

ple souverain ; on voua les despotes aux dieux infernaux ; on oublia que le gouvernement, chargé de veiller à la sécurité de tous, doit être armé de pouvoirs suffisants pour réprimer les perturbateurs. C'est d'une main parcimonieuse et comme à regret que les députés accordèrent au président les facultés nécessaires pour gouverner, même en temps de paix. Pour l'empêcher de tyranniser les citoyens, on en faisait le jouet des entrepreneurs de révolutions. Aux jours de bouleversement, il se verrait dans l'alternative ou de livrer aux séditieux la société dont il avait la garde, ou d'agir en dictateur pour la sauver. Mais que peut la raison sur des libéraux qui croient avoir gagné tout ce que perd l'autorité ? Garcia Moreno se contenta de demander pour le pouvoir une double garantie contre les menées des radicaux : d'abord la ratification de sa réforme électorale, et ensuite la scission en deux parties de la province de Guayaquil, afin de soustraire la plaine à l'influence désastreuse de la cité. On lui accorda ces deux points et l'ensemble de la constitution fut voté.

L'assemblée mit alors à l'ordre du jour l'élection du président. Elle avait décrété que pour l'avenir le suffrage universel nommerait le chef de l'État, mais en se réservant l'élection actuelle. A l'unanimité des voix et sans débats, Garcia Moreno fut élevé à la présidence de la république. Ainsi la nation, par ses représentants, rendit hommage et justice au grand citoyen qui depuis quinze ans n'avait vécu que pour elle. Sauf les urbinistes qui frémirent de rage, le peuple répondit au choix des députés par d'unanimes applaudissements.

Garcia Moreno refusa d'abord le mandat qu'on lui offrait, alléguant avec raison l'insuffisance des pouvoirs octroyés au gouvernement par la nouvelle constitution. Désarmer l'autorité en face de la Révolution, c'était, disait-il, décréter l'anarchie perpétuelle. On verra plus tard combien ses prévisions étaient justes. Il finit cependant par céder aux instances de ses amis qui, voyant en lui le seul homme capable de régénérer la nation, firent appel à sa conscience et à son dévouement. Du reste, pour lui prouver leur bonne volonté, les représentants votèrent sous son impulsion, plusieurs lois organiques dont ils n'apprécièrent peut-être pas toute la portée. Ils décidèrent qu'un concordat serait proposé au souverain pontife, et mis à exécution *sans attendre la ratification du futur congrès*. Par cette porte qu'ils lui ouvraient, le président allait à leur insu faire passer toutes les libertés de l'Église. On décréta également la réorganisation des finances, de l'armée, de l'instruction publique, et la construction d'un chemin carrossable de Quito à Guayaquil. Garcia Moreno, dont on connaissait le génie et l'activité, reçut la mission d'exécuter ce magnifique programme. C'était précisément le plan du bel édifice dont il voulait doter son pays. En en traçant l'esquisse les députés obéissaient à ses inspirations, mais nul ne pouvait deviner les proportions colossales qu'il allait lui donner.

Pour apprécier son œuvre de réformateur, il faut se remettre sous les yeux un principe cent fois établi par les faits : c'est que le parti révolutionnaire, lugubre essaim de frelons bourdonnants et dévorants, n'a d'autre spécialité que de consommer sans produire. S'il s'empare d'un pays par un coup de force ou par la sottise des électeurs, ce n'est point pour aider le peuple à mieux vivre, mais pour vivre à ses dépens. Sa tactique consiste à mettre la main sur l'Église afin de l'empêcher de crier au voleur, et d'expulser des administrations les hommes honnêtes et consciencieux dont il convoite les places ou craint les regards ; puis, quand toutes les abeilles ouvrières et industrieuses d'un pays sont tombées sous l'aiguillon de ces parasites, la curée commence. Les frelons se faufilent dans les ministères, les préfectures, les mairies, les casernes, les tribunaux, les comptoirs, les banques, les agences financières, partout où l'on trouve à s'engraisser. Là ils dévorent le plus possible, avant qu'un autre essaim de frères et amis les force à vider la place. Après quinze ou vingt ans de ce régime, un peuple si riche qu'il soit, est rongé jusqu'aux os. Il se réveille un beau matin sans religion, sans honneur, sans crédit, sans agriculture, sans industrie, sans commerce, sans finances, avec des milliards de dettes et la banqueroute à ses portes. Pour consoler le pauvre Job, les frelons gros et gras bourdonnent à son oreille quelque refrain monotone en l'honneur du progrès et de la liberté.

Tel était le misérable état auquel la Révolution avait réduit l'Équateur. Le premier souci de Garcia Moreno, fut de remplacer les frelons par des abeilles, c'est-à-dire de s'associer des coopérateurs intègres, laborieux, dévoués. Plus de sinécures, mais des charges dont les titulaires ne touchaient les appointements qu'après les avoir gagnés par un travail assidu. Les employés de bureaux restaient à leur poste de dix heures du matin à cinq heures du soir. Le président exerçait lui-même un contrôle sévère et une justice si inflexible que les infracteurs aux règlements, à n'importe quel degré de l'échelle administrative, étaient punis d'un renvoi immédiat. De ce chef, il écarta du budget grand nombre de rongeurs qui naturellement conservèrent une dent contre lui.

Le département des finances exerça surtout le zèle et l'attention du réformateur. Pour exécuter les entreprises qu'il méditait, il lui fallait, outre un personnel intelligent et actif, des finances prospères. Or, depuis ses trente années d'existence, jamais l'Équateur n'était parvenu à équilibrer ses recettes et ses dépenses. Chargé pour sa quote-part de la dette contractée par la Colombie pendant la guerre de l'Indépendance, ruiné par les parasites et les soudards qui s'engraissaient aux frais de l'État, il n'avait ni crédit ni revenus. L'agriculture restait à l'état d'enfance, faute de routes, de bras et même d'instruments aratoires. Le commerce végétait, pour ne pas dire se mourait, à cause des révolutions incessantes qui bouleversaient le pays, et plus encore par la difficulté des communications non seulement avec l'étranger mais encore entre habitants d'une même province. Pour se procurer des ressources, un gouvernement honnête ne pouvait recourir aux contributions forcées, comme l'avait fait Urbina : mais comment subsister dans un pays écrasé sous le poids de taxes exorbitantes, et où tout emprunt devenait impossible parce que les emprunteurs avaient prouvé depuis longtemps par leurs dilapidations la nécessité de leur donner, au lieu d'argent, un conseil judiciaire ? Garcia Moreno résolut le problème par des moyens qui, malgré leur simplicité, dépassent cependant les capacités de nos plus illustres financiers.

En attendant qu'une administration sage et progressive le mît à même de multiplier les sources de revenus, il établit une stricte économie dans les dépenses. Réduire ses dépenses quand la bourse est vide, cela paraît élémentaire, et cependant cela fait sourire nos économistes modernes, suivant lesquels on est d'autant plus riche qu'on enfle davantage le chiffre de sa dette. Une autre méthode, tout aussi primitive, de grossir son trésor, fut de ne plus le mettre dans un sac percé, autrement, dit de réformer l'administration financière. Avant lui, les provinces, les cantons, les municipalités terminaient leurs comptes particuliers sans avoir à redouter l'œil exercé d'un vérificateur suprême. Cet excellent régime de décentralisation forçait un ministre des finances à faire devant les chambres la déclaration suivante : « Après plusieurs mois de travail assidu, je me vois dans l'impossibilité de présenter les comptes en temps opportun. Les complications de notre système de comptabilité, ajoutées aux inexactitudes des pièces envoyées au ministère, rendent tout contrôle impossible. C'est une tâche supérieure aux forces humaines que d'établir, sur de pareilles données, un état sérieux de nos finances. J'ai acquis la preuve que notre comptabilité est un véritable chaos, et c'est le seul fruit que j'ai recueilli de mon travail [1]. » Maintes fois on se plaignit de ce chaos, mais on eut soin de l'entretenir par la raison que les ténèbres conviennent aux malfaiteurs. Il fallait un homme d'ordre mathématique et de rigoureuse justice, un Garcia Moreno, pour entreprendre de le débrouiller.

Afin de régulariser les livres des comptes, il se condamna à l'ingrat et pénible travail d'une vérification générale de toutes les dettes contractées par l'État depuis l'origine de la République. Que de jours il lui fallut passer au milieu de registres trompeurs et de créanciers trompés ! Les titres n'étaient pas même enregistrés ; les emprunts forcés qu'on décrétait chaque semestre sous prétexte d'invasion ne figuraient pas au grand livre. Garcia Moreno dut se faire présenter tous les bons du trésor, lesquels souvent n'étaient pas légalisés, pour arriver à la liquidation d'une dette qu'il vit monter à quatre millions de piastres. Une fois sorti de ce dédale, il introduisit notre système de comptabilité française, de manière à établir nettement le tableau comparatif des entrées et des sorties, de l'actif et du passif. De plus, une cour des comptes centralisa dans la capitale le contrôle de tous les employés. Déclarés responsables de leur gestion, les

---

[1] Compte-rendu d'Icaza, ministre de Roblez, 1857.

agents du fisc comparurent chaque année devant ce tribunal pour y rendre un compte détaillé de leurs opérations. En cas de négligence ou d'infidélité, le coupable était immédiatement jugé, condamné à l'amende, et destitué. Pour prévenir même au sommet de la hiérarchie toute tentation de complaisance ou de fraude, le président révisait lui-même le travail de la cour, et souvent ses yeux d'Argus découvraient des erreurs qui avaient échappé à la perspicacité des plus rigides contrôleurs.

L'incorruptible financier donnait à tous l'exemple du plus absolu désintéressement. Bien que sans fortune privée, jamais il ne voulut profiter des douze mille piastres affectées au traitement annuel du président. Vu la pénurie du trésor, il faisait remise à l'État de la moitié de cette somme, et consacrait le reste à des œuvres de charité. Cette noble conduite ne put le soustraire aux rancunes des nombreuses victimes de l'épuration. Les fonctionnaires pris la main dans le sac et chassés sans miséricorde, les parasites congédiés, les paresseux forcés au travail, les escrocs démasqués, crièrent à l'intolérance, et, faut-il le dire, certains libéraux trouvèrent ce nouvel Aristide un peu fatigant, sa chasse aux voleurs trop opiniâtre, et sa justice trop inexorable. Le libéralisme aime les transitions et les transactions.

Une réforme non moins urgente, celle de l'armée, s'imposait au nouveau président. La République se mourait de militarisme. Nous l'avons vu, depuis les guerres de l'Indépendance, les soldats disposaient du pays, des propriétés, de la vie des citoyens et, par leurs pronunciamentos quotidiens, du gouvernement lui-même. Les présidents, portés au pinacle par un pronunciamento, s'appuyaient sur leurs baïonnettes pour se maintenir. Aussi ces vieux troupiers sans mœurs et sans vergogne, fiers de leur importance, affectaient-ils un profond mépris pour l'élément civil. Ce mal, arrivé à son comble sous Urbina et Roblez, Garcia Moreno avait été à même d'en mesurer la profondeur dans la dernière révolte de Riobamba. En montant au fauteuil il jura d'en finir avec ce despotisme militaire. « Une armée ainsi constituée, dit-il un jour, c'est un chancre qui ronge la nation : ou je la réformerai, ou je la détruirai. » Il se mit à l'œuvre sans délai, édicta des règlements sévères contre les sorties nocturnes, l'immoralité, le brigandage, et fit jeter en prison tous les récalcitrants, officiers ou soldats. On regimba contre l'aiguillon, on se moqua de ce civil qui prétendait faire la loi aux généraux, on s'efforça de le rendre odieux dans les casernes, et déjà des complots s'ourdissaient contre lui ; mais son œil voyait dans les ténèbres, et son bras, prompt comme l'éclair, s'appesantissait sur les coupables.

Dès les premiers jours de son gouvernement, un exemple montra aux émeutiers de caserne que les insurrections coûteraient cher à leurs auteurs. Nous avons dit qu'après la capitulation de Cuenca, le général Ayarza s'était retiré comme simple particulier dans sa résidence de Quito. Profitant de la considération dont il jouissait à juste titre, il ne tarda pas à rallier autour de lui un parti de mécontents pour ourdir de nouvelles trames contre l'autorité. Garcia Moreno sentit qu'il fallait désarmer par un coup de force ces révolutionnaires de profession. Le coupable fut traîné à la caserne et fustigé comme un simple soldat. Fusillez-moi, s'écriait Ayarza furieux on ne fouette pas un général, un vieux soldat de l'Indépendance. — On ne gaspille pas de la poudre pour fusiller un traître! » répliqua Garcia Moreno. Il ne consentit que sur d'instantes supplications à faire grâce d'une partie de la peine. Quelqu'un lui demandait à cette occasion où il voulait en venir par cette implacable sévérité : « Je veux s'écria-t-il dans son style pittoresque, je veux que l'habit noir commande à l'habit rouge. Ma tête sera clouée au poteau, ou l'armée rentrera dans l'ordre. » Domptée par cette main de fer l'armée rentra dans l'ordre, mais que de colères concentrées et de rages sourdes au fond des cœurs ! On pardonna difficilement à Garcia Moreno d'avoir infligé au vieux général une peine aussi infamante, et quelle que soit notre admiration pour le grand homme qui ne craignit point, selon le mot d'un libéral, « de mettre un de ses pieds sur la souveraineté du peuple et l'autre sur la souveraineté de l'armée, » nous croyons qu'en cette rencontre il eût pu maintenir l'ordre sans recourir à cette extrémité.

Une fois en possession de ce triple élément d'action : un personnel dévoué, des ressources financières assurées, une force militaire suffisamment disciplinée pour maintenir la paix à l'intérieur, il jeta immédiatement les bases de cette civilisation chrétienne dont il voulait doter son pays, et qu'il regardait à bon droit comme la condition essentielle du véritable progrès matériel, intellectuel et moral.

Le fondement de toute régénération, c'est l'instruction publique, qui, en pétrissant pour ainsi dire l'esprit et le cœur des enfants, prépare l'avenir d'une société. Les hommes de la Révolution le savaient si bien que leur premier soin en s'emparant du pouvoir, avait été de laïciser les écoles, ce qui veut dire de les isoler de la morale et de la religion. Cette idée franc-maçonnique, ou plutôt diabolique, qui fait aujourd'hui son tour d'Europe, a pris corps en Amérique, sous le nom perfide de neutralité scolaire. Pour commencer son œuvre de régénération, Garcia Moreno fonda des écoles libres sous la direction de religieux enseignants. Dès l'année 1861, il fit appel au dévouement des congrégations françaises, où l'on trouve toujours, disait-il, des ouvriers et des ouvrières pour travailler sous tous les climats à la vigne du Christ. Des colonies de frères des Écoles chrétiennes, de dames des Sacrés-Cœurs, de sœurs de Charité, établirent dans tous les grands centres des écoles primaires et des pensionnats. Les jésuites, qu'il avait autrefois ramenés dans la capitale et défendus avec tant de courage, furent rappelés et installés à Quito dans leur antique maison de Saint-Louis, puis dans un établissement d'instruction secondaire, d'où sortirent bientôt des essaims de professeurs pour fonder les collèges de Guayaquil et de Cuenca. L'enseignement catholique s'implantait dans le pays au grand désespoir des radicaux, toujours pressés de semer l'athéisme dans l'âme des enfants, et toujours scandalisés de voir leurs adversaires réparer, autant qu'ils le peuvent, ce crime de lèse-divinité et de lèse-humanité. Ils ne manquèrent pas de transformer Garcia Moreno en jésuite, disposé à faire de l'Équateur un immense couvent, d'autant plus qu'il étendait sa sollicitude religieuse, non seulement aux écoles, mais aux hôpitaux et aux prisons. La direction des hôpitaux fut confiée aux sœurs de Charité, et celle des prisons à des hommes spéciaux que le président sut animer de son esprit.

En même temps, ce que ni les Incas, ni les Espagnols, ni les progressistes de la Révolution n'avaient osé concevoir, le président l'exécuta. Il s'agissait de construire un immense réseau de voies carrossables à travers l'Équateur afin de relier les villes entre elles et le plateau des Cordillères au port du Pacifique : c'était ouvrir des horizons merveilleux à ce pays perdu dans les montagnes, sans autres voies de communications que des sentiers à peine praticables pour les bêtes de somme, et privé par là même de commerce, d'agriculture et d'industrie. On traita ce projet d'utopie, de rêve absurde, d'abîme sans fond où allaient s'engloutir les dernières ressources des villes et des campagnes Garcia Moreno laissa clabauder routiniers et gens à courte vue, traça d'une main ferme le grand chemin de la capitale à Guayaquil, et se mit résolument à l'œuvre au mépris des vaines déclamations et des mille obstacles que lui suscitèrent la paresse, l'égoïsme et la cupidité. Ce travail de géant, entrepris au commencement de sa première présidence, continué jusqu'à son dernier jour, comme nous le verrons plus tard, suffirait à lui seul pour immortaliser dix présidents de république.

Contentons-nous pour le moment d'assister à l'éclosion de ces germes précieux et, pour ainsi dire, à la naissance de l'œuvre immortelle réalisée par Garcia Moreno. Nous la contemplerons dans son épanouissement et sa splendeur quand, après dix ans de nouvelles luttes, maître enfin de la Révolution terrassée et enchaînée à ses pieds, il pourra déployer au service de la civilisation toute son activité et son énergie.

CHAPITRE XV.

LE CONCORDAT.

1862.

Garcia Moreno avait émondé l'arbre en s'attaquant aux abus les plus criants dans l'ordre matériel et moral; osera-t-il maintenant porter la cognée jusqu'à la racine du mal, jusqu'au principe fondamental de la Révolution, c'est-à-dire la souveraineté du peuple et la subordination de l'Église à l'État? Depuis plus de quatre siècles, légistes, rois, empereurs, parlements, professaient cette doctrine de l'antique despotisme : un simple président de la république aura-t-il l'audace de s'inscrire en faux contre nos législateurs et de rompre en visière avec nos chefs d'État? Le concordat négocié avec Pie IX nous fournira la réponse à cette grave question.

Nos lecteurs se rappellent l'origine du patronat ecclésiastique. Vu la difficulté des correspondances et pour simplifier l'administration, les rois d'Espagne, avaient obtenu des souverains pontifes de nombreux privilèges relatifs aux propriétés et aux personnes ecclésiastiques, par exemple le droit de présentation aux évêchés. Peu à peu le pouvoir du roi se substitua au pouvoir du pape, et les lois de la couronne aux lois canoniques. De là des abus et des conflits; mais les Rois Catholiques désirant sincèrement le bien de leurs peuples, la discipline et les mœurs n'avaient pas trop à souffrir de cette situation; la foi, du reste, était sauve, puisque ces privilèges émanaient de l'autorité légitime. Il en fut tout autrement quand la Révolution triomphante, après avoir dépossédé les monarques espagnols, se déclara héritière de tous leurs privilèges, y compris celui du patronage. Le gouvernement s'arrogea la surintendance de toutes les affaires ecclésiastiques. Au pouvoir civil, par conséquent, d'ériger de nouveaux diocèses, d'en tracer les circonscriptions, de convoquer les conciles nationaux ou provinciaux, et jusqu'aux simples assemblées synodales ; à lui d'autoriser la fondation de nouveaux monastères ou de supprimer les anciens, selon qu'il le jugera opportun ou convenable ; à lui de nommer les évêques, curés, chanoines et autres dignitaires ; à lui de donner l'*Exequatur* aux bulles pontificales et aux constitutions des réguliers. Ajoutez à cela la main mise du pouvoir civil sur les biens ecclésiastiques, l'appel comme d'abus contre les évêques, les jugements des clercs par les tribunaux ordinaires, et vous aurez l'inféodation de l'Église à l'État, ce dogme fondamental des gouvernements maçonniques.

Ce dogme, Garcia Moreno l'avait en horreur. Chrétien, il gémissait de voir l'Église, la reine du monde, courbée comme une esclave aux pieds du pouvoir civil ; homme d'État, il comptait sur cette divine institutrice des peuples pour régénérer son pays ; mais comment pourrait-elle remplir sa mission, si on ne la relevait de son impuissance et de son abjection en brisant des chaînes qui paraissaient rivées pour jamais ? C'est dans ce but qu'il avait sollicité du congrès l'autorisation de conclure un concordat avec le Saint-Siège. Sans développer toutes ses vues à cet égard, son Mémoire aux députés les laisse cependant pressentir. « Pour que l'influence religieuse, disait-il, s'exerce avec tous ses avantages dans la vie sociale, il faut que l'Église marche à côté du pouvoir civil dans de véritables conditions d'indépendance. Au lieu de l'absorber ou de la contrarier, l'État doit se borner à la protéger d'une manière efficace et conforme à la justice. Donc, plus d'ingérence du pouvoir civil dans la nomination des prélats séculiers ou réguliers, et vous cesserez de voir des prêtres indignes éclipser de vrais apôtres du Christ, au grand préjudice de la religion et de la société ; plus d'appels des tribunaux ecclésiastiques aux juges séculiers, et alors disparaîtra le spectacle immoral de criminels assurés de l'impunité. Ensuite, organisons des collèges, des séminaires, des missions, pour que l'influence sociale du clergé réponde enfin au but de son institution ». Ces idées, il s'agissait maintenant de les faire passer dans les articles du concordat.

Son premier soin fut de chercher un négociateur bien intentionné, ce qui constituait déjà une difficulté. Son choix se fixa sur un jeune prêtre dont il avait pu apprécier le désintéressement, les idées saines aussi bien que les intentions droites D. Ignacio Ordonez, alors archidiacre de Cuenca[1].

Envoyé en France vers la fin de 1861, avec mission de ramener une colonie de religieux et de religieuses pour la réorganisation des écoles primaires, D. Ignacio Ordonez avait poussé jusqu'à Rome. Il y reçut de son gouvernement une missive officielle qui l'instituait, à sa grande surprise, ministre plénipotentiaire de l'Équateur près du Saint-Siège, à l'effet de négocier le concordat projeté. Son premier mouvement fut de décliner une charge à laquelle il se croyait insuffisamment préparé ; mais Pie IX le rassura par ces paroles pleines de sagesse et de bonté : « Comme prêtre, vous devez connaître les droits de l'Église ; et, comme équatorien, les besoins de votre pays ; d'ailleurs, vous êtes muni des instructions de votre président que voulez-vous de plus ? » Et il ajouta avec son fin sourire : « Faut-il donc être un Metternich pour traiter avec Pie IX ? »

On pourrait dire qu'il était encore moins difficile de traiter avec Garcia Moreno. Le grand homme d'État donnait à son mandataire ces instructions aussi simples que sublimes :

« 1° Le gouvernement de l'Équateur n'a point la prétention d'imposer au Saint-Père des concessions, mais il le supplie humblement de mettre un terme, par les moyens qu'il jugera les plus efficaces, aux maux qui désolent l'Église en

---

[1] Don Ignacio Ordonez fut toujours honoré de la confiance de Garcia Moreno, confiance qu'il méritait par ses talents et ses vertus. Sénateur, il défendit l'Église dans les congrès ; évêque de Riobamba, il créa de ses deniers toutes les œuvres nécessaires à un nouvel évêché ; exilé par la révolution qui mit à mort Garcia Moreno, il passa plusieurs années en France, et se démit de son siège de Riobamba avec le plus admirable désintéressement. La paix rétablie, Léon XIII le promut au siège archiépiscopal de Quito, et l'y maintint malgré les instances de l'humble prélat, qui estimait le fardeau au-dessus de ses forces. Dieu veuille, pour les progrès de l'Église à l'Équateur, prêter longue vie à cet ami constant, à cet auxiliaire fidèle de Garcia Moreno.

ce pays. Notre ministre plénipotentiaire exposera au Saint-Siège l'état des affaires ecclésiastiques, comme un malade expose au médecin qui peut le guérir les souffrances qui le minent. L'unique désir du gouvernement, c'est que l'Église jouisse de toute sa liberté, de cette indépendance complète dont elle a besoin pour remplir sa divine mission ; il n'a d'autre ambition que de défendre cette indépendance et de garantir cette liberté.

2°. La Constitution de la république stipule l'exercice exclusif de la religion catholique, de même qu'une loi récente autorise le libre établissement de toute corporation approuvée par l'Église ; mais il ne manque pas d'esprits égarés qui, pour favoriser l'impiété et l'apostasie, ouvriraient volontiers la porte aux nouveaux cultes. Il conviendra donc de viser dans le concordat les dispositions ci-dessus mentionnées et, loin d'autoriser les cultes dissidents, de proscrire n'importe quelle société condamnée par l'Église.

3°. Aucune réforme n'est possible aussi longtemps que les bulles, brefs et rescrits pontificaux seront soumis à la sanction de l'autorité civile. La suppression de l'*Exequatur* s'impose donc comme une nécessité de premier ordre.

4°. Il est évident que les mauvaises doctrines inoculées à l'enfance et à la jeunesse produisent les désordres et cataclysmes sociaux, comme les miasmes pestilentiels engendrent les épidémies. Pour prévenir ces effets pernicieux, les évêques doivent avoir la faculté de requérir, et le gouvernement le pouvoir d'exiger qu'on bannisse des écoles, collèges, facultés, universités, tout livre et toute doctrine condamnés par l'Église.

5°. Et cela ne suffit pas : la réforme du clergé ne peut s'effectuer aussi longtemps que la juridiction ecclésiastique sera tenue en échec par le recours à l'autorité civile, recours qui permet aux délinquants d'échapper à toute répression. Il faut supprimer cet appel aux tribunaux séculiers et recourir à Rome s'il y a lieu.

6°. Le fôr ecclésiastique a été aboli pour les délits graves de droit commun, d'où résulte souvent l'impunité. Cet état de choses exige aussi une prompte réforme.

7°. L'intervention de l'autorité civile dans la provision

des bénéfices a toujours causé de grands abus. L'ambition la cupidité, la simonie, l'ignorance, l'immoralité, la démagogie, se donnent libre carrière depuis qu'il est facile, grâce aux révolutions, d'obtenir des postes qui devraient être réservés au mérite et à la vertu. Il convient donc que le Saint-Siège nomme les évêques, et les évêques les autres bénéficiers. Le gouvernement peut jouir du droit de faire opposition à la promotion d'un ecclésiastique, mais pour un laps de temps très court et à la condition de fonder son opposition sur des raisons sérieuses. »

Suivaient deux instructions spéciales, l'une relative aux biens ecclésiastiques dont l'État s'arrogeait injustement une grande partie, l'autre à la réforme du clergé régulier, réforme urgente, mais impossible d'après le président si l'on ne mettait les Ordres dégénérés dans l'alternative de reprendre la vie commune ou de disparaître. Aussi demandait-il au souverain pontife d'envoyer à l'Équateur un nonce muni de pouvoirs suffisants pour transformer ou détruire.

Après six mois de discussion, le projet de concordat *ad referendum* fut signé, le 26 octobre 1862, par le cardinal Antonelli, ministre d'État et par D. Ignacio Ordonez, plénipotentiaire de l'Équateur. En voici les principaux articles, reproduction presque textuelle du président.

« La religion catholique, apostolique et romaine, est la religion de l'État, à l'exclusion de tout autre culte ou de toute société condamnée par l'Église. Elle y sera conservée perpétuellement dans son intégrité, avec tous ses droits et prérogatives, conformément à l'ordre établi par Dieu et aux prescriptions canoniques.

« L'instruction à tous les degrés se modèlera sur les principes de l'Église catholique. Les évêques auront seuls le droit de désigner les livres dont on devra faire usage pour l'enseignement des sciences ecclésiastiques et de celles qui intéressent la foi ou les mœurs. De plus, ils exerceront avec une pleine liberté le droit qui leur appartient de proscrire les livres contraires à la religion et à la morale. Le gouvernement prendra toutes les mesures nécessaires pour empêcher l'introduction de pareils livres dans la république, Quant à l'université, aux collèges, aux écoles primaires, les évêques investis par Dieu du droit de veiller sur la doctrine et les bonnes mœurs, en auront la haute inspection.

« Le souverain pontife ayant juridiction dans toute l'Église, évêques et fidèles pourront communiquer librement avec lui, sans que les lettres ou rescrits pontificaux soient soumis à l'*Exequatur* du pouvoir civil. Les évêques jouiront d'une pleine liberté dans l'administration de leur diocèse, ainsi que dans la convocation ou la célébration des synodes provinciaux ou diocésains.

« L'Église exercera sans entrave son droit de posséder et d'administrer ses biens. Le for ecclésiastique sera rétabli dans son intégrité. Les causes des clercs seront dévolues à l'autorité ecclésiastique, sans qu'on puisse en appeler aux tribunaux séculiers. Les appels comme d'abus sont et demeurent supprimés.

« L'Église accorde au président de la république le droit de présentation aux évêchés et aux cures. Les évêques désigneront au président trois candidats parmi lesquels il devra faire son choix dans un délai de trois mois; passé ce temps, la nomination appartiendra au Saint-Siège [1]. »

Enfin, après quelques dispositions relatives aux besoins spéciaux de l'Équateur, le concordat portait ce dernier article : « La loi du patronat est et demeure supprimée ». Comme Jésus-Christ, l'Église de l'Équateur ressuscitait, débarrassée de ses gardes, de ses liens et du suaire dont on l'avait enveloppée. Il ne faudra pas trop s'étonner du cri de rage que va pousser Satan, ni des efforts désespérés que feront les suppôts de la Révolution pour recoucher l'Église dans son sépulcre.

Les articles du concordat ainsi déterminés, l'échange définitif des signatures devait avoir lieu à Quito. Pie IX y envoya un délégué apostolique pour représenter le Saint-Siège. Ce prélat, Mgr Tavani, était porteur d'une lettre autographe de Sa Sainteté. Pie IX y félicitait Garcia Moreno « de sa piété profonde envers le Saint-Siège, de son zèle ardent pour les intérêts de l'Église catholique, et l'exhortait à favoriser de toutes ses forces la pleine liberté de cette épouse du Christ,

---

[1] Voir le texte du concordat. *El Nacional*, 22 avril 1863.

ainsi que la diffusion de ses divins enseignements, sur lesquels reposent la paix et la félicité des peuples. » Quant au délégat, en remettant ses lettres de créance, il s'applaudit de la noble mission qui lui était confiée. « Le concordat, dit-il, allait fournir au monde une nouvelle démonstration de l'unité catholique, du soutien mutuel que doivent se prêter la tiare, et l'épée, et des liens indestructibles qui unissent la Rome éternelle à la terre privilégiée de l'Équateur. »

Garcia Moreno aimait Pie IX, le bon, mais aussi le ferme et vaillant Pie IX, alors aux prises avec les Garibaldi et les Cavour. En recevant son ambassadeur, il ne put s'empêcher d'exprimer l'indignation qui bouillonnait au fond de son âme, contre les odieux persécuteurs d'un père si tendre et si dévoué [1]. « Je remercie Dieu, dit-il, qui nous a ménagé ce jour de joie et d'espérance ; j'en remercie le saint-père, qui nous prodigue ses tendresses alors qu'on l'accable de tribulations ; je vous en remercie également, vous, son digne représentant, messager de la bonne nouvelle, qui nous arrivez au nom du Seigneur. Grande est la tâche qui vous incombe d'implanter parmi nous ce concordat destiné à devenir par notre union plus étroite au centre de l'unité, la pierre angulaire de notre félicité sociale.

« Je vous prie de transmettre au saint-père nos sentiments de reconnaissance, et, de lui faire savoir que nous équatoriens, catholiques de cœur et d'âme, ne sommes ni ne pouvons être insensibles aux attaques dirigées contre le Saint-Siège et sa souveraineté temporelle, cette indispensable condition de sa liberté et de son indépendance aussi bien que du repos et de la civilisation du monde. Dites-lui que, si la force nous manque pour élever un rempart de fer contre l'impiété et l'ingratitude des uns, la lâcheté et l'indifférence des autres, il nous appartient au moins d'élever la voix pour condamner le crime et d'étendre la main pour signaler le criminel. Dites-lui enfin qu'unis plus étroitement à lui en ce temps de calamités, au sommet des Andes comme sur les rives de l'Océan, nous prions pour notre père ; nous demandons que Dieu mette un terme aux maux qu'il endure, avec

---

[1] Voir la séance de réception du délégat : *El Nacional*, 25 août 1862

l'intime et consolante conviction que ces jours d'épreuves passeront bientôt, car si la force dispose du présent, Dieu se réserve l'avenir. »

Le 22 avril 1863, le concordat fut solennellement promulgué dans la capitale et dans toutes les villes de l'Équateur. A Quito, la cérémonie fut célébrée dans l'Église métropolitaine. Après la messe pontificale, le président et le délégat, entourés de toutes les autorités civiles et militaires, procédèrent à l'échange des signatures, et lecture fut donnée au peuple des articles du concordat. Alors, au chant du *Te Deum*, au bruit des salves d'artillerie, on arbora le drapeau de l'Équateur et la bannière pontificale, dont les couleurs en s'unissant symbolisèrent aux yeux de tous l'union qui existait désormais entre l'Église et l'État.

Par cet acte de politique chrétienne, acte unique dans l'histoire des nations modernes, Garcia Moreno s'élève au-dessus de tous les hommes d'État depuis saint Louis. Seul de tous les souverains, dévoyés par le protestantisme et la Révolution, il eut l'intelligence de l'état normal des sociétés humaines ; seul, malgré le courant fatal de libéralisme qui emporte à l'abîme peuples et rois, il rendit à son pays la vraie liberté en lui rendant le gouvernement de Dieu. Sans doute, au commencement de ce siècle, Napoléon entrevoyant la mission sociale de l'Église, déclara dans un concordat solennel que l'exercice de la religion catholique serait libre en France ; mais l'instinct révolutionnaire du despote étouffa aussitôt l'instinct chrétien, et, par ses articles organiques, il garrotta comme une criminelle cette Église qu'il venait d'affranchir. Bourreau sans pitié, il se jeta sur sa victime, lui lia les mains, puis les pieds, puis lui serra la gorge jusqu'à l'étrangler. Les pigmées qui succédèrent à cet Hercule, armés des mêmes Articles organiques, ont trouvé moyen de saigner l'Église aux quatre membres et de lui tirer son sang goutte à goutte, sans violer le concordat, disent-ils, avec un sourire cynique. C'est en regard de ces tyrans qu'apparaît dans toute sa grandeur la sublime figure de Garcia Moreno, à côté de Charlemagne et de saint Louis.

Aussitôt après la promulgation du concordat, un concile national, réuni à Quito, prescrivit les mesures nécessaires pour la réforme du clergé séculier et régulier. On décida que toutes les lois canoniques relatives aux mœurs et à la discipline seraient remises en vigueur, les scandales réprimés, les rites de la sainte liturgie observés, les articles du concordat sincèrement exécutés, afin d'assurer à l'Église la liberté et l'autorité dont elle a besoin pour relever le niveau moral et religieux de la société. Garcia Moreno engagea fortement les évêques à tenir la main aux règlements du concile. « Pour moi, dit-il, je vous aiderai de tout mon pouvoir : vos arrêts seront respectés, mais c'est à vous de juger et de châtier les coupables. » Et comme le bon archevêque manifestait des craintes au sujet de la répression des abus : « Qu'importe ! s'écria le président, il faut sacrifier sa vie, si Dieu le veut, pour l'honneur de son Église. Je ne souffrirai pas, sachez-le bien, que personne manque à son devoir. »

Un autre moyen de réforme, la multiplication des évêchés, permit aux prélats d'exercer sur tous les pasteurs une surveillance plus active et d'imprimer à leur zèle une impulsion plus continue et plus vigoureuse. Au début de son sacerdoce, Pie IX avait visité plusieurs contrées de l'Amérique méridionale. L'immense étendue de ces républiques, les distances qui séparent les cités, les difficultés des communications, l'avaient convaincu que le nombre des diocèses était loin de répondre aux besoins des âmes. Aussi, depuis son exaltation au souverain pontificat, n'avait-il rien tant à cœur que d'en créer de nouveaux [1]. S'entretenant un jour du concordat avec le plénipotentiaire de l'Équateur, il lui communiqua ses intentions sur ce point : « Votre zélé président, dit-il, veut régénérer son pays, et de plus, multiplier la population en faisant appel aux émigrants de diverses contrées d'Europe : dites-lui que, pour arriver à ce résultat, il faut planter des croix. Partout où l'on plante une croix, une peuplade se groupe autour d'elle, fût-ce au sommet du Chimborazo. Vos diocèses sont trop grands pour qu'un seul homme puisse les administrer. Nous allons créer trois nouveaux évêchés, et nous ferons mention de ce projet dans un article du con-

---

[1] Pie IX donne lui-même ces détails dans la bulle d'érection des nouveaux diocèses.

cordat. Vous n'avez point de pouvoirs à cet égard, mais je connais Garcia Moreno : dites-lui que le pape le désire et cela suffira. »

Le plénipotentiaire s'empressa de transmettre au président, outre cette conversation, un projet ainsi formulé par Pie IX : « Usant de son droit, le Saint-Siège érigera de nouveaux diocèses, et en tracera les démarcations de concert avec le gouvernement et les évêques intéressés. » A cette nouvelle, qui dépassait toutes ses espérances, Garcia Moreno appela ses ministres et leur dit avec émotion : « C'est Dieu qui nous suggère cette idée par son vicaire : il faut la réaliser sans délai. » Les municipalités d'Ibarra, de Riobamba et de Loja, centres des futurs évêchés, sollicitées de prêter leur concours à cette grande œuvre, répondirent par des adresses de félicitations et de reconnaissance : et, quelques jours après, en homme qui ne laisse pas dormir une affaire, Garcia Moreno expédiait au pape le plan topographique, ainsi que la délimitation des nouveaux diocèses, avec prière de signer immédiatement les bulles d'érection.

A ces insignes bienfaits du concordat, il faut ajouter la fondation d'un séminaire dans chaque diocèse et la libre nomination aux cures et aux bénéfices. Dégagés de toute entrave et de toute immixtion du pouvoir civil, les évêques purent former des prêtres selon le cœur de Dieu et pourvoir peu à peu les églises de véritables pasteurs.

Les chrétiens de la vieille roche saluèrent dans cette régénération du clergé l'aurore d'une renaissance catholique ; mais à travers ces rares applaudissements, éclata contre le réformateur un concert de malédictions, concert exécuté à la sourdine, par une multitude de voix. Les relachés criaient à l'intolérance, leurs amis à la cruauté ; les indifférents ne voyaient pas pourquoi on faisait la guerre aux religieux du pays pendant qu'on l'inondait de religieux étrangers : n'était-ce pas arbitraire et antipatriotique au premier chef ? Les libéraux entonnaient la ritournelle ordinaire sur les empiétements de la cour de Rome : sous l'antique loi du patronat, disaient-ils, de pareils abus n'eussent pas été possibles. Quant aux radicaux, ils déclaraient l'œuvre de la Révolution compromise si l'on continuait d'appliquer le concordat. Pour s'affranchir de cet esclavage et rétablir les vrais rapports entre l'Église et l'État, ils en appelaient à la souveraineté nationale, c'est-à-dire au futur congrès.

Garcia Moreno laissa dire et continua son œuvre. Il savait que les criminels ont l'habitude de maudire leurs juges et d'appeler persécuteurs ceux qui veulent les corriger. Saint Grégoire VII mourut en exil pour avoir aimé la justice et haï l'iniquité. Saint Charles Borromée faillit être empoisonné par ceux qu'il avait entrepris de réformer. Inflexible dans le devoir, Garcia Moreno eût affronté mille morts plutôt que de reculer d'un pas devant les clameurs ou les menaces de l'opposition.

CHAPITRE XVI.

DÉFAITE DE TULCAN.

1862.

Pendant que les réformes civiles et religieuses soulevaient de si nombreux et de si graves ressentiments contre l'homme audacieux qui prétendait, disait-on, régenter l'Équateur, une expédition chevaleresque mais malheureuse vint mettre de nouvelles armes aux mains de ses ennemis.

Vers le milieu de l'année 1860, le général Mosquera, vieux soldat de l'Indépendance, catholique de vieille race, n'ayant pu obtenir du parti conservateur le fauteuil de la présidence, se mit par ambition à la tête des radicaux pour révolutionner les États de Colombie contre le gouvernement central. La guerre civile ayant éclaté, le président Ospina fit appel au dévouement d'un grenadin établi à Paris avec sa famille, le brave Julio Arboleda, désigné déjà comme le futur chef du gouvernement. Issu d'une famille ancienne et distinguée, guerrier plein de valeur, orateur brillant, poëte même à ses heures, d'esprit religieux mais de caractère aventureux, Arboleda offrait plus d'un trait de ressemblance avec Garcia Moreno. Appelé par le pouvoir légitime, il accourut à Santamarta qu'il défendit vainement contre les rebelles; puis, Mosquera, maître de Bogota [1], ayant proclamé la dictature et donné le signal d'une atroce persécution contre l'Église, Arboleda se jeta dans la province du Cauca pour organiser la résistance au sein de ces populations sincèrement catholiques. Tout l'Équateur, Garcia Moreno en tête, faisait des vœux pour son triomphe, quand un incident malheureux vint mettre aux prises ces deux hommes si bien faits pour s'entendre.

---

[1] Santa-Fé de Bogota, capitale de la Nouvelle-Grenade.

Le 19 juin 1862, un bataillon d'Arboleda, à la poursuite d'une bande de Mosqueristes, ayant franchi le Rio Carchi, limite des deux États, blessa gravement le représentant de l'Équateur accouru pour s'opposer à cette violation du territoire ; dans son emportement il chargea même la milice qui lui barrait le passage. Il n'en fallait pas tant pour révolter Garcia Moreno, susceptible au dernier degré quand l'honneur national était en jeu. Quatre jours après l'échauffourée du Carchi, il expédia au gouvernement d'Arboleda, établi à Pasto, cette dépêche indignée, violente même, si l'on considère qu'elle s'adresse à un ami politique, et à l'occasion d'un fait absolument involontaire de sa part.

« Le 19 du présent mois vers le soir, quatre cents hommes de vos troupes ont passé le Carchi et se sont avancés à une lieue de la frontière sur le territoire de la République. Après ce premier délit, continuant leurs démonstrations hostiles, ils ont fait feu sur la garnison équatorienne, et blessé le commandant qui leur reprochait à bon droit l'acte outrageant dont ils se rendaient coupables. Comme il n'y a point actuellement dans la Nouvelle-Grenade de gouvernement général avec qui l'on puisse traiter, le président de la République exige de vous une prompte satisfaction pour l'injure faite au pays par cette violation du territoire et les délits qui l'ont accompagnée. En réparation de l'offense, il demande la destitution du colonel Eraza, chef de l'expédition, et la remise entre nos mains du major Rosero qui blessa le commandant militaire de la frontière. Le délit ayant été commis sur notre territoire, l'extradition est de droit en vertu du traité de 1856. Cette satisfaction, le gouvernement espère l'obtenir complète, et dans les quarante-huit heures : autrement il se verra forcé, bien qu'à son grand regret, d'employer les moyens nécessaires pour faire respecter ses droits[1]. »

Pour corroborer sa juste mais sévère réclamation, il expédiait en même temps à la frontière une division de gardes nationaux et quelques centaines de vétérans, le tout commandé par le colonel Salvador, « non point, disait-il, dans une circulaire au corps diplomatique, pour intervenir en

---

[1]. Dépêche du 23 Juin 1862

faveur de l'une ou de l'autre des parties belligérantes, mais pour assurer le respect et l'intégrité du territoire.

Aussi fier que Garcia Moreno, Arboleda plaida les circonstances atténuantes, et finalement refusa la satisfaction demandée. « Le colonel Eraza, dont on exigeait la destitution, combattait sur un autre point du territoire pendant que le détachement en question passait la frontière il n'avait donc point à répondre du délit. Quant au délit lui-même, commis malgré les recommandations souvent répétées des autorités supérieures, il s'expliquait par la précipitation et l'emportement d'une bande furieuse, inconsciente de ses actes. C'était aussi sans préméditation que le major Rosero avait blessé le chef militaire de l'Équateur, et partant, aux termes du traité, il échappait à l'extradition. On espérait que ces explications paraîtraient satisfaisantes. »

Garcia Moreno les trouva simplement dérisoires. Il répondit avec sa logique de fer « que si le colonel Eraza n'avait point passé le Carchi, il demandait la destitution du chef, n'importe lequel, qui présidait à l'invasion ; que, si la bande avait enfreint la défense réitérée des autorités, cette circonstance aggravait son crime ; qu'enfin de nombreux témoins imputaient au major Rosero d'avoir agi en parfaite connaissance de cause. Si Arboleda ne se croyait pas responsable des délits commis par ses subordonnés, l'Équateur n'avait d'autre ressource pour faire respecter ses droits que de les défendre les armes à la main. »

L'affaire menaçait de prendre des proportions très graves. A l'Équateur, on blâmait assez généralement cette démonstration militaire à la frontière. Les ennemis du président, les modérés, et même un certain nombre de ses amis, trouvaient qu'il aurait dû accepter les explications d'Arboleda, pour ne point compromettre une situation déjà trop tendue à l'intérieur, et qui deviendrait désastreuse si elle se compliquait d'une guerre avec l'étranger. A tort ou à raison, Garcia Moreno prétendit qu'il s'agissait d'une question d'honneur, et qu'un chef d'État ne laisse pas, lui vivant, violer impunément son territoire ; il décida, en conséquence, qu'il irait personnellement exiger d'Arboleda une réparation qu'en homme loyal celui-ci ne pouvait refuser.

Il fallait toute son énergie pour prendre une résolution semblable dans les circonstances où il se trouvait. Quelque temps auparavant, en dirigeant des ouvriers occupés à tracer une route au travers des bois, il s'était fait à la jambe une profonde blessure. Malgré les soins des médecins, la plaie s'envenima d'une manière si alarmante que ceux-ci prescrivirent au malade un repos absolu. Or, à ce moment-là même, Garcia Moreno voulait à toute force monter à cheval pour gagner la frontière. Très expert en médecine et en chirurgie, il proposa de brûler la plaie, mais l'opération parut si dangereuse aux hommes de l'art qu'ils refusèrent d'en prendre la responsabilité. Alors impatienté de ces lenteurs, Garcia Moreno saisit lui-même une lame de fer chauffée à blanc, et l'appliqua sur la plaie vive avec autant de calme que s'il se fût agi d'opérer sur son voisin. Trois jours après, la blessure parfaitement cicatrisée, l'homme de bronze faisait à cheval les trois journées de marche qui le séparaient du Carchi.

En rejoignant sa petite armée, Garcia Moreno avait moins l'envie de combattre que de faire prendre au sérieux sa demande de réparation ; mais déjà Arboleda, décidé à ne point accorder de satisfaction, avait quitté son campement des environs de Popayan et s'avançait vers la frontière avec des forces considérables. Persuadé néanmoins qu'une conversation amicale terminerait le différend, Garcia Moreno lui dépêcha son aide de camp, don Napoléon Aguirre, pour lui proposer un arrangement pacifique. Cette offre fut immédiatement rejetée sous prétexte qu'un parlementaire ne doit pas se présenter en uniforme, ni sans les formalités usitées en temps de guerre ; Arboleda fit même saisir et déporter Aguirre jusqu'à deux lieues de la frontière, où on le laissa libre en lui faisant entendre que le conflit se terminerait par une conférence avec Garcia Moreno. Or, cette nuit-là même, après avoir expédié une lettre dans laquelle il exprimait à son adversaire son vif désir de conciliation, Arboleda passait la frontière avec son armée, ce qui ne permettait plus d'entrer en pourparlers avec lui, puisqu'il envahissait le pays sans déclaration de guerre et sans avertissement d'aucune sorte.

La troupe de Garcia Moreno se trouvait alors campée aux environs de Tulcan. Ne sachant où la rencontrer ni comment s'orienter au milieu des ténèbres, Arboleda, suivi de quelques compagnons d'avant-garde, cherchait à reconnaître les chemins, quand tout-à-coup il aperçut dans l'ombre, à quelque distance, comme une pointe de feu. Faisant aussitôt signe aux siens de s'arrêter, il s'avance seul, à pas de loups, vers le point lumineux et tombe sur un espion de Garcia Moreno qui venait tranquillement, mais très imprudemment, d'allumer un cigare. Épouvanté de se voir à la merci du chef grenadin, cet homme servit de guide à l'armée ennemie jusqu'à Tulcan.

Il n'y avait point à reculer. La petite troupe, mal armée, plus mal exercée, se défendit héroïquement jusqu'à ce que, enveloppée par le nombre, elle se vit obligée de capituler ou de fuir pour échapper à la mort. Garcia Moreno, lui, ne savait ni fuir, ni capituler. Au moment de la débandade, il se précipite, suivi de cinq intrépides cavaliers, au milieu des bataillons ennemis. Il frappe à droite et à gauche sans s'inquiéter des balles qui sifflent à son oreille, abattent son chapeau et criblent ses vêtements. Une de ces balles l'atteint à la poitrine et glisse sur une pièce d'argent, sans le blesser. Il arriva ainsi jusqu'aux derniers retranchements d'Arboleda, puis retourna sur ses pas au milieu d'une pluie de balles, sans qu'un ennemi osât lui barrer le passage. Déjà même il était loin du champ de bataille à l'abri de tout danger, quand il revint volontairement se livrer à un officier en lui disant « Conduisez-moi à votre chef, c'est à lui que je veux rendre mon épée. »

Arboleda se sentit déconcerté en présence de ce magnanime vaincu. Il ne put s'empêcher d'avouer en présence de tous ses officiers qu'une pareille défaite, honorable pour l'Équateur, couvrait de gloire son vaillant chef. Il traita Garcia Moreno avec le plus profond respect, lui rendit son épée, et se montra tout disposé à traiter immédiatement des conditions de la paix. Sincèrement réconciliés dès leur première entrevue, les deux chefs catholiques déplorèrent le concours de circonstances qui les avait amenés à guerroyer l'un contre l'autre, au lieu de tourner leurs armes contre leur commune ennemie, cette Révolution tyrannique qui désolait en ce moment la Nouvelle-Grenade et ne cessait d'intriguer à l'Équateur pour ressaisir le pouvoir. Oubliant leurs griefs, ils conclurent un traité d'alliance ; puis Garcia Moreno, déclaré libre, reprit le chemin de sa capitale.

A Quito, comme dans tout le pays, régnaient le trouble et l'agitation. On avait appris la déroute de l'armée et la captivité de son chef. Malgré l'acte d'héroïsme qui avait terminé le combat de Tulcan, on gémissait sur une défaite qui, par suite des exigences du vainqueur, pouvait prendre les proportions d'un véritable désastre. Aussi, pendant que le peuple, attaché de cœur à Garcia Moreno, témoignait sa profonde tristesse par ses lamentations, ses larmes, ses prières publiques dans les églises, les libéraux, heureux de l'humiliation subie par l'homme qui les écrasait du poids de son génie et de sa bravoure, prenaient-ils plaisir à faire ressortir l'inutilité de cette funeste entreprise. Sans tenir compte de la déloyale agression dont le président avait été victime, ils attribuaient son échec à sa téméraire impétuosité. Le moment n'était-il pas venu de se débarrasser de ce réformateur turbulent et tyrannique qui, sous prétexte de catholicisme et de civilisation, imposait à l'Équateur ses idées rétrogrades en même temps qu'il le brouillait avec l'étranger ? En s'appuyant sur la garnison de Quito, et peut-être sur Florès, dont les idées politiques ne cadraient pas avec celles de Garcia Moreno, ne pouvait-on pas profiter du trouble des esprits pour abattre le gouvernement et conclure avec Arboleda une paix moins onéreuse ?

Les organisateurs de pronunciamentos en furent pour leurs frais d'invention. Ils apprirent bientôt que le président, supposé prisonnier, se trouvait au palais du gouvernement où il avait repris les rênes, après avoir fait avec Arboleda, sous le titre d'Acte additionnel au traité de 1857, un véritable traité d'alliance. Les deux parties contractantes s'engageaient à respecter l'inviolabilité de leur territoire, et à ne jamais permettre que les réfugiés, sous prétexte de droit d'asile, troublassent la paix des deux pays. On trouve dans les préambules de cette convention comme un écho des paroles échangées, au moment de leur rencontre, entre Garcia Moreno et Arboleda : « Les gouvernements de la Confédération grenadine et de l'Équateur, y est-il dit, attristés de voir que des circonstances indépendantes de leur volonté, comme de la volonté de leurs peuples, les eussent amenés à une rupture, reconnaissant que les intérêts des deux nations exigent impérieusement l'oubli de leurs dissentiments, déclarent non avenus les malheureux incidents qui leur ont fait prendre les armes, et s'engagent à ne présenter aucune réclamation pour les actes antérieurs au présent traité. »

Arboleda ne put jamais réparer l'impardonnable imprudence d'avoir, pour une vaine satisfaction d'amour-propre, abandonné ses positions contre Mosquera. Quelque temps après, livré à un vil assassin par des ennemis qui n'avaient pu le vaincre ni à la tribune ni sur le champ de bataille, le noble champion des conservateurs périt dans les défilés de Berruecos, comme autrefois le maréchal Soucre. Sa mort assura le triomphe du radicalisme à la Nouvelle-Grenade et le règne de l'impiété pendant un quart de siècle. Quant à Garcia Moreno, ses ennemis ne manquèrent pas d'exploiter contre lui l'épisode de Tulcan, mais sans parvenir à en obscurcir la gloire; on oublia l'insuccès pour ne penser qu'à l'héroïsme du président : il n'y a point de déshonneur, disait-on de toutes parts, à perdre une bataille dans ces conditions, et la défaite des Thermopyles n'a flétri ni Sparte ni Léonidas.

CHAPITRE XVII.

L'EXCOMMUNIÉ MOSQUERA.

1863.

Il y avait à peine deux ans que Garcia Moreno exerçait le pouvoir, et, s'il avait pour lui le peuple catholique, il pouvait se vanter d'être pour tous les révolutionnaires, libéraux et radicaux, l'homme le plus impopulaire et le plus exécré de l'Équateur. Nous allons assister au gigantesque duel du héros chrétien contre cette légion d'ennemis.

La ligue, qui depuis quelque temps déjà complotait le renversement de Garcia Moreno, avait pour chef ce misérable Urbina, ignominieusement chassé du territoire trois années auparavant. L'astucieux despote sentait que Garcia Moreno, l'auteur de sa chute, empêcherait à jamais son retour : aussi lui avait-il voué une haine implacable et travaillait-il de tout son pouvoir à organiser contre lui une conjuration, tant de ses adeptes à l'intérieur que des chefs d'états plus ou moins animés de la rage sectaire. Il n'hésita point à réclamer l'appui du Pérou et de la Nouvelle-Grenade, ces deux mauvais larrons placés à droite et à gauche de l'Équateur pour le dépouiller quand l'occasion s'en présenterait.

Le Pérou entra d'abord en scène. Depuis sa mésaventure de Guayaquil, le président Castilla, au mieux avec Urbina et les autres réfugiés qu'il avait accueillis dans sa capitale, attendait avec impatience le moment de prendre sa revanche. Pour exciter les puissances contre Garcia Moreno et préparer ainsi une nouvelle invasion de l'Équateur, il imagina d'intenter à son ennemi devant toute l'Amérique un procès de haute trahison. Nos lecteurs se souviennent des lettres adressées par Garcia Moreno au représentant du gouvernement français sur la question d'un protectorat éventuel. Ces lettres livrées à Castilla par l'indiscrétion d'un agent diplomatique, parurent dans un journal de Lima. Aussitôt, sur un mot d'ordre d'Urbina, toutes les feuilles américaines dévoilèrent avec indignation « la grande trahison » du président de l'Équateur. Il n'y avait qu'une voix pour l'accuser d'avoir voulu transformer son pays en colonie française, et par là exposé les républiques américaines à une ruine imminente. Les hypocrites! ils savaient parfaitement qu'en invoquant le protectorat de la France dans un moment de détresse, Garcia Moreno avait eu pour unique but de sauver « l'honneur et l'existence de la nation, » comme il le disait dans ses lettres, et non de l'inféoder à un prince étranger. Mais que peut la vérité contre les mille voix de la presse et des loges maçonniques? Castilla profita de ces clameurs pour réclamer d'un ton comminatoire l'exécution immédiate du traité par lequel Franco lui avait cédé, le 25 janvier 1861, une partie du territoire équatorien.

Heureusement le tapage des journaux et les menaces des diplomates intimidaient peu Garcia Moreno. Il répondit à Castilla que les revendications n'avaient aucune valeur, « attendu que le traité du 25 janvier était nul de plein droit, Franco n'ayant pu engager un pays qui ne le reconnaissait point pour son chef. Castilla menaça d'envahir l'Équateur par terre et par mer : pour toute réponse, Garcia Moreno fortifia Guayaquil et envoya des troupes à la frontière. Furieux, le président du Pérou permit à Urbina d'équiper un vaisseau et de tenter une descente sur un point quelconque de la côte équatorienne afin d'insurger le pays, mais son antagoniste dénonça ce brigandage au corps diplomatique qui obligea Castilla de mettre l'embargo sur le vaisseau. Pour comble de malheur, le mandat du président péruvien expirait au moment de cette déconvenue. Son successeur, un honnête homme, désavoua le honteux traité du 25 janvier et entretint avec l'Équateur d'amicales et pacifiques relations.

Les révolutionnaires n'avaient donc plus rien à attendre de ce côté. Urbina se tourna vers l'autre larron, c'est-à-dire vers Mosquera, le nouveau président de la Nouvelle-Grenade, le vainqueur du parti catholique qu'il avait abattu dans la personne d'Arboleda, le persécuteur acharné de l'Église. Cet odieux vieillard de soixante-dix ans, vrai Néron sans cœur et sans entrailles, exilait les évêques, emprisonnait les prêtres, chassait les religieux, et renouvelait, pour tout dire en un mot, les horreurs de 1793. Il osa même bannir de son diocèse son propre parent, Mgr Herran, le vénérable archevêque de Bogota. C'est de ce monstre que Pie IX disait en pleurant : « Mosquera marche à grands pas vers l'enfer, ouvert pour le recevoir. » Il finit par l'excommunier dans une encyclique célèbre où, après avoir rappelé tous ses forfaits, il lui met devant les yeux cette sentence des livres saints : « Terrible sera le jugement de ceux qui abusent de leur puissance. »

Mosquera haïssait en Garcia Moreno le patriote chrétien et l'ennemi déclaré des loges maçonniques. Ambitieux comme Castilla, mais plus rusé que lui, son plan d'agrandissement consistait à englober sous le nom d'États-Unis les trois républiques, Nouvelle-Grenade, Venezuela, Équateur, qui sous Bolivar avaient formé la grande Colombie. Restaurateur de l'unité sous forme fédérative, il espérait se maintenir assez longtemps au pouvoir pour anéantir sur ce vaste territoire le règne du Christ et de son Église. Aussi tous les révolutionnaires avaient-ils salué son avènement par des transports de joie. C'était l'homme prédestiné pour mener à bonne fin les projets d'Urbina contre son mortel ennemi ; aussi s'empressa-t-il de recourir à son intervention :

« Vous avez appris, lui écrivait-il de Lima, comment l'audacieux et cynique président de l'Équateur, marchant sur les traces du général Florès, voulut annexer notre pays à l'empire français. J'ai pensé que vous, l'un des glorieux fondateurs de notre indépendance, vous comprendriez notre disgrâce et ne permettriez jamais que l'Équateur subît un protectorat humiliant ou devînt une simple colonie. Or, telle est la situation lamentable de ma patrie, qu'elle ne peut reconquérir sa liberté sans l'appui d'un bras étranger. Voilà pourquoi, cédant aux vives sollicitations du grand parti libéral, qui forme la majorité de mes compatriotes, je travaille à liguer tous les gouvernements de l'Amérique, et en particulier ceux du Pacifique, contre les deux hommes néfastes[1]

---

[1] Garcia Moreno et Florès.

dont les efforts incessants ont pour unique but de livrer de nouveau le continent aux monarchies européennes. Malheureusement, si le Pérou a de bonnes intentions, des difficultés sans nombre l'empêchent de les réaliser. Pour différentes raisons le Chili et la Bolivie ne peuvent présentement nous venir en aide. En attendant, le pouvoir de Garcia Moreno se consolide de jour en jour ; la situation de l'Équateur devient d'heure en heure plus navrante et plus désespérante. Général, c'est en vous désormais que l'Équateur et l'Amérique mettent leur espoir. Vous avez terminé la guerre civile qui désolait votre pays et fait triompher la bonne cause ; vous disposez de forces considérables ; vous pouvez compter sur la coopération efficace et décidée du grand parti libéral, dont je suis près de vous le fidèle organe ; vous n'avez qu'à le vouloir pour opérer la rédemption de l'Équateur et conjurer la ruine dont l'Amérique est menacée. »

Mosquera, enchanté de cette ouverture, promit à son complice de mettre au service de la cause, toutes les forces dont il pourrait disposer, puis il écrivit cette lettre astucieuse au président de l'Équateur, « son grand et cher ami » « Ayant organisé nouvellement ce pays sous le nom d'États-Unis de Colombie, je vous envoie un représentant afin de resserrer les liens qui unissent nos deux peuples, et de négocier la reconstitution de l'antique république colombienne sous le régime d'un gouvernement fédéral. » Garcia Moreno connaissait de longue date les roueries du vieux révolutionnaire : il comprit à merveille que son intention était « de resserrer les liens entre les deux peuples » assez étroitement pour n'en faire qu'un seul, dont il serait le maître. En conséquence sans même faire allusion au système fédératif, le fétiche de Mosquera, il répondit simplement qu'il agréait son envoyé, « lequel, par ses qualités personnelles, contribuerait à entretenir les meilleures relations et la plus parfaite harmonie entre deux peuples frères. »

Mosquera n'était pas homme à se contenter de cette eau bénite de cour. Il affermit son pouvoir, laissa grandir l'opposition contre Garcia Moreno, activa de son mieux les passions révolutionnaires ; puis, quand il crut le moment opportun pour pêcher en eau trouble, il écrivit de nouveau à « son bon et très cher ami » le président de l'Équateur que, « désirant donner une preuve de son estime pour la nation équatorienne, l'antique alliée de la Colombie, il avait pris la résolution de transférer le siège de son gouvernement sur les frontières du sud, afin de pouvoir conférer avec le président de l'Équateur sur les intérêts de leurs pays respectifs, négocier de nouveaux traités, et ainsi raffermir l'union des deux peuples qui, divisés de nationalité, n'en font qu'un par le cœur. »

Cette démarche singulière, mais significative, fit comprendre à Garcia Moreno qu'il fallait parler clair et couper court aux prétentions du despote. Il lui répondit donc « qu'il était très sensible à cette nouvelle manifestation de cordiale amitié non moins que de vive sollicitude pour le bonheur des deux pays, et très heureux d'accepter l'entrevue proposée, afin d'offrir au président et à son gouvernement l'hommage de son profond respect. Mais, ajouta-t-il, nous manquerions de loyauté, si nous ne vous déclarions dès maintenant que, dans ces conférences, nous n'accepterons aucun projet qui tendrait à fondre les deux nationalités en une seule sous la forme du gouvernement que vous avez adoptée. L'Équateur a confié ses destins et son avenir à des institutions différentes des vôtres, institutions trop chères au peuple et à ses représentants pour qu'ils les sacrifient jamais. La constitution qui nous régit, nos convictions personnelles, et l'opinion générale du pays, nous commandent impérieusement de rester ce que nous sommes. »

Entre ces deux chefs, dont l'un avait juré d'annexer l'Équateur à ses États, et l'autre de mourir mille fois plutôt que de céder un pouce de son territoire, la guerre devenait inévitable. Au fond, Mosquera n'attendait qu'une occasion favorable pour entrer en campagne, et comme le congrès de l'Équateur allait ouvrir ses sessions, il comptait sur des débats parlementaires assez orageux pour lui préparer le terrain. Ses calculs n'étaient malheureusement que trop fondés, car depuis dix-huit mois les journaux radicaux et même les organes du catholicisme libéral se répandaient en injures contre « l'homme néfaste qui, non content de violer les lois et de terroriser le pays, avait ruiné les finances par des entreprises insensées, ameuté l'Amérique entière contre lui, et finalement imposé, sans attendre la ratification des chambres, un odieux et intolérant concordat, véritable défi porté à notre siècle de libéralisme et de progrès. » Cette opposition générale et violente des classes dirigeantes eut pour effet naturel de tromper le peuple, qui n'entend rien à ces sortes de questions, si bien que les électeurs en vinrent à regarder le concordat comme une vraie boîte de Pandore d'où toutes les calamités allaient sortir. Aussi s'empressèrent-ils d'envoyer au congrès, dans l'intérêt même de Garcia Moreno, une grande majorité d'anticoncordataires, parfaitement décidés à imposer de vive force l'annulation ou du moins la réforme du traité conclu entre le pape et le président.

De son côté, Garcia Moreno se présenta au congrès, résolu à donner sa démission plutôt que de laisser entamer le concordat, qu'il regardait à bon droit comme le salut du pays. Son message aux deux chambres, très net et très ferme, avait le caractère d'un ultimatum. Il montra que « pour gouverner un État, surtout un État républicain où la fragilité des institutions et la fréquence des révolutions mettent à chaque instant la société à la merci des passions sans frein, il faut avant tout moraliser le peuple, et pour moraliser le peuple, il faut restituer à l'Église l'indépendance dont l'a dotée son divin fondateur. Voilà pourquoi, dit-il, en vertu de l'autorisation que m'a donnée la Convention de 1861, j'ai promulgué solennellement, après échange de ratification, le traité conclu avec le Saint-Siège. Libre à vous de me désapprouver, mais non d'infirmer un traité ratifié et promulgué en vertu d'une autorisation expresse du pouvoir constituant. » Il ajouta que si la majorité du congrès censurait cet acte de son administration, il quitterait immédiatement le pouvoir.

La démission, qui paraissait la finale obligée de ce conflit, n'aurait pas trop déplu aux députés sans les sourds grondements qui annonçaient un orage du côté de la Nouvelle-Grenade. Dans ces conjonctures, se débarrasser de Garcia Moreno, c'était livrer le pays à Mosquera qui se trouvait à la frontière tenant comme Mahomet, son Coran d'une main et le cimeterre de l'autre. Ils se bornèrent donc, pour satisfaire leurs rancunes, à débiter leurs invectives contre le président et à critiquer l'un après l'autre tous les articles du Concordat, lorsque tout à coup le tonnerre éclata sous forme d'une proclamation de Mosquera. Voyant Garcia Moreno aux prises avec son congrès, le rusé despote croyait pouvoir se démasquer. Le 15 août, il lança aux habitants du Cauca, province limitrophe de l'Équateur cette fulminante apostrophe

« Marchons ensemble à la frontière pour y implanter la liberté. Nous échangerons une cordiale poignée de main avec nos frères, les Colombiens de l'Équateur. En ce moment ils ont besoin, je ne dis pas de nos armes, mais de nos bons offices, pour substituer le principe républicain à l'oppression théocratique, sous laquelle gémit la noble terre d'Atahualpa qui, la première, en 1809, salua l'aurore de la liberté. La vaillante garde colombienne, victorieuse en mille combats, formera votre escorte. Illustres défenseurs du droit, apôtres des doctrines radicales, les républiques de race latine comptent sur vous pour défendre l'indépendance américaine. La Colombie formera bientôt une vaste confédération de vingt-quatre millions d'hommes. »

L'excommunié croyait sans doute que tout l'Équateur, fatigué de « l'oppression théocratique » allait l'accueillir comme un libérateur, mais il connaissait mal ce peuple catholique. Aussitôt que parut la proclamation, de toutes les provinces et de tous les cantons arrivèrent des protestations au congrès et contre l'union à la Colombie et contre les injures inqualifiables de Mosquera. Les signataires exprimaient en termes énergiques l'attachement du peuple à l'Église catholique et son horreur pour les impiétés du gouvernement colombien.

« Nous sommes et nous voulons rester équatoriens, disait-on de toutes parts. Nous croyons que Bolivar a pu créer la Colombie pour fonder notre indépendance, mais que son triste plagiaire sera frappé de la foudre pour avoir porté ses mains impures sur l'arche d'alliance. Nous repoussons le gouvernement colombien de tout l'amour que nous avons pour notre sainte religion ; nous ne voulons pas de son code basé sur la destruction des tables du Sinaï ; nous sommes chrétiens avant d'être républicains, et nous avons la conviction que l'arbre de la liberté ne peut naître et grandir qu'au pied de la croix. Représentants de l'Équateur, si, dans ses transports frénétiques, la Colombie veut la guerre, disposez de nos biens et du sang de nos enfants. »

Ces protestations, couvertes de milliers de signatures traçaient aux chambres leur devoir. Uni à ce peuple qui demandait à combattre *pro aris et focis,* Garcia Moreno exposa aux députés la situation faite à l'Équateur par la proclamation du 15 août, « avec le ferme espoir, ajouta-t-il, que le patriotisme des représentants lui viendrait en aide. Il n'avait pas attendu ce moment pour prendre, dans le cercle de ses attributions, les mesures nécessaires à la défense du pays, mais il croyait de son devoir d'associer l'assemblée nationale au salut de la patrie. » Il ne fut pas trompé. Députés et sénateurs condamnèrent la proclamation de Mosquera « comme une insulte à la nation et l'équivalent d'une déclaration de guerre. » Ils repoussèrent toute union à la Colombie, comme contraire à la volonté du peuple et aux institutions religieuses de l'Équateur. » Ils espéraient néanmoins, disait leur message, « que le président Mosquera, respectant le suffrage du peuple, les traités existant, la parole donnée et consignée dans des documents authentiques, abandonnerait toute idée d'intervention ou de conquête ; mais si, pour un mouvement d'orgueil que réprouverait le monde civilisé, Mosquera prétendait s'ingérer dans les affaires domestiques de ses voisins, le congrès avait confiance dans l'énergie et l'ardent patriotisme du chef d'État pour défendre l'autonomie de la République, son honneur et ses droits également menacés. »

Garcia Moreno répondit au congrès « que l'appui décidé, enthousiaste même, du peuple et de ses représentants était la meilleure réponse à l'inqualifiable provocation du 15 août. A ceux qui veulent anéantir son indépendance, souiller son honneur et détruire sa religion, l'Équateur répond en se levant comme un seul homme non pour attaquer mais pour se défendre. L'union, ou pour mieux dire l'absorption de l'Équateur par les États-Unis de Colombie, antipathique à notre caractère, préjudiciable à nos intérêts, devient radicalement impossible, du moment qu'on emploie les menaces et les injures pour la réaliser. L'Équateur veut rester libre et indépendant ; plutôt que de subir le déshonneur, il préférerait disparaître sous les flots ou sous les laves enflammées de ses volcans [1]. »

La guerre ainsi moralement déclarée et acceptée, Garcia Moreno voulut cependant avant d'en venir aux mains, épuiser tous les moyens de conciliation. Il envoya donc à Pasto, quartier général de Mosquera, le docteur Antonio Florès [2] avec pleins pouvoirs pour conclure le traité d'alliance sollicité par le chef de la Nouvelle-Grenade. Le rusé Mosquera avait compté sur la coopération active d'Urbina dans les départements de Cuenca et de Guayaquil, comme aussi sur la levée en masse du grand parti libéral, si vanté par son complice ; en voyant le peuple courir aux armes, il ne fut pas fâché de gagner du temps afin de lever de nouvelles troupes et de compléter ses armements. Il écrivit donc au plénipotentiaire qu'il « recevrait avec bonheur le fils de l'illustre Florès, du vieux guerrier de l'indépendance à qui l'unissaient des relations de cordiale amitié. En attendant la visite promise par Garcia Moreno, il s'offrait à négocier les bases d'un traité d'union, qui ne compromettait en rien la souveraineté ou l'autonomie des peuples unifiés. »

La séance de réception de l'ambassadeur fut une vraie scène de comédie. Florès déclara sans sourciller que, « malgré les sinistres rumeurs répandues dans le public depuis la proposition d'une conférence, son gouvernement connaissait trop bien les antécédents et l'esprit républicain de Mosquera pour voir en lui un autre Mahomet prêchant l'union, le glaive à la main. Deux fractions limitrophes de l'antique Colombie ne pouvaient s'entre-déchirer sous prétexte de s'unir. Des paroles mal comprises, des faits mal interprétés, ont ému les populations, paralysé le travail, et amené une agitation plus nuisible que la guerre. Il importe donc de rétablir la paix par un traité de véritable alliance, et non par une résurrection violente, artificielle, stérile, d'une union éphémère dont l'effet serait tout au plus de galvaniser un cadavre.

---

[1] Voir la discussion du congrès, les deux messages, la réponse du président, aux n°² 2 et 3 d'*El Correo del Ecuador*.
[2] Fils de l'illustre général en chef de l'armée, nommé au commencement de 1888 président de la République.

Le vieux Mosquera qui, en fait de jactance et d'emphase aurait rendu des points à un rhétoricien de collège, répondit que « tout sentiment de défiance disparaîtrait du cœur des Équatoriens, en apprenant que le premier magistrat de la Colombie arrivait à la frontière des deux républiques pour défendre, au nom de la loi et de la volonté nationale le drapeau de l'indépendance et de la liberté, ce drapeau que l'union du peuple a porté triomphalement de l'Orénoque au Macara. L'époque des Romains est passée ; les Colombiens ne veulent ni annexions, ni fusions violentes, mais un pacte nouveau destiné à ressusciter l'antique Colombie. Comme soldat, le président de la Colombie assure au fils de Florès que le compagnon de son illustre père ne tirera l'épée sur la terre d'Atahualpa que pour défendre avec lui la liberté de la patrie. »

Sous la phraséologie sonore des deux orateurs, on aperçoit facilement que, si l'un repousse absolument le projet d'union, l'autre n'embrouille les idées que pour le maintenir. Le vieux renard amusa ainsi le jeune diplomate pendant plusieurs semaines ; puis, les préparatifs de guerre étant achevés, il redevint sanglier. Il déclara n'être venu à la frontière que « pour travailler à la renaissance de sa glorieuse nationalité colombienne, seul moyen de sauver l'autonomie des républiques méridionales contre l'ambition de l'étranger et la trahison des renégats de l'intérieur, et que, par conséquent, il suspendait toute relation avec l'Équateur si, dans les vingt-quatre heures, le projet de Confédération n'était signé. » Florès répondit à ce grossier soudard que « l'Équateur ne passait pas sous les fourches caudines, et que son ministre dédaignait un ultimatum aussi contraire aux usages diplomatiques qu'offensant pour l'honneur national. »

Dès ce moment Mosquera se conduisit comme un furieux. Sans déclaration de guerre, il afficha la rupture à Pasto, prohiba tout commerce avec l'Équateur, vomit des torrents d'injures contre Garcia Moreno, et se permit d'écrire au général Florès, alors à Tulcan pour organiser l'armée, « qu'il le vaincrait sur le champ de bataille, et que désormais il cessait avec lui toute correspondance. » Néanmoins, autorisé par le gouvernement, Florès lui fit expédier une dernière fois par un aide de camp des propositions d'arrangement, mais Mosquera jeta la lettre avec colère, déclarant qu'il ne traiterait plus avec les agents de l'Équateur. Il accusa l'aide de camp, colombien de naissance, de trahir son pays, menaça de le faire fusiller, et finalement le jeta à la porte comme un manant, en vomissant un torrent d'injures contre Garcia Moreno. N'espérant plus rien de cet énergumène, Florès passa le Carchi, le 22 novembre, avec six mille hommes[1].

Nous avons rendu compte de cette négociation, afin de montrer par la suite des faits la longue patience de Garcia Moreno, les provocations dix fois répétées de Mosquera, et l'impossibilité de supporter plus longtemps ses insultes, sans abdiquer tout sentiment d'honneur. Comme le disait plus tard Garcia Moreno, l'Équateur « ne déclara pas la guerre, mais l'accepta forcément, car l'ennemi ne lui laissait pas le choix entre la paix et la guerre, mais simplement l'alternative d'ouvrir le feu ou d'attendre qu'il commençât. » Malgré tout, bien que le président crût préférable de prendre l'initiative avant que l'ennemi eût accumulé ses forces, il laissa au général en chef[2] la faculté d'avancer ou de temporiser selon qu'il le trouverait avantageux pour le triomphe de ses armes. En passant la frontière, Florès put écrire à Mosquera sans blesser la vérité : « Nous avons franchi le Carchi, non pour vous faire la guerre, mais pour vous forcer à nous laisser la paix.

Du reste, Florès n'entra en campagne qu'à son corps défendant, car il envisageait parfaitement les dangers de sa position. Sur les six mille hommes amenés de Tulcan, il ne lui en restait que cinq mille, tant les troupes, surtout celles du littoral, avaient souffert des fatigues du chemin et du changement de climat. Il avait dû laisser à Guayaquil ses bataillons les mieux exercés, pour faire face aux anarchistes qui, sous la conduite d'Urbina et avec la connivence du Pérou, organisaient une invasion dans le port de Payta. La moitié de ses soldats voyaient le feu pour la première fois, et savaient à peine manier un fusil. Aussi se décida-t-il à fati-

---

[1] Pour les documents cités dans ce chapitre, voir *El Nacional*, 24 novembre 1863, article : *Documentos*.
[2] Message de 1864.

guer l'ennemi par des combats partiels, voulant s'assurer une position avantageuse avant de livrer une bataille en règle.

Le dimanche, 22 novembre, après avoir lancé un manifeste aux habitants de Tuquerrès et de Pasto, Florès pénétra dans le cœur du pays, favorisé par les habitants dont un certain nombre s'incorporèrent à son armée. Ayant vainement tenté de l'arrêter, Mosquera s'établit le 4 décembre à Cumbal pendant que les divisions équatoriennes, à un mille de distance, campaient dans les environs de Cuaspud. En même temps, six cents hommes, au commandement du colonel Erazo, s'emparaient de Pasto après un combat terrible contre la garnison.

Coupé de ses communications avec le chef-lieu de la province, Mosquera comprit que sa position devenait difficile, et que, pour vaincre, il lui fallait user de ruse. Le 5 au soir, Florès apprit par ses espions les dispositions que prenait Mosquera pour lui livrer bataille le lendemain. Il passa la nuit à organiser ses troupes et à combiner ses mouvements, lorsque le matin, en prenant ses positions, il reconnut que son adversaire, ayant subitement changé de front, se dirigeait de Cumbal vers le Carchi, comme s'il voulait faire diversion et se jeter dans l'Équateur. Ses espions, vendus à l'ennemi, l'avaient trompé. Obligé d'improviser subitement un nouveau plan de bataille, il lança le gros de son armée sur l'arrière garde de l'ennemi, pendant que plusieurs bataillons, gagnant les hauteurs de Cuaspud, menaçaient son centre. Une fois qu'il le vit engagé sur ce terrain semé d'obstacles qui paralysaient l'élan des cavaliers, Mosquera commanda aux siens de faire front à l'ennemi, de se déployer en tirailleurs et d'enlever aux équatoriens la menaçante position de Cuaspud. Mais ce fut en vain ceux-ci repoussèrent ses guérillas avec une telle impétuosité qu'après plusieurs charges inutiles, les grenadins décimés prirent la fuite, et déjà les clairons sonnaient la victoire, lorsque plusieurs bataillons de la seconde division, au lieu d'appuyer les vainqueurs, jetèrent leurs armes par suite de je ne sais quelle panique, se mirent à fuir en criant Sauve qui peut ! et répandirent la terreur dans tous les rangs de l'armée. En vain exécuta-t-on plusieurs charges de cavalerie, en vain plusieurs chefs firent-ils des efforts inouïs pour empêcher la débandade, la déroute fut complète. Reprenant l'offensive, Mosquera porta tous ses efforts sur les bataillons qui lui avaient infligé un échec en apparence décisif, et finit par rester maître du terrain. Cinq cents hommes restèrent sur le champ de bataille de Cuaspud, les deux tiers du côté de Mosquera.

Vainqueur d'abord, Florès dut se retirer vaincu et blessé. Avec sa jactance accoutumée, Mosquera chanta victoire ; mais cette victoire, il la dut moins à sa valeur qu'à des causes très peu honorables pour un chef d'armée : la trahison des espions de Florès, que Mosquera reconnut comme siens, et l'ignoble lâcheté d'un corps qui se débanda en jetant ses armes quand déjà le gros de l'ennemi prenait la fuite. Or comment expliquer cette lâche désertion d'un corps d'armée sinon par la trahison des chefs, complices d'Urbina et vendus comme lui à Mosquera ? Les lettres d'Urbina prouvent qu'il entretenait des intelligences avec certains chefs de l'armée. L'un d'eux qui déclarait ne pouvoir commander contre Mosquera l'ami d'Urbina », reçut un commandement et donna, dit-on le signal de la débandade. On sut plus tard qu'un autre avait proposé à ses troupes de passer à l'ennemi ou de faire une révolution [1]. On comprend maintenant pourquoi Mosquera se disait assuré de vaincre Florès, mais on comprend moins qu'il ait eu l'imprudence de célébrer une victoire achetée par le crime et la trahison.

La nouvelle de la défaite de Cuaspud répandit la consternation dans tout l'Équateur. L'armée battue, en grande partie prisonnière, comment s'opposer à la marche du vainqueur ? Mosquera, maître du pays, c'était l'incorporation à la Colombie, la persécution de l'Église, un joug plus pesant et plus odieux que celui d'Urbina lui-même, Garcia Moreno le comprenait mieux que tout autre ; aussi résolut-il de vaincre ou de mourir. Il n'eut du reste qu'à parler pour faire passer cette résolution dans le cœur de son peuple ; le 8 décembre, en apprenant la déroute de son armée, il lança cette proclamation où son âme résignée, mais non brisée, se montra dans toute son énergie.

---

[1] *El general Urbina y sus proyectos contra el pais*, page 19.

« Compatriotes, il a plu à Dieu de nous éprouver : nous n'avons qu'à adorer ses insondables desseins. Deux officiers, arrivés à Ibarra, ont rapporté que notre armée vient d'être battue à Cuaspud. Bien que nous ignorions encore les détails du combat, la défaite n'est pas douteuse.

« Équatoriens, aujourd'hui plus que jamais, il faut de grands efforts pour sauver la religion et la patrie ; aujourd'hui plus que jamais, il faut opposer à notre injuste agresseur la barrière du courage héroïque et d'une invincible constance.

« Aux armes donc, fils de l'Équateur ! Volez à la frontière pour combler les vides de l'armée. Implorons tous ensemble la clémence du Très-Haut, et, forts de son appui, nous obtiendrons la victoire ou la paix. »

D'un bout de l'Équateur à l'autre on lui répondit en courant aux armes. « Non, s'écrièrent les jeunes gens de Quito, nous ne souffrirons pas qu'une poignée de sauvages vienne souiller notre sol et nos temples ; nous n'attendrons pas, les bras croisés, que le barbare Mosquera, les mains teintes du sang de nos frères, vienne briser nos saintes images, fermer nos églises, exiler nos prêtres. Nous montrerons que nous savons combattre pour la religion du Christ et pour notre nationalité, double et précieux héritage que nous laisserons, coûte que coûte, à ceux qui viendront après nous. »

D'autres s'enrôlaient avec la sombre énergie du désespoir : « Attila, disaient-ils, ne forcera pas la porte de notre patrie. Courons à la frontière pour venger le sang de nos braves et la gloire de nos armes. Marchons à la défense du pays ; de la foi, de l'honneur de nos femmes, de notre nationalité. Nous succomberons tous au milieu de nos cités en cendres et de nos propriétés en ruines, plutôt que d'ouvrir nos portes à ces criminels et féroces ennemis de notre Dieu [1]. »

Garcia Moreno avait raison de s'appuyer sur ce peuple profondément chrétien. A quel degré de noblesse ne l'eût-il pas élevé si les fausses visées du catholicisme libéral n'eussent constamment entravé ses efforts ! Il organisa une nouvelle armée trois mille hommes à Ibarra composaient l'avant-

---

[1] Voir *El Correo del Ecuador*, 29 décembre 1863.

garde ; deux mille à Guayaquil, plusieurs bataillons à Quito, renforcés de ceux qui accouraient de Loja, de Cuenca, de Riobamba et des autres villes, formaient un nouveau contingent de cinq à six mille hommes, sans compter les six cents qui occupaient Pasto, au cœur du pays ennemi.

A la vue de ce soulèvement en masse, Mosquera perdit sa fierté. Au moment d'envahir l'Équateur, il se voyait campé entre deux armées, dont l'une, maîtresse de Pasto, pouvait révolutionner derrière lui la province éminemment catholique du Cauca, et l'autre s'apprêtait à lui barrer le passage, avec le concours de tout un peuple décidé à mourir plutôt que de se rendre. Au lieu de marcher sur Quito pour y dicter ses ukases, comme il l'avait annoncé dans son mensonger et fastueux récit des évènements de Cuaspud, il proposa au général Florès, alors investi de pleins pouvoirs, un armistice de quelques jours pour traiter des conditions de la paix. Florès ayant accepté, pourvu que ces conditions fussent honorables pour l'Équateur, Mosquera l'amusa plusieurs jours encore avec cette espérance d'une suspension d'armes, pénétra dans l'intérieur du pays, et finalement, le 25 décembre, exigea la remise d'Ibarra sous promesse de signer dans cette ville un traité d'alliance. Sans soupçonner le nouveau piège qu'on lui tendait, Florès conclut un armistice jusqu'au 1er janvier, et vint camper à Otavalo pendant que Mosquera prenait avec ses troupes possession d'Ibarra.

Or, à l'heure où il signait cet armistice, ce fourbe émérite, d'accord avec les frères et amis, travaillait à révolutionner la province dans laquelle il avait pénétré par ses machinations frauduleuses. En correspondance suivie avec Urbina, il savait parfaitement qu'une conspiration, ourdie par les principaux complices de ce traître, attendait pour éclater le jour de l'invasion. De fait, le 28 décembre, un groupe d'urbinistes, ayant à leur tête Espinel, Endara, Carthagena, Velez, Molineros, et autres révolutionnaires du même acabit, rédigèrent contre Garcia Moreno un pronunciamento en règle, dont les considérants étaient empruntés à l'insultant manifeste de Mosquera. Ils déclaraient le gouvernement déchu, Urbina chef suprême, et s'appuyaient pour faire triompher leur cause, sur « l'épée victorieuse du vaillant Mosquera, le plus illustre des fils de

Bolivar [1]. » Heureusement, dans toutes les localités où ils se présentèrent, le peuple, fidèle à son chef, les reçut avec indignation. A Quinche, poursuivis comme des criminels, ils n'eurent que le temps de s'enfuir pour ne pas être massacrés. Enfin, chassés de partout, réduits à se cacher, ils tombèrent dans les mains du gouvernement qui les livra aux juges.

Déçu de ce côté, le libérateur Mosquera prit son parti en brave. Le 30 décembre, il signa sans conditions à Pinsaqui un traité qui stipula le rétablissement de la paix et de l'amitié entre les deux pays. Accouru au Carchi, « avec sa vieille garde, victorieuse en mille combats, » pour délivrer l'Équateur de « l'oppression théocratique », l'excommunié s'en retourna comme il était venu, laissant à Cuaspud trois ou quatre cents cadavres. Le vieux loup n'avait plus l'envie de courir de nouvelles aventures, car il écrivit trois jours après à son estimable ami, le traître Urbina, une lettre de véritable agneau :

« Au début des hostilités, je vous pressai de venir à mon quartier général pour combattre en qualité de chef du parti libéral de l'Équateur avec vos frères les libéraux de Colombie. Mais les circonstances sont bien changées, et j'ai le devoir de vous en avertir. Après la bataille de Cuaspud, nous avons conclu une paix honorable pour les deux peuples, qui ne me permet plus de continuer les hostilités contre l'Équateur. En ma qualité d'ami, de républicain, et même d'Américain, si j'ai un conseil à vous donner, c'est de vous réconcilier avec vos ennemis. Tant que dureront nos divisions, les républiques américaines ne feront aucun progrès et finiront par succomber sous les périls qui les menacent. Mettons un terme à des calamités qui durent depuis un demi-siècle. Ne voyez du reste dans mes paroles qu'une nouvelle preuve de mon amitié pour vous. »

Urbina y vit, au contraire, une amère raillerie, d'autant plus que le fourbe avait expédié des copies de sa lettre à divers personnages de Quito, entre autres à Garcia Moreno comme un témoignage authentique de ses bonnes intentions. Furieux de cette volte-face, à laquelle il était loin de s'attendre, Urbina répondit à son ami Mosquera « que ses manifestes contre

---

[1] *El Correo del Ecuador*, 23 mars 1864.

Garcia Moreno ne faisaient point pressentir le traité de Pinsaqui ; que, sans doute, avant de signer un pacte d'alliance avec l'homme « du protectorat français » et de « l'oppression théocratique », il avait des preuves de son repentir et de sa conversion, mais que pour lui, doutant à bon droit de cette conversion, il ne se réconcilierait jamais, en dépit des bons conseils de Mosquera, avec le tyran de sa patrie, et l'ennemi de l'Amérique [1] ! » En cela du moins il tint parole.

Quant à Mosquera, laissant en paix l'Équateur, il continua d'emprisonner et de fusiller ses adversaires jusqu'au jour où les malheureux Colombiens, poussés à bout, le condamnèrent à l'exil. Naturellement il se dirigea vers Lima où l'attendait son ami Urbina. A peine réunis, ces deux conspirateurs émérites s'obligèrent par un traité en forme à renverser le gouvernement de l'Équateur pour soumettre ce pays au joug de la Révolution. Ce pacte secret, dont la presse colombienne révéla cependant l'existence, tomba dans les mains de Garcia Moreno par un hasard que Mosquera ne pouvait soupçonner. Aussi quand il lui fut permis de rentrer en Colombie, ne craignit-il pas de demander au président dont il avait juré la ruine si, le cas échéant, il l'autoriserait à s'arrêter quelques jours dans la bonne ville de Guayaquil. Il reçut de Garcia Moreno cette réponse d'un laconisme très expressif : « Si vous mettez le pied sur un point quelconque du territoire de l'Équateur et qu'on puisse vous y saisir, je ne répond point des conséquences. » Mosquera comprit qu'il y allait de sa tête, et gagna le Cauca par un autre chemin.

[1] Lettre d'Urbina à Mosquera, 16 Janvier 1864.

CHAPITRE XVIII.

UN CONTRE TOUS.

Au commencement de 1864, sous la pression des rudes épreuves par lesquelles il venait de passer, Garcia Moreno se demanda s'il lui était humainement possible, de continuer la lutte contre toutes les forces révolutionnaires de l'intérieur et de l'étranger. Libéraux et radicaux s'obstineraient à détruire le concordat ; les francs-maçons de la Colombie s'uniraient à ceux du Pérou pour fraterniser avec Urbina et organiser de nouvelles invasions : comment maîtriser cette meute furieuse avec une armée trop souvent commandée par des traîtres, et une constitution assez inepte pour forcer le pouvoir à se croiser les bras devant l'anarchie ? Impuissant à prévenir les crimes, il ne pouvait pas même compter sur la justice pour les réprimer. On se rappelle que les conjurés de Quinche, Espinel, Endara, Velez, Carthagena et consorts avaient été déférés à la cour suprême. Nul doute sur la culpabilité des accusés : leur pronunciamento déclarait le gouvernement déchu et invoquait pour l'abattre le secours de Mosquera, dont les troupes avaient déjà passé la frontière ; les prévenus avaient enrôlé des paysans pour combattre sous le drapeau de Mosquera l'armée nationale crime de trahison prévu par tous les codes. Or la cour suprême déclara qu'une conspiration à main armée, en présence de l'ennemi et avec le concours de l'ennemi, ne constituait pas un acte de trahison, mais une simple tentative de rébellion non suivie d'effet, et par conséquent non punissable. Évidemment, avec de pareils juges, le pouvoir tombait, pieds et poings liés, aux mains de la Révolution.

Aussi indigné que découragé, se voyant dans l'alternative

fatale de laisser sombrer l'État ou de violer la loi, Garcia Moreno envoya sa démission au congrès, dont les sessions venaient de s'ouvrir.

« Avant toute autre délibération, disait-il, veuillez me décharger du pouvoir qui m'a été confié. Déjà dans la législature précédente, j'avais le dessein de céder à un citoyen plus digne, la noble mais ingrate tâche de gouverner un pays où le bien est si difficile à faire : le patriotisme et l'honneur me firent un devoir de rester au poste, alors menacé par l'ennemi ; aujourd'hui que la paix est solidement rétablie, vous ne devez ni ne pouvez m'empêcher de chercher un peu de repos dans le calme de la vie privée. Si dans l'exercice du pouvoir j'ai commis des fautes, vous me donnerez des juges ; si vous estimez que je n'ai rien négligé pour développer la prospérité de la République, il me restera la satisfaction d'avoir accompli mon devoir, la seule que j'ambitionne. Daigne le ciel accorder à ma patrie des jours heureux sous le gouvernement de mon successeur. »

Ces nobles sentiments produisirent sur les membres de l'assemblée une émotion d'autant plus vive que leur opposition tracassière de 1863 avait surtout déterminé cette démission. Leurs préventions contre Garcia Moreno s'évanouirent devant sa retraite volontaire. Cet ambitieux, qu'on se figurait affamé de pouvoir, descendait bénévolement du fauteuil ; ce despote, peu soucieux des lois, venait de remettre les facultés extraordinaires dont on l'avait investi pendant la guerre, sans avoir exilé un individu ni arraché une piastre au plus faible de ses subordonnés. Après la guerre, au lieu d'entretenir une armée de prétoriens pour terrifier le pays, il n'avait gardé qu'un millier d'hommes, le strict nécessaire pour maintenir l'ordre. Sans doute, il refusait de sanctionner les réformes concordataires, mais ces réformes n'étaient-elles pas entachées de violence et d'exagération ? D'ailleurs, si cet homme de fer se retirait, qui donc serait assez fort pour empêcher le retour des radicaux ? Sous l'empire de ces considérations, les membres du congrès refusèrent d'accepter la démission du président. Ils s'unirent au peuple pour le forcer à garder le pouvoir jusqu'à l'expiration de son mandat, et scellèrent la réconciliation en votant le retrait des décrets de 1863 ainsi que les divers projets de lois présentés dans le message. Bon gré, mal gré, l'Équateur ne pouvait se passer de Garcia Moreno.

Le dénouement inattendu de cette longue lutte entre les pouvoirs publics exaspéra le parti révolutionnaire. Lâché par le champion de la Colombie, privé de la coopération active du parlement, il ne lui restait pour abattre le président que le poignard du sicaire. Ce moyen ne répugnait nullement aux traditions de la secte, surtout qu'Urbina et ses complices n'avaient point à redouter les suites d'un assassinat. En cas de réussite, on les porterait en triomphe; en cas d'insuccès, la cour suprême de Quito réduirait l'affaire à « une simple tentative de rébellion non suivie d'effet. » Ils combinèrent donc un plan d'action qui devait mettre en mouvement toutes leurs forces et enlacer le président dans les mailles d'un immense filet. Du Pérou, devenu leur arsenal et leur boulevard, ils lanceraient des vaisseaux sur Guayaquil ou d'autres points de la côte, pendant que des bandes organisées par leurs soins envahiraient l'Équateur du côté de la Nouvelle-Grenade. Dans la bagarre, leurs complices de l'intérieur se déferaient de Garcia Moreno par ruse ou violence, et les populations soulevées acclameraient le libérateur Urbina. Les conjurés croyaient pouvoir compter sur plusieurs officiers de l'armée, en particulier sur le général Thomas Maldonado, depuis longtemps ennemi personnel du président.

Très brave sur un champ de bataille, Maldonado n'avait ni assez de tête ni assez de cœur pour immoler au devoir sa folle et rancuneuse vanité. S'estimant le premier personnage de la République, il en voulait à Garcia Moreno, non seulement de l'éclipser, mais de ne pas reconnaître suffisamment ses mérites et ses services. Son ressentiment, ou plutôt sa haine, lui faisait un besoin de s'unir aux ennemis les plus décriés du président. On l'accusa même d'avoir tramé une espèce de conspiration militaire sur le champ de bataille de Cuaspud. Malgré les ordres de Florès, il aurait entraîné ses divisions d'avant-garde à quatre lieues du gros de l'armée, invectivé comme un furieux contre le tyran, et peut-être insurgé ses troupes, si ses soldats scandalisés ne lui eussent représenté qu'un patriote et un homme de guerre ne devait pas choisir un pareil moment pour censurer le chef de l'État. Tout récemment encore l'orgueilleux Maldonado, soutenu par les organes du radicalisme, avait brigué la vice-présidence contre le ministre Carvajal et n'avait obtenu qu'une quarantaine de voix dans la circonscription de Quito. Urbina escomptait avec raison la colère et le dépit de cet outrecuidant personnage. D'après certains renseignements particuliers, le président se convainquit bientôt que Maldonado intriguait près des officiers de la garnison. Il lui reprocha cette déloyauté, et comme le général voulait se défendre « Je ne veux rien savoir de plus, lui dit Garcia Moreno ; je vous pardonne, mais si jamais je vous reprends à conspirer, tout général que vous êtes, je vous ferai fusiller sur la place de Quito. »

Or, le 23 juin, moins de trois mois après cet acte de généreuse clémence, Maldonado complotait avec ses complices un assassinat en règle contre la personne du président. Leur plan, très habilement combiné, consistait à s'emparer de la caserne d'artillerie, où l'on avait incarcéré des bandits amenés de Guayaquil. Ces hommes de sang, délivrés et soudoyés par Maldonado, auraient profité de l'obscurité de la nuit pour assassiner leur implacable ennemi et les principaux personnages de la capitale dévoués à sa politique. Un ancien urbiniste, Jaramillo, aide de camp de Garcia Moreno, s'était engagé à livrer son maître. Le meurtre accompli, Urbina, ou peut-être Maldonado, proclamé chef suprême, la révolution se propageait comme traînée de poudre, grâce à l'action combinée des radicaux disséminés dans les grands centres, et des réfugiés déjà embarqués sur les vaisseaux du Pérou pour envahir les provinces maritimes.

Cette fois Maldonado n'avait rien épargné pour assurer le succès. Les conjurés connaissaient parfaitement leurs rôles. On avait corrompu l'officier de garde qui devait livrer la caserne. Afin de dérouter les soupçons, Maldonado avait quitté la capitale quelques jours auparavant pour se confiner dans sa maison de Latacunga. Mais toutes les précautions deviennent inutiles quand Dieu n'est pas du complot.

Le jour de l'exécution, quelques heures avant de se rendre à la caserne, les conjurés se réunirent dans une maison voisine pour concerter les dernières mesures à prendre. A ce moment-là même, un de leurs amis, qu'une imprudente confidence avait mis au courant du fatal secret, vaincu par ses remords, révélait au président tous les détails de la conspiration. Sans perdre un instant, Garcia Moreno vole à la caserne et fait comparaître l'officier de garde : « Je vous donne cinq minutes, lui dit-il, pour me révéler les noms de vos complices et me fournir les preuves écrites de la conjuration qui doit éclater cette nuit ; sinon vous serez fusillé comme un traître. » Se voyant découvert, le malheureux officier se mit à trembler, désigna ses complices, livra les papiers dont il était dépositaire, et indiqua la maison où les assassins se trouvaient rassemblés. Pour s'en débarrasser d'une manière expéditive, Garcia Moreno n'avait qu'à les attendre et les recevoir à coups de fusils ; mais, pour ne pas donner aux révolutionnaires le prétexte de transformer en guet-apens un acte de justice, il préféra saisir les coupables dans leur repaire et les jeter en prison. Malheureusement l'arrestation eut lieu avant l'arrivée de Maldonado qui, au premier bruit de ce dénouement inattendu, disparut de la capitale et s'enfuit dans les bois.

A la lumière de ces sinistres éclairs, Garcia Moreno comprit mieux encore l'extrême danger de sa situation. La Révolution avait juré sa mort et ne désarmerait pas. Le pardon généreusement octroyé aux assassins n'avait fait qu'envenimer leur fureur. Il fallait les vaincre ou périr avec ce peuple qui le suppliait à genoux de ne pas l'abandonner. L'Hercule chrétien, seul contre tous, accepta le défi de la Révolution, et jura que, lui vivant, l'horrible mégère ne règnerait plus sur son pays.

Avant tout, il résolut de la terrifier par un acte de solennelle justice. Les sicaires avaient mis la main sur un général assez influent pour démoraliser l'armée, assez perverti pour conspirer contre sa patrie avec les radicaux du Pérou et de la Colombie, assez criminel pour se faire chef de brigands et d'assassins : cet homme, qui personnifiait les crimes et les espérances du parti, il fallait à toute force en faire un exemple. « Que Maldonado se cache bien, dit-il un jour, car s'il tombe dans mes mains, je serai obligé d'étouffer la Révolution dans son sang. » Aussi s'inquiéta-t-il assez peu des autres conspirateurs du 23 juin. « Il n'est pas juste, dit-il, que ces misérables périssent, pendant que leur chef est en vie. » Il se contenta de les exiler au Brésil. Quant à Maldonado, le colonel Ignacio Vintimilla reçut l'ordre de battre tout le pays, vallées et montagnes, haciendas et forêts, pour découvrir son refuge. Les gouverneurs devaient lui prêter main-forte, surveiller leurs provinces et incarcérer ceux qui donneraient asile au coupable ou favoriseraient son évasion. Et toutefois le président désirait que le fugitif s'échappât pour n'avoir pas à remplir un terrible devoir.

De leur côté, les révolutionnaires n'épargnaient aucun effort pour sauver leur grand chef. Pendant deux mois que durèrent les perquisitions, le pays au comble de l'angoisse s'attendait chaque jour à une invasion que le libérateur Urbina préparait dans les ports du Pérou. Urbina arrive avec quatre cents soldats, écrivait Garcia Moreno le 16 juillet. Vu sa couardise, s'il entreprend la lutte avec ce petit nombre d'hommes, c'est qu'il compte sur les traîtres de l'intérieur. Raison de plus pour nous débarrasser du traître Maldonado. Cela fait, nous tâcherons, avec l'aide de Dieu, de bien recevoir Urbina. »

A dater de ce moment, l'Équateur fut assailli de tous côtés par une vraie bande infernale. Le 21 juillet, une compagnie de pirates, équipés par Urbina aux frais du Pérou, se jeta sur la province de Manabi pour l'insurger et la piller. Ils mettaient tout à feu et à sang, quand le gouverneur Salazar, avec une troupe de braves, se porta à leur rencontre. Reçus d'abord par une vive fusillade, les soldats s'élancèrent sur les bandits, la baïonnette en avant, et en massacrèrent un bon nombre. Quelques-uns parvinrent à s'échapper, mais les chefs furent faits prisonniers et fusillés sans miséricorde. Dix jours après, le 27 juillet, la province d'Orient devenait le théâtre d'un autre mouvement insurrectionnel. Les complices de Maldonado, Lamotha, Jaramillo, Aguilar, Suarez et leurs compagnons, expédiés au Brésil, se révoltèrent contre leur escorte en traversant le Napo, s'emparèrent du gouverneur, et, après avoir saccagé les propriétés, torturé les jésuites, dépouillé les sauvages, prononcèrent la déchéance de « l'autocrate Garcia Moreno » pour acclamer, en qualité de chef suprême « le restaurateur de la patrie, l'illustre don José Maria Urbina ». En même temps, on apprenait que d'autres séides d'Urbina enrolaient des bandes de flibustiers dans les provinces méridionales de la Nouvelle-Grenade pour envahir le district d'Ibarra, avec la complicité des autorités colombiennes, notoirement dévouées à la Révolution. Enfin, le 24 août, après plusieurs mois de préparatifs, les vaisseaux d'Urbina, équipés par le Pérou, sortaient du petit port de Payta et débarquaient des centaines de soldats sur divers points de la côte, notamment à Machala et Santarosa.

Au milieu de l'horrible tempête, Garcia Moreno, impassible comme le roc battu par les flots, levait des troupes, organisait la défense, donnait des ordres aux généraux, et de plus en plus se persuadait de la nécessité de terrifier les révolutionnaires de l'intérieur en frappant un grand coup, lorsque le 24 août, le jour même où les soldats d'Urbina mettaient le pied sur le sol équatorien, Maldonado fut découvert et arrêté dans une hacienda, près de Guayaquil. Sur l'ordre de Garcia Moreno, le colonel Vintimilla chargea de fers son prisonnier et l'emmena sous bonne escorte à Quito.

Il y eut un moment de stupeur dans le clan radical, mais la réflexion rendit l'espoir aux conjurés. D'après le droit en vigueur, le président n'avait que deux partis à prendre : condamner le coupable à la déportation, en vertu de ses pouvoirs extraordinaires, ou le livrer aux juges. La déportation n'était qu'une plaisanterie depuis que les complices de Maldonado, les Lamotha, les Jaramillo, avaient trouvé moyen d'insurger le Napo et de s'enfuir au Pérou ; on trouverait bien sur n'importe quelle route, un contingent de frères et amis pour terrasser les sbires et délivrer Maldonado. Quant aux juges, on ne redoutait guère leur verdict depuis l'affaire de Quinche. Le tribunal ne verrait dans le complot du 23 juin qu'une tentative de rébellion non-punissable, et Maldonado, porté en triomphe par les radicaux, livrerait le pays à l'envahisseur Urbina. C'était la mort de la nation.

Malheureusement pour les radicaux, Garcia Moreno n'acceptait pas qu'une nation doive se résigner à périr plutôt que de violer la légalité constitutionnelle, ni qu'un chef de gouvernement, à moins d'y être forcé, puisse sans crime obéir à la Révolution qui lui crie de se démettre ou de se soumettre. Il croyait, avec les vrais philosophes de tous les temps et de tous les pays, que les lois éternelles l'emportent sur les fictions parlementaires, que les constitutions sont faites pour les peuples et non les peuples pour les constitutions, et que, par conséquent, si la loi constitutionnelle met une nation en danger de mort, le salut du peuple devient la loi suprême. « Quand la légalité suffit, disait-il avec Donoso Cortès, vive la légalité ; mais si la légalité est impuissante à sauver un peuple, vive la dictature. » Dans le cas présent, après avoir montré l'impasse où se trouvait acculé le pays, il dit aux conseillers qui l'entouraient « Personne ne croira jamais que, pour sauver la constitution, ce morceau de papier qu'on déchire ici tous les quatre ans, je sois obligé de livrer la République à ses bourreaux. » Et de sa propre autorité, chargé par Dieu de pourvoir au salut du peuple dans un cas suprême, il décréta que le traître Maldonado serait fusillé le lendemain, 30 août, sur la place Saint-Dominique.

La veille de l'exécution, il descendit lui-même dans la prison pour annoncer au condamné qu'il allait mourir. Il s'efforça de lui faire comprendre l'atrocité de son crime, mais il trouva un homme dur et hautain, fier de ses forfaits parce qu'il se croyait sûr de l'impunité. « Maldonado, lui dit-il, ne comptez pas sur les juges prévaricateurs qui se font un jeu de perdre les sociétés en absolvant les plus grands criminels. Je vous ai dit un jour que si je vous reprenais à conspirer, vous seriez fusillé sur la place de Quito. Préparez-vous à paraître devant Dieu, car demain à pareille heure vous aurez cessé de vivre. » Maldonado connaissait l'implacable fermeté de son chef : il demanda un prêtre et mit ordre à sa conscience.

Le 30 août, avant l'exécution fixée à cinq heures, le colonel Dalgo reçut l'ordre d'échelonner les troupes de son bataillon sur tout le parcours que devait suivre le condamné pour se rendre de la prison au lieu de l'exécution. Quand on aperçut les sinistres préparatifs, la ville entière se leva sous une impression de surprise et d'épouvante. Le moment était d'autant plus critique que tous, citoyens et soldats, s'intéressaient vivement à Maldonado et à sa respectable famille. On espérait encore que le président, satisfait d'avoir terrifié les révolutionnaires par cet appareil lugubre, ferait grâce, au dernier moment. Déjà des députations se formaient pour intercéder en faveur du coupable, mais Garcia Moreno avait consigné sa porte. Un de ses amis ayant réussi à forcer le passage, il lui imposa silence et le fit garder à vue dans une salle du palais. La femme du général Maldonado, récemment arrivée de Latacunga, vint lui faire ses adieux, ce qui porta au comble l'émotion des assistants. Le mot de grâce volait de bouche en bouche. Des foules, accourant du palais, annonçaient que l'acte de clémence allait être signé, si bien qu'au milieu du tumulte le colonel Dalgo, inquiet et troublé, envoya son aide de camp à Garcia Moreno pour lui demander des ordres définitifs : « Dites-lui, s'écria le président, que si, à cinq heures, je n'entends pas les coups de fusil du peloton d'exécution, c'est lui qui sera fusillé. » Quelques instants après, Maldonado payait de sa vie son infâme trahison.

La foule revenait silencieuse et terrifiée quand on vit tout à coup Garcia Moreno sortir seul du palais, traverser avec un calme imperturbable militaires et civils, et se rendre hors de la ville pour inspecter certains travaux dont il s'occupait en ce moment. Le soir même, il rédigea et lança dans tout le pays cette proclamation laconique

« Équatoriens, votre repos, vos biens, votre vie même, sont menacés depuis trop longtemps par des criminels que l'or du Pérou a corrompus, et dont notre législation assure l'impunité. L'invasion de Manabi, la révolution sanglante projetée au mois de juin, les brigandages du Napo, le soulèvement de Machala, les enrôlements de la Nouvelle-Grenade, les efforts tentés en ce moment pour insurger les paisibles populations de nos côtes, prouvent jusqu'à l'évidence que l'immoralité et l'impunité de quelques misérables mettent l'ordre public en danger.

« Dans cet épouvantable crise, le gouvernement doit opter entre deux partis extrêmes : laisser l'ordre public, vos intérêts les plus chers, vos lois, votre constitution, sombrer dans l'anarchie sous les coups de ces brigands, ou prendre sur lui la grave mais glorieuse responsabilité de comprimer leurs fureurs par des moyens sévères mais justes, terribles mais nécessaires. Je serais indigne de la confiance dont vous m'avez honoré si j'hésitais un instant à encourir n'importe quelle responsabilité pour sauver la patrie.

« Aussi, qu'on le sache bien, ceux que l'or aura corrompus tomberont sous le plomb vengeur ; au crime succèdera le châtiment, et, je l'espère, aux périls qui nous menacent, la paix, objet de vos désirs. S'il faut sacrifier ma vie pour obtenir ce résultat, je l'immolerai de bon cœur à votre repos et à votre félicité. »

C'était la justification de l'exécution qui venait d'avoir lieu et l'annonce des sévérités du lendemain. Naturellement les révolutionnaires crièrent à la tyrannie, à la cruauté, à l'arbitraire. Pour les confondre, il leur remit sous les yeux les principes proclamés autrefois par *La Democracia*, journal du président Urbina, rédigé par son ministre Espinel : « La générosité et la clémence envers les ennemis de la patrie, disaient alors ces bons radicaux, sont des vertus mal entendues. La compassion envers des individus doit fléchir devant la justice, quand le salut du peuple l'exige. Si la société peut faire disparaître un coupable pour un délit de droit commun, à plus forte raison des criminels qui conspirent sa ruine. Les grands malfaiteurs doivent subir dès ce bas monde le châtiment de leurs forfaits : ainsi l'exige la justice, ainsi le réclame la vindicte publique. » Au congrès de 1865, comme dans la proclamation que nous venons de citer, Garcia Moreno n'a pas invoqué d'autre principe pour justifier sa conduite « Placé dans l'alternative ou de livrer ma patrie aux mains d'insignes malfaiteurs ou la sauver en les exterminant sur l'échafaud, je ne pouvais ni ne devais hésiter [1]. »

Délivré de Maldonado, le président tourna ses armes contre Urbina. Celui-ci, à la tête de cinq ou six cents bandits, occupait la ville de Machala. Avec ses trois grands capitaines Roblez, Franco et Léon, il se croyait sûr d'allumer l'incendie sur tous les points de la côte, et de propager la révolution, de cités en cités, jusqu'à la capitale. Dans une proclamation emphatique, il s'annonçait « comme un libérateur député par le continent américain pour abattre l'allié de l'Espagne et affranchir le peuple du concordat et des institutions monarchiques. Sa politique, à lui, serait toujours subordonnée aux vrais intérêts de son pays et de l'Amérique. Appelé par

---

[1] Message de 1865.

la grande majorité de la nation, il se présentait sans crainte, persuadé que son retour comblerait les vœux de tous les patriotes. » Il ne s'en aperçut guère à Machala, car, en voyant ses bandes indisciplinées faire main-basse sur tous les objets à leur convenance, piller les caisses publiques et traiter les gens comme des bêtes de somme, les habitants épouvantés disparurent les uns après les autres. Il ne resta, pour signer son pronunciamento que les repris de justice et quelques malheureux terrorisés ou raccolés à prix d'argent.

Déjà cet accueil peu rassurant, joint à l'exécution de Maldonado, lui donnait à réfléchir, lorsqu'un décret de Garcia Moreno, qui le mettait hors la loi, ainsi que ses complices, abattit complètement son courage. L'Équateur, disait le président, n'est en guerre avec personne, ni à l'intérieur ni à l'extérieur, par conséquent, Urbina et ses bandits, arrivés de l'étranger pour révolutionner et saccager le pays, doivent être considérés comme des corsaires et traiter en corsaires. Les autorités leur appliqueront la loi, non des belligérants, mais des incendiaires et des assassins. Des bataillons, expédiés de Guayaquil sur Machala, avaient ordre de s'emparer par tous les moyens possibles du traître Urbina, afin de lui faire expier sur l'échafaud la longue série de ses forfaits.

Toujours prudent, au lieu d'attendre les troupes de Guayaquil, le « libérateur » déménagea au plus vite avec trois cents hommes, sous prétexte d'insurger la province de Loja, mais en réalité pour gagner sans courir aucun risque la frontière du Pérou. Son ami Roblez disparut avec lui sous couleur d'aller à Payta chercher des renforts. Franco et Léon, restés seuls pour soutenir le choc des troupes équatoriennes, furent battus piteusement à Santarosa, le 17 septembre, et s'enfuirent avec les débris de leur bande jusqu'à Zapotillo, où le brave Urbina avait établi son camp et imposait son pronunciamento aux populations éperdues. Quand, un mois après, le général Gonzalez et le colonel Vintimilla, entièrement maîtres de la côte, arrivèrent à Zapotillo avec infanterie et cavalerie pour en déloger les envahisseurs, on leur apprit que ces foudres de guerre, tremblant à leur approche, avaient passé la frontière et se trouvaient en sûreté chez leurs bons amis du Pérou.

Ainsi avorta cette expédition, préparée depuis six mois par la révolution cosmopolite pour renverser son mortel ennemi. Les urbinistes, unis aux assassins de l'intérieur, appuyés par deux gouvernements, avaient échoué contre l'énergie d'un seul homme. La campagne terminée, Garcia Moreno parcourut les provinces envahies, visita Guayaquil, Machala, Santarosa, Loja, Cuenca, et distribua des récompenses à ceux qui avaient vaillamment combattu. Il félicita les populations de leur courageuse fidélité, fit grâce aux malheureux qui s'étaient laissé corrompre par frayeur ou par surprise, mais se montra inexorable envers les soutiens et complices d'Urbina. Dans la prison de Cuenca se trouvait un chef d'insurgés nommé Campoverde. Cet audacieux bandit n'avait pas craint de soulever le petit bourg de Canar en faveur d'Urbina et d'attaquer, à la tête de trois cents hommes, la ville de Cuenca qu'il savait totalement dépourvue de garnison. Mais les habitants, propriétaires, commerçants, étudiants, s'étaient défendus avec tant de courage, qu'après une demi-heure d'un combat sanglant, Campoverde avait dû rendre les armes et se constituer prisonnier. Condamné à mort par un conseil de guerre, il devait subir sa peine le jour même où Garcia Moreno fit son entrée à Cuenca. On profita de cette circonstance pour solliciter la grâce du coupable. « Si vous invoquez la justice, répondit l'inflexible Garcia Moreno, montrez que cet homme n'est pas coupable ; si c'est la charité, ayez pitié des innocents que vous allez faire périr, car, si j'épargne ce criminel, demain le sang coulera dans quelque nouvelle révolution. » Campoverde fut exécuté.

Ainsi se termina cette lutte de quatre années, soutenue par un seul homme contre les révolutionnaires de son pays, deux armées étrangères unies pour les appuyer, et l'Amérique entière prête à les acclamer. Le Concordat était implanté et la réforme sociale en voie d'exécution malgré l'opposition du congrès, la trahison de Maldonado et d'Urbina, les fureurs de Castilla et de Mosquera ; il ne restait à la Révolution d'autre ressource que de déplacer, à l'expiration de son mandat, le colosse qu'elle n'avait pu abattre.

CHAPITRE XIX.

LE COMBAT DE JAMBELI.

1865.

L'année 1865 était l'année fatidique de l'élection présidentielle. L'homme de génie, que la Révolution avait inutilement tenté d'assassiner, allait enfin mourir de sa belle mort. Ainsi le voulait l'égalité républicaine, qui ne confiait le pouvoir que pour quatre ans et sans faculté de réélection. Les révolutionnaires hâtaient de leurs vœux la période électorale ; Garcia Moreno, au contraire, ne la voyait pas arriver sans inquiétude. Un capitaine qui a dirigé son navire au milieu des tempêtes et qui maintes fois l'a sauvé du naufrage, ne l'abandonne pas sans trembler à des mains inexpérimentées. Et toutefois, il quittait avec joie un pouvoir qu'il avait accepté par force en 1861 et volontairement déposé en 1863. A l'époque où nous sommes arrivés, il écrivait à un ami intime : « Quand bien même la constitution permettrait ma réélection, je n'y consentirais pas. Cette néfaste constitution de 1861 engendre et provoque tous les désordres, sans donner au gouvernement le moyen de les repousser. Il s'ensuit que, dans un péril imminent, le gouvernement se voit forcé pour sauver le pays, de se mettre au-dessus des lois et, dans les périls moindres, de tout supporter, laissant ainsi la société descendre graduellement les pentes du précipice. J'ai prévu cette situation dès 1861, et je me repentirai toujours d'avoir accepté le pouvoir ainsi amoindri. Parce que j'ai confiance en Dieu, je crois que l'Équateur sortira un jour de cet affreux état, mais après une période plus ou moins longue de sang et de ruine, quand les législateurs, las de leurs folles utopies et de leurs coupables expériences sur le corps défaillant de la nation, prendront enfin la raison pour guide. La logique du mal est inexorable. Toute faute engendre une expiation nous allons expier les fautes des constituants de 1861[1]. »

Il laissait donc sans peine une charge trop onéreuse, « d'autant plus, ajoutait-il, qu'en refusant la présidence je rendrai plus de services qu'en la conservant, supposé même que cela fût légal. Dans notre Équateur, où les ambitieux briguent le pouvoir à la seule fin de s'engraisser des misères et des larmes du peuple, il faut donner l'exemple du désintéressement et du sacrifice, faire le bien sans demander aucun salaire en ce monde. » Donc, personnellement désintéressé dans l'élection il n'avait plus qu'un devoir à remplir envers la patrie : travailler de toutes ses forces à se donner un successeur assez catholique pour comprendre l'œuvre de la régénération inaugurée par le concordat, assez énergique pour empêcher la Révolution de la ruiner.

Garcia Moreno ne pensait pas, nous l'avons déjà dit, que le gouvernement doit se croiser les bras et rester muet pendant la période électorale, tandis que ses ennemis, à coups de mensonges et de calomnies, battent en brèche tout candidat honnête. Il prétendait que le gouvernement a le droit et le devoir d'éclairer le peuple en lui présentant le candidat de son choix ; en second lieu, que si les employés sont libres de voter personnellement pour qui bon leur semble, ils ne peuvent sans trahison travailler contre le candidat officiel ; en troisième lieu, que, s'il appartient aux partis de proposer leurs candidats et de vanter leurs mérites, c'est à la condition qu'ils n'emploieront pas contre leurs adversaires le mensonge, l'outrage ou la violence. La licence effrénée de la presse en temps d'élection, loin de garantir la liberté du peuple, devient le plus terrible engin de tromperie et d'oppression qui puisse exister.

Appuyé sur ces principes, Garcia Moreno proposa aux électeurs D. Jeronimo Carrion, homme simple et religieux, ami de l'ordre et du travail, irréconciliable ennemi des anarchistes et fermement décidé à défendre le pays contre leurs entreprises. L'opposition, composée des libéraux et des radicaux, adopta pour son candidat D. Manuel Gomez de la Torre, per-

[1] Lettre à D. F. Sarrade, 1865.

sonnage peu gêné par ses principes et d'un libéralisme si élastique qu'il avait pu être ministre de Roca, ministre d'Urbina, et membre du gouvernement provisoire avec Garcia Moreno, sans blesser ses convictions. Depuis quatre ans il se montrait l'implacable ennemi de la politique autoritaire du président, ce qui suffisait aux révolutionnaires de toute manière pour les rattacher à sa candidature. L'élection eut lieu le 15 mai 1865. Le candidat du gouvernement obtint vingt-trois mille suffrages, tandis que le libéral Gomez de la Torre n'en put conquérir que huit mille. C'était une nouvelle victoire pour Garcia Moreno, car la bataille électorale s'était engagée sur sa politique.

On ne peut se figurer le désespoir de l'opposition, en présence d'un échec qui déconcertait tous ses plans d'avenir. Sous l'égide de son mentor, le président Carrion, adopterait sans nul doute la politique autoritaire à l'ombre de laquelle fleurissent difficilement les pronunciamentos, et l'on risquait de voir après lui Garcia Moreno reprendre les rênes, ce qui rejetait dans un insaisissable lointain les rêves ambitieux, les beaux traitements, et surtout l'infernal plaisir d'enchaîner et d'opprimer de nouveau l'Église émancipée. Cette désolante perspective inspira aux anarchistes la résolution de jouer leur va-tout et de tenter un effort suprême pour s'emparer du pays. Du reste, le moment ne leur parut pas trop défavorable. Sans doute le peuple fanatisé s'était prononcé en grande majorité contre les libéraux, mais on pouvait compter sur l'appui de sept ou huit mille oppositionistes. D'un autre côté, l'armée, considérablement réduite, n'avait plus de chef : le général Florès, dont on redoutait à bon droit les capacités militaires et la bravoure éprouvée, était mort au mois d'octobre dernier durant l'insurrection de Machala[1]. Garcia Mo-

---

[1] Le général Florès mourut en brave, les armes à la main, durant la dernière insurrection de Machala et de Santarosa. Après avoir combiné les opérations et expédié des troupes pour chasser Urbina des localités envahies, il se dirigeait lui-même par mer vers le théâtre de la guerre, malgré les attaques d'un mal dont il souffrait depuis plusieurs années. A peine sur le vaisseau, il sentit que ses derniers moments approchaient, mais son esprit se préoccupait des évènements militaires bien plus que de ses souffrances. Son aide de camp, le commandant Guerrero, se trouvait à côté de lui : « Est-il vrai, lui dit-il, que nous avons repris Santarosa? »

reno, tout aussi redoutable, allait sortir de charge : il n'aurait ni la même influence sur ses soldats, ni la même autorité pour se faire obéir. A ces puissantes considérations, il faut ajouter que les grands capitalistes du Pérou avec lesquels Urbina avait contracté des emprunts pour préparer ses invasions, voyant ses actions fort en baisse et le remboursement problématique, le pressaient de frapper un grand coup alors qu'il pouvait encore compter sur l'appui du gouvernement péruvien. Les frères et amis reçurent donc l'ordre d'exécuter sur-le-champ un audacieux coup de main, concerté entre les réfugiés de Lima et leurs complices de Guayaquil.

Le 31 mai, vers le soir, une cinquantaine d'urbinistes armés de poignards et de révolvers et commandés par l'intrépide José Marcos, se cachèrent dans une petite île du fleuve Guayas, non loin de Zamboroddon. Le navire marchand *Washington* s'étant approché de l'endroit où les bandits étaient cachés, ils s'en emparèrent sans aucun danger pour eux, car l'on sut plus tard que le capitaine avait reçu mille piastres d'Urbina pour lui livrer son vaisseau muni d'armes et de tous les engins nécessaires à un abordage. Suivant doucement le cours du fleuve jusqu'à Guayaquil, les flibustiers, maîtres du *Washington*, attendirent la nuit noire pour continuer la suite de leurs opérations.

Vers onze heures du soir, la ville et le fleuve étant plongés dans une obscurité complète, ils s'approchèrent silencieusement du vapeur *Guayas*, l'unique vaisseau de guerre de l'Équateur. N'ayant aucune raison de soupçonner le *Washington*, les officiers crurent à une fausse manœuvre du capitaine, et déjà ils s'apprêtaient à lui porter secours, lorsque les ur-

— Oui, mon général, après en avoir délogé l'ennemi. — Et nos soldats se sont bien battus ? — Admirablement. — Et le peuple? — Le peuple est libre et tranquille. — Alors, reprit le vieux guerrier d'un air calme et serein, alors je puis mourir ! » Bientôt il entra dans le délire. En mourant il s'écria : « O bonne mère de la Merci, je suis votre enfant ! » La Vierge de la Merci, celle qui lui donna la victoire à Guayaquil, aura entendu le dernier cri du vieux soldat agonisant. Garcia Moreno pleura le héros de l'Équateur, et tout le peuple le pleura comme lui. Si Florès eut ses heures d'égarement, son dévouement à la patrie les fit oublier. Fondateur de la république avec sa glorieuse épée, il la sauva avec cette même épée du joug des tyrans révolutionnaires : tout disparaît dans ces grands souvenirs.

binistes se lancent à l'abordage comme une bande de démons, sabrent le commandant Matos, et tombent à coups de hache et de révolver sur les pauvres marins désarmés. Puis ayant coupé les amarres, ils attachent au *Washington* le *Guayas*, devenu leur proie, et gagnent la haute mer. Quand, à l'annonce de ce brigandage, les batteries de terre réveillèrent en sursaut les habitants de Guayaquil, les forbans voguaient depuis longtemps hors de toute atteinte.

On apprit le lendemain que le *Washington* et le *Guayas*, en compagnie d'un troisième vaisseau, le *Bernardino*, mouillaient dans la rade de Jambeli, à sept ou huit lieues de Guayaquil. Urbina et Franco, à la tête de plusieurs centaines d'équatoriens et de péruviens, commandaient l'expédition. Comme toujours, ils s'apprêtaient à envahir les cantons de Machala et de Santarosa, d'où il espéraient semer l'insurrection dans tout le pays pendant que leur flottille bloquerait Guayaquil et que leurs amis soulèveraient les casernes au nom du libérateur Urbina.

Trois jours après, un courrier, arrivant à marches forcées de Guayaquil, apprenait à Garcia Moreno les détails de cette nouvelle conjuration et le danger dans lequel se trouvait l'Équateur. Il était à ce moment brisé de fatigues et souffrait beaucoup d'une maladie de foie. Afin de se ménager quelques jours de repos, il avait quitté la capitale et venait de s'installer à quelques lieues de là, dans l'hacienda de Chillo. Et voilà qu'on lui annonce subitement, sans qu'aucun indice eût pu faire présager une telle catastrophe, qu'Urbina dispose d'une flottille bien armée, qu'il est maître du *Guayas* et menace non seulement la côte, mais le port de Guayaquil ! Comment empêcher la défection de cette ville turbulente et arrêter la marche de l'envahisseur ?

Pour vaincre, il ne restait à l'héroïque président, que son génie, son courage, et sa confiance en Dieu. Prompt comme l'éclair, en un instant sa résolution fut prise, et son plan de campagne arrêté. Il franchit cette nuit même les trois lieues qui le séparaient de la capitale, rédigea en toute hâte plusieurs décrets qu'il remit, sous pli cacheté, au vice-président Carvajal, avec l'ordre de les insérer le lendemain au journal officiel. Puis, sans communiquer à qui que ce fût le secret de son voyage, il se mit en route pour Guayaquil avec son aide de camp. En trois jours il parcourut une route de quatre-vingts lieues et tomba comme la foudre au milieu de ses ennemis ébahis.

C'était le 8 juin, en pleine nuit. Personne ne s'attendait à le voir paraître, car la capture du *Guayas* ne datant que de huit jours, il était presque physiquement impossible d'en avoir appris assez tôt la nouvelle pour arriver déjà sur le théâtre de la guerre. Le conseil municipal, composé en majeure partie des amis de Carbo, se trouvait encore réuni. On saluait d'avance le libérateur Urbina et l'on ne se gênait pas pour tomber à bras raccourcis sur le despote, dont le règne paraissait bien fini, lorsque tout à coup un employé se précipita dans la salle, en criant : Garcia Moreno ! Ce fut comme une nouvelle apparition de la tête de Méduse : en un instant la salle se vida, et les braves conseillers coururent au plus vite s'enfermer dans leur domicile.

Le lendemain, les partisans d'Urbina purent voir, placardé sur tous les murs, le décret suivant :

« Considérant que, dans la nuit du 31 mai, cinquante flibustiers, embarqués sur le vapeur marchand *Washington,* se sont emparés par surprise du vaisseau de guerre national *Guayas,* après avoir assassiné capitaine et soldats ; que cet attentat, outre qu'il a pour but la subversion de l'ordre public et de nos institutions, constitue selon notre législation un acte de véritable piraterie : que la condition première de l'existence de toute société, c'est la répression prompte et efficace du crime ; par décret du président de la république, sont considérés comme pirates les détenteurs du *Washington* et du *Guayas.* Libre à tout vaisseau de guerre étranger de les poursuivre et de les saisir, même dans les eaux de l'Équateur. Les pirates seront jugés en conseil de guerre verbal et punis selon la rigueur des lois, à moins que, repentants de leurs crimes, ils n'invoquent spontanément la clémence de l'autorité. Ceux qui favoriseront, sur n'importe quel point du territoire, les menées anarchiques des pirates, seront pareillement jugés en conseil de guerre et condamnés à la peine capitale, s'ils sont convaincus d'avoir été promoteurs ou chefs de partisans. Seront exceptés toutefois ceux qui abandonneront les rangs de l'insurrection et viendront implorer la clémence du gouvernement. »

Suivait un autre décret concernant l'armée, non moins rigoureux que le premier :

« Considérant que la paix de la République est sérieusement menacée par l'attentat du 31 mai, nous déclarons l'armée en campagne. Tout militaire déserteur sera soumis au jugement verbal et puni conformément aux lois. Le président de la république se charge en personne du commandement de l'armée. »

A la lecture de ces deux décrets, chacun comprit qu'il y allait de la vie pour tout insurgé pris en flagrant délit ou tout soldat infidèle à son devoir. On connaissait assez l'implacable justice du président pour savoir que ses décrets ne resteraient pas lettre morte. Aussi la terreur s'empara des révolutionnaires dans la cité comme dans les casernes, et la bruyante Guayaquil après s'être démenée pendant huit jours comme un volcan en éruption, tomba soudain dans un marasme complet. Cependant, on se demandait avec un sentiment de curiosité bien naturel, comment s'y prendrait cette fois Garcia Moreno pour vaincre ces pirates, qu'il était facile d'exterminer par décret, mais qui, de leurs vaisseaux, se moquaient à bon droit de ses soldats. On le voyait debout du matin au soir, donnant ses ordres aux différents corps d'armée, observant avec la plus scrupuleuse attention les mouvements de ses ennemis, se renseignant sur la position exacte des vaisseaux insurgés ; mais quel pouvait bien être son plan d'attaque ou même de résistance ? L'arrivée du vapeur anglais *Talca*, qu'il attendait avec une impatience fébrile, révéla son idée, non moins audacieuse que l'abordage du *Guayas*. Sans attendre les pirates, et pour couper court aux mouvements insurrectionnels qu'ils allaient provoquer sur la côte, il se proposait d'aller les battre dans la rade de Jambeli, où stationnait leur flottille.

On apprit son secret, comme toujours, au moment de l'exécution. Aussitôt que le *Talca* fut entré dans le port, Garcia Moreno pria le consul anglais de le lui céder momentanément pour l'armer en guerre et donner la chasse aux flibustiers. Comme cette requête paraissait conforme au droit des gens, le consul y acquiesça, moyennant une indemnité. Déjà les travaux d'armement étaient commencés, quand le consul, croyant sans doute le vaisseau perdu, en exigea le prix de vente qu'il estima lui-même 50,000 livres soit 1,250,000 francs. N'ayant pas le temps de discuter avec John Bull, Garcia Moreno déclara le marché conclu. Ce fut alors le tour du capitaine, qui se mit à protester contre la vente d'un vaisseau dont il avait la garde. Sans même prendre la peine de porter ses réclamations à Garcia Moreno, il donna l'ordre à ses marins d'expulser ouvriers et soldats et d'amener le drapeau équatorien qui déjà flottait sur le vapeur. Pour appuyer ses protestations, il demanda secours à une frégate espagnole, qui lui promit de faire feu sur le vaisseau s'il sortait du port sans son consentement.

En face de ces difficultés, le président comprit qu'il était temps d'agir en maître. Il représenta au fougueux capitaine que le droit des gens l'autorisait, dans les circonstances présentes, à lui emprunter son vaisseau sauf à l'indemniser de tout dommage, et que de plus le consul ayant consenti à le vendre pour éviter toute contestation, les réclamations devenaient absolument injustes. Le capitaine répliqua qu'il allait arborer son drapeau, et qu'on lui passerait sur le corps avant d'y toucher. « Et moi, dit Garcia Moreno l'éclair dans les yeux, je vais vous faire fusiller à l'instant même, et votre drapeau vous servira de linceul. » A la vue des soldats prêts à faire feu sur un signe de leur chef, l'Anglais se retira en maugréant. Mais tout n'était pas fini. En visitant la machine, on s'aperçut qu'elle était fortement endommagée et privée de plusieurs pièces nécessaires. Garcia Moreno fit saisir les deux machinistes et leur commanda sous peine de mort de réparer les dégâts sous les yeux d'un mécanicien qui contrôla soigneusement leurs opérations. Quatre soldats furent chargés de les surveiller, et de leur brûler la cervelle s'ils se montraient récalcitrants.

Les préparatifs terminés, le vaisseau fut armé de cinq forts canons, de munitions de toute espèce, de haches, et d'engins d'abordage. Conservateurs et libéraux prêtaient assistance aux soldats avec un entrain merveilleux, les uns par dévouement à Garcia Moreno, les autres pour s'en débarrasser en l'encourageant dans sa folle aventure. Un désastre paraissait tellement inévitable, que les marins, pour prêter leurs services, exigèrent des sommes exorbitantes. On ne trouva de machiniste qu'au prix de vingt mille piastres. Quand on fit appel au dévouement des médecins, l'un d'eux se cacha lâchement. Garcia Moreno le déclara déserteur et privé de ses droits de citoyen. Quant aux soldats, il leur dit avant l'embarquement : « Il ne me faut que des gens de cœur : que les braves se mettent à ma droite, et les poltrons à ma gauche. » En un clin d'œil, tous passèrent à droite. Il en choisit deux cent cinquante avec des officiers déterminés pour les commander, et les fit monter sur le vaisseau. Un prêtre accompagnait l'expédition comme consolateur suprême au moment du danger.

Tout le personnel étant à bord du *Talca* et du petit vapeur *Smyrk* qui lui servait d'éclaireur, Garcia Moreno encouragea soldats et marins à faire bravement leur devoir. « Défenseurs de la patrie, leur dit-il, nous allons au-devant des pirates qui nous ont volé le *Washington* et le *Guayas,* après avoir assassiné le commandant Matos. Ils se croyaient sûrs de l'impunité parce que nous manquions de vaisseaux pour les poursuivre ; ils espéraient continuer ainsi leurs insultes au pays et les brigandages dont ils vivent aux dépens du peuple, mais leur criminel espoir est déçu : nous avons des vaisseaux, et nous comptons sur la protection du Dieu vengeur de la justice outragée, de ce Dieu dont le bras puissant atteint les scélérats partout où ils se cachent. Il faut à ces bandits un châtiment prompt et exemplaire, afin que les gens de bien puissent respirer en paix.

« Soldats et marins, j'ai tenu à honneur de vous accompagner. Je veux être témoin de votre discipline et de votre valeur afin de vous récompenser dignement. J'ai confiance dans l'habileté et l'intrépidité de vos chefs, comme dans votre bravoure bien connue. Je regrette de n'avoir à vous donner pour adversaires que des ennemis indignes de vous, des forbans, des assassins, les derniers des scélérats. Mais la patrie vous impose ce devoir, et pour la sauver, il n'y a point de sacrifice qui soit au-dessus de votre courage. En avant donc pour la patrie, et que chacun fasse son devoir en homme de cœur ! »

Électrisés par ces nobles paroles, les soldats quittèrent le port en criant : « Vive Garcia Moreno ! » Les conservateurs leur répondaient du rivage, pendant que les libéraux échangeaient à la sourdine un regard de pitié. Les marins et soldats de la frégate espagnole haussaient les épaules en voyant ces braves équatoriens s'en aller stupidement avec leur chef au-devant d'une mort certaine. Le fait est qu'on ne pouvait penser sans frémir à la rencontre qui devait avoir lieu dans de pareilles conditions d'inégalité. Outre leurs trois vaisseaux armés de canons, les ennemis avaient encore une goëlette bien équipée qui leur servait de guide. Le Pérou leur avait fourni un nombre considérable de soldats, car on venait d'apprendre qu'après un combat sanglant contre la garnison de Santarosa, la ville était occupée par trois cents de ces flibustiers. Urbina et Roblez, montés sur le *Washington*, retournaient à Jambeli, remorquant une embarcation chargée de prisonniers qui devaient être fusillés le lendemain.

Garcia Moreno quitta le port de Guayaquil le 25, à six heures du soir. Le 26, à huit heures du matin, les canots éclaireurs reconnurent la position des vaisseaux ennemis dans la rade de Jambeli. Le *Guayas* et le *Bernardino* avec la goëlette se trouvaient réunis en avant, pendant que le *Washington*, récemment arrivé à Santarosa, restait à l'ancre dans une baie assez éloignée.

Le moment était solennel et décisif. A peine les insurgés, stupéfaits d'abord, eurent-il reconnu les assaillants, qu'ils se rangèrent en ordre de bataille et firent feu de toutes pièces. Les deux cent cinquante braves du *Talca* sentirent le frisson courir dans leurs membres en voyant ces batteries dressées contre eux. « Pas de décharges inutiles, s'écrie Garcia Moreno ; le poignard à la main, et en avant ! » Enhardis par le sang-froid de leur chef, les soldats saisissent leurs poignards. Le *Talca* marche à toute vapeur, mais en contournant le *Guayas*, pour éviter les décharges de l'ennemi. Une fois bien à portée, Garcia Moreno commande le feu : tous les canons tonnent à la fois ; un boulet bien dirigé fait une large brèche à fleur d'eau dans le flanc du *Guayas*. Prompt comme la foudre, le *Talca* fond sur lui, et d'un coup de sa proue agrandit la brèche, culbutant marins et soldats.

Au milieu de l'affreuse bagarre, les soldats de Moreno s'élancent sur le vaisseau ennemi et massacrent à coups de poignard, de hache, de révolver, les flibustiers qui leur tombent sous la main. Quarante-cinq seulement, échappés au carnage, furent transbordés sur le *Talca*.

Pendant qu'ils s'emparaient sans résistance du *Bernardino* et de la goëlette, aussi fortement avariés, le *Smyrk* courait déjà vers le *Washington* qui avait à son bord, comme nous l'avons dit, les deux héros Urbina et Roblez, tout fiers encore de leurs succès de la veille. Le *Washington* était à l'ancre, et le reflux l'avait laissé presque à sec à quelques mètres de la côte. Officiers et soldats, tous joyeux convives, avaient fait de copieuses libations pour fêter la victoire de leur grand chef, lorsque le bruit du canon vint les tirer du sommeil ou de l'ivresse. La surprise et l'épouvante causèrent une telle panique que soldats, officiers et marins se jetèrent à l'eau à la suite du vaillant Urbina, et gagnèrent au plus vite, en pataugeant dans la vase, l'ombre des bois voisins. Quand le *Smyrk*, suivi bientôt du *Talca*, put renflouer le *Washington*, il était complètement abandonné. Dans leur précipitation, les fuyards n'avaient pas même pris le temps d'emporter la caisse [1], ni la très intéressante correspondance d'Urbina avec les frères et amis de Guayaquil. Trois jours après, cette bande d'aventuriers, y compris la garnison de Santarosa, repassa la frontière du Pérou, bien décidée à laisser pour longtemps les combats de terre et de mer.

Les vainqueurs purent alors se rendre compte du résultat de la journée. Sauf le *Guayas*, qui avait sombré quelques minutes après le combat, ils avaient en leur possession toute la flottille d'Urbina, le *Bernardino*, le *Washington*, la goëlette, un autre voilier sur lequel se trouvaient heureusement les prisonniers de Santarosa, et quelques petites embarcations. Le *Talca* avait peu souffert malgré le terrible coup d'éperon donné au *Guayas*, et le *Smyrk* était absolument intact. Ils n'avaient à regretter que des pertes insignifiantes, en comparaison du nombre d'ennemis qu'ils avaient tués, mis en déroute ou faits prisonniers. Le seul regret de Garcia Moreno

---

[1] Il s'y trouvait une forte somme en faux billets de banque.

fut de n'avoir pas assez d'hommes pour se mettre à la poursuite des fuyards et s'emparer d'Urbina.

Il s'agissait maintenant pour ces victorieux de faire leur entrée triomphante à Guayaquil, mais auparavant Garcia Moreno se souvint qu'il avait un grand acte de justice à accomplir. Le jugement des prisonniers devait être rendu verbalement et séance tenante. Sur quarante-cinq qui comparurent devant le conseil de guerre, il fut reconnu que dix-sept avaient été enrôlés par force : Garcia Moreno leur fit grâce. Les vingt-sept autres, déclarés pirates, furent condamnés à mort, conformément au code, pour crime de trahison et de rébellion. Au nombre des condamnés figuraient José Marcos le chef de bande qui s'était emparé du *Guayas,* le colonel Vallejo, Dario Viteri, et José Roblès. Pendant que la flottille s'avançait vers Guayaquil, chacun de ces criminels, après sa condamnation, s'approchait du prêtre pour recevoir le pardon de ses fautes, et des détonations successives annonçaient que la justice humaine était satisfaite. Le prêtre qui avait prêté son ministère à ces malheureux demanda grâce pour le vingt-septième, et déjà Garcia Moreno, pour le remercier d'avoir accepté ce poste périlleux, avait fait droit à sa requête, quand, examinant de plus près le condamné, il crut reconnaître sur lui, à quelque emblème distinctif, un vêtement du commandant Matos : « Vous avez assassiné le commandant du *Guayas !* s'écria-t-il d'une voix terrible. Sous son regard d'aigle, le flibustier se troubla et avoua sa participation au crime Pas de grâce pour les assassins, reprit Garcia Moreno, et que la justice suive son cours ! »

Cependant on approchait de Guayaquil. Vers les cinq heures, le *Smyrk* prit les devants pour porter la bonne nouvelle. Toute la ville était sur les quais, au paroxysme de l'anxiété. A la vue du petit vapeur, les groupes se livrèrent à des conjectures diverses, selon les secrets désirs de leurs cœurs. Les conservateurs en auguraient le triomphe du président, les complices d'Urbina concluaient au contraire à la perte du *Talca.* En l'apercevant, puis le *Washington* et les autres vaisseaux, chacun pouvait croire encore qu'Urbina revenait vainqueur. L'émotion était à son comble, quand apparut enfin Garcia Moreno, debout sur le pont du *Talca.* Alors un immense cri de joie sortit de toutes les poitrines, pendant que les cloches de la ville remplissaient l'air de leurs joyeuses volées, et que les marins espagnols eux-mêmes, tranportés d'enthousiasme, saluaient le vainqueur par une salve de toutes leurs batteries.

On remarqua, sans trop s'étonner, que les vivats les plus chaleureux partaient des groupes plus ou moins dévoués à Urbina. Les libéraux se sentaient mal à l'aise en présence de l'implacable justicier, car un certain nombre d'entre eux se trouvaient compromis dans ce dernier complot. Le soir, au milieu des réjouissances de la population, Garcia Moreno raconta devant un groupe d'amis les péripéties émouvantes du combat de Jambeli, et les trahisons infâmes de certains complices d'Urbina, qui lui avaient été révélées par les papiers saisis sur le *Washington*. « Ils nous donneront la paix, s'écria-t-il ou ils verront demain avec quel ciment je l'établirai. » Le lendemain, vers huit heures, il se fit amener un certain avocat, le docteur Viola, natif de Buenos-Ayres, l'agent principal d'Urbina à Guayaquil. Viola comparut devant le président et les chefs militaires qui l'entouraient, le front haut et le sourire sur les lèvres, comme un homme qui n'a rien à craindre.

— « Docteur Viola lui dit Garcia Moreno, en votre qualité d'avocat, vous devez savoir quelle peine mérite un traître !
— En effet, je ne l'ignore pas. — Quelle peine ? — La mort ! »

Il lui présenta alors plusieurs lettres, trouvées à bord du *Washington,* lesquelles avaient été expédiées par Viola lui-même au secrétaire d'Urbina pour lui indiquer dans les moindres détails les plans des conspirateurs de Guayaquil, et jusqu'à la somme donnée au commandant du *Washington* pour en obtenir son vaisseau. Dans une dernière note, il engageait Urbina à s'approcher de Guayaquil, le pronunciamento pouvant avoir lieu de jour en jour. — « Docteur Viola, êtes-vous l'auteur de ces lettres ? — Je ne puis le nier. — Préparez-vous donc à recevoir le châtiment des traîtres. Vous serez fusillé ce soir, à cinq heures. »

C'est en vain qu'on essaya d'intercéder pour le coupable. Le consul de Buenos-Ayres allégua sa qualité d'étranger, mais Garcia Moreno répondit que l'étranger était soumis aux lois de sa patrie adoptive. Un haut personnage qui avait connu le projet de révolution, et se trouvait par son silence coupable cause indirecte de ces scènes horribles, vint aussi solliciter la grâce de Viola. Garcia Moreno resta inflexible : « Vous répondrez devant Dieu, lui dit son interlocuteur, du sang que vous allez verser. — Non pas moi, répondit Garcia Moreno, mais celui qui, pouvant prévenir ces crimes, ne l'a point fait. — Je sais pourquoi vous me parlez de la sorte. — Et moi, je suis heureux que vous le sachiez sans que je vous l'explique, reprit Garcia Moreno[1]. »

On a dit même que sa mère, alors âgée de quatre-vingts ans, et qu'il aimait avec tendresse, essaya de le fléchir. « Ma mère, lui répondit-il avec la plus vive émotion, demandez-moi tout ce que vous voudrez, mais non un acte de faiblesse qui perdrait le pays. » A cinq heures, comme il l'avait décrété, Viola fut conduit dans la plaine de Guayaquil et fusillé.

Les révolutionnaires et les libéraux qui, par leurs conspirations ou leur lâche complicité ont élevé des monceaux de cadavres, crieront à la cruauté : les vrais politiques n'auront que de l'admiration pour ce héros, digne du Cid et de Bayard, qui n'hésita point à sacrifier sa vie pour sauver son pays des fureurs anarchistes, et qui, par l'exécution nécessaire de quelques scélérats, sauva des milliers d'innocents. Ce résultat est le seul qu'il poursuivît, comme il l'affirmait à ses compagnons d'armes au moment de quitter Guayaquil : Votre courage, disait-il, a sauvé la république. Les pirates ont dû chercher d'autres parages, et les émeutiers de Santarosa n'ont pas même osé vous attendre. Quelques-uns, en se sauvant dans les bois, ont pu se soustraire au glaive de la justice, mais avant de continuer leur infâme métier, qu'ils méditent cette parole : « L'échafaud dressé pour le criminel garantira désormais aux honnêtes gens la paix et la sécurité. »

Urbina et ses complices se le tinrent pour dit : Jambeli fut leur dernière croisade du vivant de Moreno. Ils pouvaient du reste se féliciter de leurs prouesses : outre le sang versé dans ces guerres fratricides, ils avaient coûté depuis un an un million de piastres à leur pays. Quant à Garcia Moreno,

---

[1] *Le Nacional* 8 Mars 1871, *Mentiras de Emigrado.*

parti de la capitale très malade et très faible, il y rentra parfaitement guéri. Les courses forcées, la vie agitée, les violentes péripéties d'une lutte dont la seule alternative était la victoire ou la mort, avaient dissipé en quelques jours le mal dont il souffrait depuis longtemps.

CHAPITRE XX.

L'ASSASSIN VITERI.

1865.

Déjà considéré comme le héros de l'Équateur, Garcia Moreno devint pour tous, après l'expédition vraiment romanesque de Jambeli, l'homme providentiel envoyé au peuple martyr pour dompter le monstre révolutionnaire. Son retour à Quito fut un triomphe. Les libéraux eurent beau pousser des sanglots de commande sur le sang très pur répandu à bord du *Talca*, la foule enthousiaste n'en continua pas moins de porter aux nues le guerrier dont la vaillance avait arraché aux mains d'Urbina les prisonniers de Santarosa et préservé l'Équateur d'une guerre civile où des milliers de victimes auraient été sacrifiées à la rage des bandits de la Révolution. On lisait en pleurant ce touchant hommage d'un des dix-sept urbinistes graciés par Garcia Moreno :

« Salut à toi, noble chef de l'Équateur, illustre guerrier, dont le bras de fer nous sauva de la ruine.

« Salut à toi, patriote sans tache, héroïque soldat, qui, entouré d'un groupe de braves, mis en fuite des milliers de traîtres.

« Salut à toi, cœur vraiment généreux qui donc sacrifie sa vie comme toi, comme toi méprise la mort ? A voir le feu qui brille dans ton regard, le pirate éperdu s'enfuit.

« Je t'aperçois encore dans le feu du combat, nouvel Achille, l'épée au poing, enflammant tes soldats de ton ardeur guerrière.

« J'entends encore les cris enthousiastes des vainqueurs qui, debout sur ton navire, t'appellent le père de la patrie !

« Et maintenant, laisse-moi te saluer comme un ange de paix, héros magnanime dont le monde un jour chantera les exploits. Je te dois la vie, je te dois l'honneur. Tu as suivi l'inspiration de ta conscience et de ton Dieu, tu as eu pitié de moi.

« La patrie te remercie de l'avoir sauvée, l'univers applaudit ta vaillance, Guayaquil t'offre une couronne, et moi je t'offre ma vie en holocauste. Volontiers, je répandrai pour toi mon sang jusqu'à la dernière goutte. Sois béni, sois mille fois béni, ô Garcia Moreno [1]. »

Cette poésie de la reconnaissance est une preuve, entre mille autres, des sentiments qui régnaient dans tous les cœurs. Toutefois la tristesse se mêlait à la joie : Garcia Moreno descendait à ce moment-là même du fauteuil présidentiel pour y installer son successeur. Ce fut une occasion pour la société de Quito de lui exprimer ses chaleureux remercîments dans une adresse où son œuvre et ses mérites ressortent avec tant d'éclat que nous ne pouvons résister au désir d'en citer quelques extraits :

« Comme les bienfaiteurs de l'humanité, lui disait-on, vous descendez du fauteuil le front ceint de lauriers, au milieu des splendeurs de la gloire et des hommages reconnaissants d'un peuple dévoué. Durant ces quatre années, la nation a subi les attaques d'une démagogie furieuse et les traîtreuses invasions de l'étranger ; mais, en dépit des tempêtes, les yeux fixés au ciel, la main au gouvernail, vous avez conduit le navire entre les écueils, pour le remettre à votre successeur, plus fort et plus beau que vous ne l'aviez reçu.

« Toutes les classes de la société vous remercient avec effusion de vos éminents services. Les petits enfants, qui vous doivent une instruction vraiment religieuse, demandent pour vous à Dieu de longues années de vie. Cachés dans les plis des Andes, au fond de leurs forêts sauvages, les humbles habitants des campagnes n'oublieront pas le digne magistrat qui leur a procuré des évêques et des prêtres pour les consoler et les bénir. L'habitant des cités admire ces monuments somptueux qui attesteront aux générations futures votre patriotisme et votre génie. Les malheureux vous bénissent

---

[1] *Correo del Ecuador*, 4 Septembre 1865.

du fond des hôpitaux que vous avez créés ; les soldats, conduits par vous à la victoire, cachent les larmes qui tombent de leurs yeux en se séparant de leur vaillant chef ; l'Équateur tout entier pleure son premier magistrat. Sa seule consolation, c'est de penser que vous serez désormais son premier citoyen [1]. »

Pour corroborer par leur témoignage les faits glorieux rappelés dans cette adresse, les dix Sociétés Populaires de la capitale, représentées par leurs délégués, vinrent en ce même jour offrir à l'ex-président une médaille d'or enrichie de diamants, portant cette inscription : « A Garcia Moreno, modèle de vertu, en souvenir des services rendus à la patrie ! » — « Nos sociétés, lui dirent-ils, composées d'un nombre considérable d'ouvriers, d'artisans, de propriétaires, de citoyens distingués, espèrent que vous serez dans l'avenir, comme vous l'avez été dans le passé, le ferme soutien de l'ordre et de la paix. Vous pouvez compter sur nous toutes les fois que la patrie réclamera nos efforts pour conserver ces libertés publiques que votre valeur, votre patriotisme et votre abnégation ont sauvées du naufrage. »

Il semble que l'Équateur ne pouvait pousser plus loin ses démonstrations de reconnaissance et d'amour : toutefois les citoyens prévoyants auraient désiré pour Garcia Moreno une récompense officielle qui joignît à l'honneur personnel l'avantage de conserver un défenseur à la patrie. Selon eux, le congrès eût dû nommer l'ex-président général en chef de l'armée ; ils firent même de ce vœu l'objet d'une pétition aux députés : « Toutes les nations, disaient-ils, ont su honorer dignement leurs grands hommes. Or, parmi nous, Garcia Moreno s'est distingué entre tous par son génie d'homme d'État, ses capacités politiques et militaires, si bien qu'il a captivé le respect et l'admiration, non seulement de l'Amérique, mais du monde entier. Sans vouloir rabaisser personne, nous pouvons le proclamer un homme exceptionnel dont la patrie se rappellera toujours avec fierté le glorieux souvenir. Il a rencontré des ennemis implacables, mais jamais ils n'ont pu obscurcir l'éclat de ses vertus ; et d'ailleurs

---

Correo del Ecuador, 4 Septembre 1865.

quel grand homme n'a pas eu ses envieux ? Garcia Moreno mérite une récompense honorifique : nous demandons au congrès de le nommer général en chef de l'armée. Si l'on objecte qu'il n'a pas suivi la carrière des armes, nous répondrons que le génie est au-dessus des grades, et qu'il a donné des preuves incontestables de ses connaissances militaires théoriques et pratiques aussi bien que d'un courage à toute épreuve.

Les représentants du peuple s'unirent à leurs commettants pour glorifier dans un acte officiel et public le grand homme de l'Équateur. La constitution interdisait au président, son mandat expiré, de sortir du territoire avant un an sans l'autorisation du congrès. Garcia Moreno, qui voulait avoir ses coudées franches, demanda cette autorisation. Aussitôt grand émoi dans le public chacun croyait voir grandir l'ombre d'Urbina à mesure que disparaîtrait dans le lointain le héros de Jambeli. Une pétition contre l'autorisation demandée fut transmise au congrès, qui la prit en considération. La majorité vota l'internement pour une année de l'homme nécessaire au salut du pays.

Nous avons étalé complaisamment les pensées et les sentiments du peuple équatorien sur Garcia Moreno au moment où celui-ci sortait de charge, un an à peine après l'exécution de Maldonado, un mois seulement après les exécutions de Jambeli. Ces actes de juste sévérité, on n'a réussi à les rendre odieux qu'en les isolant des circonstances qui les rendaient nécessaires ; mais l'opinion des contemporains, en dépit des pygmées libéraux unis pour abattre le colosse, l'opinion du peuple, représentée par toutes les classes de la société reconnaît en Garcia Moreno l'homme nécessaire dans le passé pour arracher l'Équateur aux mains de la Révolution, nécessaire encore dans l'avenir pour empêcher cette hyène de ressaisir sa proie. Les faits que nous allons raconter prouveront surabondamment que le jugement du peuple n'était pas en défaut.

Le président Carrion débuta dans ses fonctions par un message rassurant pour les conservateurs. Il déclarait « vouloir s'entourer d'hommes probes, intelligents, animés d'un vrai patriotisme. Avec leur appui et la coopération de son illustre prédécesseur, il se faisait fort de réaliser les améliorations politiques et sociales réclamées par le pays, et d'élever un rempart inexpugnable contre la Révolution, source de tous les malheurs. » Malheureusement, on s'en aperçut bien vite, pour appliquer ce programme, il fallait une volonté plus ferme que celle du président Carrion. Honnête homme dans toute la force du terme, dévoué à la religion et à l'Église, doué de bon sens et d'une certaine habileté dans

Le palais de la Présidence.

le maniement des affaires, il manquait de décision lorsqu'il s'agissait de prendre les moyens d'arriver au but. Pour gouverner selon ses vues patriotiques, il n'avait qu'à s'appuyer franchement et sans arrière-pensée sur l'homme supérieur qui l'avait choisi ; mais, soit qu'il redoutât une influence trop dominante, soit qu'il désirât rallier tous les partis, il s'isola bien vite de Garcia Moreno. Entouré d'hommes de nuance libérale, il confia la direction de sa politique à son ministre de l'intérieur, Manuel Bustamante, bien connu par son hostilité contre l'ex-président.

Avec de pareils inspirateurs, le président Carrion gouverna d'une manière directement opposée à son programme. Ennemi de la liberté licencieuse importée de France, il ne devait pas ignorer que le libéralisme des gouvernants n'a été inventé par la Révolution que pour favoriser la licence. Et cependant, on vit cet honnête homme, à cheval sur le juste milieu tant vanté par les politiques modernes, faire des efforts inouïs pour n'incliner ni à droite ni à gauche, et tenir l'équilibre entre les bons et les méchants jeu de bascule où les plus célèbres acrobates ont toujours fini par se casser le cou.

La coterie libérale applaudissait à outrance ; les radicaux eux-mêmes, revenant du Pérou ou de la Nouvelle-Grenade munis de sauf-conduits en règle, se déclaraient satisfaits du nouveau gouvernement. A l'ombre du libéralisme, ils créaient des journaux impies et immoraux où la religion et la société étaient également battues en brèche, ils organisaient des associations politiques destinées à devenir, au moment favorable, les officines de nouveaux complots contre l'ordre et les honnêtes gens ; ils n'avaient pas assez d'encens pour le conciliant Carrion et l'équilibriste Bustamante, dont la politique parfaitement constitutionnelle formait un si heureux contraste avec les « idées despotiques » de Garcia Moreno !

Cependant, bien que sans aucune influence sur le cabinet, l'ex-président, par sa seule présence à l'Équateur, troublait le repos des révolutionnaires aussi résolurent-ils de s'en défaire à la première occasion. « Le poignard est démocratique et l'assassinat républicain, » comme l'a dit un moderne, et les loges ne manquent jamais de sicaires à l'affût de leur proie. Afin d'exciter contre leur ennemi la haine de la secte, ils demandèrent à grands cris dans leurs journaux sa mise en jugement. Il avait commis tant de crimes contre la loi et la liberté qu'aucune peine ne paraissait trop rigoureuse pour un si grand coupable. Les uns, comme Juan Montalvo, rédacteur du Cosmopolita, feuille impie à la dévotion d'Urbina, disaient que « s'ils tenaient don Gabriel, ils le conduiraient poliment à la frontière. » Les autres hurlaient avec l'humanitaire Riofrio : « Je suis ennemi de l'échafaud, mais non pas tant que vivra Garcia Moreno. » Sans le vouloir, le gouvernement du faible Carrion finit par donner satisfaction à un homme de sang. Naviguant entre les conservateurs qui réclamaient sans cesse l'ex-président à la tête de l'armée et les révolutionnaires qui demandaient sa mort, Carrion prit un moyen terme il l'éloigna de l'Équateur. Un beau jour l'ex-président reçut le diplôme d'envoyé extraordinaire et de ministre plénipotentiaire au Chili, à l'effet de contracter avec cette république un traité de commerce et de navigation. Le traité n'était peut-être ni très pressant ni très important ; les circonstances tant extérieures qu'intérieures paraissaient assez graves pour réclamer « la coopération patriotique de l'illustre prédécesseur, » de l'homme nécessaire à qui le congrès, six mois auparavant, refusait l'autorisation de sortir du territoire ; mais le jeu de bascule administrative exigeait qu'on infligeât ce désappointement aux conservateurs, toujours pacifiques et timides, pour complaire aux radicaux, dont le mécontentement pouvait tourner à la révolte.

Les révolutionnaires battirent des mains. Non seulement le gouvernement se privait de son plus ferme appui, mais ce voyage au Chili leur fournissait l'occasion longtemps cherchée de se débarrasser pour toujours de leur mortel ennemi. Quelque temps auparavant ils avaient formé le projet de l'assassiner à la Carolina, hacienda où Garcia Moreno s'était retiré dans les environs de Quito, mais certaines indiscrétions des conjurés les forcèrent d'ajourner l'horrible dessein. Cette fois, les loges décidèrent que Son Excellence l'envoyé extraordinaire et ministre plénipotentiaire ne reviendrait pas du Chili.

Garcia Moreno devait s'embarquer à Guayaquil le 27 juin et relâcher quelque temps à Lima pour conférer avec le président Prado. Huit jours avant son départ, on l'avertissait de tous côtés que ses ennemis l'assassineraient en chemin, et probablement le tueraient à coups de révolver sur le vaisseau. Une respectable dame, venant de Lima, le supplia de prendre des précautions, parce que les réfugiés du Pérou avaient juré de l'immoler à leur vengeance, soit au Callao, soit à son arrivée dans la capitale. A Guayaquil, on lui montra une lettre d'un urbiniste, affirmant avec certitude que Garcia Moreno entreprenait son dernier voyage et que, lui disparu de la scène, un nouvel ordre de choses allait commencer. A Lima, les réfugiés annonçaient hautement qu'en mettant les pieds dans la ville, Garcia Moreno serait salué à coups de révolver [1]. Ce dernier savait par expérience tout ce qu'on peut attendre de ces chevaliers du crime, mais il appartenait à la race des braves qui se confient en Dieu et ne reculent jamais devant le danger. Il partit donc de Guayaquil, le 27 juin, en compagnie de D. Pablo Herrera, son secrétaire et de D. Ignacio de Alcazar, adjoint à la légation. Herrera emmenait avec lui son fils, jeune homme de quatorze ans, et Garcia Moreno, une petite nièce de huit ans, qui se rendait à Valparaiso. C'était toute son escorte.

Le vapeur arriva au Callao le 2 juillet. Garcia Moreno prit immédiatement avec sa suite un train qui arriva au débarcadère de Lima vers midi. Ignacio de Alcazar descendit le premier pour s'entretenir avec un attaché de l'ambassade venu à leur rencontre. Garcia Moreno le suivit aussitôt, puis aida sa petite nièce à descendre. Au moment où il se retournait vers un ami accouru pour le féliciter de son voyage, un certain Viteri, parent d'Urbina et frère de Dario Viteri, un des pirates de Jambeli, s'approcha subitement de lui, le traita de brigand et d'assassin, et lui tira deux coups de révolver à la tête avant qu'il eût le temps de faire un mouvement. Son chapeau, troué par les balles, tomba par terre. Instinctivement, et comme mû par un ressort, il s'élança le pistolet au poing, sur le meurtrier, dont il saisit violemment le bras, ce qui fit dévier la troisième balle. Le sang coulait de deux blessures légères, l'une au front, l'autre à la main droite.

Pendant qu'il étreignait ainsi le bras de son adversaire, un de ses amis, D. Félix Luque, bien que sans armes, accourut pour le dégager, mais un nouveau coup de feu, tiré par un compagnon de Viteri, lui perça la main. Au bruit de ces détonations, Ignacio de Alcazar se précipite à son tour au milieu des combattants et tombe sur Viteri à coups de crosse de révolver. Blessé à la tête, l'assassin furieux décharge

---

[1] *El asesino y la victima, America Latina*, 17 Juin 1865.

deux fois son arme sur ce nouvel assaillant, pendant qu'Ignacio, ripostant également par une double décharge, l'oblige à quitter la partie. Cette horrible scène n'avait duré qu'un instant.

Comme toujours, la police se montra quand le danger fut passé. Un officier se mit à faire le moulinet avec son sabre et blessa gravement Ignacio de Alcazar en voulant lui arracher son révolver. Ignacio ne livra son arme que devant une sommation du préfet ; encore ne put-il s'empêcher de lui faire remarquer qu'on n'a pas le droit de désarmer les victimes quand on ne sait pas les défendre contre les assassins ; et il lui montra Viteri qui revenait à la charge, le pistolet à la main, cherchant des yeux Garcia Moreno. Le meurtrier fut saisi à l'instant, alors Garcia Moreno remit entre les mains du préfet son révolver muni de toutes ses balles : par un acte de magnanimité sublime, bien que dans le cas de légitime défense et disposant absolument de la vie de l'assassin, au lieu de lui brûler la cervelle comme tout homme l'eût fait à sa place, il s'était contenté de détourner l'arme braquée sur sa poitrine. Implacable quand le bien public l'exigeait, il épargnait un criminel quand il ne s'agissait que de sa propre vie [1].

La nouvelle de ce lâche attentat se répandit aussitôt dans la ville. Le président de la république envoya sa voiture et chargea son aide de camp de transporter Garcia Moreno au palais. Il traversa ainsi la capitale au milieu de foules vivement émues. Au palais, il fut accueilli avec toutes sortes d'égards par le président Prado, qui ne savait comment lui témoigner ses condoléances. Il fit jeter en prison l'assassin Viteri et ordonna de le mettre en jugement sans délai.

C'est ici qu'éclate dans tout son jour et sous son aspect le plus cynique, la scélératesse de l'infernale bande qui gouverne le monde. L'agression avait eu lieu en présence de nombreux témoins qui en racontaient tous les détails, de sorte que le guet-apens était manifeste ; mais il s'agissait d'un assassin commissionné par les loges maçonniques : les juges, amis ou complices d'Urbina, trouvèrent moyen de

[1] *Estrella de Mayo*, Quito, 5 janvier 1869.

différer le procès jusqu'au moment où, les premières impressions effacées et les témoins oculaires dispersés, les avocats pussent embrouiller l'affaire. Alors Viteri, payant d'audace, ne craignit pas de se poser en victime et d'accuser Garcia Moreno d'avoir voulu l'assassiner. Il raconta sérieusement au tribunal « qu'il n'avait jamais eu la pensée de commettre un meurtre ; seulement, en voyant Garcia Moreno descendre du train, il s'était rappelé les crimes de l'ex-président contre sa famille et sa patrie, et je ne sais quel mouvement de subite indignation l'avait poussé à le provoquer en duel. Il s'approchait pour lui proposer une loyale rencontre, mais, au premier mot, Garcia Moreno lui avait répondu par un coup de révolver, lequel avait été suivi de plusieurs autres tirés par les membres de la légation. L'ex-président de l'Équateur, ajoutait Viteri, ne mérite pas un coup de poignard il doit tomber sous l'anathème et le mépris de l'univers [1]. »

Cette farce grossière ne pouvait arrêter un instant des juges sérieux. Si Garcia Moreno ne valait pas un coup de poignard, comment Viteri avait-il pu concevoir la pensée de se mesurer avec lui ? Malgré ses mépris affectés, Viteri, proche parent d'Urbina, frère d'un des pirates fusillés à bord du *Talca*, se fiait plus, pour abattre Garcia Moreno, au poignard de la secte, qu'aux « anathèmes de l'univers. » Il était prouvé que l'assassinat, préparé dans un conciliabule révolutionnaire, occupait tout le public avant l'évènement ; qu'il y avait eu préméditation, vu que l'assassin se promenait de long en large dans la gare de Lima, attendant sa victime bien longtemps avant l'arrivée du train ; que Garcia Moreno n'avait nullement fait feu sur Viteri, puisqu'il avait remis son révolver entre les mains du préfet sans avoir brûlé une cartouche ; que la nouvelle de l'assassinat courait à Guayaquil avant l'arrivée des dépêches de Lima, ce qui prouvait d'une manière évidente l'existence d'un complot urbiniste ; enfin que, le coup manqué, Viteri et ses compagnons hurlaient avec rage : « A défaut de révolver, nous emploierons le poignard. » A tous ces faits se joignaient les dépositions des

---

[1] *Exposicion de Juan Viteri*, America Latina, 4 septembre 1867.

témoins, qui tous racontaient d'une manière uniforme les moindres détails du crime.

La culpabilité était donc évidente et la condamnation s'imposait. Mais la justice franc-maçonne a des procédés qui étonneraient Caïphe lui-même. Le tribunal de Lima récusa les témoins oculaires, comme amis et confidents de Garcia Moreno, pour s'en rapporter aux dépositions ridicules et souvent contradictoires de cinq ou six complices de Viteri. L'assassin fut acquitté aux applaudissements de la secte, et, non content de cette infamie, les juges déclarèrent, en seconde instance, qu'il y avait lieu de poursuivre Garcia Moreno sous la prévention de tentative de meurtre sur la personne de Viteri. Ces misérables savaient bien qu'ils ne pouvaient l'atteindre, car, en sa qualité de plénipotentiaire, il échappait à leur juridiction; mais ils essayaient du moins de déshonorer leur victime.

Cette honteuse prévarication des juges, plus encore que l'attentat du 2 juillet, excita dans tout le public conservateur de Quito, des sentiments d'indignation et de colère. A voir comment on traitait un ambassadeur de l'Équateur, on se demandait s'il n'y avait plus de gouvernement et ce que faisait le président Carrion? Il se contentait d'écrire une lettre de condoléance à la victime, dans laquelle il narrait « la profonde impression produite par l'assassinat de Lima sur tous les habitants de Quito, et même sur les partisans de l'infâme Viteri, qui se donnaient beaucoup de peine pour dénaturer les faits, sans pouvoir y parvenir. Nul doute de leur complicité dans l'attentat, ajoutait-il, car il était connu à l'Équateur huit jours avant l'arrivée du courrier de Lima[1]. » Le ministre Bustamante, informé de l'évènement par Garcia Moreno lui-même, répondait à son tour « qu'il serait tenté de croire à une vengeance personnelle si la nouvelle de l'assassinat répandue avant l'évènement et l'insistance des réfugiés pour obtenir de la cour suprême la mise en accusation de leur victime ne trahissaient un complot de la secte[2]. » Des démarches faites pour empêcher cette exécrable iniquité,

---

[1] Lettre du 4 août 1866.
[2] Lettre du 4 août 1866.

pas un mot. A Lima, le chargé d'affaires de l'Équateur restait plus qu'indifférent aux cyniques projets des réfugiés, des avocats et des juges. Il insinuait même que Garcia Moreno « ferait bien de ne pas exciper de son titre de plénipotentiaire pour décliner la compétence du tribunal, mais de constituer un fondé de pouvoirs et de soutenir le procès, » ce qui, vu le parti pris des juges, eût inévitablement amené sa condamnation.

Quant aux libéraux, même catholiques, tout en jetant les hauts cris contre l'assassin de Garcia Moreno, ils trouvaient l'occasion excellente pour récriminer contre la victime. « Ils étaient contraints d'avouer que cet homme extraordinaire, par ses fautes innombrables, ses scandaleux abus de pouvoir, avait une grâce spéciale pour se faire abhorrer. Malgré cela, ils n'auraient jamais cru qu'à l'Équateur on pût avoir recours au poignard pour se venger [1]. » Les faux bonshommes ! jamais sans doute ils n'ont entendu parler de l'attentat du 23 juin 1865, ni de l'assassinat du commandant Matos ! Ils ne se rappellent que les « scandaleux abus de pouvoir de Garcia Moreno » contre l'innocent Maldonado et les non moins innocents pirates qui, à coups de sabre et de révolver, avaient capturé le *Guayas* et mis l'Équateur à deux doigts de sa perte. Il a une grâce spéciale pour se faire exécrer de ces faux conservateurs, cet homme héroïque qui les a vingt fois sauvés du radicalisme, en exposant sa vie pour défendre la leur !

Trop grand pour relever l'indifférence des diplomates et l'insolence de ces ingrats, Garcia Moreno, guéri de ses blessures, reprit la mer pour se rendre au Chili, bien que ses amis lui annonçassent que d'autres conjurés l'attendaient à Valparaiso et que, du reste, le gouvernement chilien refuserait d'admettre un plénipotentiaire incriminé juridiquement pour tentative d'assassinat. Les radicaux avaient répandu ce faux bruit à dessein d'empêcher une mission qui devait accroître la considération et la gloire de leur ennemi.

Le président du Chili, ses ministres, les personnages distingués de la capitale, reçurent l'illustre ambassadeur avec

---

[1] *El Asesinato y los Republicanos*, Quito 1866, page 2.

tous les égards dus à son mérite personnel ainsi qu'à la haute charge dont il était revêtu. Les journaux du pays avaient raconté ses luttes contre la Révolution, les traits d'héroïque valeur qui l'avaient signalé à l'admiration du monde, son amitié contante pour le Chili, durant ses quatre années de présidence, et enfin l'assassinat dont il avait falli être victime à Lima, de sorte que tous les cœurs lui étaient gagnés d'avance. Le discours qu'il prononça le jour de sa réception officielle fit comprendre aux chiliens qu'ils avaient devant eux non seulement un héros mais un diplomate et un ami : « Depuis longtemps il désirait connaître ce beau pays du Chili, la gloire des républiques américaines, et cependant ni ce désir, ni l'honneur d'être auprès du peuple chilien l'interprète des sympathies profondes de son pays et de son gouvernement, ne l'avaient déterminé à accepter la charge d'envoyé extraordinaire, mais l'espoir de resserrer et de rendre plus intime l'alliance entre les deux pays. Initiateur de cette alliance, bien avant le blocus de Valparaiso par l'Espagne, il voulait concerter avec le Chili les moyens les plus efficaces pour rendre cette union utile et permanente, assez forte pour assurer à tous une paix honorable, assez intime pour garantir le respect de l'indépendance à l'extérieur, condition essentielle du progrès à l'intérieur. »

Il s'éleva ensuite à des considérations qui firent rentrer dans le néant toutes les accusations d'anti-américanisme dont on le poursuivait depuis quatre ans. « Durant quarante années, s'écria-t-il[1], nous avons travaillé contre la nature et nos intérêts les plus chers. La nature a voulu faire de nous un grand peuple sur la portion la plus belle et la plus riche du globe ; et nous, au lieu de nous considérer comme les familles distinctes d'une même nation, nous nous sommes traités comme des étrangers, parfois même comme des ennemis. Malgré nos intérêts économiques qui se combinent admirablement, puisqu'une région produit ce qui manque à sa voisine, nous avons, au moyen de douanes et de tarifs, mis obstacle à l'échange de nos produits et paralysé l'essor de notre industrie. Mais voici venir le jour où toutes ces inven-

---

[1] *America Latina*, 29 août 1866.

tions d'une politique égoïste apparaîtront à tous, ce qu'elles sont en effet, inutiles et pernicieuses. Le péril nous a révélé les avantages de l'union. Comme l'éclair et la foudre servent à purifier l'air, l'injuste agression de l'Espagne nous aura donné la cohésion qui nous a manqué jusqu'ici. »

Il réussit parfaitement dans sa mission. Conventions postales, diplomatiques, consulaires ; traités d'alliances, de commerce et de navigation ; détermination des principes communs dans les relations internationales : tout fut réglé au plus grand avantage des parties contractantes. De plus, durant les six mois qu'il passa au Chili, Garcia Moreno eut l'occasion d'entrer en rapport avec la noblesse et les illustrations de la capitale. Partout on admira sa science profonde, son noble caractère, et cet ensemble de dons éminents qui font l'homme supérieur. Dans les sociétés savantes où il eut l'occasion de se faire entendre, il étonna par ses vastes connaissances, et surtout par son système de régénération sociale basé sur les lois de l'Église, c'est-à-dire sur le catholicisme intégral. La société chilienne se passionna pour ce grand homme qui, tout heureux de rencontrer des cœurs assez chrétiens pour le comprendre et l'aimer, s'y attacha d'autant plus que le libéralisme de son pays l'avait peu habitué à cette bonne fortune. Plus tard, il ne parlait jamais sans émotion de son voyage au Chili.

A son retour, Garcia Moreno passa quelques jours dans la capitale au milieu de ses amis, rendit compte au président de la mission qui lui avait été confiée, et se retira ensuite à Guayaquil chez son frère Pablo pour s'occuper de négoce conjointement avec lui. Sans fortune personnelle, et trop scrupuleux pour se faire des rentes aux dépens du public, il ne lui restait d'autre ressource que de travailler pour vivre. D'ailleurs, avec la politique inconsistante du président Carrion et les défiances hostiles du ministre Bustamante, un homme de sa trempe n'avait plus rien à faire à Quito jusqu'au moment, où les conservateurs imploreraient son secours pour arrêter la marée montante du radicalisme. Ce moment ne pouvait être éloigné, car les journaux révolutionnaires conspiraient à ciel ouvert contre la religion de l'État et contre l'État lui-même. Montalvo prêchait dans son

Cosmopolita l'excellence du paganisme et sa supériorité sur les idées chrétiennes. Les clubistes invectivaient contre le président Carrion et demandaient à grands cris le rappel d'Urbina. A la fin de 1866, leur influence était déjà si puissante, qu'après avoir repris possession du pays par leur incessante propagande, ils se crurent de taille à forcer la porte du corps législatif. Dans la lutte électorale qui précéda le congrès de 1867, ils opposèrent aux modérés de l'école gouvernementale leurs candidats les plus compromis, les Carbo, les Parra, les Endara : le flot anarchiste venait de nouveau battre en brèche les remparts de la société. Par contre, les conservateurs de Quito, persuadés qu'il était plus que temps de faire entrer en scène le défenseur de l'ordre, choisirent Garcia Moreno pour les représenter au sénat.

Il obtint la majorité des suffrages, malgré les vociférations et les intrigues des urbinistes ; mais la majorité, composée de radicaux, s'empressa d'invalider son élection, puis de mettre en accusation le président Carrion et son ministre Bustamante, ces deux chevaux de renfort dont maintenant la Révolution, maîtresse du terrain, n'avait plus besoin. Carrion furieux se choisit des ministres à droite parmi les amis de Garcia Moreno ; puis, à l'instigation de Bustamante, offrit de les sacrifier aux libéraux, si ceux-ci voulaient retirer leur acte d'accusation. Le ministère de cette inique transaction se retira d'un gouvernement qui « se jouait de ses officiers comme il se jouait de l'honneur de la patrie. » Les deux coupables, abandonnés et méprisés de tous, se virent alors à la merci des radicaux. Bustamante fut condamné à la privation de tout emploi public pendant deux ans. Quant au président, le congrès, dans un vote solennel de censure, déclara « qu'ayant sacrifié la république à de misérables intérêts de famille, il s'était rendu indigne des fonctions éminentes que le peuple lui avait confiées. »

On ne pouvait pas trop plaindre le président ni son ministre, mais il n'en était pas moins vrai que les radicaux arrivaient au pouvoir. Carrion tombé, ceux qui avaient profité de ses faiblesses pour l'acculer à la déchéance, allaient profiter de leur crédit pour influencer les électeurs en faveur d'Urbina, et le catholique Équateur, par un effet merveilleux de cette boîte à surprises qu'on appelle le régime parlementaire, était exposé à se réveiller un beau matin, très légalement et très constitutionnellement, en pleine république radicale.

On attendait de jour en jour ce hardi coup d'État, sans que personne se sentît de force à l'empêcher, lorsqu'on apprit l'arrivée soudaine et tout à fait inopinée de Garcia Moreno. Retiré à Guayaquil depuis son expulsion du sénat, une maladie grave de sa petite fille l'avait subitement rappelé dans la capitale. Déconcertés à cette nouvelle, les radicaux du congrès commencent à se troubler ; les conservateurs courent à Garcia Moreno comme au sauveur que Dieu leur envoie ; peuple et députés le supplient de prendre en mains les rênes du gouvernement et de préserver le pays d'un nouveau cataclysme. Maître absolu de la situation, il n'avait qu'un mot à dire pour déterminer un pronunciamento en sa faveur ; il ne le voulut pas, mais néanmoins il résolut de barrer le chemin à la Révolution, en déjouant le plan des sénateurs radicaux.

Dans un conseil composé de ses amis politiques, Garcia Moreno fit prévaloir l'idée qu'un changement de gouvernement, accompli avec promptitude et résolution, rétablirait l'ordre et la paix. Le président Carrion, devenu impossible, quitterait le pouvoir et serait remplacé au fauteuil par le vice-président Arteta, qui procéderait immédiatement à l'élection du nouveau chef de l'État. On porterait comme candidat à la présidence don Javier Espinosa, avocat estimé de tous pour son amour de la justice, et de plus excellent catholique. Cette combinaison, goûtée du public et des chambres, rallia si bien conservateurs et libéraux que les urbinistes perdirent toute influence.

Avec son énergie habituelle, Garcia Moreno, chargé de l'exécution du programme, signifia au président que, vu les circonstances, le bien public exigeait sa démission ; et, comme celui-ci résistait, il lui envoya cet ultimatum d'un laconisme significatif : « Souvenez-vous que le salut de la république doit l'emporter sur la vie de l'homme qui la mène aux abîmes ! » Enfin, le 6 novembre, Carrion donna sa démission, après avoir acquis la conviction que l'armée ne le soutiendrait pas. Par son ascendant sur les chambres, Garcia Moreno obtint qu'Arteta, en qualité de vice-président, lançât immédiatement le décret convoquant les électeurs pour la nomination du nouveau président. Le nom d'Espinosa fut accueilli avec un tel enthousiasme par tout le peuple que les radicaux n'osèrent pas même lui opposer de concurrent. Un mois après, la crise était terminée et le nouveau gouvernement installé pour dix-huit mois, c'est-à-dire jusqu'à l'achèvement de la période constitutionnelle.

Le 25 décembre, de retour à Guayaquil, Garcia Moreno écrivait à un ami : « Je reviens de Quito, où je suis allé voir ma petite fille qui se mourait. Vous savez déjà pourquoi la Providence m'a conduit dans cette ville. Le candidat que j'ai présenté, le catholique et vertueux Javier Espinosa, a été accepté avec enthousiasme, même par un certain nombre de rouges. Les élections, terminées le 24 de ce mois, ont ramené la concorde et la paix. Nous pouvons nous vanter d'avoir le meilleur des présidents. Notre pauvre Équateur, ajoutait-il, vient de traverser sans secousse une crise qui pouvait aboutir à une guerre civile désastreuse [1]. »

Comme tous les conservateurs, disons, en terminant ce chapitre, que si, dans ces conflits d'incapables et d'ambitieux, la guerre civile n'a pas ensanglanté le pays, c'est encore une fois grâce à l'énergie du héros chrétien qui jamais ne voulut pactiser avec les principes ou les hommes de la Révolution.

---

[1] Lettre à don Félix Luque. Voir *Verdadera situacion politica*. Lima, 1875, page 8.

CHAPITRE XXI

CATASTROPHE D'IBARRA.

1868.

Don Javier Espinosa, le meilleur des hommes, aussi intelligent que vertueux, profondément conservateur et profondément catholique, aurait pu faire le meilleur des présidents, comme l'espérait Garcia Moreno, s'il ne s'était pas laissé circonvenir par les libéraux. On lui persuada que, nommé par tous les partis plus ou moins opposés au radicalisme, il devait les appeler tous au gouvernement, ainsi que l'exige le système parlementaire. Pour se montrer conciliant, il donna le ministère de l'intérieur et des affaires étrangères à son parent, Camillo Ponce, catholique sans épithète, et lui associa deux collègues de camps opposés. Les libéraux comprirent sa faute et le comblèrent d'éloges ; les radicaux eux-mêmes promirent de devenir des anges de paix et de douceur sous le gouvernement paternel, légal, et tout à fait constitutionnel du sage Espinosa.

Avec un pareil entourage, le gouvernement devenait d'autant plus difficile que la constitution si souvent blâmée par Garcia Moreno, entravait à chaque instant l'action du président. Pour empêcher le navire de sombrer, il fallait un homme assez énergique pour éviter l'écueil par un virement de bord illégal, en s'appuyant sur le principe de Garcia Moreno « Je suis chargé de sauver la république avant de sauver la constitution. » D'un caractère très timoré et très scrupuleux, Espinosa se fit au contraire l'esclave des fictions parlementaires et légales, au grand détriment des conservateurs. On lui présenta un jour une liste de trois noms parmi lesquels il devait, selon les dispositions constitutionnelles, choisir un gouverneur de province. Sur les trois, deux déclinèrent l'honneur et la charge, et le troisième était un libéral. Que faire ? l'accepter, si mauvais qu'il fût, ou exiger la présentation de trois nouveaux candidats. Le président ne se crut pas autorisé à prendre ce second parti et le libéralisme se renforça d'un nouveau gouvernement de province. Si l'on ajoute qu'Espinosa, peu expert et peu soupçonneux en matière d'intrigues, refusait de croire à tout méfait non matériellement démontré, on verra qu'il avait toutes les qualités requises pour servir de jouet aux retors de la Révolution.

Garcia Moreno connaissait bien la faiblesse de caractère du nouveau président, mais il espérait qu'intelligent et consciencieux, il se laisserait guider par les conseils d'hommes expérimentés, dévoués à sa personne comme aux intérêts religieux et sociaux dont les conservateurs lui avaient confié la garde, mais il eut beau lui signaler les dangers de la situation, l'éclairer sur les hommes qui surprenaient sa bonne foi, lui dénoncer les trames des radicaux. Espinosa trouvait qu'il s'inquiétait à tort, puisque la légalité n'était pas violée. Du reste, afin d'enlever toute influence à l'ex-président, les radicaux représentèrent sa politique conme tyrannique et absolument monstrueuse. Dans un odieux pamphlet intitulé *La République et Garcia Moreno,* ils refirent à leur manière l'histoire des huit dernières années, pour établir que leur mortel ennemi n'avait tenu aucun compte de la constitution ni des lois. Son despotisme avait causé tous les malheurs du pays, d'où la conclusion toute naturelle que du principe légal, incarné dans le président Espinosa, jaillirait pour l'Équateur une source intarissable de gloire et de prospérité. Les conservateurs ripostèrent en montrant par l'histoire [1] avec quelle désinvolture leurs hommes si vantés, Roca, Gomez de la Torre, Franco, Roblez, et surtout Urbina, marchaient à pieds joints sur leur fameux principe de la légalité, non par exception et pour sauver la patrie, mais tous les jours et pour contenter leurs passions. « Le parti anarchiste, que Garcia Moreno avait dû mettre à la raison, formait moins un parti politique qu'une ménagerie de bêtes féroces échappées de leur cage, et qu'il fallait y faire rentrer de gré ou de force sous peine

[1] *El senor G. Garcia Moreno y los liberales del Guayas.* Quito, avril 1868.

d'en être dévoré. » Rien de plus vrai, mais les calomnies, reproduites et commentées dans les journaux, ne laissaient pas que d'impressionner vivement le gouvernement, déjà prévenu contre Garcia Moreno.

Dès lors, le travail de destruction recommença de plus belle dans les clubs, les feuilles publiques, les bureaux des gouverneurs de provinces et même du ministère. Les radicaux minèrent le terrain, sournoisement et sans tapage, pour ne pas donner l'éveil au vertueux Espinosa. Leurs affidés ou des complices inconscients s'introduisirent dans les emplois, au mépris des conservateurs désormais sans influence et sans crédit. Sous prétexte de la liberté de la presse, on remit en question les principes religieux et sociaux. En vain Garcia Moreno essaya-t-il de nouveau d'ouvrir les yeux au gouvernement sur ces menées souterraines : Espinosa réclamait le corps du délit, le fait matériel qui permît de sévir sans sortir de la stricte légalité.

L'Équateur allait assister à une seconde représentation de la pièce jouée, un an auparavant, sous le président Carrion. Incapable de supporter plus longtemps ce spectacle écœurant, Garcia Moreno prit le parti de se retirer à la campagne. Il loua dans la région du nord, non loin d'Ibarra, l'hacienda de Guachala, avec l'intention de l'exploiter lui-même. C'était un moyen de refaire sa santé fort ébranlée par les agitations de la vie politique et les grandes épreuves domestiques qu'il avait subies durant ces dernières années. Sa digne et vertueuse épouse, Rosa Ascasubi, était descendue au tombeau. Il avait épousé en secondes noces la senora Mariana de Alcazar, nièce des Ascasubi. Quand il communiqua son projet d'alliance à la mère de la jeune fille, la noble femme lui répondit en pleurant qu'elle redoutait les jours troublés et les nuits d'angoisses qui avaient abrégé la vie de sa pauvre sœur. Elle ne voulait pas pour sa fille d'une existence qui consistait à se demander tous les jours si on ne lui rapporterait pas son mari, le cœur percé d'une balle ou d'un coup de poignard. Cependant, comme on ne résistait point à la volonté de Garcia Moreno, il avait uni son sort à celui de la senora Mariana, dont la jeunesse, l'amour et le courage ne craignirent point d'affronter les tempêtes qui épouvantaient sa tendre mère. Depuis lors, les angoisses n'avaient guère cessé : l'attentat de Lima, l'odieuse invalidation prononcée par les sénateurs, finalement, la perte d'une petite fille, premier fruit de leur amour, avaient initié la jeune femme à son long martyre. Il conduisit donc la douce Marianita, comme on l'appelait en famille, au milieu des bois, des prairies et des troupeaux de Guachala, décidé à y planter sa tente pour s'y procurer, avec le calme et les joies du foyer, un moyen honorable d'augmenter ses ressources.

Mais Dieu ne voulait pas que cet homme extraordinaire, véritable instrument de sa Providence, eût ici-bas un mo-

Vue du Cotopaxi.

ment de repos. Il ne l'avait appelé dans cette oasis que pour lui faire exercer une fois de plus, son rôle de sauveur Le 13 août 1868, des éruptions volcaniques accompagnées de tremblement de terre, commencèrent à ébranler toute la province d'Ibarra. Dans la nuit du 15 au 16, vers une heure du matin, pendant que les volcans vomissaient des torrents de lave, une épouvantable secousse réveilla les habitants terrifiés. La terre tremblait ; les maisons et les églises s'écroulaient avec fracas ; hommes, femmes, enfants, troupeaux, disparaissaient sous les décombres, au sein des abîmes creusés par les oscillations du sol. On n'entendait que les cris des mourants et les hurlements des malheureux échappés comme par miracle à l'horrible catastrophe. Le matin, des dix mille hommes qui composaient la population d'Ibarra, plus de la moitié était ensevelie sous les ruines ; l'autre moitié gisait sur les décombres, au milieu des cadavres, muette de stupeur, sans pain, sans vêtement, sans abri, sans espoir ! Et non seulement la ville, mais toute la province d'Ibarra offrait ainsi l'image d'un vaste cimetière où les survivants du cataclysme pleuraient sur les tombes ouvertes de leurs parents et de leurs amis.

Pour comble de malheur, des bandes de pillards s'abattirent sur ce champ de mort comme des oiseaux de proie sur des cadavres. Au lieu de prêter secours aux pauvres mourants qui imploraient leur pitié, ils les achevaient pour les dépouiller. A cette vue, les Indiens sauvages des régions voisines, croyant à la destruction finale de la race espagnole, hurlèrent leur cri de guerre, et descendirent des montagnes, comme des démons sortis de l'enfer, en criant de toutes leurs forces Vive le grand Atahualpa ! » Les malheureux Ibarréniens fuyaient à l'approche de ces figures sinistres, mais partout ils rencontraient sur leurs pas le vol, le pillage et la mort.

Quand ces affreuses nouvelles se répandirent dans le pays, la consternation se peignit sur tous les visages, et des larmes coulèrent de tous les yeux. Le gouvernement, vivement ému, chercha immédiatement le moyen de sauver cette province ; mais comment refaire un peu d'ordre au milieu de l'horrible chaos ? Il ne trouva rien de mieux que de s'adresser au dévouement de l'homme que tous désignaient comme seul capable de remplir cette tâche surhumaine. Le 22 août, le ministre Camillo Ponce annonçait à Garcia Moreno sa nomination de chef militaire et civil de la province d'Ibarra. « La situation lamentable du pays, lui disait-il, exige des secours extraordinaires, et surtout un homme de votre capacité et de votre énergie. Désirant employer tous les moyens dont il dispose pour soulager et relever ces malheureuses populations, le gouvernement vous investit de tous les pouvoirs ordinaires et extraordinaires que requiert l'état exceptionnel de la province. Chef civil et militaire, vous aurez sous vos ordres les autorités politiques, administratives, militaires et financières ; vous prendrez les mesures que vous croirez nécessaires pour sauver ce peuple d'une ruine totale. Le gouvernement et la nation exigent de vous ce service d'humanité et de patriotisme, persuadés que vous répondrez à leur attente en acceptant la mission qui vous est confiée. »

Il y eut un tressaillement d'espérance dans tout l'Équateur quand cette nomination parut au journal officiel. Seuls les révolutionnaires, plus féroces que les voleurs et les Indiens, accablèrent le gouvernement d'invectives pour avoir appelé Garcia Moreno à un poste de péril sans doute, mais aussi d'honneur. Avec son génie et son courage, il était de force à faire sortir des ruines la province d'Ibarra, et alors quelle auréole autour de son front, quelles acclamations à la gloire du libérateur ! Un gouvernement libéral devait-il accroître de cette façon l'influence du tyran, l'investir d'un pouvoir presque dictatorial, dont il ne manquerait pas d'abuser contre les malheureux Ibarréniens d'abord, et bientôt contre le pays tout entier ? Pour le coup, le bon Espinosa fut nettement accusé de trahir la République.

Garcia Moreno n'hésita pas un instant à sacrifier pour cette œuvre d'humanité le repos dont il jouissait à Guachala. Laissant déblatérer les hommes de haine, il se rendit aussitôt sur le lieu du sinistre, accompagné de plusieurs bataillons destinés à rétablir l'ordre et à diriger, sous son commandement, les travaux de sauvetage, de construction et de ravitaillement indispensables pour arracher à la mort les tristes épaves du tremblement de terre. A quelque distance d'Ibarra, la troupe fut arrêtée dans sa marche par la rivière de l'Ambi, dont les eaux, grossies par des pluies torrentielles, s'étendaient comme un large fleuve à travers la campagne. Les plus audacieux reculaient à l'idée de s'aventurer dans ces abîmes sans canots ni radeaux, lorsque l'intrépide chef lança son cheval au milieu du torrent, manœuvrant avec tant d'habileté que ses compagnons stupéfaits, après avoir plusieurs fois tremblé pour sa vie, le virent apparaître sain et sauf sur l'autre rive. Entraînés par son audace, ils franchirent à leur tour le terrible passage, préludant ainsi aux actes héroïques qu'allait nécessiter leur difficile mission.

Dès son arrivée sur les ruines d'Ibarra, Garcia Moreno organisa tous les services, et les sauveteurs se mirent à l'œuvre sans délai, car le moindre retard dans les secours pouvait entraîner la mort d'un grand nombre de victimes. Des compagnies de soldats, lancées contre les pillards et les Indiens, réussirent, après plusieurs luttes sanglantes, à les refouler dans leur repaire des montagnes. Afin de rétablir dans la population le sentiment de la justice et du droit de propriété, un tribunal, siégeant en permanence, condamna aux peines les plus sévères ceux qui furent reconnus coupables de délit ou de crime. Il était temps, car on racontait des forfaits inouïs. D'une nombreuse famille, deux frères seulement avaient survécu au désastre. L'un d'eux parvint à se dégager des ruines, mais, au lieu d'aider son frère à sortir d'un amas de décombres où il était enseveli vivant, il saisit une hache, et lui en asséna un grand coup sur la tête. Il devenait par ce fratricide mille fois exécrable l'unique héritier de la famille.

Pendant qu'on châtiait les criminels, des bandes de fossoyeurs enterraient les cadavres et déterraient les vivants. qu'on retrouvait évanouis et prêts à rendre le dernier soupir sous des monceaux de débris, ou dans des cavernes creusées par les déchirements du sol. Garcia Moreno eut la consolation de sauver ainsi des centaines de victimes qui avaient dit adieu à la vie, entr'autres la sœur du chargé d'affaires de la Colombie, vertueuse carmélite réfugiée à Ibarra depuis que la persécution avait fermé les couvents de son pays.

La grande difficulté, c'était de trouver des approvisionnements suffisants pour alimenter la ville et la province, également dépourvues de subsistances. La population se mourait d'inanition. Par ses chaleureux appels à la charité, Garcia Moreno provoqua dans la capitale et les autres villes importantes des souscriptions volontaires, et organisa dans les campagnes des convois de vivres, don il se chargea de faire la répartition. Lui-même, bien que ses ressources fussent très restreintes, il s'inscrivit pour mille piastres et donna l'ordre à son intendant d'expédier de Guachala toutes les provisions que l'hacienda pouvait fournir. La distribution des vivres se faisait de la manière la plus équitable, car il veillait avec le plus grand soin sur tous les employés, afin d'empêcher les cupides de spéculer sur la misère publique. Certains commerçants, pour qui tout était moyen d'infâme trafic, vendaient à des prix exorbitants les choses mêmes de première nécessité : il les condamna à être publiquement châtiés, au même titre que les escrocs et les voleurs.

En peu de temps, grâce à son infatigable activité, l'ordre régna dans toute la province. Les oiseaux de proie avaient disparu, la population rassurée vivait sous la tente ; les familles se rapprochaient, réunissant leurs faibles ressources. On envisageait l'avenir avec moins d'effroi. Des pionniers traçaient des routes au travers des décombres, premiers linéaments d'une nouvelle cité qui devait s'élever bientôt sur les ruines de l'antique Ibarra. Le génie organisateur de Garcia Moreno présidait à la résurrection de ce peuple, heureux de l'appeler son protecteur et son père.

Au récit de ces merveilles, ler radicaux de Guayaquil et de Quito séchaient de dépit. A Ibarra même, on les vit, témoins attristés de l'œuvre accomplie par Garcia Moreno, former d'odieux conciliabules au milieu des ruines, afin de chercher un moyen quelconque d'incriminer le dévouement et de souiller la charité. Leur porte-voix, l'avocat Mestanza, président de la *Société Patriotique* de Quito, affirma dans les journaux de la secte que « toutes les ressources accumulées depuis le tremblement de terre avaient passé dans les mains impures d'employés sans vergogne. » Cette vilenie n'atteignait pas Garcia Moreno, dont le désintéressement et l'extrême rigidité envers ses subalternes n'étaient que trop connus des libéraux ; néanmoins, les notables d'Ibarra se levèrent comme un seul homme pour jeter à la face de Mestanza l'épithète de « misérable calomniateur. »

Cette protestation ne fit qu'irriter la colère des radicaux. A propos d'un marché conclu avec un ami, et uniquement pour rendre service à cet ami, ils accusèrent Garcia Moreno d'avoir profité des malheurs publics pour acheter des marchandises à vil prix et les revendre à gros bénéfices. Indigné de cette lâcheté, le vendeur, Manuel Fierro, protesta solennellement et sous la foi du serment « qu'il avait lui-même offert ses marchandises à Garcia Moreno, mais que celui-ci les avait refusées, n'en ayant nul besoin, et ne voulant faire aucun achat en ces temps de calamité. Il n'avait cédé que sur ses instances réitérées, pour lui rendre service, et en le priant de faire lui-même les prix, qu'il avait acceptés sans en rabattre une obole [1]. » Garcia Moreno ajouta que si les radicaux trouvaient le marché avantageux, il était prêt à le leur céder sans aucun bénéfice.

Il faut citer ces énormités pour montrer la haine satanique qui ronge le cœur des libéraux, et les ignobles moyens auxquels ils ont recours pour déshonorer l'homme le plus honnête et le plus loyal. Les Ibarréniens reconnaissants ensevelirent ces hontes sous les témoignages non équivoques, je ne dirai pas de leur sympathie, mais d'un amour vraiment filial pour Garcia Moreno. A peine l'eurent-ils vu à l'œuvre que, dans une adresse à leurs bienfaiteurs des provinces voisines, ils l'exaltèrent « comme un sauveur envoyé par la Providence, au milieu du déluge dans lequel ils avaient été comme ensevelis ». — « La protection dont nous entoure Garcia Moreno, dirent-ils [2], cet homme qu'une inspiration du ciel a fait nommer chef civil et militaire de la province, est de telle nature que les paroles nous manquent pour célébrer notre sauveur. On dirait que cet illustre héros a été créé tout exprès par Dieu pour nous consoler dans cette immense infortune. Les larmes qui coulent de nos yeux peuvent seules lui témoigner l'émotion de nos cœurs à la vue de son dévouement. Bientôt, grâce à l'infatigable activité qui le caractérise, à l'audace de ses conceptions, à la promptitude et à la sûreté de ses moyens d'exécution, nous lui serons redevables de notre résurrection sociale et politique. Nous ne serons plus des ombres errantes au milieu d'un champ de désolation couvert de vingt mille cadavres. La province d'Ibarra ne perdra pas son nom, ni la bannière de l'Équateur une de ses plus brillantes étoiles. »

Un mois plus tard, quand Garcia Moreno dut quitter la

---

[1] *Al Publico* » feuille volante, 1ᵉʳ décembre 1868.
[2] *Un sentimiento de gratitud,* signé : *Los Ibarrenos.* Quito, septembre 1868.

renaissante Ibarra, le peuple entier accourut pour lui dire adieu, absolument comme au départ d'un père. Tous fondaient en larmes et l'accablaient de remercîments et de bénédictions. Quelque temps après, les dames d'Ibarra, au nom de la province, lui firent hommage d'une médaille en or, enrichie de diamants, et portant cet exergue *Au sauveur d'Ibarra.*

Hélas! ce tremblement de terre, avec ses épouvantables dégâts et ses monceaux de cadavres, n'est qu'une faible image des bouleversements accomplis dans le monde par la Révolution! Si le « Sauveur d'Ibarra » mérite une médaille d'honneur, ses compatriotes lui doivent des couronnes pour les avoir arrachés dix fois aux griffes des révolutionnaires. Nous allons le voir procéder contre ces implacables ennemis de l'ordre au dernier et définitif sauvetage de la République.

CHAPITRE XXII.

CHUTE DU PRÉSIDENT ESPINOSA.

1869.

Le président et ses ministres félicitèrent chaudement Garcia Moreno du grand dévouement dont il avait fait preuve dans sa mission d'Ibarra. Celui-ci profita de leurs dispositions pour leur représenter, une fois encore, que le flot du radicalisme les emporterait bientôt, s'ils ne prenaient les mesures d'ordre réclamées par la situation. Mais jamais les libéraux n'aperçoivent de nuage à l'horizon. Espinosa s'endormait de plus en plus dans ses illusions optimistes. Son ministre de l'intérieur Camillo Ponce, inutile Cassandre, avait perdu toute influence sur lui ; chaque fois qu'il conjurait le président de mettre un frein aux menées des anarchistes, il se heurtait aux doutes et aux scrupules du plus étroit légalisme. Nul espoir d'ouvrir les yeux à ces aveugles volontaires. Impatienté et découragé, Garcia Moreno se retira de nouveau dans sa solitude de Guachala, laissant à Dieu le soin de l'avenir.

Cependant, comme l'année 1868 touchait à sa fin, et que les pouvoirs d'Espinosa expiraient en août 1869, les conservateurs s'occupaient activement de lui trouver un successeur. Garcia Moreno avait jeté les yeux sur le général Darquea, loyal et vaillant soldat qui commandait alors le district de Guayaquil. Pour lui, malgré les instances de ses nombreux amis, il refusait toute candidature : « La seule faute que je me reproche dans ma vie politique, disait-il, c'est d'avoir accepté la présidence en 1861 malgré les absurdités de la constitution bâclée par nos représentants. Le pays va expier les folies de la convention, et déjà l'expiation serait un fait accompli, si je ne m'étais sacrifié pour endiguer le torrent révolutionnaire[1]. » Dans le même ordre d'idées, il écrivait à cette époque : « Je ne désire pas le pouvoir ; si les rouges m'obligeaient à le prendre, je réponds, avec la grâce de Dieu, de sauver le pays en quelques mois. Cela fait, je laisserais la place à l'élu du peuple, qui serait certainement le général Darquea. » Dans un voyage qu'il fit à Quito, il proposa même aux membres de la *Société patriotique* et à tous ses amis de patronner officiellement ledit général, « comme le plus digne par son patriotisme, ses mérites personnels et ses importants services, de régir les destinées de l'Équateur [2]. »

Mais les conservateurs ne furent pas de son avis. Pour sortir du labyrinthe libéral et reprendre l'œuvre de la civilisation chrétienne, il fallait plus qu'un honnête général, il fallait Garcia Moreno. Ils résolurent donc de lancer sa candidature. Prenant l'initiative du mouvement, la *Société patriotique* adressa aux électeurs, dès le 28 novembre 1868, un manifeste signé de tous ses membres et d'autres notabilités du parti de l'ordre, dans lequel elle ne craignait pas d'affirmer « qu'après avoir consulté toutes les sociétés provinciales, les personnages les plus autorisés, en un mot, la majorité de la nation, elle présentait la candidature de Garcia Moreno, comme une nécessité dans les circonstances présentes, en même temps qu'un témoignage d'estime et de reconnaissance pour les services rendus au pays par cet illustre citoyen. Inutile d'énumérer, ajoutait-on, les bienfaits dont il a comblé la nation durant sa dernière présidence, ni les sacrifices qu'il s'est imposés pour la province d'Ibarra à l'occasion de la catastrophe du 16 août dernier ces actes, nous les avons vus de nos yeux, et la gratitude les a imprimés dans tous les cœurs. En ouvrant des voies de communication, en appelant des instituts religieux pour régénérer les mœurs. sous la douce influence du catholicisme, en multipliant les écoles et les collèges, Garcia Moreno a posé les fondements de notre prospérité. Il est vrai que la calomnie met tout en œuvre pour noircir ce grand patriote, mais nous mépriserons les invectives de ces calomniateurs, inspirées trop souvent par

---

[1] Lettre au Dr Léon Méra, 12 juillet 1868.
[2] *Verdadera situacion...* por F. Luque ; pages 10 et 11.

les ressentiments personnels et les fureurs vindicatives des criminels qu'il a châtiés. Leur voix s'éteindra, comme se dissipe avec le temps l'odeur d'un cadavre en putréfaction. Alors on ne verra plus que les grandes œuvres de Garcia Moreno, monuments immortels de son génie et de son patriotisme. »

L'Union libéro-radicale choisit pour candidat don Francisco Aguirre, de Guayaquil, homme de talent et d'instruction, peu militant jusque-là, mais de couleur significative par sa parenté avec Urbina, dont il se montrait le zélé partisan. Derrière Aguirre on voyait se dresser le spectre du sinistre révolutionnaire. On présenta cette candidature comme l'expression du plus pur libéralisme et la quintescence de toutes les perfections, tandis que dans leurs feuilles, manifestes, proclamations, les fusionnistes exhibèrent comme repoussoir leur portrait habituel de Garcia Moreno, retouché par leurs meilleurs artistes. C'était le tyran, l'assassin, l'hypocrite, le violateur des lois, le bourreau des honnêtes gens. Les poisons se débitaient au bon peuple avec l'agrément, pour ne pas dire la faveur du gouvernement, si bien qu'il devenait nécessaire d'élever la voix pour confondre les criminels et détromper les victimes. Inquiets du silence de Garcia Moreno, les conservateurs se demandaient si, continuant à décliner toute candidature, il les abandonnerait en un moment aussi critique, lorsqu'il fit paraître, le 18 décembre, ce manifeste où les fusionnistes sont traités selon leurs mérites, et ses actes, à lui, expliqués sans ambages.

« Avant la période électorale, dit-il, le premier, je mis en avant, près d'un grand nombre de mes amis, la candidature d'un illustre général. Par suite de leurs hésitations et de son refus, je me désistai, bien décidé cette fois à déserter la lutte. Du reste, en différentes circonstances de ma vie publique, j'ai donné la preuve que je n'aspirais pas au mandat présidentiel. Avant comme après 1865, j'ai dit et répété que, vu l'insuffisance de nos lois pour la répression des hommes de désordre, je ne me chargerais plus du pouvoir, à moins que les irréconciliables ennemis de l'Église et de la patrie, les partisans d'Urbina, aujourd'hui déguisés en libéraux, ne tentassent une restauration de son exécrable tyrannie.

« Or, ce que personne n'aurait cru possible, voilà que cette hypothèse devient une réalité. La candidature de don Francisco Aguirre, parent, allié et fauteur d'Urbina, candidature appuyée par tous les radicaux, fait pressentir aux moins clairvoyants le retour à bref délai de l'homme néfaste qui ne doit rentrer à l'Équateur que pour monter à l'échafaud. Les partisans de don Francisco Aguirre me forcent donc d'accepter la candidature que daignent m'offrir les conservateurs. Si je reculais devant l'insuffisance des lois pour châtier ces trafiquants de révolutions, tout homme loyal et sérieux refuserait comme moi la présidence, et l'Équateur serait perdu. Au peuple et à ses représentants d'écarter cet obstacle en donnant au gouvernement la force de répression dont il a besoin pour défendre la société.

« Aux complices d'Urbina, aux traîtres de Cuaspud, de Quinche, de Machala et de Santarosa, aux pirates de Jambeli, s'unissent aujourd'hui des hommes mus par de vils intérêts ou d'ignobles rancunes, des catholiques soi-disant libéraux, ennemis du Concordat et du Syllabus, qui ne rougissent pas de marcher sur les brisées des jansénistes en qualifiant *d'ultramontains* les vrais enfants de l'Église. Cette monstrueuse fusion, loin de m'arrêter, m'offre un second et puissant motif d'acceptation, car il est évident que mon refus mettrait en péril les plus chers intérêts du peuple.

« Enfin un motif d'honneur vient corroborer ceux que m'inspirent ma foi religieuse et mes convictions politiques. Attaqué journellement avec une implacable obstination, en butte aux injures de toute espèce comme aux calomnies les plus outrageantes, je pardonne volontiers à mes ennemis ; cependant, je crois que le jour est arrivé où le peuple, par un verdict solennel, doit prononcer entre moi et mes calomniateurs. Oui le jour de l'élection sera le jour du jugement : entre moi et mes accusateurs, il y a le peuple et c'est la justice du peuple que j'invoque. Si je me retirais de la lutte, ils ne manqueraient pas de dire que j'élude la sentence parce que je me crois coupable. Je ne puis attenter à mon propre honneur, et c'est ainsi qu'à force d'outrages, ils m'ont mis dans l'impossibilité de refuser une candidature à laquelle j'étais loin d'aspirer.

Pour conclure, je dois faire connaître à la nation les principes qui dirigeront ma conduite si elle m'appelle à l'honneur de la gouverner. Respect et protection à l'Église catholique; adhésion inébranlable au Saint-Siège; éducation basée sur la foi et la morale; diffusion de l'enseignement à tous les degrés; achèvement des routes commencées et percement de nouvelles voies, selon ses besoins et les ressources du pays; garanties pour les personnes, les propriétés, le commerce, l'agriculture et l'industrie; *liberté pour tous et pour tout, excepté pour le crime et les criminels*, répression juste, prompte et énergique de la démagogie et de l'anarchie; maintien de nos bonnes relations avec tous nos alliés; promotion aux emplois de tous les citoyens honorables, selon leurs mérites et leurs aptitudes : voilà mon programme. Je veux tout ce qui peut contribuer à faire de l'Équateur un pays moral et libre, riche et vraiment civilisé. Tels sont mes principes, telle sera ma règle de conduite, si les suffrages du peuple m'appellent à exercer le pouvoir.

Voilà, dirons-nous à notre tour, voilà dans toute sa splendeur le programme de la civilisation catholique. Ce fier langage est celui d'un grand chrétien et d'un grand patriote qui ne veut tromper ni les conservateurs ni les révolutionnaires. Les conservateurs doivent savoir que ce catholique tout d'une pièce n'inclinera jamais vers les doctrines libérales, et les révolutionnaires, qu'ils ont devant eux l'ange exterminateur. Nous constaterons plus tard que ce n'était pas là une profession de foi banale comme on en placarde tant sur les murs en un jour d'élection, mais bien le plan médité et détaillé du grand édifice que ce politique de génie voulait construire sur les ruines de la Révolution.

A la lecture de ce manifeste, un soupir de soulagement s'échappa de tous les cœurs amis de l'ordre et de la religion. Au contraire, la ligue libéro-radicale, démasquée et flétrie, poussa des cris de rage et de fureur, d'autant plus qu'elle espérait le désistement de Garcia Moreno. Pour le dégoûter complètement de la vie publique elle l'avait poursuivi de ses outrages, et voilà que cette fausse tactique ramenait au combat le lion blessé; or, le combat, c'était la victoire, car aux commentaires enthousiastes du manifeste et aux milliers de signatures qui se lisaient chaque jour au bas des circulaires électorales [1], on conjecturait à bon droit que le candidat

Vue de la Cathédrale de Quito.

fusionniste n'obtiendrait pas même le tiers des suffrages. Désespérant de vaincre au scrutin, les radicaux résolurent

[1] *Estrella de Mayo*, 31 mars 1869.

de conquérir le fauteuil présidentiel par une nouvelle conspiration.

Afin de préparer le peuple à un coup de main, les clubs, aidés des feuilles publiques, répandirent le bruit que l'Équateur ne souffrirait pas une seconde fois la domination de Garcia Moreno. Les vrais républicains empêcheraient bien le despote de remettre le pays dans les fers. L'assassin de Maldonado, le bourreau de Jambeli, l'autocrate qui depuis huit ans s'imposait à son pays, devait être écarté par n'importe quel moyen. Montalvo sommait Garcia Moreno de renoncer à sa candidature, sous peine de voir briller bientôt la lame du poignard : « Qu'il sache, s'écriait-il, que nous sommes irrévocablement liés à don Francisco Aguirre : ou le tyran nous écrasera, ou il mourra de nos mains. » Des bruits d'une révolution prochaine circulaient dans la capitale et les provinces. Quant au formaliste Espinosa, il laissait prêcher tranquillement la révolte et l'assassinat, attendu que l'Équateur jouissait de la liberté de la presse et du droit d'association. A Cuenca, les fusionnistes organisèrent une procession grotesque et ridicule en faveur de leur candidat à travers les rues, un cierge à la main, s'avançaient gravement l'avocat Borrero, ses amis les libéraux, ses alliés les radicaux, puis la populace qui hurlait : « Vive Aguirre! A bas Garcia Moreno! » Du sein de cette cohue émergeait un drapeau sur lequel flamboyait ce mot sacramentel : Constitution ! A Guayaquil, à Quito, dans tous les centres, se préparait un soulèvement que tout le monde, excepté pourtant les libéraux et le très placide Espinosa, s'attendait à voir éclater sous peu de jours. Ces braves gens ne pouvaient s'imaginer que les révolutionnaires, leurs alliés du moment, n'exaltaient le président et la constitution que pour abattre l'un et déchirer l'autre.

Pendant ce temps, Garcia Moreno s'occupait tranquillement à Guachala de ses champs et de ses troupeaux. Il avait accepté la candidature sur les instances de ses amis, mais il leur laissait le soin de la propager et de la défendre. Dans les premiers jours de 1869, en voyant poindre un coup d'État révolutionnaire, certains d'entre eux, sans aucun concert préalable, arrivèrent simultanément à Quito pour s'entretenir avec lui des périls de la situation. Ne l'y trouvant pas, ils s'unirent à d'autres conservateurs de la capitale, parfaitement renseignés sur les agissements des radicaux, et n'hésitèrent pas à entreprendre le voyage de Guachala. Ils arrivèrent à l'hacienda vers onze heures du soir. Déjà Garcia Moreno était retiré dans sa chambre, quand ses serviteurs indiens vinrent lui annoncer que plusieurs cavaliers, demandant à lui parler, se trouvaient à la porte. Son premier mouvement fut de saisir un grand sabre qui pendait près de son lit, et le revolver placé sur sa table, car on l'avait prévenu la veille que des assassins de la Nouvelle-Grenade en voulaient à sa vie. Quelle ne fut pas sa surprise de reconnaître ses amis les plus dévoués ! Ils lui expliquèrent à l'instant les motifs très pressants de leur visite, l'insurrection radicale sur le point d'éclater, et l'inconcevable inertie du président en face des dangers qui le menaçaient. Lui seul pouvait sauver le pays, s'il en était temps encore ; ils accouraient pour le conjurer de reprendre avec eux le chemin de la capitale. Il leur répondit qu'il ne voyait aucun moyen de salut et que, du reste, il était fatigué de lutter pour des hommes aussi stupides que les libéraux, lesquels n'avaient que trop mérité de passer par les verges d'Urbina. — « Sans doute, répliquèrent ses amis, mais vous avez juré de ne pas laisser retomber le peuple aux mains de cet affreux despote. » Quelques heures après, ils l'entraînaient avec eux vers Quito.

Dans la capitale, il se trouva immédiatement entouré de conservateurs arrivés des provinces, dont les informations lui fournirent des détails très précis sur le plan des conjurés. Urbina venait d'arriver à Tumbez avec ses fidèles généraux Rios et Franco ; de la frontière, il correspondait avec ses affidés ; la révolution devait sans délai éclater à Guayaquil ; après avoir assassiné le général Darquea, les conjurés se proposaient d'ouvrir les prisons et de corrompre les officiers pour s'emparer des casernes ; les autorités, averties, se précautionnaient contre une invasion imminente. A Cuenca, les chefs du mouvement avaient reçu le mot d'ordre. Trois urbinistes fameux, Zamorra, Villavicencio et Tarquinio Franco, compromis dans les dernières insurrections, distribuaient les rôles aux conjurés. Un écrit intitulé : *Lunettes pour les myopes*, avait mis au jour tous ces faits, en publiant des lettres émanant des autorités de Guayaquil et relatives au complot. Du reste, à Quito, les sectaires s'armaient déjà de poignards et de révolvers; à Riobamba, à Latacunga, à Cuenca, les urbinistes annonçaient qu'ils triompheraient sur les cadavres de leurs adversaires, et que le 15 janvier serait le commencement d'une ère nouvelle[1].

Sur ces entrefaites, on apprit de Pasto par des lettres particulières, qu'un certain Victor Proano, à la solde d'Urbina, s'était rendu peu auparavant dans cette ville pour enrôler des volontaires. Il avait annoncé à ses confidents qu'Urbina allait rencontrer à Tumbez Rios et Franco, ce qui se trouvait vérifié par le fait, et puis s'emparer de Guayaquil pendant qu'on envahirait l'Équateur par le nord, après avoir mis la main sur Garcia Moreno à Guachala. De plus, le bruit se répandit qu'il existait un pacte secret entre Urbina et Mosquera, pacte révélé par les indiscrétions épistolaires de ce dernier, en vertu duquel l'Équateur devait être divisé. Les provinces du nord, jointes à celle du Cauca, formeraient une nouvelle nationalité.

Ces bruits alarmants couraient les rues, et le gouvernement, qui les connaissait mieux que personne, refusait de prendre aucune mesure d'ordre. Il révoquait les employés soupçonnés d'incliner vers les conservateurs, et maintenait à leur poste, malgré les réclamations indignées des ministres eux-mêmes, des gouverneurs de provinces notoirement favorables aux urbinistes. Espinosa, devenu le jouet des libéraux, avait les yeux couverts d'un triple bandeau. Ses amis, ses parents, après bien des représentations inutiles, l'avaient abandonné à ses conseillers favoris. Son ministre fidèle, Camillo Ponce, d'un dévouement à toute épreuve, hésita longtemps devant une rupture qui lui brisait le cœur; mais, pour ne point assumer la responsabilité des malheurs qui allaient fondre sur le pays par l'incurie du président, il se vit obligé, lui aussi, de donner sa démission.

La retraite du ministre de l'intérieur, en faisant passer le gouvernement tout entier aux mains des libéraux, glaça d'ef-

---

[1] Ces faits, relatés dans les journaux du temps (*Estrella de Mayo*, 22 et 28 janvier), n'ont jamais été démentis.

froi les conservateurs. On s'attendait d'un moment à l'autre à voir éclater le mouvement révolutionnaire. Garcia Moreno crut devoir intervenir une dernière fois auprès du président et, comme toujours, sa grande âme et son noble cœur dictèrent ses résolutions. Au-dessus des misérables intérêts de partis ou de personnes, il offrit de renoncer spontanément à sa candidature si le président consentait à prendre dans son conseil Camillo Ponce et José Maria Guerrero, pour aviser avec eux aux moyens de sauver la république. Espinosa refusa net. Trois médiateurs, qui à différents titres auraient dû exercer quelqu'influence sur lui, D. Carlos Aguirre, son très respectable ami, le R. P. Cruciani, son directeur de conscience, et le délégat apostolique, le supplièrent en vain d'avoir égard aux supplications des conservateurs et d'accepter la proposition de Garcia Moreno : il resta inflexible[1].

Ainsi abandonnés à eux-mêmes, les conservateurs, Garcia Moreno à leur tête, tinrent un conseil secret pour aviser aux périls de la situation. D'après l'ensemble des faits constatés et les mouvements des clubistes dans la capitale, la révolution ne tarderait pas à éclater. On ne pouvait compter sur le gouvernement pour la comprimer, puisqu'il serait renversé par elle avant de consentir à reconnaître son existence. Fallait-il livrer le pays à Urbina et assister, les bras croisés, à l'asservissement de la patrie, à la ruine de la religion, au triomphe de la franc-maçonnerie, qui bientôt inaugurerait contre les prêtres, les religieux, les évêques, une persécution à la Mosquera ? Fallait-il livrer le peuple chrétien aux vengeances d'une poignée d'anarchistes ? Tous furent d'avis que, s'il y avait un moyen légitime de sauver le pays, il fallait y recourir sous peine de trahison. Or, dans le cas présent, on ne pouvait écarter les révolutionnaires qu'en substituant une autorité puissante et forte à celle de l'incapable et débile Espinosa : le moyen était-il légitime ? A cette seconde question, on répondit que les conservateurs avaient donné le pouvoir au président Espinosa pour empêcher Urbina d'escalader le pouvoir, et non pour lui faire la courte échelle. D'ailleurs, un pronunciamento radical allait renverser

---

1. *Estrella de Mayo*, 22 janvier 1860.

Espinosa : en lui substituant un homme d'énergie, on ne s'attaquait pas à lui, mais aux anarchistes qui s'apprêtaient à le jeter par terre.

La résistance active décidée, Garcia Moreno se chargea d'étudier les voies et moyens, puis de prendre le commandement lorsqu'il s'agirait de l'exécution. Comme il fallait faire vite pour ne pas être devancé par Urbina, son plan fut arrêté dès le lendemain. Il se ménagea des intelligences dans la caserne, puis ordonna à ses amis de province de retourner immédiatement dans les localités qu'ils habitaient, d'informer leurs confidents du mouvement qui se préparait dans la capitale, et de susciter partout des adhésions au pronunciamento conservateur aussitôt qu'une nouvelle favorable leur arriverait de Quito. Il se réservait Guayaquil comme le poste particulièrement difficile et dangereux.

Les deux jours qui suivirent, l'Équateur fut en ébullition. Les radicaux avaient remarqué, non sans inquiétude, la présence simultanée dans la capitale de personnages importants du parti catholique. Craignant une intervention quelconque de Garcia Moreno, ils résolurent d'avancer de quelques jours l'exécution de leur complot et de renverser Espinosa le lundi, 18 janvier. Le samedi 16, au soir, leurs hommes d'action se réunirent dans une maison du quartier San-Juan pour concerter les dernières mesures à prendre. Garcia Moreno, qui les faisait surveiller de très près par ses émissaires, pénétra leur secret, convoqua ses amis ce soir-là même et leur fit connaître ses intentions :

« Si vous voulez sauver le pays, dit-il, ce n'est pas demain qu'il faut agir, c'est aujourd'hui, c'est ce soir. Il est dix heures ; vers minuit, je me rendrai à la caserne pour gagner l'armée à notre cause. Vous me suivrez, en petits groupes, pour ne pas attirer l'attention. Si je réussis, comme je l'espère, vous entrerez à la caserne, et je vous donnerai à chacun une escouade de soldats pour consigner chez eux le président et ses ministres, et arrêter les radicaux au milieu de leur conciliabule. »

Les rôles distribués à chacun, à l'heure dite, Garcia Moreno s'achemina vers la caserne, suivi de ses amis, échelonnés dans l'ombre. En voyant cet inconnu se diriger vers lui, le soldat de faction fit entendre le traditionnel « qui vive ? — Garcia Moreno. » En présence du chef qu'il avait appris à respecter, le soldat troublé lui demanda ce qu'il voulait à pareille heure. « Je veux sauver la religion et la patrie. Tu me connais : laisse-moi passer. — *Viva* Garcia Moreno ! répondit le soldat. Arrivé au corps de garde, il rencontra l'officier de service avec les soldats du poste, et leur annonça que l'infâme Urbina ayant entrepris de bouleverser le pays, il venait encore une fois s'appuyer sur l'armée pour défendre la religion et la patrie. — « *Viva* Garcia Moreno ! » cria tout le poste. Au bruit que faisaient leurs camarades, les soldats, réveillés en sursaut, descendirent avec une vive agitation Garcia Moreno leur parla des dangers que courait le pays, et que tous du reste connaissaient. Son ton énergique, incisif, eut bientôt porté la conviction dans tous les cœurs et arraché de toutes les poitrines le cri d'adhésion : « *Viva* Garcia Moreno ! »

Les chefs de l'armée n'avaient pas voulu prendre l'initiative du pronunciamento ; mais, en déplorant eux-mêmes la faiblesse impardonnable du président, ils furent très heureux de se rallier au mouvement. De l'agrément de tous, Garcia Moreno prit à l'instant le commandement des troupes, fit consigner Espinosa dans sa maison, et envoya une compagnie s'emparer des clubistes de la rue San-Juan. Mais déjà la ville était en émoi ; les radicaux, ayant eu vent de ce qui se passait, avaient jugé prudent de s'évader au plus vite ; la musique militaire, par ses joyeuses fanfares, annonçait à tous le grand évènement ; et les habitants de Quito, transportés de joie, parcouraient les rues en criant de toutes leurs forces : « *Viva* Garcia Moreno ! »

Les pères de familles et les notables de la cité, réunis au palais du gouvernement, sous la présidence de Raphaël Carvajal, rédigèrent aussitôt l'acte suivant dont lecture fut donnée au public au milieu de tonnerres d'applaudissements :

« Les soussignés, rassemblés pour aviser aux moyens de sauver la nation de la crise terrible qu'elle traverse en ce moment, considérant :

« Que le président de la République, trahissant la confiance du peuple, a nommé aux charges publiques des ennemis acharnés de l'ordre, lesquels profitent de l'autorité remise en leurs mains pour préparer le retour à l'antique esclavage ;

Que le gouvernement, non content de mettre à la tête des provinces des urbinistes déclarés, contemple avec indifférence les attentats qu'ils commettent pour arriver au triomphe de leur parti, et cela malgré les dénonciations de la presse et malgré des documents d'une évidence accablante ;

« Qu'Urbina attend à la frontière l'heure choisie par des traîtres pour lui livrer l'importante place de Guayaquil, sans que le président de la République prenne aucune mesure pour assurer l'ordre et la paix ;

« Qu'à Riobamba, Cuenca, et ailleurs, les démagogues conspirent à ciel ouvert, sans que le gouvernement se préoccupe en aucune manière de préserver la patrie d'une révolution sanglante et désastreuse ;

« Que le rétablissement de l'humiliant despotisme, dont nous a délivrés la glorieuse révolution du 1er mai 1859, a nécessairement pour conséquence la destruction des principes religieux, moraux et politiques, sans lesquels il n'y a pour la nation ni stabilité ni progrès ;

« Que, sans égard pour la constitution, laquelle déclare la religion catholique, apostolique et romaine religion de l'État, et oblige les pouvoirs publics à la défendre et à la faire respecter, le président laisse propager d'infâmes pamphlets destinés à miner les fondements du catholicisme ;

« Qu'en conséquence de tous ces faits, le ministre de l'intérieur a donné sa démission, ne voulant pas se faire complice d'une telle politique ;

« Arrêtent d'un commun accord :

« Le gouvernement actuel est privé de toute autorité. Don Gabriel Garcia Moreno exercera le pouvoir en qualité de président intérimaire avec toutes les facultés nécessaires pour réorganiser la république, conserver l'ordre à l'intérieur et la paix à l'extérieur ;

« La constitution et les lois de l'État restent en vigueur, en tant que le permettront les circonstances dans lesquelles se trouve la nation. Une convention nationale sera convoquée à l'effet de réformer la constitution et la législation. Le projet de constitution adopté par la convention, sera soumis à la ratification du peuple. »

Des vivats cent fois répétés accueillirent ces déclarations, et surtout la nomination de Garcia Moreno comme chef du gouvernement. Séance tenante, le nouveau président rédigea cette proclamation à la nation, où l'on sent vibrer à chaque ligne son âme de patriote :

« Mes chers concitoyens, après avoir fait tous les efforts imaginables près du président Espinosa pour sauver la république, menacée de redevenir au premier jour la proie de ses plus irréconciliables ennemis, j'ai dû me mettre à la tête de l'armée pour empêcher une nouvelle effusion de sang et le retour aux horreurs de la guerre civile.

« A Guayaquil, des agents d'Urbina négociaient avec des traîtres la reddition de la place ; dans les autres villes on applaudissait, en présence des autorités, au retour de l'infâme despote. Aveuglé par de perfides suggestions, le président autorisait par sa tolérance cette odieuse conspiration. Patienter plus longtemps, c'eût été se rendre responsable des maux qui allaient fondre sur nous et commettre un crime de trahison.

« J'ai accepté la charge périlleuse de sauver le pays de cette nouvelle conjuration de Catilina, sans autre mobile, je puis le dire, que mon dévouement à la patrie. En preuve de ma sincérité, je promets devant Dieu et devant le peuple, sur ma parole d'honneur toujours inviolée, qu'une fois l'ordre assuré, les institutions réformées, je quitterai le pouvoir pour le remettre aux mains du citoyen que la libre volonté du peuple désignera. Même si j'étais élu, je refuserais la présidence. »

On le voit, Garcia Moreno revenait à sa première idée saisir l'autorité pour barrer le chemin à Urbina, puis se retirer. Est-ce donc un ambitieux vulgaire, cet homme qui renonce volontairement à gouverner son pays au moment où tout le peuple l'acclame comme un libérateur ? Et pourtant, à entendre la bande franc-maçonne, Garcia Moreno n'a déposé le président Espinosa que pour prendre sa place !

Il fallait maintenant obtenir l'adhésion des provinces au pronunciamento de la capitale. Après avoir expédié des courriers dans toutes les directions pour donner le mot d'ordre à ses amis, Garcia Moreno partit à marches forcées pour Guayaquil, où déjà il avait dépêché don Felipe Sarrade pour faire part au gouverneur Darquea des évènements survenus et le décider à employer toute son influence en faveur du pronunciamento. En passant, et pour ainsi dire au vol, le nouveau chef établit son autorité à Latacunga, à Ambato, à Guaranda, à Babahoyo. Arrivé à Guayaquil, le 20, vers neuf heures du soir, sans prendre un instant de repos, il se rendit à la caserne d'artillerie, la plus menacée d'un assaut urbiniste. A peine eut-il expliqué aux chefs et aux soldats la transformation survenue dans la capitale que tous s'écrièrent :

Viva Garcia Moreno ! Pendant ce temps, le docteur Sarrade parlementait avec Darquea, qui ne se laissait pas vaincre sans résistance. Tous deux ignoraient la présence de Garcia Moreno, quand un agent vint subitement interrompre leur conférence : « *El senor* Garcia Moreno est à la caserne d'artillerie, dit-il à Darquea, et il vous demande. » — « Garcia Moreno ! fit le gouverneur stupéfait, docteur, allons le trouver. » A la caserne, ils furent bien surpris de le voir assis tranquillement à une table, écrivant et dictant des ordres. La besogne était finie : Darquea se mit à la disposition du nouveau chef avec ses troupes, de sorte que ce dernier put adresser ce discours à ses compatriotes :

« Citoyens de Guayaquil, une révolution inique tramée de la manière la plus insolente par les agents du lâche Urbina, et favorisée par la connivence du gouvernement, allait rejeter notre patrie entre les mains de la tyrannie. Déjà les révolutionnaires avaient reçu du Pérou les armes destinées à nous assaillir ; déjà les poignards brillaient aux mains des bandits payés pour nous assassiner.

« Mes chers concitoyens, celui qui ne vous a point abandonnés en 1860, alors que la République était agonisante, ne pouvait point, sans commettre le crime de lèse-patrie, vous délaisser dans la crise actuelle. Pour vous défendre contre vos implacables ennemis et rendre au pays l'ordre et la paix, j'ai quitté ma retraite et me suis rendu dans la capitale où le peuple et l'armée m'ont confié la grande tâche de sauver le pays.

« Je veux remplir cette difficile mission, mais je compte sur la valeur et la loyauté des généraux, chefs, officiers et soldats de l'armée, sur la coopération de tous les gens de bien, sur le dévouement du peuple, et par-dessus tout sur la divine Providence dont j'implore le secours avec une inaltérable confiance.

« Équatoriens, le 17, en quittant la capitale, j'ai fait le serment solennel et public de déposer le pouvoir aussitôt après avoir organisé le gouvernement et réformé la législation de concert avec une convention nationale je tiendrai parole. Le jour où nos ennemis réduits à l'impuissance, je remettrai le pouvoir à l'élu du peuple, sera le plus heureux de ma vie. »

La foule applaudit par des vivats sans fin. Comme au retour de Jambeli, les urbinistes criaient plus haut que les autres ; pour refroidir un enthousiasme dont on pouvait à bon droit suspecter la sincérité, Garcia Moreno mit la province en état de siège. Les agents d'Urbina avaient fait de Guayaquil leur arsenal : tous les détenteurs d'armes, fusils, poignards et autres engins de révolution, furent sommés de les porter dans les vingt-quatre heures au bureau de police, sous peine d'être traités en ennemis publics. Un décret condamna les perturbateurs de profession à quitter le pays, et stipula que tout individu convaincu d'avoir favorisé les traîtres serait jugé militairement. L'insurrection était étouffée dans son germe.

Quelques jours après, de retour à Quito, Garcia Moreno recevait les adhésions chaleureuses de Riobamba, de Cuenca, de Loja, et de toutes les provinces. Les colonnes du journal officiel ne suffisaient pas à les enregistrer [1]. On se félicitait, d'un bout de l'Équateur à l'autre, d'avoir pu opérer cette contre-révolution sans verser une goutte de sang, sans brûler une seule cartouche, et cela grâce à l'énergie de l'homme incomparable qui, depuis dix ans, apparaissait dans toutes les crises comme l'invincible défenseur de la religion et de la société. Aussi, à part les sectaires qui le glorifiaient du reste par leurs outrages, n'y eut-il qu'un cœur et qu'une âme

---

[1] *Estrella de Mayo*, 22, 28 janvier ; 3 et 13 février.

pour entonner l'hymne de louange et de gratitude en l'honneur de Garcia Moreno. Le conseil municipal de Quito décréta que le buste du libérateur serait placé dans la salle de ses séances, « en reconnaissance du magnanime courage et du grand esprit politique dont il avait fait preuve dans la transformation qui venait de s'opérer. Après tant d'années consacrées à la régénération de l'Équateur, disait le décret, Garcia Moreno le voyait sombrer de nouveau dans l'immoralité et l'anarchie : son bras vigoureux a conjuré la tempête et ouvert à tous, aux commerçants, aux laboureurs, une nouvelle ère de prospérité. » La *Société patriotique* lui offrit ses congratulations pour avoir, « avec une rapidité qui tient du prodige, préservé la nation d'une guerre civile. » La *Société conservatrice* fit célébrer un messe solennelle d'actions de grâces pour remercier Dieu « du splendide triomphe des principes conservateurs, et célébrer la rentrée au pouvoir du noble chef dont le cœur n'a jamais battu que pour le bien de la patrie. »

A toutes ces adresses et autres semblables, Garcia Moreno répondit « qu'en se dévouant au salut du pays, il n'avait fait que son devoir, ce qui ne lui conférait aucun titre aux remercîments de ses concitoyens. Notre gratitude, ajouta-t-il, doit s'élever jusqu'au ciel. C'est Dieu qui nous a sauvés, avec une promptitude inouïe, des calamités dont nous étions menacés : donc, à Dieu seul, amour, louange et gloire ! »

A ce grand chrétien et à ce grand homme d'État vainqueur de la Révolution, incombe maintenant la tâche non moins difficile et non moins glorieuse de faire passer la contre-révolution dans les lois et dans les mœurs, c'est-à-dire de fonder la République chrétienne. Cette œuvre de vraie civilisation, déclarée impossible au XIXe siècle, il nous reste à montrer comment Garcia Moreno l'a réalisée.

CHAPITRE XXIII.

LE PRÉSIDENT MALGRÉ LUI

1869.

En reprenant les rênes du gouvernement, Garcia Moreno était bien décidé à réaliser l'œuvre de civilisation catholique dont il n'avait pu que poser les bases durant sa première présidence. A la différence des révolutionnaires qui, comme Satan dans l'Éden, se glissent dans l'État pour soutirer au peuple tous ses biens, sa religion, sa morale et même sa bourse, l'homme de la contre-révolution n'arrivait au pouvoir qu'afin de rétablir le royaume de Dieu et sa justice. Ayant renoncé d'avance au mandat présidentiel, sa seule ambition comme chef intérimaire était d'engager l'avenir en donnant au pays une constitution vraiment catholique.

Or, cette constitution, il ne pouvait l'asseoir sur une base solide sans opérer des destructions, c'est-à-dire sans saper les institutions anarchiques créées par la Révolution. Le 12 février, à peine rentré dans la capitale, il supprima d'un trait de plume l'Université de Quito, dont il avait pu apprécier de longue date les doctrines libérales. Disciple, il y avait puisé les erreurs les plus pernicieuses sur le droit absolu de l'État; recteur, il avait en vain lutté contre des vices incurables; chef de l'État, ses bonnes intentions avaient été constamment paralysées par le conseil de l'instruction publique, ce quatrième pouvoir, comme il l'appelait dans ses messages. Actuellement, l'Université, triste école de sophistes, ne cessait de déclamer contre l'autorité de l'Église et les principes régulateurs de l'ordre social. Il mit résolûment la cognée à cette racine de l'arbre révolutionnaire. « Considérant, dit le décret, que l'organisation et la direction de l'instruction publique sont absurdes; que l'Université de la capitale, outre les funestes effets produits par l'insuffisance de son enseignement, n'a été par ses détestables doctrines qu'un foyer de perversion pour la jeunesse, nous déclarons l'Université dissoute et le conseil de l'instruction publique supprimé. » Un autre décret fermait le collège national de Cuenca, « autre foyer d'immoralité fondé à grands frais deux ans auparavant, sans autre raison que de nuire à un établissement catholique très prospère. » La Franc-maçonnerie, si empressée à détruire l'enseignement catholique partout où elle règne, ne trouvera pas mauvais qu'un chef d'État chrétien proscrive ses écoles diaboliques. C'est une simple question de logique. Les partisans de la conciliation entre Dieu et le diable pourront seuls blâmer Garcia Moreno.

Après ces premiers travaux de déblaiement, il publia le décret convoquant les électeurs. La convention devait se composer de trente députés, trois pour chacune des dix provinces. La convention avait pour mission principale de voter une nouvelle constitution soumise ensuite à la ratification du peuple.

Cette perspective d'une convention catholique qui, sous l'influence et la direction de Garcia Moreno, allait jeter les bases d'un État chrétien, jeta les radicaux dans une espèce de désespoir furieux; aussi résolurent-ils de tenter le coup de main que la transformation subite du 17 janvier avait fait ajourner. Un officier de Guayaquil, le général José Vintimilla, devenu depuis quelques années l'ennemi politique de Garcia Moreno et l'agent secret d'Urbina, après avoir embauché certains officiers de la caserne d'artillerie, crut pouvoir profiter du jour de sa fête, 19 mars, pour donner le signal de l'insurrection. Dès trois heures du matin, ayant rejoint ses complices à la caserne et corrompu les soldats à prix d'or, il combina son plan d'attaque. A six heures, accompagné d'une troupe d'insurgés, il pénétra par une porte secrète dans la maison du commandant général Darquea, le surprit au lit et le conduisit prisonnier à la caserne. Les gardiens reçurent l'ordre de lui brûler la cervelle à la moindre tentative d'évasion.

Les conjurés se dirigèrent alors vers la caserne d'infanterie en criant : « Vive Urbina! Vive Carbo! Vive Vintimilla ! » Mais déjà, grâce à l'énergie de quelques chefs intrépides, la résistance était organisée. On se battit dans les rues durant plusieurs heures. Les révolutionnaires, acculés à leur caserne, se défendaient comme des désespérés, quand tout à coup le général Darquea, confiné dans sa prison, s'apercevant à l'émotion de ses soldats, devenus ses geôliers, qu'ils remplissaient leur rôle à contre-cœur, leur montre qu'on les a indignement trompés, les décide à lui prêter main forte, et se met avec eux en état de défense. Pendant qu'il observe l'ennemi, un de ses soldats décharge son arme par une fenêtre et frappe au front Vintimilla, qui tombe raide mort. Profitant de la confusion et de la panique des insurgés, Darquea s'élance de la prison, se remet à la tête des troupes fidèles et achève la déroute des révolutionnaires. Les chefs s'enfuirent lâchement, laissant derrière eux cent cinquante morts ou blessés.

Garcia Moreno apprit la révolte en même temps que la victoire. Il félicita le peuple et l'armée de ce que « la trahison qui couvait depuis un an dans le but de livrer la république au lâche Urbina aboutissait enfin au tombeau de l'ignominie. » La déportation de plusieurs chefs insurgés et l'état de siège étendu à toutes les provinces ôta aux perturbateurs la tentation de continuer un métier devenu dangereux.

L'insurrection du 19 mars donna un corps aux préoccupations qui agitaient beaucoup d'esprits. On disait que Garcia Moreno étant le seul homme capable de maintenir la paix à l'Équateur, il fallait obtenir de lui qu'il revînt sur son serment et déjà l'on signait des pétitions en ce sens, quand parut au journal officiel la note suivante : « Le président de la république apprend avec non moins de surprise que d'indignation l'extrême liberté que se donnent certaines personnes de racoler des signatures à l'effet de l'obliger moralement à enfreindre un serment solennel. Rien au monde ne le déterminera à se déshonorer par la violation de sa parole. Il engage donc ces zélés à s'abstenir de démarches inutiles, il use même de son droit pour le leur commander. On doit tout sacrifier à la patrie, excepté la foi, la conscience et l'honneur. » On cessa de pétitionner, mais on n'en persista pas moins dans la volonté d'avoir pour chef Garcia Moreno.

Le 16 mai, à l'ouverture des séances de la convention, il se présenta devant les députés, presque tous ses amis dévoués, pour leur expliquer son projet de constitution. Le projet contenait, leur disait-il, les réformes impérieusement exigées pour réaliser l'ordre et le progrès, c'est-à-dire la vraie félicité de la nation. Il avait eu dans ce travail deux objets en vue : le premier, harmoniser les constitutions politiques avec les croyances religieuses ; le second, investir l'autorité d'une force suffisante pour résister aux assauts de l'anarchie. Il ajouta ces nobles paroles que nos hommes d'État feraient bien de méditer : « La civilisation, fruit du catholicisme, dégénère à mesure qu'elle s'éloigne des principes catholiques : de là la débilité progressive des caractères, maladie endémique de notre siècle. Heureusement, nous avons reconnu jusqu'ici dans nos institutions l'unité de croyances, le seul lien qui nous reste dans ce pays divisé par des intérêts de partis, de races, de provinces ; mais cette reconnaissance purement nominale laisse la porte ouverte à toutes les attaques contre l'Église. Entre le peuple prosterné au pied des autels du vrai Dieu et les ennemis de notre sainte religion, il faut élever un mur de défense, et c'est là ce que je me suis proposé, comme réforme essentielle, dans ce projet de constitution. Quant aux attributions du pouvoir exécutif, la raison et l'expérience ont démontré qu'un pouvoir faible est insuffisant, dans nos pays agités, pour défendre l'ordre public contre les entrepreneurs de révolutions. Du reste, comme mon serment du 17 janvier m'interdit d'accepter le pouvoir, on ne m'accusera pas d'égoïsme ou de visées ambitieuses, si je vous demande de fortifier une autorité dont l'exercice ne peut m'être dévolu. »

Il termina son message par une déclaration plus formelle encore, relativement à la future présidence. « Je me suis efforcé durant ces quatre mois de répondre à la confiance du peuple ; il me reste maintenant, en rentrant dans la vie privée, à vous demander pardon des erreurs dans lesquelles je serai tombé bien des fois sans doute, malgré la droiture de mes intentions et le patriotisme qui m'a toujours guidé. L'infaillibilité et la parfaite rectitude sont l'apanage exclusif de Celui qui s'appelle la source éternelle de la vérité et de la justice ; puisse-il vous éclairer et vous diriger dans un travail dont va dépendre le bonheur de notre patrie ! »

Rentré chez lui, il envoya immédiatement au président de l'assemblée sa démission officielle. « Il avait accepté la charge de président intérimaire jusqu'à la réunion de la convention, avec l'obligation formelle de déposer le pouvoir entre ses mains : il considérait donc comme un devoir de céder à un autre les rênes du gouvernement. » Les députés furent d'un avis contraire ; usant de leurs droits, car le président définitif ne devait être nommé qu'après le vote de la constition, ils le réélurent à l'instant président par intérim. Ce fut en vain ; esclave de son serment, il déclina de nouveau la charge qu'on voulait lui imposer, et dans des termes si accentués que les députés renoncèrent pour le moment à l'espoir de le fléchir. L'assemblée accepta donc sa démission. mais en chargeant Carvajal, son président, de lui faire savoir « qu'elle cédait à des raisons de déférence, et non aux motifs présentés par lui pour refuser le pouvoir. » « La convention nationale, lui disait-on, ne reconnaît point aux bons citoyens le droit de refuser leurs services à la patrie. Les hommes de bien, de moralité, de progrès, se doivent absolument à la nation. Ni les serments de refuser les charges publiques, ni les contradictions plus ou moins violentes éprouvées dans la défense des principes sociaux, ne peuvent vous affranchir de l'imprescriptible devoir de vous mettre à sa disposition toutes les fois qu'elle réclame votre concours. Persuadée que les devoirs sacrés du citoyen l'emportent sur des scrupules de délicatesse, la convention espère que Garcia Moreno restera disposé, comme toujours, à servir le pays avec l'honneur, la loyauté et le patriotisme qui le caractérisent. »

Cette pièce, signée par tout le bureau de l'assemblée, montre que la convention de 1869, aussi bien que le congrès de 1865, voyait en Garcia Moreno l'homme providentiel et nécessaire. Pour le remplacer temporairement au fauteuil, elle élut son beau-frère, Manuel Ascasubi, lequel associa immédiatement Garcia Moreno à son gouvernement en lui donnant le portefeuille des finances. Mais ce n'était pas assez pour neutraliser le mauvais effet produit dans le peuple par la retraite du grand citoyen, ni peut-être pour comprimer la joie non dissimulée des radicaux on proposa de le nommer général en chef de l'armée. La motion fu soumise à l'assemblée, qui la vota d'urgence et par acclamation, sur la proposition de Carvajal : « Pourquoi délibérer, s'écria ce dernier, sur une question résolue depuis longtemps par un vote indéclinable du peuple ? Nul doute sur le mérite de Garcia Moreno, dont le génie et les services sont écrits en caractères éclatants à chaque page de notre histoire depuis dix ans, dix ans de luttes entre l'ordre et l'anarchie. Et après dix ans, pouvons-nous assurer que les éternels partisans du désordre nous laisseront nous reposer de tant de secousses ? Il est de toute justice et de toute nécessité que nous donnions Garcia Moreno comme centre de ralliement à notre vaillante armée. » Le décret fut voté d'urgence.

L'assemblée mit alors à son ordre du jour le projet de constitution élaboré par Garcia Moreno, et dont voici les principales dispositions.

Au frontispice des chartes issues de la Révolution, les législateurs inscrivent le nom de la divinité nouvelle : le peuple souverain. Garcia Moreno, lui, grava ces mots majestueux en tête de la sienne. « Au nom de Dieu, un et trine, auteur conservateur et législateur de l'univers. » C'était se séparer radicalement des rationalistes de toute nuance, lesquels s'adjugent le droit de constituer une nation sans tenir compte de la révélation surnaturelle, ni de l'Église, son interprète. Pour Garcia Moreno le Dieu vivant ou la Sainte-Trinité, le Dieu de l'Église catholique, est le législateur suprême, et par conséquent aucune puissance en ce monde, impériale, royale ou populaire, n'a le droit de légiférer, si ce n'est en son nom et sous sa dépendance.

En conséquence, le premier article de la constitution déclare « la religion catholique, apostolique et romaine, religion de l'État à l'exclusion de toute autre, et la maintient en possession inaliénable des droits et prérogatives dont les lois de Dieu et les prescriptions canoniques l'ont investie, avec obligation pour les pouvoirs publics de la protéger et de la faire respecter. » C'est la reconnaissance solennelle et effective de la royauté du Christ et de son Église. Je dis *effective,* car depuis quarante ans, les entrepreneurs de constitution dans l'Amérique du Sud avaient tous déclaré le catholicisme religion de l'État, mais pour l'enchaîner plus facilement à l'État, en la dépouillant de tous ses droits et privilèges. La constitution équatorienne, en stipulant que l'Église jouirait de tous les droits et prérogatives que lui assurent les lois de Dieu et les prescriptions canoniques, authentiquait officiellement le concordat libérateur, et l'abolition de toutes les entraves au moyen desquelles le pouvoir civil restreignait ou annulait l'action du clergé. L'Église reprend son rang de reine, possède, administre ses biens, surveille l'enseignement, organise ses tribunaux, convoque des synodes et des conciles, choisit ses pasteurs, en un mot, remplit sa mission divine sans avoir à craindre les appels comme d'abus et les refus d'*Exequatur*. C'est l'union intime de l'Église et de l'État telle que la formule le Syllabus par la condamnation formelle des propositions contraires [1].

Mais cette union vitale, il fallait en assurer la perpétuité, et pour cela écarter du pouvoir les hommes de discorde. A cet effet, dans l'article de la constitution relatif aux droits des citoyens, Garcia Moreno introduisit cette clause « qu'on ne peut être électeur ou éligible ou fonctionnaire à un degré quelconque sans professer la religion catholique »; comme cette exigence paraissait exorbitante à certains députés libéraux, on répondit « qu'il ne faut pas se contenter de déclarations platoniques, mais tirer hardiment la conséquence des principes posés. Si l'on peut exercer les droits de citoyen sans être catholique, il s'ensuivra qu'un juif, un protestant, un renégat, pourra devenir magistrat, professeur, ministre ou même président de la République, et, sans que ni la loi ni le peuple puissent s'y opposer, infiltrer au cœur de la société des principes immoraux et impies qui bientôt la conduiraient à sa ruine. Ainsi Rocafuerte avait-il profité de son passage au pouvoir pour introduire à l'Équateur des instituteurs protestants et favoriser la propagande biblique. L'unité religieuse est l'honneur et le bonheur du peuple équatorien ; il ne faut point permettre aux impies de semer la zizanie au sein de ce peuple. Comment les nations catholiques laisse-

---

[1] Voir le Syllabus, prop. 30 à 50.

raient-elles entamer chez elles l'unité de foi, alors que les souverains de Londres et de Pétersbourg font l'impossible pour unifier sous le rapport religieux leurs sujets de Pologne et d'Irlande ? » Les opposants s'emportèrent jusqu'à pronostiquer des réactions et des vengeances, en cas de nouvelles révolutions politiques. « Quand l'autorité ecclésiastique jouit d'un pouvoir excessif, s'écria un orateur, comme autrefois dans certains pays d'Europe, il suffit d'un moine pour propager la réforme dans ce pays. » Garcia Moreno bondit sur son banc en entendant cette menace et ce sophisme historique. « Il faut élever, répondit-il, un mur de séparation entre les adorateurs du vrai Dieu et ceux de Satan. La crainte de la persécution en cas d'invasion radicale est une crainte vile et ignominieuse. Jamais pareille crainte ne nous empêchera d'affirmer la vérité catholique dans toute son intégrité. Quant à la réforme protestante, elle n'a point eu pour cause l'excessive autorité de l'Église, mais les passions d'un moine orgueilleux et de princes débauchés. En proclamant le libre examen, Luther n'a point déclamé contre des excès d'autorité, mais contre l'autorité elle-même. »

Cet article fondamental fut voté à l'unanimité, moins deux voix. Le mur de séparation dont avait parlé Garcia Moreno atteignit toute sa hauteur par l'adoption d'une autre clause déclarant « déchu de ses droits de citoyen tout individu appartenant à une société prohibée par l'Église. » Rien de plus logique si l'on écarte des urnes et des emplois le simple rationaliste qui n'adhère point à l'Église, à plus forte raison le franc-maçon qui jure de la détruire ! La constitution enlève les droits de citoyens à l'ivrogne, au vagabond, à l'interdit, au banqueroutier, au repris de justice : aucun de ces dégradés n'est aussi nuisible à la société que le sectaire occupé du matin au soir à en saper les fondements. Toutefois, il fallait de l'audace à Garcia Moreno, pour barrer le chemin aux chevaliers de l'équerre et du triangle, et les déclarer indignes du plus petit emploi sur ces pauvres montagnes, alors qu'ils trônent dans tous les ministères, à Paris, à Londres, à Bruxelles, à Berlin ! Dès ce jour, au sein de leurs conciliabules, le nom de Garcia Moreno ne sera plus prononcé qu'au milieu des révolvers et des poignards.

L'État catholique constitué, il s'agissait de restaurer le pouvoir civil, amoindri ou annulé par les théoriciens du libéralisme. Garcia Moreno n'admettait pas qu'un chef d'État fût un soliveau, installé sur un fauteuil ou sur un trône, pour contre-signer sans mot dire les décrets souvent stupides et quelquefois criminels d'une cohue d'idéologues qu'on appelle le parlement souverain. La constitution nouvelle opposa une digue au pouvoir des chambres. En accordant à l'Église la jouissance de ses droits et privilèges canoniques, il enlevait aux parlementaires le thème ordinaire de leurs abus de pouvoir. Si, dans tous les pays, les législateurs s'obligeaient à respecter les lois de Dieu et de l'Église, la tribune serait souvent muette. De fait, les congrès de l'Équateur n'avaient à délibérer que sur des questions d'ordre temporel. Ne traitant plus comme les nôtres, *de omni re scibili,* quelques mois leur suffisaient tous les deux ans pour régler les affaires courantes. Même dans les questions purement civiles, la nouvelle constitution refréna l'omnipotence du congrès en attribuant au gouvernement un droit de veto, qui renvoyait la loi au futur congrès. Après deux ans, les circonstances étaient changées, les passions calmées, les esprits plus éclairés, et l'on s'étonnait souvent du dissentiment qui avait existé.

Restait à se précautionner contre les anarchistes de profession et entrepreneurs de pronunciamentos. Certaines dispositions ajoutées au code pénal, leur donnèrent à réfléchir. On a vu comment les tentatives de rébellion restaient impunies ou par la trahison des juges ou par l'insuffisance des lois. La constitution édicta des peines sévères contre les simples tentatives de rebellion ou de sédition, non suivies d'effet pour un motif indépendant de la volonté de leurs auteurs.

Ces peines épouvantèrent d'autant plus les révolutionnaires, que, pour leur ôter tout espoir de s'y soustraire, un article conféra au gouvernement le droit, en cas d'insurrection, de mettre le pays en état de siège, avec faculté, pendant ce temps « d'ordonner des visites domiciliaires, d'appréhender les personnes suspectes et de les transporter à l'étranger, de s'emparer des armes et munitions, de prohiber les publications ou fermer les cercles qui lui paraîtraient dangereux pour l'ordre public, d'augmenter la force armée et de mettre la garde nationale sur pied, d'imposer aux fauteurs de désordre des contributions de guerre, et de faire juger militairement les auteurs, complices ou simples auxiliaires dans l'acte d'invasion ou de sédition. » Aux libéraux qui trouvaient ces mesures trop énergiques, Garcia Moreno fit observer que les pouvoirs extraordinaires conférés par l'état de siège sont consignés dans toutes les constitutions sérieuses ; or, si partout le gouvernement doit être armé contre les séditieux, « à plus forte raison dans les républiques hispano-américaines, où la rébellion contre l'autorité, passée à l'état chronique, devient pour certains spéculateurs le gagne-pain ordinaire. Il faut armer le gouvernement pour défendre les honnêtes gens. Ce serait un crime de lier les mains au pouvoir, par respect pour des voleurs et des assassins de profession. »

Les pouvoirs du président déterminés, on s'occupa de remédier à l'instabilité du gouvernement, ce vice caractéristique du régime républicain. A l'Équateur, le président siégeait quatre ans, selon la loi sacro-sainte des États-Unis, que les états du Pacifique vénèrent comme un fétiche. Son mandat expiré, le président ne pouvait briguer la réélection, quels que fussent ses services ou ses mérites. Les députés et les sénateurs naissaient et mouraient tous les deux ans, c'est-à-dire à chaque législature. On arrivait ainsi au mouvement perpétuel, si cher aux ambitieux ; au vote perpétuel, le rêve des brouillons et des émeutiers ; aux révolutions sans fin, à la décrépitude progressive, comme l'avait fait remarquer Garcia Moreno au congrès de 1865. Il ne craignit donc pas de rompre avec le système américain : Le président, dit la nouvelle constitution, élu pour six ans, rééligible pour une seconde période, ne pourra être investi d'un troisième mandat qu'après un intervalle de six autres années. Les députés seront également élus pour six ans et les sénateurs pour neuf, les uns et les autres renouvelables par tiers tous les deux ans. » Ainsi délivré du fléau des élections continuelles, le pays put utiliser le génie d'un homme d'État, sans craindre néanmoins de le voir s'éterniser au pouvoir.

Telle nous apparaît, dans ses grandes lignes, la constitution de Garcia Moreno, constitution catholique où l'autorité divine et humaine se donnent la main pour travailler de concert au bonheur éternel et temporel du peuple, le plus magnifique effort qu'on ait fait depuis cent ans, et même depuis la réforme protestante, pour réagir contre le paganisme révolutionnaire. Quel État aujourd'hui reconnaît officiellement l'Église du Christ avec ses droits et prérogatives, et se soumet à la loi de Jésus-Christ, promulguée, expliquée et appliquée souverainement par le Pape ? Cette charte nouvelle, son œuvre et celle des députés, Garcia Moreno en fit l'œuvre et la gloire du peuple entier par la ratification qu'il sollicita des collèges électoraux. Ce plébiscite dépassa son attente. Quatorze mille électeurs contre cinq cents acclamèrent la constitution catholique, et montrèrent qu'au milieu de l'apostasie générale des nations, il se trouve encore sur la terre un peuple chrétien.

Ce peuple attendait avec impatience le vote de la constitution pour arriver à la question brûlante de la présidence définitive. Les députés, plus que jamais décidés à ne tenir aucun compte des scrupules de Garcia Moreno, ne s'en cachaient pas dans leurs conférences avec lui. Un serment, lui disaient-ils, qui contriste tous les bons citoyens et comble les vœux des révolutionnaires, un serment qu'on ne peut tenir sans nuire gravement au bien public, ne saurait être obligatoire. Dans de pareilles conjonctures, refuser de se rendre à l'appel de la nation, ne serait plus un acte de vertu, mais une faute. Garcia Moreno n'ignorait point ces principes de saine théologie, mais il en contestait l'application. Il entendait déjà la cohue révolutionnaire l'appeler traître et parjure, et lui reprocher devant le peuple son manque de parole. Le peuple, très peu théologien, se laisserait prendre au fait matériel ; et quelle influence aurait-il sur le pays, s'il perdait son prestige d'honnête homme et de chrétien? Les députés répondirent à cette objection qu'il devait être habitué depuis longtemps aux outrages des révolutionnaires ; quant au peuple, au vrai peuple, parfaitement au courant d'une question débattue depuis cinq mois, il ne lui pardonnerait jamais de l'avoir livré, par un faux sentiment d'honneur, aux ennemis de la religion et de la patrie.

Le 29 juillet, la convention se réunit dans l'église de la

compagnie de Jésus, où, après une messe solennelle, elle procéda à l'élection du président de la république. Garcia Moreno fut élu à l'unanimité moins une voix. Le président Carvajal lui transmit la décision de l'assemblée, espérant de son patriotisme, disait-il, qu'il s'inclinerait devant cette nouvelle manifestation de la confiance nationale. Mais Carvajal se trompait : cette volonté de fer ne savait pas plier, ni cette conscience délicate se rassurer. Il supplia la convention de prendre en considération les motifs tant de fois allégués, et d'accepter sa renonciation. Il ne restait pour vaincre son obstination qu'à commander en vertu de son pouvoir suprême : la convention ne recula pas devant ce devoir. A l'unanimité, les députés refusèrent d'agréer les excuses du président nommé, « attendu que ses services paraissaient indispensables pour consolider l'ordre et la paix, et lancer la République dans la voie du véritable progrès. » Carvajal l'informa de cette résolution définitive de l'assemblée, « persuadé, disait-il, que cédant enfin à la volonté nationale représentée par la convention, il se présenterait le lendemain à l'église métropolitaine pour prêter le serment constitutionnel. »

Devant un ordre formel, Garcia Moreno n'avait plus qu'à se soumettre, non pas qu'il reconnût la souveraineté absolue de la nation sur l'individu, mais parce que, dans cette circonstance, la voix du peuple lui parut la voix de Dieu. Le lendemain, 30 juillet, entouré des autorités civiles et militaires, il se rendit à la cathédrale pour la solennelle cérémonie du serment. Là, en face du clergé, de l'assemblée et du peuple, il s'écria d'une voix ferme :

« Je jure par Dieu Notre-Seigneur, et par ces saints Évangiles, de remplir fidèlement ma charge de président de la république ; de professer la religion catholique, apostolique et romaine ; de conserver l'intégrité et l'indépendance de l'État ; d'observer et de faire observer la constitution et les lois. Si je tiens parole, que Dieu soit mon aide et ma défense ; sinon, que Dieu et la patrie soient mes juges ! »

Carvajal se fit l'interprète de la nation tout entière en félicitant le nouveau président. « Religion et patrie ! dit-il, vous avez uni ces deux noms dans votre serment, parce que de leur union, dépend la félicité sociale. Hors de là, le pouvoir n'est qu'un instrument de domination. En entendant ces paroles, le peuple a droit d'attendre beaucoup de vous, car, au nom du Dieu de justice, vous venez de promettre dévoûment à la patrie, fidélité aux lois, protection à la religion catholique. Mais s'il attend beaucoup, il a la certitude que sa confiance ne sera pas trompée. Elle repose sur votre patriotisme bien connu, et sur les moyens nouveaux que le peuple dépose en vos mains pour réaliser ses espérances.

« Il y a huit ans, dans les mêmes circonstances et dans ce même temple, vous prêtiez le même serment. Vous avez loyalement tenu parole : sous votre gouvernement, la patrie a changé de face, la religion est devenue chez nous un élément de vie et de progrès. Mais pour arriver à ce résultat, que d'obstacles quasi insurmontables vous avez dû vaincre, obstacles nés d'institutions absurdes, produit hybride de théories plus absurdes encore. Aujourd'hui ces obstacles ont disparu. Vous avez en mains un pouvoir fortifié par des institutions que la situation réclame. Vous êtes à la tête d'une armée fidèle, qui sera toujours le ferme soutien de l'ordre public et de l'indépendance nationale. Vous pouvez compter sur le patriotisme et la moralité d'un peuple qui, en vous confiant ses destinées pour la seconde fois, montre éloquemment qu'il sait discerner l'homme de bien et lui témoigner sa gratitude. Enfin vous pouvez compter surtout sur le Dieu tout-puissant toujours prêt à nous exaucer quand nos lèvres murmurent les noms sacrés de religion et de patrie ! »

Garcia Moreno fit à ce discours une réponse sublime :

« Soumis à la volonté du peuple représenté par l'assemblée nationale qui, sans tenir compte de mes refus réitérés, m'a forcé de prendre en main le pouvoir en vue d'éventualités toujours menaçantes, j'ai prêté devant les saints autels le serment exigé par la constitution. Ce serment m'oblige à me sacrifier pour la religion et la patrie, sans craindre la mort. Heureux si pour ces deux grandes causes j'avais à les sceller de mon sang ! Je compte sur le peuple, je compte sur l'armée, mais surtout sur Dieu qui ne nous abandonnera pas au jour du danger. »

Ainsi se termina cette mémorable discussion entre les représentants de l'Équateur et l'homme qu'ils avaient choisi pour le gouverner. Dans ce temps où tous les moyens sont bons pour arriver au pouvoir, même l'escalade et l'effraction, l'histoire n'a rien de plus beau que ce débat héroïque entre un peuple qui réclame son chef, et ce chef qui, se dérobant obstinément aux volontés du peuple pour ne point violer la parole donnée, ne cède enfin qu'à l'impérieux devoir de défendre la religion et la patrie !

CHAPITRE XXIV.

L'ASSASSIN CORNEJO.

1869.

La Révolution était battue en fait et en droit ; en fait, par l'avènement de Garcia Moreno au pouvoir malgré les efforts désespérés de la secte ; en droit, par la nouvelle constitution qui ruinait tous ses principes. Laissera-t-elle rétablir le règne de Dieu et détrôner Satan, sans recourir au moyen suprême ? C'était le cas ou jamais d'assassiner Garcia Moreno, le téméraire assez audacieux pour s'attaquer à la très haute et très puissante majesté devant laquelle tous les souverains s'inclinent.

Depuis leur échec du 19 mars, les révolutionnaires nourrissaient cette idée fixe qu'une insurrection devenait impossible avant la disparition du président. S'il faut en croire un futur assassin, en s'embarquant pour l'Europe à la suite de l'échauffourée de Guayaquil, Ignacio Vintimilla recommanda vivement aux sectaires de se débarrasser du tyran par un coup de poignard. « Donnez, aurait-il dit, cette bonne leçon à tous les despotes de l'Amérique. Brutus tua César en plein sénat, sans autre loi que le devoir de venger la liberté romaine, sans autre formalité que vingt-trois coups d'un poignard bien effilé. Est-ce que la liberté vaut moins à Quito qu'à Rome, ou bien la race des Brutus serait-elle épuisée ? »

Au commencement de décembre, plusieurs jeunes gens, à la tête desquels se trouvait un certain Manuel Cornejo, proche parent du révolutionnaire Espinel, tinrent un conciliabule dans la maison de ce dernier, pour concerter le moyen d'assassiner le président et de s'emparer des casernes de Quito pendant que leurs affidés insurgeraient Guayaquil et Cuenca. Il leur parut que, pour ne pas manquer le coup, la manœuvre la plus sûre était d'envelopper le président dans un cercle de meurtriers qui le frapperaient tous à la fois, mais Espinel n'approuva point cette tactique, qui, selon lui, exposait les conjurés à se blesser les uns les autres. Mieux valait attaquer de front, en se précipitant sur la victime avec ensemble. Le président abattu, les assassins avaient l'intention de s'élancer immédiatement sur la caserne avec un certain nombre de complices, de massacrer le général Saënz, qui commandait les troupes, et de proclamer Urbina chef du pays. Toutefois le brave Espinel leur conseilla, s'il se présentait le moindre danger, de remettre à un autre jour l'attaque de la caserne. Il ne fallait pas renouveler l'erreur de Maldonado, qui manqua son coup faute de précautions. Espinel ajouta que si Garcia Moreno ne tombait pas sous leurs coups, il n'avait plus, lui, pauvre vieillard, qu'à quitter sa famille pour errer, sans ressource, en pays étranger. N'étaient son âge, ses enfants, et la crainte qu'on ne l'accusât d'avoir satisfait une vengeance personnelle, il guiderait lui-même les conjurés, le poignard à la main [1]. Quel excellent homme que cet Espinel, et comme ces bandits sont bien venus à hurler contre l'état de siège !

La Providence déjoua encore une fois ces trames infernales. Le 14 décembre, au moment d'en venir à l'exécution, un des initiés, Sanchez, cédant aux remords qui déchiraient son cœur, découvrit au président son fatal secret et le nom des assassins. Tous furent saisis, excepté le vieux routier d'Espinel qui s'évada au premier cri d'alarme. Cornejo et ses complices, traduits devant le conseil de guerre, s'entendirent condamner à mort ; mais l'adolescent Cornejo, on va le voir, avait dans les veines du sang d'Espinel.

Reconduit à la caserne pour y attendre l'heure de l'exécution, Cornejo pleurait à chaudes larmes. Vers une heure du matin, le colonel Dalgo, faisant sa ronde, le vit avec étonnement tomber à ses genoux, puis le supplier par tous les saints du ciel de lui obtenir à l'heure même une audience de Garcia Moreno. Le pauvre condamné voulait, avant de mourir, faire des révélations intéressant la sûreté de l'État ; révélations

---

[1] Déposition de Manuel Cornejo.

qu'il n'avait pas eu le courage de livrer au conseil de guerre, ce dont il était désolé jusqu'au fond de l'âme. Dalgo eut beau lui faire observer qu'il n'osait à pareille heure troubler le repos du président, Cornejo insista, supplia, pleura tant et si bien que le brave soldat, touché de compassion, prit sur lui de réveiller Garcia Moreno pour présenter la requête de son prisonnier. Flairant une ruse, le président refusa d'abord : « Ce jeune homme ne cherche qu'à me tromper par ses mensonges, dit-il : il sera toujours temps de l'entendre demain dans la matinée. » Mais Dalgo fit à son tour tant d'instances en faveur de son protégé, que le président finit par céder.

Introduit devant l'homme dont il avait juré la mort et qui maintenant disposait de sa vie, le pauvre Cornejo se jeta par terre avec une sorte de désespoir, se roula aux pieds du président, embrassa ses genoux, poussa des sanglots à fendre l'âme. Suffoqué par les larmes, il n'articulait qu'un mot « Pardon ! pardon ! » et menaçait si bien de s'évanouir que Garcia Moreno, appelant au secours, lui fit donner une potion fortifiante. Mais, pour lui rendre la parole, il fallait un tonique plus efficace : son agonie ne prit fin qu'au moment où le président, vaincu par l'émotion, lui fit grâce de la vie. Alors se répandant en effusions de gratitude et de repentir, il fit l'humble confession de ses crimes et y ajouta celle de ses complices. Garcia Moreno renvoya ce pénitent contrit et humilié, sans lui imposer d'autre peine qu'une expiation de huit années.

Le candide Cornejo n'oublia point son bienfaiteur. Arrivé à la frontière, il publia contre Garcia Moreno un abominable pamphlet où il le traite de criminel, de tyran, de parjure, et déclare au nom de la religion et de l'histoire, que « l'assassinat d'un tel monstre est tout simplement un acte de légitime défense, un droit sans lequel la liberté dont Dieu a doté l'homme deviendrait une immense duperie. » Il est bon de connaître en détail les faits et gestes de ces hypocrites et lâches scélérats pour se convaincre que si Garcia Moreno a commis une faute, c'est le jour où il leur fit grâce.

Pendant qu'on arrêtait à Quito les meneurs de la Révolution, leur programme s'exécutait à Cuenca, où de jeunes séditieux faillirent assassiner le gouverneur, don Carlos Ordonez. On se rappelle avec quel acharnement les libéraux et radicaux de cette ville avaient combattu la candidature de Garcia Moreno. Devenu président, ils s'attaquèrent à ses œuvres, même à celles qui les intéressaient tout particulièrement, comme la route carrossable de Cuenca au port de Naranjal. Le gouverneur Ordonez, tout dévoué au président, ayant réquisitionné pour travailler à cette route, un certain nombre d'indiens attachés aux haciendas du voisinage, les propriétaires mécontents ourdirent contre lui de misérables intrigues, et le signalèrent à l'animadversion publique, dans l'espoir de lui arracher sa démission ou même de provoquer sa destitution. Mais le gouverneur resta ferme à son poste, soutenu par le président, qui n'entendait pas sacrifier ses loyaux serviteurs aux rancunes d'une coterie.

En travaillant à discréditer le représentant du gouvernement, les libéraux, toujours dupes, ne se doutaient pas qu'ils faisaient le jeu de leurs ennemis. Le mercredi, 15 décembre, à la date choisie par Espinel et Cornejo pour révolutionner la capitale, une troupe de jeunes exaltés résolurent de tuer Ordonez et de saccager la ville de Cuenca. Leur chef, Jeronimo Torrès, annonçait bien haut que les populations de la côte étaient en pleine insurrection. Perçant de sa lance un portrait de Garcia Moreno, il affirma que, ce jour-là même, le président aurait cessé de vivre. Vers deux heures, une centaine de ces forcenés, presque tous débauchés et criblés de dettes, sachant la place dégarnie de troupes, se rassemblèrent devant le palais du gouvernement et désarmèrent la garde. Le gouverneur travaillait avec ses employés quand Torrès, suivi de ses complices, pénétra dans la salle où il se trouvait, le fit prisonnier avec tout son monde, et l'enchaîna comme un criminel. Toute la nuit, ces misérables accablèrent leur victime de vexations et d'outrages. Ils ne le quittèrent que pour remplir leurs poches en dévalisant les caisses publiques. « Il nous faut de l'argent, et toujours de l'argent ; peu importe par quels moyens. Sus aux propriétaires ! » Il imposa au gouverneur une amende de mille piastres.

Le lendemain, 16 décembre, « pour rétablir l'ordre » comme disait Torrès, les insurgés convoquèrent les pères de famille à une réunion publique où l'on devait prononcer la déchéance du gouvernement. Mais déjà les libéraux, provocateurs de cette émeute, se repentaient de leur imprudence. Trop pusillanimes pour arracher le gouverneur aux mains des assassins, ils refusèrent du moins de se faire leurs complices. Torrès et les siens, abandonnés de tous, furieux jusqu'à l'exaspération, traînèrent leur prisonnier sur la place, l'attachèrent à un poteau et firent feu sur lui. Frappé de plusieurs balles, il tomba la face contre terre, et allait être infailliblement massacré, quand une centaine d'hommes, armés de fusils, accourus en toute hâte d'un canton voisin, dispersèrent les bandits et se rendirent maîtres du terrain. Ordonez couvert de blessures, échappa comme par miracle [1].

Dès la découverte de la conspiration, le président mit en état de siège la province de Quito, mesure qu'il étendit à toute la République, en apprenant les désordres de Cuenca. « Équatoriens, dit-il, une poignée d'hommes perdus creusaient de nouveau sous vos pieds l'abîme des révolutions; mais la Providence divine, l'adhésion du peuple à la constitution, et la fidélité de l'armée, ont rendu impossible l'assassinat du 14 de ce mois, prélude d'une série d'horribles crimes. Les principaux auteurs de cet attentat sont dans les mains de la justice et subiront la rigueur des lois. Quelques traîtres, escomptant l'impunité que devait leur assurer le lâche assassinat de Quito, ont essayé de se révolter à Cuenca ; mais l'apparition d'une compagnie de gardes nationaux les a forcés de se rendre ou de rentrer dans l'ombre. Ils recevront le juste châtiment de leurs forfaits. Soyez donc sans crainte, car Dieu vous protège visiblement. Abrités sous sa sauvegarde, nous répondons de la paix et de la prospérité de notre bien-aimée patrie. »

Les révoltés de Cuenca furent traduits devant un conseil de guerre. On essaya d'intimider les juges en affichant sur les murs des menaces de mort. « Vous allez, disait-on, juger des amis de la liberté, dont le crime est d'avoir voulu délivrer leur patrie et la vôtre des serres sanglantes d'un lâche oppresseur. Gardez-vous de les condamner, car vos têtes répondront de la leur. A défaut d'épée pour combattre au grand

[1] *El Nacional*, janvier 1870.

jour, le poignard vous frappera dans l'ombre nous en faisons le serment. » Les terroristes en furent pour leurs frais ; le conseil de guerre condamna les principaux coupables à la peine de mort, et les autres aux travaux forcés. Certains libéraux s'apitoyèrent alors sur le sort de ces sicaires; pour implorer leur grâce, des dames sensibles envoyèrent au président une lettre pleine de larmes ; elles en reçurent cette réponse indignée « C'est sur le sort du gouverneur que les habitants de Cuenca auraient dû s'apitoyer. Quand on reste sourd aux cris des victimes, on perd le droit d'invoquer la clémence en faveur des assassins.

Après dix ans de combat, le président restait le maître. Battue trois fois dans ces neuf derniers mois, à Guayaquil, à Quito, à Cuenca, la Révolution comprit enfin que le peuple s'unissait au gouvernement pour donner congé aux anarchistes. Les chefs prirent la route du Pérou ou de la Nouvelle-Grenade, attendant des jours plus favorables aux travaux maçonniques. Le calme le plus complet s'établit dans le pays, ce qui permit à Garcia Moreno de s'adonner tout entier à son œuvre civilisatrice.

CHAPITRE XXIV.

L'INSTRUCTION PUBLIQUE.

La civilisation d'une nation est un progrès quand cette nation se développe sous le triple point de vue intellectuel, moral et matériel. D'après ce principe, nous allons voir que le grand homme d'État de l'Équateur, grâce à ses idées chrétiennes, mérite aussi le nom de grand civilisateur.

L'instruction publique n'existait avant Garcia Moreno qu'à l'état rudimentaire. Sous la domination espagnole, l'université de Quito avait produit des latinistes, des philosophes, des théologiens, des jurisconsultes, mais peu d'hommes versés dans les études littéraires et scientifiques. Quelques rares collèges, accessibles aux seuls privilégiés de la fortune ; pour la masse du peuple des embryons d'écoles primaires, justement méprisés ; pour les indiens, le simple enseignement de la doctrine chrétienne donné chaque dimanche par les pasteurs. La Révolution détruisit même ces pauvres germes : au milieu des conflits, des guerres, des insurrections, on sentait moins le besoin de collèges que de casernes ; de professeurs, que de capitaines. Durant un quart de siècle, les salles de l'université, les collèges, les séminaires, les couvents se remplirent non d'étudiants mais de soldats. Les murailles noircies de fumée, couvertes d'ignobles dictons ou de dessins obscènes ; les œuvres d'art, de peinture ou de sculpture souillées ou mutilées, montrent clairement le niveau de l'instruction à cette époque. Rocafuerte fit un effort vigoureux pour réorganiser l'enseignement, mais Urbina, nous l'avons vu, travailla de toutes ses forces à le ruiner de fond en comble. Le mémoire présenté par Garcia Moreno au congrès de 1863, expose « le triste et lamentable état de l'instruction publique depuis qu'Urbina avait édicté la *loi des études,* et converti en caserne l'unique collège de la capitale. C'est la décadence complète de l'enseignement scientifique et littéraire. On dirait que les législateurs de 1853 ont eu à cœur de conduire la république dans un abîme de malheurs par le chemin de la barbarie. » Un chrétien de génie et de volonté prononça le *Fiat lux* au milieu de ces ténèbres, et la vérité sous toutes ses faces illumina les esprits. Il faudrait un volume pour raconter les merveilles opérées par Garcia Moreno en quelques années, merveilles d'autant plus admirables qu'il eut à vaincre, pour réussir, de véritables impossibilités matérielles et morales. Comment déterminer à l'étude ces races apathiques par tempérament, qui s'autorisent de leur soleil, de leur climat, et de leurs montagnes, pour s'exempter du travail? Comment remonter le torrent des habitudes séculaires, vaincre l'opposition des municipalités routinières et les sophismes des politiques à courte vue? Où trouver, dans ce pays pauvre, de l'argent pour bâtir des écoles et des collèges? Où recruter des professeurs pour enseigner? Cette tâche gigantesque n'effraya point Garcia Moreno.

Préoccupé avant tout de relever le niveau intellectuel du peuple il travailla d'abord à réformer l'instruction primaire, triste apanage d'un très petit nombre d'enfants, qui végétaient dans des écoles mal organisées et plus mal dirigées. Dès sa première présidence, il posa les bases d'une rénovation complète, en appelant à l'Équateur différentes congrégations enseignantes, frères des écoles chrétiennes, sœurs de charité, dames du Sacré-Cœur, religieuses de la Providence, qu'il installa dans les grandes villes, à Quito, à Cuenca, à Guayaquil, pour y fonder des écoles gratuites et libres. Il détruisit ainsi d'un seul coup le monopole de l'Université, rompit avec les vieilles méthodes, et suscita des écoles modèles qui bientôt discréditèrent celles de l'État. Ce n'était là pourtant qu'une pierre d'attente pour le jour où, revêtu d'une autorité suffisante, il pourrait agir en maître.

Pour forcer les communes à bâtir des écoles et les parents à y envoyer leurs enfants, le congrès de 1871 déclara l'instruction primaire gratuite et obligatoire pour tous, excepté pour les nécessiteux. Les parents étaient responsables et passibles d'une amende de plusieurs piastres; des prestations correspondantes à dix jours de travail imposées aux adultes illettrés, sans compter la privation des droits civiques stipulée par la constitution : telles étaient les dispositions relatives aux particuliers. Quant aux communes, toute agglomération pouvant fournir cinquante enfants de six à douze ans, avait le droit d'exiger une école primaire. Au gouvernement, tenu de l'établir même si la paroisse n'en faisait pas la demande, la responsabilité de tout retard coupable dans l'accomplissement de ce devoir.

Pour arriver à l'exécution de cette loi il fallait des maîtres. Le président fit, derechef, appel aux frères des écoles chrétiennes qui accoururent de France au secours de leurs aînés. De vastes installations leur furent préparées, non seulement dans les cités de premier ordre, mais dans tous les centres populeux, comme Latacunga, Guaranda, Ibarra et Loja. Dépenses occasionnées par ces longs voyages, frais d'établissement et d'entretien, rien n'arrêtait le président ; et, comme malgré tout, le nombre des instituteurs congréganistes restait insuffisant, il créa sous leur direction une école normale de maîtres laïques profondément chrétiens qui formés par la méthode des frères, devinrent leurs collaborateurs dans les campagnes.

En peu de temps, l'instruction primaire, pour laquelle le président dépensait annuellement plus de cent mille pistres, prospéra d'une manière admirable. Dans l'intervalle d'un congrès à l'autre, plus de cent écoles nouvelles s'élevèrent. On en comptait deux cents en 1869, quatre cents en 1873, et cinq cents au commencement de 1875. La progression du nombre des élèves suivait la même proportion. Les statistiques officielles établissent qu'avant le gouvernement de Garcia Moreno, le chiffre des élèves fréquentant l'école primaire était de huit mille environ. En 1865, après sa première présidence, il s'élevait à treize mille ; en 1871, à quinze mille ; en 1873, à vingt-deux mille ; en 1875, à trente-deux mille.

Toutefois si l'instruction primaire élève les masses populaires, c'est l'instruction secondaire qui forme les classes dirigeantes, et, par là même, exerce la plus grande influence sur les destinées d'une nation. Aussi, dès qu'il eut pris les rênes du gouvernement, le président voulut-il réorganiser sur une base solide les quelques mauvais collèges de l'Équateur. Il demanda pour cela le concours des Jésuites, ces instituteurs modèles, auxquels il avait rouvert une première fois la porte du pays dix ans auparavant, et que la Révolution, aussi stupide qu'impie, en avait expulsés. Sur sa proposition, le congrès autorisa la compagnie de Jésus à fonder des établissements d'instruction dans tout l'Équateur, avec liberté pleine et entière de suivre leurs méthodes traditionnelles, telles que les expose le *Ratio studiorum*. Leurs cours, assimilés à ceux des collèges universitaires, jouissaient des mêmes privilèges comme acheminement aux grades.

Les jésuites ne fondèrent que deux établissements sous la première présidence de Garcia Moreno, l'un à Guayaquil, l'autre à Quito ; mais, après la suppression de l'université en 1869, l'enseignement secondaire prit un grand essor, et presque toutes les provinces eurent leurs collèges, outre le séminaire diocésain. Le président bâtit à Quito un magnifique édifice, destiné aux jésuites, collège qu'il voulait dédier à saint Joseph, mais que l'archevêque baptisa du nom de saint Gabriel, pour honorer la mémoire de l'illustre fondateur. En somme, deux cents professeurs, employés dans les collèges et séminaires, donnaient l'instruction à plus de mille élèves. L'Église et l'État rivalisaient de sacrifices pour le développement et le perfectionnement de cette œuvre. Dans cette voie, le président ne s'arrêtait jamais : « Si les collèges sont bons, disait-il au congrès de 1871, s'ils offrent toutes les garanties désirables de moralité et de progrès, il ne faut point regarder à la dépense pour les multiplier ; s'ils sont mauvais, mieux vaut n'en avoir pas, car la plus terrible calamité pour une nation, c'est de voir la jeunesse perdre ses meilleurs années dans l'oisiveté, ou ne se meubler l'esprit que de notions incomplètes, inutiles et fausses.

Pour les jeunes filles appartenant aux classes supérieures de la société, les religieuses des Sacrés-Cœurs établirent à Quito et dans d'autres villes de vastes pensionnats où l'on s'attacha plus particulièrement à l'enseignement pratique. Dans ce même ordre d'idées, il faut ajouter aux collèges et pensionnats une école professionnelle connue sous le nom de protectorat catholique, et dirigée par des Frères venus de New-York. D'habiles ouvriers charpentiers, ébénistes, mécaniciens, recrutés chez les peuples plus particulièrement distingués par leurs progrès dans l'industrie, prirent possession d'un spacieux établissement dans un faubourg de Quito, et y ouvrirent des ateliers d'apprentissage. Pour apprécier à sa juste valeur cette création, il faut savoir à quel degré de pénurie, en fait d'objets de première nécessité, d'instruments de travail, et même du mobilier le plus élémentaire, se trouveraient réduits les habitants des Cordillères s'ils ne se procuraient en Europe les produits de nos diverses industries. En formant des artisans indigènes, Garcia Moreno évitait à ses compatriotes des frais de transport qui doublent et triplent les prix des objets importés. Un enseignement technique de même nature, pour les jeunes filles, fut confié aux sœurs de la Providence de Belgique. Les jeunes filles pauvres trouvèrent près d'elles un asile sûr dans un hospice préparé pour les recevoir. « Ainsi, disait le président, le travail et l'instruction, appuyés sur la pratique des vertus chrétiennes, arracheront à la corruption ces victimes du vice et de la misère [1]. »

L'enseignement primaire et secondaire rendu accessible à toutes les classes de la société, Garcia Moreno ne recula pas devant une conception plus grandiose, mais en apparence absolument chimérique : la création sur ces montagnes d'un enseignement supérieur, qui rivalisât avec celui des nations les plus en renom dans le monde scientifique. Son génie passionné pour les hautes sciences, joint au désir de former des professeurs capables de développer l'instruction dans les collèges et les écoles, le pressait de couronner l'édifice.

Pour ne point s'exposer aux ravages d'une science impie et corruptrice, il comprit que la religion devait présider à l'enseignement supérieur, plus encore qu'à celui des collèges et des écoles. Aussi son premier acte, en reprenant le pouvoir, avait-il été de dissoudre l'antique université de Quito, trop peu initiée aux progrès modernes, mais en revanche très avancée dans les idées révolutionnaires. Sur ses ruines, il fonda une nouvelle Université vraiment catholique et vraiment progressive. Selon les prescriptions du concordat et en vertu du *Docete omnes gentes* [2], les évêques avaient la haute

---

[1] Message de 1871. — [2] « Enseignez toutes les nations. »

main sur l'enseignement. Les livres de religion et d'histoire sacrée devaient être désignés par eux, et les ouvrages littéraires ou scientifiques, revêtus de leur approbation. Quant aux professeurs, Garcia Moreno nommait des savants, mais avant tout des chrétiens, sur la doctrine desquels il pût compter. Au sommet des facultés présidait la théologie de l'Ange de l'école, comme le soleil qui éclaire tout l'enseignement. Avant que Léon XIII eût remis en honneur la Somme de saint Thomas, on discourait chez les dominicains de Quito sur cette thèse : « Pour extirper de notre société moderne les erreurs dont elle est infestée, rien de plus nécessaire, aujourd'hui, comme dans les siècles passés, que d'enseigner les doctrines de saint Thomas dans les cours de théologie [1]. »

La Faculté de droit, qui confine à la théologie, fut réorganisée sur des principes absolument catholiques. Jusqu'alors, le vieux droit romain, commenté par des auteurs libéraux, protestants, ou révolutionnaires, tels que Filangiéri, Vatel, Strada et consorts, avait servi de base au droit public. De là des jurisconsultes, des avocats, imbus d'idées païennes et absolument étrangers au droit naturel et canonique. Il fallait des hommes nouveaux et des livres nouveaux. Garcia Moreno confia cet enseignement à des membres distingués de la compagnie de Jésus, avec mission d'y faire pénétrer l'esprit chrétien, ce qui déplut singulièrement aux libéraux. Un cours de droit naturel ne peut que choquer la Révolution, dont les principes violentent la nature des choses. Le P. Terenziani avait particulièrement le don d'offusquer les avocats, parce que, dans son cours de législation, il basait le droit public sur les principes de Tarquini et de Tapparelli, entièrement conformes aux théories gouvernementales de Garcia Moreno. Plusieurs fois, après avoir entendu les thèses de fin d'année, les mécontents s'efforcèrent d'endoctriner les élèves et de les pousser à la révolte contre leurs maîtres, mais tous leurs efforts échouèrent devant le bon esprit des étudiants et la volonté de fer de Garcia Moreno.

Une difficulté bien plus sérieuse se dressait devant le président c'était non plus de réorganiser, mais de créer de

---

[1] Séance littéraire donnée à Quito, chez les PP. Dominicains.

toutes pièces une Faculté de science. Il s'agissait de trouver un corps professoral à la hauteur des progrès modernes et de se procurer tout l'appareil instrumental nécessaire aux démonstrations pratiques. Or, les savants sont rares, même en Europe, et ne s'expatrient pas facilement, surtout quand il faut entreprendre de longs et pénibles voyages. Ensuite, la fréquence des révolutions américaines et l'instabilité des gouvernements n'invitent guère l'étranger à chercher fortune dans ces parages. Garcia Moreno s'adressa encore à cette classe spéciale de savants dont le dévouement, inspiré par la foi, ne recule jamais devant le sacrifice. C'est aux jésuites allemands qu'il demanda des chimistes et des physiciens, des naturalistes, des mathématiciens. Il eut quelque peine à les conquérir, mais enfin il les conquit, aussi profondément instruits qu'infatigablement zélés. Avec eux, dans les bâtiments de l'antique Université, exclusivement dédiés à la culture des sciences exactes, physiques et naturelles, il organisa sous le nom d'École polytechnique un centre d'enseignement qui pouvait rivaliser avec nos meilleures facultés de sciences.

Pour enseigner les sciences et leurs applications à toutes les branches de l'industrie moderne, il faut, outre des professeurs capables, un appareil immense d'instruments et de machines. Le président ouvrit de larges crédits pour acheter en Europe et transporter à Quito tous les objets nécessaires à l'enseignement. En quelques années, l'installation fut complète. Sans tenir compte de la dépense, Garcia Moreno exigeait les objets les plus perfectionnés en tout genre. A son représentant de Paris qui lui faisait observer qu'une de ses commandes aurait coûté cent mille francs, il répondait : « Achetez ce qu'il y a de meilleur et de plus beau, et ne vous inquiétez pas du reste. »

En parcourant les salles de l'Université, les étrangers ne se lassaient point d'admirer les merveilles qui s'y trouvaient rassemblées. Cabinet de physique muni de tous les instruments de mécanique et d'optique ; cabinet de chimie ; collections complètes de zoologie, de minéralogie et de botanique : rien ne manquait à cette exposition de la science moderne. Après l'avoir parcourue et étudiée, des savants n'hésitaient pas à dire que c'était la plus belle, la plus riche et la plus complète de l'Amérique, et qu'elle l'emportait même sur beaucoup d'universités européennes.

Et cependant, faut-il le dire, tandis que les étrangers exprimaient ainsi leur admiration, l'école polytechnique avait à soutenir de rudes attaques à l'Équateur. Les ignorants se demandaient à quoi bon ces machines et ces polytechniciens ; les commerçants et les agriculteurs trouvaient que le gouvernement aurait dû se borner à favoriser l'agriculture et l'industrie : les économistes regrettaient des dépenses folles, faites uniquement, disaient-ils, en vue d'une vaine gloriole ; les libéraux envieux rugissaient de voir au gouvernail un homme dont la gloire éclipsait leur ambitieuse nullité ; les radicaux francs-maçons écrivaient sans vergogne « Le jour où tombera le président, son successeur devra détruire tout ce qu'il a fait, œuvres de charité, voies carrossables, collèges et musées. Il ne faut pas qu'il reste sur la terre de l'Équateur le moindre souvenir d'une œuvre catholique[1] ! » On poussa si loin, dans les premiers temps, l'indifférence et le mauvais vouloir, qu'outre la gratuité des inscriptions aux cours de l'école polytechnique, il fallut accorder vingt piastres par mois aux étudiants qui les fréquentaient. Mais bientôt l'évidence du bienfait accabla les déclamateurs les plus haineux, les perspectives d'avenir qui s'ouvraient aux jeunes gens studieux triomphèrent de l'apathie générale, et Garcia Moreno eut la grande joie de voir se développer cet enseignement scientifique sur lequel il voulait asseoir la prospérité matérielle du pays. Il en suivait avec intérêt la marche et les progrès, se faisait une fête d'assister aux exercices publics qui chaque année, attiraient l'élite de la société quiténienne, et surtout s'applaudissait de trouver les jeunes gens de l'école aussi fermes dans la foi que dans la science. Foulant aux pieds tout respect humain, ces jeunes gens se constituèrent en congrégation, sous la direction du P. Menten, l'illustre doyen de la Faculté. Le 30 juin 1873, cette nouvelle congrégation de la Sainte-Vierge s'installa dans la chapelle où se réunissaient, un siècle auparavant, *Los senores* de Quito. L'Université sécularisée avait fait une croisade contre la religion :

[1] Proaño, *Colección de Algunos Escritos.*

les fils de l'Université catholique, heureux de renouer la chaîne des antiques traditions, prenaient en main, sous les auspices de la vierge Marie, le drapeau du Christ et de son Église.

La Faculté des sciences donna naissance à la Faculté de médecine. A vrai dire, s'il y eut des médecins distingués à l'Équateur avant Garcia Moreno, ils durent leurs capacités à leur génie plus qu'à l'enseignement médical du pays, car les trois ou quatre professeurs de Quito et de Cuenca, obligés pour vivre de courir la clientèle ou de se livrer aux travaux agricoles, dépourvus de bibliothèques, d'appareils et d'instruments de clinique et de dissection, faisaient consister leurs leçons dans la récitation pure et simple de l'auteur classique imposé à l'élève. Il est facile de comprendre quel effet durent produire les savantes conférences des professeurs de l'école polytechnique sur les élèves en médecine. Les *récitations* furent tuées du coup. Pour réorganiser la Faculté, Garcia Moreno obtint de l'école de Montpellier deux excellents professeurs [1], l'un de chirurgie, l'autre d'anatomie, qu'il fournit de tous les appareils et instruments nécessaires à l'étude des différentes parties de la science médicale. Ce que nos Facultés européennes mettent tant d'années à obtenir, Garcia Moreno le faisait acheter d'un seul coup, en un seul jour. Il lui suffit de quelques années pour approprier des locaux aux différents travaux de la Faculté, constituer le corps professoral, tracer un plan d'études, et préparer dans un hôpital, dont la population moyenne comptait trois cents malades, d'admirables ressources cliniques. On se fera une idée de la difficulté vaincue, si l'on considère que l'Université catholique de Paris, après quinze ans d'exercice, n'a point encore de faculté de médecine.

Afin de compléter ces créations en joignant l'agréable à l'utile, Garcia Moreno fonda une Académie des Beaux-Arts, où l'on cultiva plus spécialement la sculpture, la peinture et la musique. Par son éclat pittoresque et son ciel de feu, l'Équateur exalte l'imagination et développe dans le cœur une extrême sensibilité. Aussi ses habitants ont-ils été renommés

---

[1] MM. Guayraud et Domec.

de tout temps pour leurs dispositions artistiques, dispositions qui, faute de maîtres, restaient à l'état de nature. Garcia Moreno fit venir à grands frais de Rome des professeurs distingués, en même temps qu'il envoyait dans cette capitale des arts certains élèves d'élite pour se perfectionner et devenir maîtres à leur tour. Ainsi se formèrent Rafaël Salas, Luis Cadena et Juan Manosalvas, tous trois peintres de mérite. Sans sortir de leur pays, Velez et Carillo se firent un nom dans la sculpture. La musique attira tout particulièrement l'attention du président, à cause de ses relations avec la liturgie sacrée. Il établit à Quito un Conservatoire national de musique religieuse et profane, dont les cours très complets de chant, d'orgue, de piano et d'instruments de toute espèce, se donnaient gratuitement. C'est encore de Rome qu'il fit venir des organistes et des maîtres de chant, afin de relever par la diffusion des connaissances musicales l'éclat des cérémonies de l'Église. Un de ces maëstros, s'entretenant un jour avec le président, fut tout étonné de le voir disserter sur les théories de l'art, comme il aurait pu le faire lui-même.

Terminons cette rapide revue des progrès accomplis à l'Équateur sous le rapport de l'enseignement, en signalant une œuvre monumentale qui mit dans tout son jour le génie et la puissance de Garcia Moreno. De savants astronomes avaient souvent exprimé le désir de voir s'élever un observatoire international dans les environs de Quito. Cette position exceptionnellement avantageuse faciliterait, selon eux, la solution de problèmes réputés insolubles. Garcia Moreno étudia lui-même la question et trouva, comme Humboldt et Secchi, qu'un observatoire à Quito deviendrait infailliblement le premier du monde, « par sa position à trois mille mètres au-dessus du niveau de la mer, l'admirable pureté du ciel et la transparence de l'air, sa situation sous la ligne équinoxiale, dans un climat sain et délicieux où l'on jouit d'un printemps perpétuel[1]. » Mais, comme il s'agissait d'une œuvre d'utilité générale et d'exécution très dispendieuse, il crut devoir proposer aux gouvernements étrangers de construire à frais

---

[1] Message 1373.

communs ce monument gigantesque. Il communiqua d'abord son projet à la France, en rappelant au gouvernement de Napoléon la mission scientifique de La Condamine et de ses compagnons, au siècle dernier. La République de l'Équateur serait heureuse de voir les Français tenter de nouvelles expériences et de nouvelles découvertes dans sa capitale. En 1865, le ministre Rouland, que d'autres préoccupations absorbaient, répondit par une fin de non-recevoir. Garcia Moreno s'adressa aux gouvernements de la Grande-Bretagne et des États-Unis, qui firent aussi la sourde oreille. Alors, inébranlable dans ses desseins, le président résolut d'exécuter à lui seul une entreprise si avantageuse à la science et si glorieuse pour son pays. En 1870, des crédits illimités furent ouverts pour la construction de l'édifice et l'acquisition des instruments. Les appareils complets, construits d'après les meilleurs systèmes, sortirent des ateliers de Munich. Un télescope, d'une force prodigieuse, coûta six mille piastres. En quatre ans, le monument était debout ; le P. Menten, l'illustre associé du P. Secchi à l'observatoire romain, allait s'y installer, quand le crime du 6 août fit disparaître le fondateur. Quelques mois plus tard, le buste de son successeur s'y offrait aux regards d'une population surprise et indignée.

Beaucoup s'imaginent que le révolutionnaire est nécessairement un progressiste et le catholique un rétrograde. Il ressort de ce chapitre sur l'enseignement à Quito deux vérités évidentes : la première, qu'en un demi-siècle, la Révolution n'a rien su fonder à l'Équateur, ni instruction primaire, ni enseignement secondaire, ni enseignement supérieur ; la seconde, qu'en six ans le catholique Garcia Moreno a fait passer son pays, sous ce triple rapport, des plus profondes ténèbres à la plus resplendissante lumière. Un troisième fait plus significatif encore : après l'assassinat du grand homme à qui l'on devait tant de merveilleuses créations, la Révolution triomphante replongea le pays dans le chaos primitif ; les Jésuites de l'école polytechnique portèrent en d'autres pays leur savoir et leur expérience ; et, quelque temps après, dit un témoin oculaire [1], « nous eûmes la douleur de voir ces

---

[1] M. Domec, professeur d'anatomie.

laboratoires si bien pourvus, si bien tenus, complètement abandonnés, ces instruments, ces appareils, ces machines, démontés, détériorés, recouverts d'une couche épaisse de poussière. » La clef de voûte enlevée, l'édifice s'était écroulé. Le nom de Garcia Moreno protestera éternellement contre ce mensonge devenu presque un axiome historique l'Église arrête le progrès des sciences, et la Révolution le favorise.

CHAPITRE XXVI.

LES MISSIONS.

Par delà les Cordillères et le versant oriental des grands pics neigeux, s'étend une immense plaine de douze mille lieues carrées. Dans ce territoire, qui confine au Brésil, au milieu des forêts vierges, sur les bords du Napo, du Maranon, du Putumajo, des autres fleuves et rivières tributaires de l'Amazone, vivent deux cent mille indiens sauvages, presque

Vue du Napo.

tous nomades, la plupart d'un naturel simple et bon, quelques-uns, tels que les Jivaros, cruels et belliqueux. Leur religion consiste en certaines fables extravagantes, au milieu desquelles domine cependant la croyance à un Esprit supérieur.

Au siècle dernier les jésuites avaient implanté dans ces parages lointains une véritable civilisation. La province de Maranon comptait six grandes divisions, soixante-quatorze peuplades, cent soixante mille néophytes. Les jésuites furent chassés par les philosophes, et les indiens rendus à la vie nomade. On essaya bien de substituer aux religieux des prêtres séculiers, mais les uns se sentaient peu de goût pour l'habitant des grands bois, les autres n'avaient ni le sens ni le tact nécessaires pour gouverner les *Réductions*. Peu à peu les pasteurs disparurent, et les indiens quittèrent les villages pour reprendre leurs habitudes et leurs superstitions.

Dès 1862, Garcia Moreno conçut le dessein de tenter à nouveau l'évangélisation du Napo. C'est pourquoi, dans son traité avec la compagnie de Jésus, il assignait un double but aux religieux : fonder des collèges à l'intérieur, et des missions dans la province d'Orient. De fait, moyennant les ressources fournies par les évêques et par l'État, les jésuites s'établirent dans quatre centres principaux, Macas, Napo, Gualaquiza et Zamora, d'où ils rayonnaient au milieu des tribus nomades.

En 1864, le P. Pizarro, déjà nommé vicaire apostolique, évangélisait avec ses missionnaires les bords du Napo, lorsque les complices de Maldonado, Jaramillo, Lamotha et consorts ayant été condamnés à la déportation, comme nous l'avons raconté en son lieu, firent invasion dans ce pays et se ruèrent sur la maison des jésuites, qu'ils appelaient les complices du tyran. Les missionnaires furent enchaînés, bafoués, accablés d'insultes et de mauvais traitements. Après avoir dévasté la chapelle, souillé les vases sacrés et commis les plus odieuses exactions, ces forcenés se disposèrent à gagner les frontières du Pérou, emmenant avec eux les missionnaires de la naissante chrétienté. Ils les forcèrent à monter dans le canot qui devait les emporter, en présence des indiens qui, debout sur la rive, pleuraient à chaudes larmes. Un de ces pauvres indigènes, voyant les prisonniers enchaînés comme des criminels, s'écria comme pour les consoler : « Pères ! Jésus est mort sur la croix ! » Quand l'embarcation s'éloigna, les sauvages se mirent à pousser des cris de désespoir, demandant à genoux une dernière bénédiction, puis ils coururent le long du fleuve pour suivre le canot jusqu'au moment où ils le perdirent de vue [1]. On se demandera quels étaient les vrais sauvages, de ces indiens qui pleuraient leurs bienfaiteurs, ou de ces civilisés qui les leur enlevaient en haine du nom de Jésus. La pire des sauvageries, c'est le *satanisme* révolutionnaire.

Lors de sa rentrée au pouvoir en 1870, Garcia Moreno, que rien ne décourageait, établit l'œuvre des missions sur des bases plus sérieuses. Sans tenir compte de l'animosité sectaire contre les jésuites, il investit le Vicaire apostolique de pouvoirs civils très étendus. Le 24 avril 1870, parut le décret suivant, qui fit bondir les libéraux : « Comme il est impossible d'organiser un gouvernement civil parmi des peuplades sauvages ; que, d'ailleurs, sans une autorité quelconque la vie sociale est impossible, les pères missionnaires établiront un gouverneur dans chaque centre de population et l'investiront du droit de maintenir l'ordre et d'administrer la justice. Ils pourront imposer des peines légères pour les délits ordinaires, bannir du territoire de la mission les perturbateurs incorrigibles, et transférer à Quito les homicides pour y être jugés. Dans chaque centre, une école, fondée aux frais du gouvernement, sera obligatoire pour tous les enfants au-dessous de douze ans. On y enseignera, outre la doctrine chrétienne, la langue espagnole, l'arithmétique et la musique. » Le gouvernement prohibait ensuite la vente à crédit, sous peine de confiscation des objets vendus et de bannissement du territoire oriental. C'est que les vendeurs à crédit, spéculant sur la simplicité des indiens, exigeaient d'eux des intérêts tellement usuraires qu'ils ne différaient en rien de la spoliation pure et simple. Le décret accordait enfin aide et protection aux missionnaires, promettant de les faire respecter, et même de les défendre par la force.

Cette dernière clause n'était pas superflue. Dès l'inauguration de la mission, les marchands, vexés dans leurs intérêts, calomnièrent les missionnaires près des indiens. Ces gens simples et candides, s'imaginant que la vente à crédit leur procurait de grands avantages, incendièrent la maison des

[1] Lettre du P. Pizarro, *Correo del Ecuador*, 2 nov. 1864.

jésuites. Mais une compagnie de soldats envoyée par le gouvernement rétablit l'ordre et fit repasser les montagnes aux indignes trafiquants. Les indiens se soumirent, à l'exception d'une tribu, celle des Jivaros. « Le jour n'est pas loin, disait Garcia Moreno au congrès de 1871, où nous aurons à poursuivre ces perfides anthropophages, pour les chasser de notre

Indien jivaros en costume de gala.

sol et les disséminer sur nos frontières. Nous coloniserons ensuite ces fertiles contrées, ainsi que d'autre parties de notre territoire dénuées de population, en faisant appel aux émigrants catholiques d'Allemagne, qui nous arriveront en grand nombre si vous m'accordez les fonds suffisants. »

A partir de ce moment, les travaux des missionnaires produisirent les mêmes fruits que par le passé. On put former de nouveaux groupes de convertis à Loreto, Archidona, Avila, La Conception, ouvrir des écoles où des milliers d'enfants reçurent l'instruction, fixer des centres ou points de ralliement pour les nomades que les pères évangélisaient à certains jours. Deux ans après, la mission du Napo comptait déjà une vingtaine de villages et près de dix mille chrétiens. Hélas ! Garcia Moreno disparut alors qu'il allait livrer au commerce et à l'industrie ces contrées aussi remarquables par leur immensité que par leurs richesses et leurs pittoresques beautés. L'œuvre était déjà si avancée qu'il insistait près du Saint-Siège pour obtenir un second vicariat apostolique. Avec lui s'évanouirent ces magnifiques perspectives. Les trafiquants rentrèrent au Napo, chassèrent les jésuites, et dispersèrent les réductions. Des religieux isolés parvinrent à demeurer quelque temps au sein des tribus errantes, mais dans une impuissance presque absolue de faire le bien par suite des obstacles que suscitaient leurs rapaces ennemis.

Les états libéraux de l'Amérique méridionale ont tous, dans leur partie orientale, une province sauvage. Seul, Garcia Moreno entreprit de porter le flambeau de la civilisation au delà des Cordillères, prouvant une fois de plus aux prétendus amis de l'humanité que le chrétien possède un cœur assez large pour embrasser tous les peuples et assez généreux pour leur porter, au prix d'immenses sacrifices, les biens dont le Christ l'a comblé.

Sous l'inspiration de ce même zèle, le président s'efforça de raviver la foi, non seulement dans les pays sauvages, mais chez les chrétiens de l'intérieur. Les habitants des montagnes n'étaient guère moins dénués de secours religieux que les riverains de l'Amazone. A peine de temps en temps un prêtre venait-il les visiter dans leurs solitudes lointaines. Ne recevant qu'un traitement insuffisant pour vivre, le curé ne se croyait pas obligé de résider dans sa paroisse. Retiré chez ses parents ou dans une ville voisine, il faisait acte de présence trois ou quatre fois l'an, afin d'être autorisé à percevoir les fruits de son bénéfice. Les familles croupissaient dans l'ignorance, les malades mouraient sans sacrements,

Pont naturel sur la Maspa.

les enfants n'étaient pas même baptisés. Pour rendre la vie à ces paroisses abandonnées, Garcia Moreno augmenta le nombre des pasteurs, les pourvut d'un traitement convenable, et les astreignit à la résidence. Les gouverneurs avaient ordre de veiller à ce que le service paroissial se fît régulièrement et de rendre compte à qui de droit des moindres infractions.

Sur le littoral, les deux provinces d'Esméraldas et de Manabi languissaient aussi par suite de l'éloignement de Quito et de Guayaquil, chefs-lieux de leurs diocèses respectifs. Vingt ou trente paroisses assez populeuses se trouvaient pour ainsi dire privées de vie et de mouvement. Le président supplia le souverain Pontife d'en faire le centre d'un nouveau diocèse, vrai diocèse de missions, dont le chef-lieu serait Portoviejo. Un évêque vint se fixer au milieu de ces brebis sans pasteur, des prêtres zélés parcoururent les paroisses en prêchant la parole de Dieu, et la vie chrétienne circula de nouveau dans ces régions si longtemps désolées.

Enfin, dans les villes et les campagnes on rencontrait beaucoup de chrétiens qui n'accomplissaient plus leurs devoirs religieux. L'ignorance, les passions vicieuses, le respect humain, l'impiété révolutionnaire, quelquefois toutes ces causes réunies les arrêtaient sur le seuil de l'église. Le petit nombre de pasteurs, trois cents à peine, dispersés et comme perdus dans ces immenses paroisses, explique aussi l'indifférence des ouailles, surtout dans les communes rurales, où le prêtre était à peine connu. Garcia Moreno comprit que l'œuvre des missions devait nécessairement s'adjoindre au ministère paroissial pour ramener à la pratique de la religion ceux qui l'avaient abandonnée depuis longtemps. Il fit appel aux religieux du Très-Saint Rédempteur, ces enfants de saint Alphonse de Liguori, dont la vocation spéciale est de porter à tous, surtout aux plus délaissés, le bienfait de la rédemption. Deux colonies de rédemptoristes français s'établirent l'une à Cuenca, l'autre à Riobamba, pour rayonner de ces deux centres, sur les flancs comme dans les vallées de l'Azuay et du Chimborazo. Grâce à la générosité du président, qui se chargea des frais de voyage et souvent d'entretien, et sous les auspices des évêques dont le zèle seconda leurs efforts, les missionnaires réussirent en peu de temps à créer dans les villes des foyers de véritable piété et à réveiller les campagnes de leur torpeur. Ils s'en allaient deux à deux, à cheval, au-devant d'une peuplade lointaine perdue

Pont d'Agoyan.

dans les bois ou perchée sur les flancs d'un volcan. Souvent ces pauvres gens, à l'annonce d'une mission, abandonnaient leur cabane et leur travail, et faisaient un voyage de cinq à dix lieues pour assister aux saints exercices. Là où il n'y avait pas d'église, on construisait à la hâte une tente de feuillage. Durant quinze jours, le peuple se pressait dans ce sanctuaire improvisé pour entendre les instructions, réciter le rosaire et chanter de pieux cantiques. Tous, après avoir pleuré leurs péchés et reçu leur Dieu, se consacraient à la Vierge-Mère, en réclamant son perpétuel secours pour eux et leurs familles. Alors venait la séparation, accompagnée souvent de scènes déchirantes. Ces braves gens ne pouvaient se faire à l'idée de ne plus entendre les envoyés du ciel qui les avaient tirés de l'abîme pour les remettre sur la voie du salut. On les vit quelquefois au moment du départ, se jeter à genoux, barrer le passage aux chevaux, et conjurer en sanglotant ces pères de leurs âmes, comme il les appelait, de rester avec eux.

Dans les villes, les missions n'excitaient pas moins d'enthousiasme. En 1873, les rédemptoristes prêchèrent les saints exercices dans la capitale à un immense auditoire fourni par toutes les classes de la population. Le président, à la tête de son peuple, assistait à toutes les prédications. Après avoir ramené à Dieu plusieurs milliers d'âmes, la mission se termina par la *Plantation* de la croix, cérémonie qui donna occasion à une scène digne des temps antiques. La vaste église métropolitaine ne pouvait contenir les flots du peuple qui s'y pressait. A la place d'honneur figurait le président, entouré des autorités civiles et militaires. Avant le départ de la procession, un des pères missionnaires parut en chaire. Il parla du signe auguste de la rédemption et des respects qui lui sont dus; il dit que la procession de la croix à travers les rues de la capitale devait être le triomphe du Dieu Sauveur; il rappela que l'empereur Héraclius n'avait pas dédaigné de porter sur ses épaules le bois sacré du Calvaire : « Et j'espère, ajouta-t-il en s'adressant aux hommes, que tous, foulant aux pieds le respect humain, vous envierez le même honneur. » A peine avait-il dit ces mots que le président, revêtu de tous ses insignes, quitte sa place, s'approche de la croix, et conjointement avec ses ministres se charge du précieux fardeau. Il traverse ainsi la capitale portant sur ses épaules, aux yeux de tout le peuple, l'étendard du Dieu qu'il voulait faire régner dans les lois et dans les cœurs. Quelle leçon pour ces républicains d'Europe qui se font une gloire d'abattre la croix dans nos écoles, sur nos places publiques, et jusque dans nos cimetières !

Ce zèle du président pour la régénération religieuse du pays fut couronné du plus magnifique succès. Qu'on en juge par le témoignage du P. Lorenzo, supérieur d'une nouvelle société de missionnaires capucins, établie à Ibarra, la malheureuse cité victime du tremblement de terre de 1868 : « La religion, écrit-il, est ici partout en honneur. De tous côtés s'élèvent de nouveaux temples. La population, accourue au-devant de nous, à plusieurs lieues de la cité, nous a reçus avec enthousiasme. Plus de cinquante arcs de triomphe se dressaient sur notre route, et la musique nous accompagnait de ses joyeux concerts. Ibarra est en pleine reconstruction, le gouvernement bâtit un vaste hôpital, l'évêque relève sa cathédrale, les dominicains leur couvent, le président nous donne mille piastres pour réparer celui de Saint-François. Ici tout respire la piété; on n'entend ni blasphèmes, ni malédictions ; on y sanctifie les dimanches et fêtes ; l'armée elle-même observe la loi de Dieu et fait chaque année les exercices spirituels. »

Garcia Moreno jouissait du prodigieux changement dont il était le promoteur et le témoin. Après la mission de Quito, il écrivait à un ami « Dieu nous bénit, car le pays progresse véritablement. Partout, se manifeste la réforme des mœurs grâce aux jésuites, aux dominicains, aux rédemptoristes, aux observantins, et autres religieux qui aident nos bons prêtres, eux-mêmes pleins de zèle. Incalculable est le nombre de ceux qui, durant le carême, se sont régénérés par la pénitence. Dans notre jeunesse, on comptait ceux qui remplissaient leurs devoirs religieux; aujourd'hui l'on compte ceux qui les négligent. D'autre part, le progrès matériel est non moins admirable. On dirait vraiment que Dieu nous soulève de sa main, comme fait un tendre père pour son enfant quand il l'aide à essayer ses premiers pas. »

CHAPITRE XXVII.

MORALISATION.

Après avoir assuré l'instruction de son peuple, Garcia Moreno entreprit la tâche plus difficile encore de le moraliser. Sous ce rapport, toutes les classes de la société, plus ou moins victimes d'une révolution profondément démoralisatrice, avaient besoin de son intervention.

Nous avons dit comment le Concordat avait inauguré la réforme du Clergé. Sous l'impulsion du président, plusieurs conciles provinciaux firent refleurir la discipline ecclésiastique. De sages règlements appliquèrent les clercs à l'étude des sciences sacrées ainsi qu'à la prédication des vérités saintes, non seulement dans les paroisses plus importantes, mais jusque dans les agglomérations les plus pauvres et les plus abandonnées. Une fois les tribunaux ecclésiastiques remis en vigueur selon les dispositions concordataires, le troisième concile de Quito, en 1873, s'occupa d'établir le code de procédure, et d'assurer la moralité par le châtiment sévère des délinquants. Nul n'eût osé regimber contre l'autorité légitime des officialités, car, à côté de l'évêque désarmé se trouvait l'évêque du dehors décidé à lui prêter main-forte. La réforme fit ainsi de rapides progrès, non sans exciter des oppositions et de violentes récriminations.

Du prêtre qui répand la bonne semence au soldat qui garde le champ de la patrie, les services sont sinon égaux, du moins également nécessaires. L'un est le droit, l'autre la force avec laquelle un chef d'État fait triompher le droit. La milice de l'Équateur, trop souvent commandée par des hommes voués à la Révolution, se distinguait par son libertinage, son mépris absolu des institutions, ses violences effrénées. Lors de son court passage au pouvoir, Garcia Moreno avait essayé de l'astreindre aux lois de la moralité et de lui faire contracter des habitudes de discipline; mais quand le mal atteint certaines limites, il est plus facile de transformer que de réformer. Le président entreprit une réorganisation radicale de l'armée.

Cette armée, d'un effectif très restreint, le président la voulait forte, disciplinée, morale, instruite, pleine d'abnégation et de patriotisme. Pour la former aux vertus militaires ainsi qu'au maniement des armes, son premier soin fut de la pourvoir d'officiers capables et dévoués. En attendant la création d'une école militaire, il fonda l'école des cadets, pépinière de lieutenants et de sous-lieutenants, sorte de Saint-Cyr où les jeunes gens des meilleures familles s'initiaient aux mathématiques et à la tactique. Dirigés par d'excellents chefs, ils en sortaient solidement instruits et ornés de toutes les qualités qui font du soldat un vrai patriote, un héros même quand sonne l'heure des grands dévouements. Grâce à ces excellents officiers, les troupes de l'Équateur, parfaitement armées et exercées, ne le cédaient en rien pour l'aspect guerrier, l'ordre et la précision des mouvements à nos meilleures troupes européennes.

Faut-il le dire? elles leur étaient sous d'autres rapports bien supérieures. Il semble admis aujourd'hui, dans notre France, qu'une caserne doit se transformer nécessairement en cloaque d'impiété et d'immoralité; autrement, comment expliquer qu'à des jeunes gens de vingt ans, privés de famille, condamnés au célibat, on ôte le frein de la religion en les privant d'aumôniers et d'exercices religieux? Garcia Moreno ne se croyait pas le droit d'enlever au père et à la mère l'enfant élevé dans la piété et la vertu, pour en faire une espèce de monstre sans Dieu et sans pudeur. Il fit instituer par le pape une aumônerie militaire en règle. Les prêtres attachés par l'Archevêque aux différentes sections de l'armée avaient pour fonction, non seulement de célébrer le dimanche une messe à laquelle tous les soldats assistaient, mais aussi de leur donner l'instruction religieuse et de les préparer à la réception des sacrements. Outre les exercices pieux de chaque semaine, une retraite spéciale était prêchée chaque année à ces soldats chrétiens, qui se faisaient un plaisir et un devoir d'en profiter. La première de ces retraites produisit sur ces jeunes gens, peu habitués à réfléchir, des effets si extraordinaires, que la plupart se convertirent et contractèrent depuis, à la grande édification du public, des habitudes de piété et de parfaite régularité. Dans leurs temps libres, au lieu de se livrer à l'oisiveté et au libertinage, ils fréquentaient les écoles que leurs zélés aumôniers ou de dévoués adjoints ouvrirent en leur faveur. Ils apprenaient à lire, à écrire, à calculer, ou se perfectionnaient dans l'étude de la doctrine chrétienne et des sciences profanes. Ainsi assainie, la caserne devint un foyer de régénération, au lieu d'être, comme presque partout, une sentine de corruption.

Un voleur renommé dans tout le pays, expiait en prison ses trop longs brigandages. Garcia Moreno lui fit dire que s'il se convertissait et contractait des habitudes de travail et d'honnêteté, il réduirait sa peine. Docile aux exhortations du président, le condamné mena pendant longtemps une vie irréprochable et mérita d'être gracié. Mais, à sa sortie de prison, on le conduisit à Garcia Moreno, qui lui dit : « Si je te donne la liberté, tu vas reprendre ton ancien métier, tu tomberas de nouveau dans les mains de la justice, et nous serons obligés de te fusiller. Comme je veux t'épargner cette disgrâce et faire de toi un honnête homme, je t'enrôle dans la milice. Sois bon soldat, et tu monteras en grade. » Le prisonnier servit très loyalement dans l'armée, et comme il n'était pas sans capacités, il y obtint même le grade de lieutenant.

Dans cette armée de soldats chrétiens, la moralité s'élevait à la plus exquise délicatesse. Dans une ronde nocturne un lieutenant d'infanterie trouva au milieu de la rue une énorme liasse de billets de banque, qu'il s'empressa de remettre le lendemain matin entre les mains du président. Celui-ci fit rechercher le propriétaire des billets, un commerçant étranger, qui, dans l'élan de sa joie et de sa reconnaissance, offrit au loyal militaire cent piastres de gratification. A sa grande surprise, l'officier refusa ce don malgré ses instances réitérées, et même en dépit des pressantes sollicitations de Garcia Moreno. « Vous n'avez aucune raison, lui dit-il, pour refuser un présent qu'on vous offre très volontairement et pour reconnaître un acte de loyauté et d'honneur. — *Senor presidente,* répondit l'officier, c'est précisément mon honneur qui me défend d'accepter je n'ai fait que mon devoir, je ne mérite aucune récompense. —Très bien, reprit le président ému jusqu'aux larmes en voyant un si noble cœur, mais moi aussi j'ai le droit de donner quelque chose que vous ne pouvez refuser. » Et ce jour-là même il fit délivrer au lieutenant le brevet de capitaine.

Ainsi élevés et disciplinés, officiers et soldats s'attachèrent au président comme à leur père. Ils craignaient sa sévérité, car les moindres infractions à la discipline étaient châtiées sans miséricorde, mais ils l'aimaient à cause de son dévouement à leurs intérêts. Il leur prodiguait ses soins comme s'ils eussent été ses enfants, s'inquiétait de leurs nécessités, pourvoyait par des pensions aux besoins des blessés ou des infirmes, surtout ne souffrait pas que le payement de la solde subît un instant de retard. Ayant un jour aperçu sous les fenêtres de son bureau un vieil invalide qui se promenait depuis plusieurs heures, il lui demanda ce qu'il attendait : « J'attends Votre Excellence, répondit le soldat, pour la prier de me faire payer ma solde. Voilà un mois que je n'ai rien reçu et je meurs de faim. » Le président interroge le trésorier, qui affirme être en règle. S'adressant alors au vieux troupier : « Vous m'avez trompé, lui crie-t-il avec colère. Vous mériteriez que je vous fisse fouetter. » L'invalide riposte tranquillement : « Si le trésorier dit vrai, ses livres en feront foi. » Frappé de cette remarque, le président se fait apporter immédiatement les livres de comptes et constate que le trésorier négligent, et non le soldat, s'était tiré d'affaire par un mensonge. Montrant alors au coupable la page des recettes : « Écrivez, lui dit-il : reçu du trésorier de la nation cinquante piastres, comme amende infligée par le président de la république en punition d'un vil mensonge. » Le trésorier paya l'amende, heureux encore de s'en tirer à si bon marché, et le vieil invalide se félicita d'avoir un chef assez compatissant pour s'intéresser à la détresse d'un pauvre soldat, assez équitable pour lui rendre justice.

Un autre trait, où la compassion s'unit également à la justice, fit comprendre à l'armée que jamais chez lui la sensibilité ne l'emporterait sur le devoir. Un de ses anciens serviteurs, auquel il portait un grand intérêt, ayant embrassé la carrière militaire, s'emporta dans un mouvement de colère jusqu'à frapper le chef de sa compagnie. On tenta de soustraire le coupable au conseil de guerre, mais le président exigea que la justice suivît son cours. Naturellement le conseil de guerre prononça la peine de mort. Aussitôt recours en grâce; supplication des parents, des amis, du public, en faveur du malheureux soldat. Convaincu que c'en était fait de la discipline militaire s'il cédait au mouvement de son cœur, le président resta inflexible, tout en laissant voir sa profonde émotion « Je voudrais faire grâce, dit-il, mais ma conscience s'y oppose. » Le jour de l'exécution, pour ne pas entendre les coups de fusil, il se retira dans l'église d'un faubourg, où il resta en prières, agenouillé sur le sol jusqu'après le moment fatal.

Après le soldat, Garcia Moreno s'occupa d'épurer les codes et les magistrats. La législation était incomplète; il y introduisit des dispositions sévères contre les blasphémateurs, les concubinaires, les ivrognes, les débauchés, les perturbateurs du repos public. La législation était urgente et oppressive, surtout à l'égard de l'Église; il entreprit d'effacer jusqu'au dernier vestige du régalisme espagnol. « Puisque nous avons le bonheur d'être catholiques, disait-il aux membres du congrès, soyons-le logiquement et franchement, dans la vie publique comme dans la vie privée. Trop souvent, au lieu de rendre des arrêts, les juges les vendaient au plus offrant. Avocats et magistrats s'entendaient pour tirer du client, jusqu'à sa dernière piastre. Du reste les uns et les autres auraient pu alléguer la nécessité de gagner sa vie. Les avocats pullulaient à l'Équateur, d'abord parce que le barreau menait aux emplois, ensuite parce que, pour obtenir le diplôme, il suffisait de se bourrer la tête d'un certain nombre de textes, et d'avoir des parents assez riches pour payer son grade. Alors on courait les emplois ou les aventures révolutionnaires. Réduit à plaider pour vivre, l'avocat embrouillait les causes les plus claires, et le procès se terminait par la ruine du client. Quant aux juges, ils étaient si peu rétribués qu'ils se voyaient réduits à faire un métier ou à vendre leurs sentences.

Garcia Moreno exigea du candidat aux grades une étude sérieuse du droit; la faveur et l'argent cessèrent d'exercer leur influence sur les examens, en sorte que la multitude des paresseux ou des vicieux dut avoir recours à une autre industrie pour vivre. Un jour, un aspirant au doctorat avait répondu aux examinateurs d'une manière très satisfaisante. « Vous connaissez votre droit, monsieur, lui dit le président, mais savez-vous votre catéchisme? Pour administrer la justice, un magistrat doit connaître avant tout la loi de Dieu. » Et il interrogea l'étudiant, qui resta muet. « Monsieur, lui dit gravement Garcia Moreno, vous êtes reçu docteur, mais vous n'exercerez pas votre profession avant de savoir le catéchisme. Enfermez-vous, pour l'apprendre, chez les franciscains. » Le gouvernement intervint dans la nomination des juges, exclusivement réservée jusque-là au corps législatif. Il lui fut dès lors facile d'écarter les incapables ou les indignes, et de confier enfin cette sublime fonction d'administrer la justice, non pas à des trafiquants sans conscience, mais à de vrais magistrats. Du reste, afin de prévenir autant que possible toute tentation de prévarication, les juges inférieurs, déclarés justiciables de la cour suprême, répondirent devant elle de leurs arrêts, et se virent, en cas d'injustice flagrante, suspendus de leurs fonctions ou même destitués. Les avocats convaincus d'avoir accepté une cause notoirement mauvaise, encouraient aussi de graves pénalités.

Le président surveillait les moindres infractions et les punissait avec une inexorable sévérité. Une femme célèbre par ses dérèglements ayant commis un meurtre, les jurés, personnages d'ailleurs très honorables, pour sauver cette misérable créature, épiloguèrent selon leur coutume sur la nature du crime et la condamnèrent simplement à quelques mois d'exil. Révolté d'un pareil scandale, mais impuissant à le réparer par les voies judiciaires, Garcia Moreno résolut du moins de flétrir la lâcheté de ces malheureux jurés. Les ayant fait comparaître en sa présence, il leur tint ce langage : « Vous avez condamné à quelques mois d'exil une criminelle notoirement coupable d'assassinat. Il faut maintenant exécuter la sentence. Comme mes soldats sont occupés, la loi m'autorise à requérir les simples citoyens pour le transport des condamnés. C'est vous que j'ai choisis pour conduire cette femme à la Nouvelle-Grenade. » Sans se permettre aucune remontrance, les jurés honteux s'en allèrent préparer leurs chevaux pour le voyage ; mais le président avait aussi pensé aux montures. On amena devant eux des mulets boiteux, mal équipés, ridicules « Vous allez faire un service public, leur dit-il, et partant voyager aux frais du gouvernement. Ne vous plaignez pas de ces mulets : ils sont moins boiteux que vos arrêts. » Et force leur fut de traverser les rues de la ville, la criminelle au milieu d'eux, sous une grêle de sifflets et de quolibets.

Non seulement il exigeait des magistrats l'intégrité professionnelle, mais, surveillant leur conduite morale, il ne tolérait aucun désordre capable de diminuer leur prestige ou d'entacher leur honorabilité. Comme le prêtre, disait-il, le magistrat doit être irréprochable. On lui apprit un jour qu'un juge de ses amis, distingué par ses talents non moins que par ses services, entretenait des relations suspectes avec une personne de son voisinage. Veuf depuis quelques années, cet ami s'exposait tout naturellement aux commérages du public. Désireux de l'éclairer sans l'offenser, Garcia Moreno lui demanda familièrement un conseil, pour calmer, disait-il, les inquiétudes de sa conscience. Il avait parmi ses employés un homme qu'il aimait beaucoup, dont il n'avait jamais eu à se plaindre, mais qui malheureusement se déshonorait depuis quelque temps par une vie scandaleuse. Son cœur lui disait de faire l'aveugle, mais sa conscience lui reprochait de se rendre, par cette faiblesse, complice du scandale. Était-il obligé d'avertir cet ami, et de le révoquer s'il restait sourd à la monition? Le magistrat plein de droiture, répondit qu'un chef d'État doit en conscience veiller sur ses subordonnés et réprimer tout désordre public. Permettez-moi donc, lui dit le président, d'accomplir ce que vous estimez un devoir : ce scandaleux, c'est vous-même. On critique à bon droit vos relations avec telle personne, et vous en feriez autant si vous n'étiez intéressé dans l'affaire. » Le magistrat le remercia de sa charité non moins que de sa discrétion, et dès ce jour rentra dans l'ordre.

Dans la pensée du président, la réforme des lois et de la

magistrature devait aboutir à la réforme des mœurs. Grâce aux nouvelles dispositions du code, le gouvernement pouvait extirper des villes les vices dégradants qui en sont la honte, tels que la prostitution, le concubinage, l'ivrognerie. Sans doute, à l'Équateur, on répugne encore trop aux pratiques de la civilisation européenne, pour tolérer des maisons officielles de débauche ; on y estime assez la dignité du baptême pour ne descendre jamais à cet état d'infamie notoire et permanente ; mais, comme partout, il se rencontrait dans son sein des personnes éhontées qui, spéculant sur la lubricité, trouvaient plus commode de se vendre que de travailler. Il était facile de les jeter en prison, mais l'expérience prouve que la prison devient trop souvent pour ces malheureuses une école de corruption plus raffinée. La religion seule, par les grâces qu'elle confère, a le don de guérir ces natures doublement viciées. La preuve de son action toute-puissante, même sur les plus incorrigibles, Garcia Moreno la voyait dans ces tristes victimes de notre civilisation qui, après avoir habité dix et vingt ans les bouges déshonorés où nos philanthropes les entretiennent, finissent, entre les mains des admirables filles du Bon-Pasteur, par se transformer en madeleines pénitentes, et bientôt en modèles d'innocence et de pureté. Pour cette raison, il établit dans la capitale un refuge dirigé par les sœurs du Bon-Pasteur. Dans cet asile, grâce à la vie régulière, au travail, aux pieuses exhortations des religieuses, elles se convertirent sincèrement ; quelques-unes rentrèrent dans leurs familles pour y vivre avec honneur, la plupart restèrent bénévolement dans leur sainte retraite et s'y donnèrent complètement à Dieu.

Quant aux concubinaires, avant de les livrer aux juges, le président les faisait comparaître en sa présence, et les mettait en devoir de choisir entre le mariage et la séparation. « Vous êtes libres de vous perdre, disait-il, mais non de scandaliser le public. » Cédant à ses objurgations, les coupables contractaient une union légitime ou se séparaient, avec promesse sous caution de ne plus cohabiter ; mais il comptait si peu sur les promesses des personnes vicieuses, que souvent il les forçait à rompre leurs liens ou à se marier séance tenante. Ayant un jour, dans un de ses voyages, mandé à sa barre un de ces couples criminels, insensibles aux avertissements comme aux menaces, il reprocha vivement, surtout à la femme plus âgée que son complice, l'ignominie de sa vie déréglée. La malheureuse se mit à fondre en larmes, pendant que le jeune homme promettait de légitimer au plus tôt sa situation. Inquiet à bon droit sur l'avenir, Garcia Moreno obtint de l'évêque les dispenses nécessaires et fit célébrer le mariage avant son départ. La femme, plus enchantée peut-être que le mari, vantait à tout venant la sagesse du président et sa manière expéditive de traiter les affaires.

L'ivrognerie le préoccupa plus encore que le libertinage, en raison de la dégradation et de l'abrutissement que ce vice engendre et développe, surtout au sein des populations ouvrières. Les ivrognes de profession perdaient, de par la constitution, leurs droits de citoyen ; mais, les voyant disposés à supporter cette privation avec patience, le président édicta contre eux toute une nomenclature de peines. Les individus surpris en état d'ivresse dans les cafés, tavernes, et autres lieux publics, subissaient une amende et un emprisonnement de plusieurs jours ; en cas de récidive, la peine était doublée ; on déportait dans une autre province l'ivrogne incorrigible. Les cabaretiers, complices de ces dégradés, payaient leur complaisance d'une assez forte amende ; la récidive entraînait la fermeture du cabaret. Néanmoins, malgré cette législation sévère, appliquée partout avec constance et vigueur, Garcia Moreno dut avouer, en 1875, l'insignifiance des résultats obtenus sur les ivrognes de profession. « Le vice de l'ivrognerie, dit-il au congrès, a plutôt besoin d'un traitement curatif que de répression. Il est temps d'adopter le parti que conseillent la prudence et l'humanité ; c'est-à-dire de créer une espèce d'hospice pour cette classe de fous volontaires, comme il en existe pour les idiots et les lépreux. Dans cet asile, les ivrognes incorrigibles, soumis à un régime hygiénique et au salutaire exercice du travail agricole, deviendront susceptibles de réforme et finiront par se tourner vers Dieu. »

Les prisons à leur tour réclamaient une réforme d'autant plus urgente qu'un régime intolérable et des abus révoltants torturaient un plus grand nombre de victimes. Par suite des guerres, des insurrections fréquentes, de la démoralisation qui en est la suite, ces bouges infects regorgeaient d'assassins, de voleurs, de débauchés et de criminels de toute espèce. Le corps y dépérissait faute d'air et de nourriture, pendant que l'âme y croupissait dans la crapule et l'oisiveté. Pas d'autre exercice religieux que la messe du dimanche ; pas d'instruction, pas de consolation pour ces parias de l'humanité ; nul effort pour les convertir et les réhabiliter. Trop souvent on leur donnait pour aumônier un prêtre discrédité ou impropre aux autres fonctions du ministère ecclésiastique. Le prisonnier n'avait d'autre préoccupation que de s'enfuir de ce tombeau où il était enterré vivant.

La réforme de Garcia Moreno fut, comme toutes les autres, basée sur la religion. Il chercha deux hommes unis de cœur, capables d'appliquer ses idées : un aumônier, pour pénétrer jusqu'à l'âme des malheureux détenus ; un directeur intelligent et ferme, pour faire exécuter les règlements et prêter main-forte à l'aumônier. Un ordre du jour, combiné d'après le but qu'il poursuivait, fut imposé aux prisonniers, et chacun dut s'y astreindre sous les peines les plus rigoureuses.

Dès lors, tout changea de face. La prison devint tour à tour une école et un atelier. A certaines heures déterminées, l'aumônier, don Abel de Corral, jeune prêtre plein de dévouement, enseignait à ses étranges auditeurs la doctrine chrétienne, les lois du décalogue, avec lesquels ils paraissaient assez peu familiarisés, les devoirs de l'honnête homme, les exercices du chrétien, tels que la prière de chaque jour et la fréquentation des sacrements. Il y ajoutait par surcroît des leçons de lecture, d'écriture et de calcul, ainsi que d'autres notions et connaissances utiles. Après cela, venait le travail manuel ; chacun s'appliquait au métier le plus conforme à ses aptitudes. Le directeur, don Francisco Arellano, secondait l'aumônier avec zèle et intelligence, châtiant les paresseux ou les récalcitrants, afin de forcer au devoir par le sentiment de la peine. Du reste, cette sévérité nécessaire ne l'empêchait pas de se montrer en toute occasion le père et l'ami de ceux qu'il appelait ses chers prisonniers. Il les exhortait doucement à s'amender de leurs défauts, écoutait leurs plaintes, adoucissait selon son pouvoir les conditions pénibles de leur vie matérielle, aidait l'aumônier au moment des leçons, s'assujettissant ainsi à passer des journées entières dans ce milieu triste et sombre de la prison.

Pour stimuler la bonne volonté des détenus, Garcia Moreno leur fit entrevoir la liberté comme récompense de leurs progrès dans l'honnêteté, l'amour du travail, et la piété. Il promit non seulement d'abréger leur temps de détention, mais même de remettre la peine entière à ceux qui mériteraient cette faveur; et vraiment l'engagement n'était point téméraire, car, à mesure que Dieu reprenait son empire sur des cœurs qui ne le connaissaient plus, la prison se transformait en un vaste couvent où régnait avec l'amour de l'étude et du travail, la plus stricte régularité.

A la fin de l'année, le président, entouré de ses ministres, d'une escorte militaire, et des personnages distingués de la capitale, se rendit en grande pompe à la prison pour procéder à l'examen scolaire des détenus. L'examen roula sur la doctrine chrétienne, l'histoire sacrée, la lecture, la calligraphie, l'orthographe et l'arithmétique. Le président interrogea lui-même ces écoliers d'un nouveau genre, dont la plupart avaient atteint l'âge mûr. Tous, dans leurs classes respectives, étonnèrent l'assistance par leurs réponses et plus encore par leur excellente tenue. Après les avoir vivement félicités de leurs progrès et de leur conduite, Garcia Moreno distribua des récompenses aux plus méritants, réduisit la peine de quelques-uns et rendit la liberté, séance tenante, à celui qui l'avait emporté sur tous par un plus grand respect du devoir. Les prisonniers applaudirent en pleurant de joie. Ils ne comprenaient pas comment un chef d'État pouvait ainsi s'abaisser jusqu'à leur misère; plus que jamais, ils firent l'impossible pour mériter ses bonnes grâces.

Il s'agissait maintenant de poursuivre les bandits et les voleurs qui infestaient le pays, afin de les soumettre à la même épreuve. La tâche était difficile dans ces montagnes qui offrent aux malhonnêtes gens des repaires nombreux et introuvables. Aux environs de Quito, des bandes organisées pourvues de bons chefs et d'excellents points de ralliement, probablement aussi d'intelligence avec la police, défiaient les plus fins limiers du gouvernement. Le président choisit parmi ces derniers un homme sur lequel il pouvait compter, lui promit une forte récompense s'il parvenait à lui amener le chef de brigands le plus redouté du pays, et l'autorisa même à prendre dans la police ou dans l'armée les hommes dont il croirait avoir besoin pour opérer cette capture. Quelques jours après, le bandit était arrêté. Conduit au président, il s'attendait à une sentence de mort immédiate : quel ne fut pas son étonnement de voir au contraire Garcia Moreno l'accueillir avec bienveillance, faire appel à ses sentiments d'honneur et de religion, et finalement lui promettre sa protection s'il consentait à changer de vie ? Il ne lui imposait pour toute peine que de passer tous les jours une heure avec un saint religieux qu'il lui désigna et de lui faire visite à lui-même matin et soir. Ému jusqu'aux larmes, le brigand se convertit et se réforma complètement. Sûr alors de ses dispositions, le président mit la police sous ses ordres et le chargea de lui amener ses anciens compagnons, « pour que je les transforme, lui dit-il, en honnêtes gens comme vous. » Peu de jours après, les bandits, traqués jusque dans leurs retraites les plus cachées, tombaient entre les mains des deux fidèles coopérateurs de Garcia Moreno, l'aumônier et le directeur de la prison. Ainsi cessa cette calamité du brigandage, qui de tout temps avait désolé le pays.

Si l'on veut maintenant apprécier, au point de vue de la régénération morale des prisonniers, le système pénitentiaire inventé par Garcia Moreno, qu'on en juge par un fait peut-être sans précédent dans l'histoire. Durant ses six dernières années, le président avait élevé à grands frais un immense établissement appelé Panopticum, qu'il destinait à remplacer la malsaine prison de Quito. En 1875, les bâtiments terminés se trouvèrent inutiles, faute de prisonniers à y loger. Garcia Moreno eut la joie d'annoncer aux députés qu'il restait à peine cinquante condamnés dans la prison. « Or, ajouta-t-il, comme le pénitencier peut en contenir cinq cents en cinq divisions, et comme d'un autre côté, les municipalités n'ont pas à leur disposition des ressources suffisantes pour construire dans chaque province une maison de réclusion, voyez dans votre sagesse s'il ne serait pas avantageux d'amener des provinces au Panopticum forçats et

Panorama de Quito.

simples détenus. Ils subiraient leur peine sous l'inspection de la cour suprême, et nous verrions disparaître ces barbares et immondes cachots, vrais foyers de corruption, où le prisonnier souffre sans s'amender, quand il n'évite point par la fuite, le châtiment qu'il a mérité. »

Hélas ! quelques jours après avoir écrit ces lignes, le président n'était plus, et la Révolution, en haine de l'œuvre civilisatrice, chassait de son poste le trop fidèle Arellano.

En même temps qu'il s'occupait de bâtir des refuges et des pénitenciers, Garcia Moreno travaillait avec non moins de zèle à la réforme des hôpitaux, afin de rendre plus sains, plus moraux, plus supportables ces asiles où s'entassaient les pauvres et les malades. Il y avait à Quito un grand hôpital, connu sous le nom d'hôpital Saint-Jean de Dieu, où l'on enfermait jusqu'à trois cents malades, un refuge pour les lépreux et un asile d'aliénés. Ces établissements, ainsi que les hôpitaux des autres cités, étaient administrés par des spéculateurs et des mercenaires qui ne rougissaient pas de s'enrichir aux dépens des malheureux. « Nos rares établissements de bienfaisance, disait Garcia Moreno aux députés, présentent un tableau répugnant, indigne d'un peuple chrétien et civilisé, non seulement par suite de l'insuffisance totale des revenus, mais surtout par l'absence totale de charité dans ceux qui les desservent. » Certes, il en parlait avec connaissance de cause, car dès les premiers jours de sa présidence, il se constitua lui-même directeur du grand hôpital, qu'il visitait tous les jours, afin de forcer les employés à faire exactement leur devoir. Il parcourait les salles, contrôlait les ordonnances du médecin, enseignait aux infirmiers la manière de préparer les médicaments ou de panser les malades, et punissait avec une extrême sévérité les moindres négligences.

Quand il arrivait dans une ville, sa première visite était pour l'hôpital. A Guayaquil il trouva beaucoup de malades étendus par terre sur une simple natte. Vivement impressionné à ce spectacle, il dit au gouverneur qui l'accompagnait : « Ces pauvres malheureux sont bien mal couchés ; pourquoi ne fournissez-vous pas tout ce qui est nécessaire pour les soigner convenablement? — Excellence, répondit le gouverneur, nous sommes à bout de ressources. — Cela ne vous empêche pas, vous qui êtes bien portant, de coucher sur un bon matelas, pendant que ces membres souffrants de J.-C. n'ont que la terre pour se reposer. — Dans quelques semaines je pourvoirai à tous leurs besoins. — Non pas dans quelques semaines, reprit Garcia Moreno, ils n'ont pas le temps d'attendre. Vous coucherez ici ce soir à côté d'eux sur une natte, et il en sera ainsi les nuits suivantes jusqu'à ce que tous les malades aient chacun un lit et un matelas. » Avant le soir, lits et matelas affluaient à l'hôpital, et le gouverneur put se coucher tranquillement chez lui sur son lit à ressorts.

Les lépreux s'étant plaints du régime alimentaire, il vint un jour inopinément s'asseoir à leur table, partagea leur humble repas, et donna l'ordre d'améliorer leur ordinaire. Quelque temps après, dans une seconde visite, il constata que la nourriture ne laissait plus rien à désirer. Néanmoins un de ces malheureux s'en montrait peu satisfait : « Savez-vous, mon ami, lui dit Garcia Moreno, que je ne suis pas si bien servi, moi le président de la République ! »

Il n'eut pas de repos qu'il n'eût fait bénéficier les pauvres malades des secours que la religion leur a ménagés. Au lieu de mercenaires sans entrailles, il leur donna des sœurs de Charité pour les soigner et panser les plaies de l'âme aussi bien que celles du corps. En même temps il édicta un règlement auquel tout le monde dut se conformer, inspecteurs, surveillants, médecins, infirmiers et infirmes. Sous la haute direction des sœurs, l'hôpital Saint-Jean de Dieu devint un hôpital modèle. Il dota plusieurs autres villes d'établissements semblables, qu'il confia également aux admirables filles de Saint-Vincent de Paul. Hélas ! que dirait ce grand homme d'État de nos laïcisateurs d'hôpitaux !

Plein d'une tendre affection pour tous ces êtres souffrants, il leur prodiguait ses soins et consacrait à soulager leur misère une partie de son traitement. Lors de sa première élection à la présidence, sa femme, la senora Rosa Ascasubi, lui fit remarquer qu'un président de république ne pouvait se dispenser, à son entrée en charge, de donner un banquet officiel aux ministres, diplomates, et autres personnages de marque. Il lui fit observer que son humble fortune lui interdisait pareil luxe. Quant à son traitement, il en remettait une partie à l'État, encore plus pauvre que lui, et destinait l'autre aux œuvres de charité. La noble dame répondit qu'elle se chargerait des frais et lui compta cinq cents piastres, en lui recommandant de faire les choses grandement. Garcia Moreno, muni d'une bourse bien garnie, s'achemina vers l'hôpital avec son aide de camp, pourvut aux nécessités les plus urgentes de ses malades, et commanda pour eux un magnifique dîner. A son retour la généreuse femme lui demanda s'il avait eu assez d'argent : « J'ai pensé, lui dit-il en riant de tout son cœur, qu'un bon repas ferait plus de bien aux malades qu'aux diplomates. J'ai donc porté l'argent à l'hôpital, où l'on m'a déclaré que pour cinq cents piastres on fournirait un excellent dîner. »

On ne peut s'empêcher de remarquer des différences assez notables entre les gouvernants démocrates et notre grand chef chrétien dans leurs rapports avec le pauvre peuple. Ceux-là remplissent leur bourse en exploitant sa simplicité ; celui-ci vide la sienne en soulageant ses infirmités. Le chrétien passe comme son Maître en faisant le bien ; les démocrates, en faisant du bien à leur très chère et très importante personnalité. Du reste, ce phénomène est tout aussi naturel que le lever du soleil chaque matin, car l'égoïsme doit fatalement rester l'égoïsme aussi longtemps qu'il n'est pas en lutte dans le cœur de l'homme avec l'influence surnaturelle qui, seule, peut en triompher. Ce qui s'expliquerait moins facilement, si l'on ne savait que la bêtise humaine l'emporte encore sur la méchanceté, c'est que le peuple, tant de fois mangé par les loups, ne manque jamais de se ranger sous leur houlette toutes les fois qu'il leur prend fantaisie de se costumer en bergers.

CHAPITRE XXVIII.

TRAVAUX ET FINANCES.

C'est un axiome du monde moderne que pour développer les progrès matériels d'une nation, il faut y installer un gouvernement matérialiste, hostile à l'Église. Trop mystique, disent-ils, le catholique ne saurait comprendre l'importance du problème économique, ni surtout en trouver la solution. Sous prétexte de sauver votre âme, ils couchent votre corps sur la paille et vous donnent à manger le pain noir d'avant 1789. Mais que répondront les sophistes au fait brutal que nous allons leur mettre sous les yeux?

L'Équateur avait vécu de tout temps dans la pauvreté. Çà et là on rencontrait bien quelques propriétaires de vastes et riches haciendas, mais on peut dire que la masse du peuple, et même de la bourgeoisie, végétait dans la misère. De ce mal existait certainement une cause naturelle, je veux dire l'indolence des habitants; mais il faut avouer aussi que jamais gouvernement ne se préoccupa de les stimuler au travail. Espagnols et révolutionnaires avaient rivalisé de zèle pour s'engraisser des sueurs de l'ouvrier, ce qui ne l'engageait guère à faire beaucoup de besogne. Une autre raison pour laquelle l'agriculture et l'industrie, ces deux sources de richesse, ne pouvaient prospérer à l'Équateur, c'était l'absence totale des voies de communication, et par suite l'impossibilité des transports et des échanges. Si l'on se rappelle la topographie du pays, véritable labyrinthe de montagnes reliées l'une à l'autre par des contre-forts puissants au milieu desquels se dessinent des vallées profondes, des précipices, des torrents qui deviennent des fleuves, on comprendra facilement qu'on ait reculé devant la difficulté d'établir sur ce sol tourmenté des chemins carrossables. L'Équatorien voyageait à cheval, et transportait ses marchandises à dos de mulet ou d'indien. L'ascension de Guayaquil à Quito, par des sentiers impraticables, au milieu d'affreux précipices, passait à bon droit pour une expédition dangereuse [1]. Jamais personne, ni sous le règne des Incas, ni durant les trois siècles de domination espagnole, ni depuis l'avènement des républicains au pouvoir, n'avait rêvé d'ouvrir des chemins et de lancer un véhicule quelconque dans ces fondrières. On entendait parler de diligences, de chemins de fer, de locomotives, comme d'objets étranges que l'Équateur devait se résigner à ne posséder jamais. La simple réparation du pont de Machangara parut une œuvre si merveilleuse qu'Urbina déclara ce pont sans rival dans l'Amérique du Sud [2].

Par suite de cette situation matérielle, les populations de l'intérieur, emprisonnées dans leurs districts, se trouvaient, durant la saison des pluies, littéralement séquestrées du reste du monde. On ne communiquait avec la côte que par un courrier hebdomadaire, lequel se résignait à franchir les abîmes et les torrents pour gagner Guayaquil. Il est aisé de comprendre que l'agriculture, l'industrie et le commerce sont condamnés à végéter dans une éternelle enfance là où les produits doivent se consommer sur place, faute de moyens de transports. Le commerce extérieur ne montait pas à deux millions de piastres. L'article principal d'exportation, le cacao, se vendait à raison de trois à quatre piastres les cent livres. Il en résultait que, la production excédant de beaucoup la consommation, les terrains restaient incultes. Quant aux petites économies amassées à force de patience et de travail, on les déposait dans un coffre où elles restaient improductives, car les banques et autres établissements de crédit n'étaient pas connus de l'Équateur.

Pour tirer son pays de cet état de prostration, Garcia Moreno entreprit de relier le plateau des Andes au reste du monde par une voie carrossable allant de Quito à Guayaquil.

---

[1] Un touriste anglais, à qui l'on demandait quelle route il avait suivie pour arriver à Quito, répondit avec autant d'esprit que de vérité : « Mais il ne s'agit pas de route dans ce pays-là. » Mme Pfeiffer dit qu'au sortir de la capitale de l'Équateur on ne voyage plus, qu'on patauge dans un véritable marais fangeux. *(Mon second voyage autour du monde, par Mme Ida Pfeiffer.)*

[2] *El Ecuador*, 2 mars 1875.

Ce gigantesque projet, que nos prétendus progressistes, depuis cinquante ans qu'ils administraient le pays, n'avaient pas même osé concevoir, cet homme de génie en décida l'exécution dès le premier jour de sa présidence. Et n'allez point croire que ces amis de la civilisation aient salué ce projet par des cris d'enthousiasme : ainsi que Colomb annonçant le Nouveau-Monde, Garcia Moreno fut traité de rêveur, d'utopiste, de maniaque, dont les folles entreprises allaient engloutir les dernières ressources du pays. Il laissa dire et se mit à l'œuvre, mais le parcours arrêté, et les travaux commencés, le président vit se dresser devant lui l'égoïsme des grands propriétaires dont la route devait traverser les riches haciendas. Après avoir longtemps crié à l'utopie, ils évoquèrent les idées de justice et de propriété, ne reconnaissant point au gouvernement le droit de les exproprier pour une prétendue cause d'utilité publique. Il demeura sourd à toutes les réclamations, à toutes les invectives, à toutes les menaces.

Non loin de la capitale se trouve l'hacienda de Tambillo, dont le propriétaire, grenadin d'origine, n'habitait l'Équateur que depuis une trentaine d'années. Comme la route coupait sa propriété, il témoigna son vif mécontentement, menaçant d'en appeler à la Nouvelle-Grenade, et de se faire rembourser la valeur totale de l'hacienda. En vain Garcia Moreno lui fit-il observer que la Nouvelle-Grenade n'avait rien à voir dans les affaires de l'Équateur et que ses prétentions étaient simplement ridicules : « Vous réclamez, ajouta-t-il, le prix intégral de votre propriété : combien l'estimez-vous? — Cinq cent mille piastres. — Eh bien ! puisque vous y tenez, je vous l'achète, et je vais vous la payer comptant. Quand il s'est agi de fixer le chiffre de vos contributions, vous avez estimé votre propriété cinquante mille piastres, tandis que, de votre aveu, elle en vaut cinq cent mille : vous avez donc, depuis trente ans, fraudé le gouvernement d'une somme énorme, que vous allez payer avec les intérêts. Là-dessus, mon ministre des finances vous comptera cinq cent mille piastres, prix de votre hacienda. » Pris dans ses filets, le grenadin retira son opposition et se garda bien de plaider.

Des amis, des parents, employèrent leur influence pour

faire dévier la route et épargner certaines propriétés : Garcia Moreno resta inflexible. Vous me passerez sur le corps avant de pénétrer sur mon terrain, lui dit un ami intime. — On passera sur votre corps, s'il le faut, lui répondit le président, mais je vous jure que le tracé ne déviera pas d'une ligne. »

Ces premières difficultés n'étaient du reste que des jeux d'enfants en comparaison de celles qui se multiplièrent à mesure qu'avançait l'exécution : il fallut trouver des ingénieurs capables de diriger les travaux de nivellement et la

Route de Quito a Guayaquil.

construction des viaducs et de ponts énormes ; il fallut réquisitionner des compagnies d'ouvriers et les assujettir, en dépit de leur mollesse et de leur mauvais vouloir, à une besogne assidue et pénible. Durant dix ans, des milliers de travailleurs, divisés en équipes constituant pour ainsi dire des paroisses ambulantes, furent employés à sillonner les bois et les montagnes, accompagnés d'un médecin pour les soigner en cas de maladie, et d'un prêtre pour faire avec eux la prière du matin et du soir. Chaque dimanche, les cérémonies religieuses s'accomplissaient en plein air on prenait des forces pour les travaux du lendemain. L'ouvrier recevait régulièrement son salaire, grâce aux contributions volontaires que le président sollicita des provinces, et surtout aux ressources toujours croissantes du trésor public.

Commencée en 1862, la route fut achevée en 1872, au moins dans ses parties principales. Le premier tronçon, de Quito à Sibambe, point extrême du plateau, avait nécessité sur un parcours de deux cent cinquante kilomètres, la construction d'une centaine de ponts et de quatre cents viaducs. Le troisième, de Guayaquil à Milagro, au pied de la montagne, consistait en une voie ferrée d'environ quarante kilomètres, pourvue de tout le matériel nécessaire pour l'exploitation. La section intermédiaire sur le versant de la Cordillère, d'une exécution très difficile, avançait rapidement au commencement de 1872. Déjà le matériel était acquis, et le congrès avait voté un emprunt de plusieurs millions de piastres pour terminer les travaux et établir le télégraphe électrique sur toute la route ; mais le président, dont la sagesse égalait l'activité, refusa « d'emprunter à des usuriers, et à des conditions que la démence ou la mauvaise foi seules peuvent accepter, préférant ne point engager l'avenir, mais achever l'œuvre lentement, suivant que le permettraient la protection divine et les revenus de l'État. »

Le 23 avril 1873 fut un grand jour de réjouissance à Quito. La compagnie générale des transports inaugurait, sur la route nationale, deux diligences nouvellement construites, la *Sangai* et la *Tunguragua*. On en fit la bénédiction solennelle, au milieu d'une foule immense réunie sur la place de la cathédrale. De la galerie du palais épiscopal, l'archevêque, entouré du président et de ses ministres, bénit les voitures qui, bientôt s'ouvrirent pour recevoir ces illustres personnages et se mirent en marche aux acclamations du peuple. Garcia Moreno était vengé ! L'entreprise traitée de folie, dix ans auparavant, par ses amis comme par ses ennemis, excitait aujourd'hui l'admiration de tous. « Sans cet homme de génie, disait-on, l'Équateur restait dans l'éternel *statu quo* auquel sa position paraissait l'avoir irrémédiablement condamné. Son énergie a vaincu tous les obstacles, triomphé de la pusillanimité des uns, de l'indolence des autres, de toutes les passions soulevées contre lui. L'Équateur n'a pas assez de voix pour le bénir et célébrer sa gloire. »

Cette route grandiose qui, à elle seule, suffirait pour immortaliser son auteur, ne l'avait pas empêché d'en ouvrir simultanément quatre autres dans les provinces du nord et du sud. Par ces cinq grandes artères, les villes et les provinces, reliées entr'elles, devaient entrer en communication avec la capitale, le port de Guayaquil, les États américains et les nations européennes. L'Équateur allait se réveiller d'un sommeil de mille ans quand arriva la catastrophe de 1875.

Ici nous rencontrons forcément la question de finance, question qui se sera présentée vingt fois à l'esprit de nos lecteurs, à mesure que se déroulaient devant eux les œuvres de Garcia Moreno. Où trouvait-il l'argent pour faire face à de pareilles dépenses? Ce n'était ni dans les réserves laissées par ses prédécesseurs, trop libéraux pour faire des économies, ni dans la caisse des banquiers, en escomptant l'avenir au moyen d'emprunts ruineux : il refusa de recourir à cet expédient, pour l'achèvement d'une route qui lui tenait tant à cœur. Avait-il donc inventé, ce catholique, un système économique et financier que nos hommes de science et de progrès ignorent? Il faudra bien l'admettre, si l'on veut jeter un simple coup d'œil sur le tableau complet de ses dépenses.

En dix années, les œuvres de bienfaisance et d'instruction, jointes aux travaux publics, absorbèrent, pour la part afférente à l'État, plus de six millions de piastres, c'est-à-dire environ trente millions de francs. Ajoutez à cela des sommes considérables consacrées à l'amortissement de la dette publique. Depuis les guerres de l'Indépendance, l'Équateur était grevé d'une dette extérieure écrasante, provenant des emprunts contractés par Bolivar au nom de la Colombie. Les gouvernements en se succédant, se transmettaient l'un à l'autre ce lourd fardeau, aggravé des intérêts qu'ils ne payaient même pas à leurs divers créanciers. De plus, à force de prodigalités et de gaspillages, ils avaient trouvé le moyen de constituer une dette intérieure de six à sept millions de piastres, sans autre perspective de libération qu'une banqueroute à bref délai. L'homme de la justice, Garcia Moreno, tira l'Équateur de cette impasse. Nous lisons dans son message de 1875 : « Avec les ressources de ces six dernières années, nous avons consacré près de six millions de piastres tant à l'extinction totale de la dette anglo-américaine qu'à l'amortissement de la dette intérieure. J'ai le plaisir de vous annoncer que la dette inscrite sera éteinte l'an prochain et la dette flottante, dans un petit nombre d'années. » Quant à la dette de l'Indépendance, le président refusa de reconnaître l'inique et frauduleux traité contracté jadis par Urbina avec les spéculateurs substitués aux premiers créanciers. Il négocia avec eux, sur des bases équitables, le règlement définitif de cette importante affaire. Enfin, si l'on considère qu'il augmenta d'un tiers le traitement de tous les employés et que, de ce chef encore, il dépensa des sommes considérables, l'équilibre de ses budgets devient un problème dont la solution sera très instructive pour nos financiers et nos économistes.

Et qu'on ne s'imagine pas avoir trouvé le mot de l'énigme dans un accroissement progressif des impôts directs et indirects. Ce secret, très primitif mais toujours en honneur, de remplir les coffres de l'État en vidant les poches des contribuables, est à peu près le seul que connaissent les libéraux en matière de finances. Au lieu d'imiter ses devanciers, qui avaient épuisé la liste des matières imposables, Garcia Moreno réduisit certaines contributions et en abolit complètement d'autres, comme par exemple l'impôt de 5 % sur les revenus des évêques, chanoines, curés, avocats, médecins et employés de solde éventuelle, et l'impôt de manumission sur les successions héréditaires. Les droits de port sur les arrivages de l'étranger avaient été singulièrement diminués, et il demandait aux chambres, en 1875, de baisser de moitié la taxe établie sur l'aliénation des propriétés foncières.

Examinons donc ce système miraculeusement productif qui permit, en dix ans, d'exécuter des travaux prodigieux, de liquider les dettes de l'État, et de doter richement les fonctionnaires tout en réduisant le chiffre des contributions. Au risque de faire sourire nos athées matérialistes, nous leur dirons que toute la science économique de Garcia Moreno se trouve dans la maxime du Maître, dont il avait fait sa devise :

« Cherchez le royaume de Dieu et sa justice, et le reste, c'est-à-dire la félicité temporelle, vous viendra par surcroît » ; maxime qui pourrait se traduire par cette parole d'un illustre économiste : « Faites-moi de la bonne politique, et je vous ferai de bonnes finances. » La bonne politique, c'est la politique chrétienne de la justice, vraie pierre philosophale méprisée de nos modernes alchimistes, et cependant l'unique secret des fantastiques trésors de Garcia Moreno.

Le maigre budget de l'Équateur était surtout dévoré par les insurrections, devenues périodiques comme les saisons, par suite de la politique révolutionnaire qui régnait à l'Équateur. Les invasions d'Urbina, de 1859 à 1864, coûtèrent à l'État un million de piastres, dépense absolument improductive qu'on aurait pu consacrer à des travaux utiles. Aussi les pays révolutionnaires aboutissent-ils fatalement à la ruine et à la banqueroute. Les impôts d'un pays riche, comme le Pérou, suffisent à peine à couvrir les frais de ses pronunciamentos. Si nous calculions en France ce que nous ont coûté les révolutions depuis 1789, nous tomberions dans la stupéfaction. Le premier moyen employé par Garcia Moreno pour relever ses finances fût de clore l'ère des révolutions en faisant de la bonne politique, c'est-à-dire en mettant la main sur les anarchistes. Avec sa constitution basée sur la justice, l'ordre ne fut pas un instant troublé durant sa seconde présidence, ce qui lui permit d'économiser les frais de répression.

A l'extérieur, la politique consiste à vivre en paix avec ses voisins. Garcia Moreno était patriote et susceptible au point de vue de l'honneur national ; mais « jamais, dit un de ses amis, il ne suscita de querelle aux étrangers, ni ne se mêla de leur politique, sinon pour prendre de bonnes et patriotiques mesures [1]. » D'autres nourrissaient peut-être des intentions moins pacifiques à son égard, mais connaissant sa bravoure et l'excellente organisation de sa petite armée, ils se gardaient de l'attaquer, parce qu'ils le savaient en état de se défendre. De fait, il ne dépensa point un centime en frais de guerre durant ces six dernières années. Nous avons vu d'ailleurs qu'il réduisit considérablement l'armée permanente et

---

[1] F. Luque, *La Verdadera Situacion.*

allégea d'autant les charges du trésor. Que les gouvernements d'Europe consentent à restaurer la politique de justice, et leurs peuples ne succomberont plus sous le poids écrasant du budget de la guerre.

Le gaspillage s'ajoutait aux dépenses improductives pour ruiner le trésor. Nous avons dit comment Garcia Moreno épura l'administration, débrouilla le chaos de la dette publique, établit une cour des comptes qui mit un terme aux filouteries et aux déprédations des employés, c'est-à-dire comment il sauva la caisse en faisant régner la justice. Il avait le droit d'imposer à tous la plus stricte probité dans le maniement des deniers publics, ce président qui faisait remise au trésor de la moitié de son traitement et jamais ne consentit à le voir augmenter, pendant qu'il augmentait celui de ses fonctionnaires. « Je suis président, non pour m'enrichir, disait-il, mais pour servir mon pays. » Il resta pauvre toute sa vie, et s'il put enfin se faire bâtir une maison à Quito, ce ne fut pas avec l'argent du fisc, mais avec les revenus de son exploitation de Guachala. Si tous les chefs d'État vivaient comme ce Cincinnatus chrétien, respectant et faisant respecter le trésor public au lieu de l'épuiser en infâmes dilapidations, l'or abonderait dans les caisses.

Par sa politique chrétienne, Garcia Moreno enrichit le pays de toutes les sommes volées ou dépensées inutilement. Alors, toujours au nom de la justice, il imagina de réformer le système des impôts. Impossible de se reconnaître dans le labyrinthe des lois financières, parce que les premiers éléments de la science économique avaient manqué aux législateurs. « Ici, disait un journal en 1869, tout le monde croit qu'on peut faire un ministre des finances avec le premier venu, pourvu que ce soit un animal raisonnable et qu'il sache apposer sa signature au bas d'une créance. Il n'est pas nécessaire qu'on sache les quatre règles, pourvu qu'on soit agioteur ou tripoteur. » Garcia Moreno réforma le code financier, de manière à répartir l'impôt entre tous les citoyens avec plus d'équité pour les contribuables et d'avantage pour le trésor. L'impôt d'un sur mille sur le revenu avait été la source d'une multitude de fraudes et d'injustices. Les répartiteurs estimaient les biens-fonds et les capitaux selon leurs caprices où les intérêts de leurs favoris. Parfois leurs évaluations s'élevaient à peine au dixième de la réalité. Ces abus furent extirpés, les tarifs des douanes remaniés, et des mesures sévères édictées contre la fraude ou la contrebande. Cette nouvelle application de la pierre philosophale, c'est-à-dire de la justice, produisit une augmentation sensible dans les recettes de l'État.

La politique chrétienne engendra une source de revenus plus abondante encore : le travail producteur et le mouvement commercial. Avec l'ordre reparut la confiance, avec la confiance l'activité. Les voies de communication créées par le gouvernement, en ouvrant des débouchés à l'agriculture et à l'industrie, doublèrent les revenus des particuliers, et par suite ceux de l'État. Rien de plus éloquent que le tableau comparatif des recettes de l'État durant ces vingt dernières années. Sous Urbina, en 1856, le total des recettes s'élève à 1,372,800 piastres. Le budget reste à peu près stationnaire durant les dix années suivantes : il atteint sous Espinosa, en 1868, le chiffre de 1,421,711 piastres. Sous Garcia Moreno, de 1869 à 1875, le mouvement ascensionnel est tout à fait remarquable :

Année 1869 — 1,678,759 piastres.
» 1870 — 2,248,308 id.
1871 — 2,483,359 id.
» 1872 — 2,909,348 id.
» 1873 — 3,064,130 id.
» 1874 — 2,944,647 id.

Donc, déjà en 1872, après trois ans d'administration, Garcia Moreno avait doublé les rentes de l'État, car l'excédant de 1872 sur 1868 était de 1,457,637, somme égale au revenu total de 1868 [1].

Devant cette exposition trop succincte des merveilles réalisées dans l'ordre matériel et financier aussi bien que dans l'ordre intellectuel, moral et religieux, nos politiques matérialistes oseront-ils encore accaparer à leur profit le titre glorieux de civilisateurs? Un catholique, un ennemi acharné de leurs doctrines antichrétiennes et antisociales, seul, en six

---

[1] Message de 1875.

ans, grâce à sa politique chrétienne, tira l'Équateur de l'abîme du déficit et de la banqueroute creusé sous ses pas par les prétendus hommes de progrès, puis le lança dans une voie de gloire et de prospérité inconnue aux républiques américaines, et même aux peuples d'Europe depuis qu'ils ont cessé de chercher avant tout le royaume de Dieu et sa justice. Nieront-ils ce fait plus éclatant que le soleil? Non, ils admireront l'homme de progrès, mais ils déclameront contre son catholicisme, s'obstinant en haine de Dieu à vouloir l'effet sans la cause.

CHAPITRE XXIX.

LE CHRÉTIEN.

Avant de raconter le lugubre drame qui interrompit le cours des œuvres dont nous venons d'esquisser le tableau, nos lecteurs nous sauront gré d'attirer un instant leur attention sur les vertus intimes de Garcia Moreno. Sans doute ses faits et gestes nous ont révélé l'âme d'un vrai pasteur de peuples ; mais, pour sa gloire autant que pour notre instruction, il convient de faire ressortir les rouages mystérieux de cette noble existence, toute pénétrée d'héroïsme et de dévouement. Ce sera répondre en même temps à certaines accusations formulées par des gens honnêtes mais peu réfléchis.

La nature avait doué Garcia Moreno des éminentes qualités qui font l'homme d'action. Son intelligence, aussi vaste que pénétrante, embrassait d'un coup d'œil les complications des affaires et les raisons les plus capables d'influencer ses décisions. Ce don précieux, joint à l'étude approfondie des questions gouvernementales, imprimait à ses résolutions ce cachet de brusque soudaineté qui effrayait parfois ses meilleurs amis. Au premier coup d'œil apparaissait l'homme de commandement. Taille élancée, constitution vigoureuse, maintien noble et digne, démarche assurée, un peu précipitée comme celle d'un homme qui n'a pas de temps à perdre : tout en lui révélait, avec une activité dévorante, une souveraine énergie. Sa belle tête, noblement portée, couverte avant l'âge de cheveux blanchis par le travail et les veilles, son front haut et large, commandaient le respect ; ses grands yeux, pleins de vivacité, lançaient à certains moments des éclairs d'indignation qui faisaient trembler ; sa voix virile et puissante, ses phrases incisives, coupées, nullement académiques, son style fortement imagé, son ton animé, véhément, donnaient à sa parole une autorité sans réplique. Malgré ce caractère impérieux et des talents hors ligne, Garcia

Moreno sut rester humble. Jamais cet homme que les ennemis se plurent à taxer d'orgueil, ne convoita ni ne conserva le pouvoir par un sentiment de satisfaction personnelle. Jamais il n'ambitionna la popularité ; jamais, pour obtenir la faveur de l'idole, il ne fit la moindre avance ni la moindre concession. Les journaux de la Révolution lançaient contre lui la calomnie et l'injure ; il les lisait sans émotion aucune, trop heureux, disait-il, d'être traité comme Jésus-Christ et son Église. Un religieux qui lui faisait part de certaines avanies dont il avait été l'objet, reçut cette réponse noble et chrétienne : « Je compatis à vos peines, mais vous avez eu une magnifique occasion de vous enrichir pour l'éternité. Les coups qui vous atteignent vous paraîtront moins rudes si vous les comparez à ceux dont on m'accable tous les jours. Faites comme moi, mettez l'outrage au pied de la croix et priez Dieu de pardonner aux coupables. Demandez-lui qu'il me donne assez de force, non seulement pour faire du bien à ceux qui répandent sur moi, par leurs paroles ou leurs écrits, les flots de haine qu'ils ont dans le cœur, mais encore pour me réjouir devant Dieu d'avoir à souffrir quelque chose en union avec Notre-Seigneur. C'est pour moi un vrai bonheur en même temps qu'un honneur immérité de subir les insultes de la Révolution en compagnie des ordres religieux, des évêques, et même du souverain pontife.

S'il lui arrivait parfois de défendre une idée avec animosité, même avec passion, c'était moins pour humilier un adversaire que pour exalter et venger la vérité. Avec sa supériorité intellectuelle, sa foi, sa logique, il jugeait sévèrement les théories modernes, qu'il croyait, avec l'Église, subversives de toute société. Si quelque libéral osait les vanter devant lui, ou déguiser sous de vaines raisons d'opportunité les tendances de son esprit dévoyé, Garcia Moreno regimbait devant le sophisme et, d'un mot quelquefois excessif, désarçonnait l'imprudent. Alors, pénétrant jusqu'au cœur de la question, il coupait court aux arguties par une démonstration qui ne laissait placé à aucun subterfuge. « En arithmétique, disait-il, pas d'éloquence, mais des chiffres ; en philosophie et en politique, pas de verbiage, mais des raisons. » Du reste, sur les matières qui n'intéressaient ni la vérité, ni la justice, par exemple sur des problèmes de science ou d'histoire, il discutait avec le plus grand calme et tolérait facilement la contradiction : Je me suis trompé, disait-il à son adversaire ; vous connaissez cette question mieux que moi. »

Comme tous les grands cœurs, il savait reconnaître ses torts et les réparer courageusement. Un jour qu'il était accablé de besogne et de plus surexcité par la maladresse d'un architecte auquel il avait confié des travaux importants, un ecclésiastique interrompit son travail pour lui faire une communication soi-disant pressante. Il le reçut assez brusquement, et, comme il s'agissait d'une affaire insignifiante, le congédia plus brusquement encore : « Ce n'était pas la peine, lui dit-il, de vous déranger ni de me déranger pour une pareille vétille. » Le prêtre se retira passablement mortifié. Le lendemain il ne pensait plus à cette incartade du président, quand de bon matin il le vit arriver pour lui demander pardon de sa conduite violente et irrespectueuse. Plusieurs fois, à la suite d'un mouvement de vivacité, il s'humilia jusqu'à faire des excuses aux personnes qu'il avait contristées. Un officier de ses amis, pour des raisons futiles, avait cessé de le voir et de le saluer. Le rencontrant un jour, le président l'aborde sans façon : « Je te nomme mon aide de camp, » lui dit-il. L'officier stupéfait ne répondait pas : Tiens, ajouta-t-il en s'inclinant devant lui, si tu veux ma tête, la voilà ! » Ils se réconcilièrent et restèrent bons amis.

Jamais il ne se prévalut de ses œuvres, qui cependant excitaient l'admiration du monde entier. Dans les congrès, il n'en parlait que pour rendre gloire à Dieu, persuadé qu'il devait tout à sa grâce. Aussi demandait-il constamment qu'on voulût bien l'aider en priant pour lui. Durant sa seconde présidence, il adressait à la fin de chaque année une circulaire aux évêques pour solliciter des actions de grâces et présenter à Dieu ses nouvelles requêtes. Dans des lettres particulières adressées aux prélats qui jouissaient de toute sa confiance, il les pressait de lui signaler ceux de ses actes qui auraient pu leur paraître répréhensibles, ainsi que les moyens d'utiliser son pouvoir d'une manière plus avantageuse à la cause de Dieu et de son Église. Ainsi pénétré de son impuissance à faire le moindre bien sans le secours d'en-haut, il attribuait ses succès à la protection de Dieu et à la Vierge Marie, aux bénédictions de Pie IX, aux prières de sa sainte mère et d'une sœur aveugle, pour laquelle il professait une grande vénération. Un professeur de botanique, ayant mis la main sur une fleur non encore qualifiée dans la flore du pays, lui demanda la permission de la baptiser du nom *Tacsonia Garcia-Moreno*. « Si vous voulez me faire plaisir, lui répondit le président, laissez de côté ma pauvre personnalité ; si votre fleur est rare, jolie, inconnue à l'Équateur, faites hommage de votre trouvaille à la Fleur du ciel : appelez-la *Tacsonia Mariæ*. » L'homme qui s'oublie à ce point ne laissera pas l'amour-propre détourner sa volonté des grands intérêts commis à sa garde.

La volupté n'avait pas plus de prise sur son cœur. Malgré son naturel ardent et passionné, jamais il ne permit à l'enchanteresse d'asservir aux sens ses nobles facultés. Il traita son corps comme un esclave ou plutôt comme une bête de somme, dont la fonction est d'exécuter les ordres de l'âme, sa souveraine maîtresse. Pour lui, point de fêtes, de plaisirs, de divertissements plus ou moins honnêtes, de passe-temps plus ou moins licencieux, mais la vie de travail régulière et uniforme. Debout dès cinq heures du matin, il se rendait vers six heures à l'église pour y entendre la messe et se pénétrer, par une méditation sérieuse, des grands devoirs du chrétien et de l'homme d'État. A sept heures, après une visite aux pauvres de l'hôpital, il s'enfermait dans son cabinet pour travailler jusque vers dix heures. Venait alors un déjeuner bien frugal et bien court, puis l'on voyait le président s'acheminer vers le palais du gouvernement, où jusqu'à trois heures il s'occupait avec ses ministres des affaires publiques. Après le dîner, qui avait lieu vers quatre heures, sa récréation consistait à faire quelques visites, inspecter les travaux publics, ou pacifier les différends qu'on lui soumettait. Rentré à six heures, il passait la soirée en famille avec quelques amis. Quand neuf heures sonnaient, alors que tout le monde allait prendre son repos, il se retirait pour achever sa correspondance, lire les journaux, et travailler jusqu'à onze heures, souvent même jusqu'à minuit. Tel était son ordre du jour dans des moments de calme.

Mais souvent, comme nous l'avons vu, le calme faisait place à l'orage, la vie régulière à la vie tourmentée. Alors il

Une cascade au Nape

marchait ou travaillait jour et nuit, selon les nécessités du moment. Son âme indomptable ne connaissait point d'impossibilités, son tempérament de fer résistait à toutes les fatigues. Dans ses inspections, combats, voyages, il se contentait de quelques heures de sommeil, souvent sur la terre nue, ou enveloppé dans une simple couverture. Un prêtre lui offrit un jour un lit de camp « Jamais, dit-il; il ne faut point gâter son corps. Donnez-lui un lit aujourd'hui, demain la terre lui paraîtra dure. Quand le devoir l'appelait, il montait à cheval par les temps les plus affreux, et traversait bois et montagnes avec une incroyable vitesse. Sur cette route de Quito à Guayaquil qu'il parcourut tant de fois, il arriva un jour dans un village où ne se trouvait d'autre maison habitable que celle du curé. C'était la saison des pluies, et le pauvre voyageur se présenta trempé jusqu'aux os. Après une modeste réception, le bon prêtre lui offrit un lit pour se reposer. « Mouillé comme je suis, lui dit le président, je ne puis ni me déshabiller ni ôter mes bottes : demain il me serait impossible de les remettre. » Il se coucha sur un canapé et dormit jusqu'au matin. A quatre heures, frais et dispos, il remontait à cheval et continuait sa route.

Au travail et à la fatigue s'ajoutait, pour adoucir et mater le corps, la plus rigide sobriété. Dans les pénibles excursions dont nous venons de parler, le président se contentait pour toute nourriture d'un peu de biscuit, de chocolat, et de quelques gorgées de café noir. Du reste, en tout temps, sa table était simple et presque pauvre. Rarement il se permettait l'usage du vin ; jamais il ne donnait de festin ni n'acceptait d'invitation. « Un chef d'État, disait-il, doit vivre pour travailler, non pour s'engraisser. » En dépit des indispositions, des excès de fatigue, du manque absolu d'aliments substantiels, il pratiquait scrupuleusement les jeûnes et les abstinences imposés par l'Église.

Ainsi dressé au travail et à la discipline, le corps se remettait chaque jour à sa rude besogne sans regimber contre l'aiguillon. Garcia Moreno faisait l'œuvre de dix ouvriers, contrôlait par lui-même toutes les correspondances, expédiait à ses subordonnés lettres, comptes-rendus, ordres de toute espèce, discutait avec les intéressés affaires, entreprises, projets de loi, plans de campagne, et trouvait encore le temps de creuser les mystères de la philosophie et de l'histoire, des sciences et de la religion. Jamais, par dégoût ou lassitude, il ne remit au lendemain une lettre ou une affaire. « Vous ne pouvez vous tuer, lui disait-on quelquefois : cette personne attendra. — Dieu peut faire attendre, répondait-il en souriant; moi, je n'en ai pas le droit. Quand Dieu voudra que je me repose, il m'enverra la maladie ou la mort. » Un jour cependant, son ministre Carvajal, voulant lui procurer quelques heures de délassement, l'entraîna, d'accord avec les autres ministres, dans une hacienda qu'il venait d'acheter. Après une course à cheval de plusieurs lieues, Garcia Moreno inspecta l'établissement, Carjaval offrit à ses hôtes un repas somptueux, puis d'excellents cigares et un jeu de cartes. Le temps passe vite dans ces doux exercices, et les ministres ne semblaient pas s'en apercevoir. Quand vers le soir, Garcia Moreno donna le signal du départ, Carvajal le supplia de prolonger la visite, ajoutant qu'il se considérerait comme offensé s'il refusait de passer la nuit sous son toit. — « Je consens volontiers à rester, dit Garcia Moreno, mais vous, messieurs les ministres, êtes-vous capables de passer la nuit et de vous trouver à votre poste demain à onze heures? » Ils lui répondirent par une affirmation solennelle, et l'on se remit à jouer. A minuit cependant on reprit le chemin de la ville. Le lendemain, à onze heures, Garcia Moreno arrivait comme de coutume au palais du gouvernement pour se mettre au travail. N'y trouvant personne, il dépêcha une estafette à chacun de ses ministres pour leur signifier d'avoir à se rendre immédiatement à leur bureau respectif.

Ce sacrifice des passions aux exigences de la raison, suppose une puissante énergie de volonté ; toutefois, pour atteindre aux sommets élevés des grands devoirs, sans reculer devant les difficultés, ni devant les dangers, ni même devant la mort, l'âme doit être affermie par une autre vertu qu'on appelle spécialement la *force,* et dont le rôle, en inspirant l'audace des grandes choses, est de bannir absolument toute crainte. Dieu avait doué Garcia Moreno de cette force, qui fait les héros. Il suffisait de le voir au moment du danger pour être frappé de son intrépidité. Sa voix brève et puissante, son geste impérieux, son regard enflammé, son imperturbable sang-froid, faisaient penser au juste d'Horace qu'aucun cataclysme, même l'écroulement d'un monde, ne saurait émouvoir. Son énergie naturelle s'était développée par des actes de courage inouïs. Dès sa jeunesse, nous l'avons dit, il travaillait à vaincre les mouvements instinctifs de crainte en se familiarisant avec les plus grands dangers, sous les roches branlantes et au fond des volcans. Les batailles, les révolutions, les complots journaliers de ses ennemis, lui firent envisager la mort comme un évènement auquel il fallait s'attendre à chaque instant. Étant un jour à Guayaquil, il apprend qu'une conspiration s'ourdit contre lui, et qu'à ce moment-là même les conjurés tiennent un conciliabule chez un coiffeur de la ville. A cette nouvelle, il se rend chez le coiffeur, prend un siège et demande qu'on lui coupe les cheveux. Stupéfaits et tremblants, au lieu de se jeter sur lui pour l'assassiner, les sicaires s'esquivèrent au plus vite.

Cette force d'âme éclatait surtout quand il s'agisait du droit et de la justice. Au risque de s'attirer des haines implacables, jamais il ne consulta dans la collation des charges que le mérite et les aptitudes. Ni partialité, ni compromission, ni lâcheté; solliciteurs, protecteurs, parents ou amis se voyaient impitoyablement éconduits. « Le mal du siècle, disait-il, est de ne plus savoir dire non. Vous briguez cet emploi comme une faveur ; je vous réponds : l'homme pour l'emploi, non l'emploi pour l'homme. » La Révolution, dont la conscience peu scrupuleuse crée au besoin des sinécures, pour nourrir ses séides aux frais des contribuables, se moquera de ce juste qui crut pouvoir gouverner selon les principes de la saine morale, sans acheter ni corrompre les âmes; les gens honnêtes, au contraire, admireront ce phénomène, aujourd'hui très rare dans les États républicains, voire même dans ces républiques déguisées qu'on appelle monarchies parlementaires.

Son amour de la justice le rendait impitoyable envers quiconque profitait de sa position ou de son autorité pour dépouiller les malheureux. Son respect du droit était tellement connu de tous, que les faibles opprimés par les puissants préféraient soumettre leurs différends à son arbitrage que de recourir aux tribunaux. Dans ses courses à travers les provinces, sur les routes, dans les auberges, il était assailli de pauvres qui réclamaient justice. Il les accueillait avec bonté, écoutait leurs plaintes, comme saint Louis sous le chêne de Vincennes, et, quand il avait prononcé son jugement, la cause était finie, chacun s'en allait content. Des indiens lui racontèrent un jour qu'un riche propriétaire n'avait trouvé rien de mieux pour arrondir et agrandir son beau domaine que d'y enclaver, au moyen d'une ligne droite, des parcelles de terrain qui leur appartenaient. Trop pauvres pour plaider avec un tel adversaire, ils avaient attendu le président sur la route pour lui demander justice. Le seigneur et l'indien étaient égaux au tribunal de Garcia Moreno. Il condamna le riche propriétaire à restituer les terrains volés, et de plus le destitua des hautes fonctions qu'il occupait. Une autre fois, il vit arriver une pauvre veuve à qui l'on avait extorqué dix mille piastres : Elle lui conta son histoire et se mit à fondre en larmes. Ému et indigné, Garcia Moreno dit à son trésorier : « Donnez à cette femme dix mille piastres. — Et qui les remboursera? — Un tel, dit-il, en nommant le voleur : inscrivez la somme à son compte. » Il manda l'individu, lui reprocha son crime, et lui fit verser les dix mille piastres.

On s'adressait d'autant plus volontiers à lui pour avoir raison d'une injustice, qu'avec sa droiture native, sa finesse d'esprit, aiguisée encore par la prudence chrétienne, son habitude de sonder le cœur des méchants, il découvrait la vérité plus rapidement et plus sûrement que le meilleur juge d'instruction. On cite de cette perspicacité presque intuitive des traits merveilleux. Il trouvait dans son esprit inventif les moyens les plus originaux pour forcer les coupables à s'exécuter, même quand la légalité se déclarait impuissante. Une pauvre veuve lui exposa un jour dans une auberge qu'un escroc l'avait dépouillée de tout son avoir. Pour élever ses enfants elle avait dû se défaire d'une petite propriété contre la somme d'un millier de piastres, que l'acheteur avait promis de lui payer dans un mois, mais dont il s'était fait donner quittance sur-le-champ. Le mois écoulé, comme l'argent ne venait pas, elle l'avait réclamé de l'acheteur qui, pour toute réponse avait exhibé le papier dûment légalisé, puis avait jeté l'importune à la porte. A ce récit, dont il était impossible de suspecter la sincérité, Garcia Moreno ne put retenir un mouvement d'indignation ; mais, se ravisant aussitôt, il cher-

Passage d'un rapide. (Voir p. 301.)

cha dans sa tête de quel stratagème il pourrait user pour contraindre ce maître filou à dégorger les piastres volées. La justice était évidemment blessée, mais la légalité ne pouvait rien pour guérir la blessure. Ayant fait comparaître devant lui le spoliateur, il lui demanda s'il était vrai qu'il eût acheté la propriété d'une pauvre veuve. Sur sa réponse affirmative, il ajouta d'un ton paternel : « Cette femme a besoin d'argent et se plaint que vous lui fassiez attendre trop longtemps la somme que vous lui devez. » Le hardi voleur jura ses grands dieux qu'il avait payé sa dette, dont il avait une quittance en bonne et due forme. Garcia Moreno s'attendait à cette protestation : « Mon ami, dit-il en feignant la surprise, j'ai eu tort de suspecter votre loyauté ; je vous dois une réparation. Il y a longtemps que je cherche un honnête homme de votre espèce pour un nouveau poste que je vais créer : je vous nomme gouverneur des îles Gallapagos ; et comme il ne convient pas qu'un grand dignitaire voyage sans escorte, deux agents vont vous accompagner à votre domicile où vous ferez immédiatement vos préparatifs de départ. » Là-dessus il congédia l'escroc en lui jetant un regard terrible. Celui-ci se retira plus mort que vif, rêvant aux îles de Gallapagos, à ces rochers perdus au milieu des mers sur lesquels, plus abandonné que Robinson, il ne trouverait d'autre compagnie que celle des serpents et des bêtes sauvages. Dans son désespoir, il fit appeler la veuve, lui compta son argent, la suppliant à genoux d'obtenir la révocation de la fatale sentence. Celle-ci raconta au président comment le fourbe s'était exécuté, et demandait en grâce de ne pas aller aux îles Gallapagos : « Je l'en avais cependant nommé gouverneur, dit Garcia Moreno en souriant : puisqu'il ne tient pas aux dignités, annoncez-lui que j'accepte sa démission. »

Jamais Garcia Moreno ne commit sciemment une injustice à l'égard du prochain. Les moindres dommages, causés même involontairement, troublaient sa conscience délicate. Pendant la guerre de 1859, des soldats avaient détruit une maison pour se procurer du combustible.

S'étant plus tard rappelé ce fait, il crut de son devoir d'indemniser le propriétaire et chargea l'évêque de le découvrir.

Forcés de rendre hommage à sa justice, les ennemis du président lui ont reproché d'avoir outré ce sentiment jusqu'à se montrer inexorable. Le fait est qu'il péchait plutôt par excès de clémence ; plus d'une fois il dut se repentir d'avoir gracié des conspirateurs incorrigibles qui profitaient de ce pardon libéralement octroyé pour ourdir de nouvelles trames contre son gouvernement. Un de ces révolutionnaires émérites, le colonel Vivero, se vit réduit, pour éviter les poursuites des sbires, à se cacher dans les environs de la capitale. Bientôt fatigué de cette vie d'ilote, il résolut de s'éloigner, et fit demander à un commerçant de Quito une certaine somme d'argent qu'il lui avait confiée. Après avoir éconduit son messager sous différents prétextes, celui-ci finit par promettre à Vivero lui-même, accouru nuitamment pour demander des explications, qu'il le rembourserait le lendemain. Dans l'intervalle, le fourbe informa Garcia Moreno que le colonel Vivero, caché sous un déguisement, tramait une nouvelle insurrection, mais qu'ayant réussi à l'attirer dans sa maison à une certaine heure de la nuit, les sbires pourraient facilement l'y saisir. Vivero, pris au piège, comparut devant le président, qui lui demanda raison de ses courses nocturnes le menaçant du conseil de guerre « Faites de moi ce que vous voudrez, répondit le colonel, mais que ce scélérat de marchand ne bénéficie pas de sa trahison. » Et il expliqua comment ce malheureux l'avait livré pour se libérer de sa dette. Obligé de confirmer la déposition de Vivero, le marchand fut jeté en prison comme traître et escroc « Quant à vous, colonel, dit Garcia Moreno, vous êtes libre : allez, et ne conspirez plus. »

C'est de la grandeur d'âme que de lâcher un mortel ennemi lorsqu'on le tient dans les mains, mais cette générosité, exercée hors de saison, dégénérerait en faiblesse coupable. Avec un chef qui eût pardonné aux Maldonado, aux Campoverde, aux brigands du *Talca,* l'Équateur devenait la proie des anarchistes. Pour épargner le sang de quelques coupables, le président aurait laissé verser à flots le sang des innocents. Cette raison de haute justice, il la fit valoir à un religieux qui intercédait en faveur d'un jeune homme pris les armes à la main dans la dernière émeute de Cuenca et déporté pour ce crime. Ni le repentir de l'exilé ni l'inconsolable douleur de sa mère ne purent le fléchir : « Nous avons assez d'assassins à l'Équateur sans celui-là, dit-il à l'intercesseur. Vous vous attendrissez sur le sort des bourreaux : moi, j'ai pitié des victimes. »

A la force du caractère, à l'amour passionné de la justice, se joignait dans le cœur de Garcia Moreno la plus exquise bonté. Ce que nous avons rapporté de son affectueuse charité pour les orphelins, les pauvres, les malades, les prisonniers, le prouve surabondamment. Le peuple du reste ne s'y trompait pas. Lorsqu'il rentrait chez lui pour prendre un peu de repos, on le voyait sans cesse escorté de pauvres et de riches, de prêtres et de séculiers, qui lui demandaient audience. Il écoutait patiemment les uns et les autres, aidait ceux-ci de ses conseils et ceux-là de sa bourse. Si tous les malheureux qu'il a secourus pouvaient parler, on l'admirerait plus encore comme bienfaiteur de ses subordonnés que comme libérateur de son pays. Le spectacle de la douleur surtout l'attendrissait et faisait naître dans son cœur de vifs sentiments de compassion. Un soir qu'il s'acheminait vers sa demeure avec quelques-uns de ses amis, il rencontra sur la route un petit enfant tout en larmes : « Qu'as-tu donc, lui dit-il, pour te désoler de la sorte ? — Ma mère vient de mourir, » répondit l'enfant en sanglotant. La défunte était la femme d'un officier des plus recommandables. Très affecté de cette nouvelle, le président s'efforça par quelques bonnes paroles de calmer le pauvre petit, et, prenant congé de ses compagnons, se dirigea immédiatement vers la maison de l'officier pour lui porter aussi quelques mots de consolation.

Avec ses amis, il se montrait toujours simple, expansif, enjoué même, tout en conservant une certaine dignité. Sa conversation, facile, intéressante, instructive, charmait toute une société. Initié aux différentes branches de la science, il parlait médecine avec les médecins, jurisprudence avec les avocats, théologie avec les ecclésiastiques, agriculture avec les paysans, et chacun de ses interlocuteurs trouvait la soirée trop courte. On remarqua sous ce rapport que son âme se modifia sensiblement durant les vingt-cinq dernières années de sa vie. Lors de sa première présidence, la fermeté, qui imprime le respect, domina dans son air comme dans ses actes : il le fallait pour contenir la meute féroce déchaînée contre lui. Dans la dernière période de sa vie, le pays devenu calme et paisible, on vit sa figure se rasséréner et la bonté de son cœur se manifester plus librement. De savants Européens, peu prévenus en sa faveur, après quelques entretiens particuliers, se retiraient plus étonnés de sa parfaite amabilité que de l'immensité de ses connaissances.

C'est surtout dans l'intérieur de sa famille que la tendresse de son âme s'épanchait tout entière. Il aimait à vivre au milieu de ceux qui l'aimaient, et dont le travail et les évènements le forçaient trop souvent à se séparer. Sa femme, pour laquelle il n'avait aucun secret, partageait ses joies et ses tristesses. Quand Dieu lui ravit sa petite fille, cet homme, en apparence si rude et si austère, longtemps inconsolable, ne fit que pleurer. « Oh ! comme je suis faible, s'écriait-il, moi qui me croyais si fort ! » Sa tendresse se concentra sur son fils, dont il voulait faire un autre lui-même. Il l'éleva néanmoins sans faiblesse, dans l'amour de Dieu et du devoir. En 1874, il présenta cet enfant au directeur des frères, avec cette simple recommandation : « Voilà mon fils, il a six ans ce que je désire, c'est que vous fassiez de lui un bon chrétien. La science et la vertu en feront un bon citoyen. Ne le ménagez pas, je vous prie, et s'il mérite une punition, ne voyez pas en lui le fils du président de la République, mais un simple écolier qu'il faut redresser. »

Nous avons déjà dit qu'il aimait passionnément sa mère. Dieu la lui conserva jusqu'à l'âge de quatre-vingt-quatorze ans, et toujours il professa pour elle la même tendresse et la même vénération. Elle mourut en 1873, le jour de la fête de Notre-Dame du Mont-Carmel. Aux sentiments de condoléance qui lui furent exprimés en cette circonstance, il répondit comme un parfait chrétien : « Félicitez-moi plutôt : ma mère a vécu près d'un siècle ; c'était une sainte ; elle est morte le jour du Carmel : elle est au ciel. » Son cousin, l'archevêque de Tolède, neveu de la défunte, lui écrivit à l'occasion de la perte qu'il venait de faire. Dans sa réponse, chef-d'œuvre de sentiment chrétien, après avoir remercié le prélat d'avoir bien voulu offrir le saint sacrifice pour le repos de cette chère âme, il ajoute : « Je suis sûr que Dieu a déjà récompensé ses admirables vertus. Au-dessus de tout resplendissait dans sa belle âme la foi la plus vive que j'aie jamais connue, foi vraiment capable de transporter des montagnes. Bien que d'un naturel excessivement timide, elle était courageuse jusqu'à l'héroïsme quand il s'agissait d'affronter une disgrâce ou un péril quelconque pour remplir un devoir. Combien de fois dans mon enfance, elle s'efforça de me faire comprendre avec le plus grand zèle que le seul mal à craindre ici-bas c'est le péché ! Elle me disait que je serais toujours heureux si je savais sacrifier biens matériels, honneurs, vie même, pour ne pas offenser Dieu. Je ne finirais pas cette lettre, si je voulais redire ce que fut ma sainte mère et ce que je lui dois. La plus grande faveur dont vous puissiez m'honorer, c'est de prier pour elle et de la recommander à tous les membres de notre famille. »

Nos lecteurs connaissent maintenant les vertus qui composaient la physionomie morale de Garcia Moreno. Il nous reste à leur révéler le grand moteur de ces vertus, ou, si l'on veut, le principe premier de cette vie héroïque, qui fut sa sincère et solide piété.

La piété dans un homme d'État, surtout au milieu de nos agitations politiques et des progrès du monde moderne, paraîtra chose assez singulière. Les saint Louis, les saint Édouard, les saint Ferdinand, ne sont pas de mise sur le trône de nos rois constitutionnels ou le fauteuil de nos présidents de république. L'opinion, en ce temps de voltairianisme et de franc-maçonnerie, ne tolère pas un prince pieux. Pour avoir trop aimé la justice et la religion, un descendant de saint Louis vient de mourir en exil, après avoir frappé en vain durant un demi-siècle à la porte de la France. Garcia Moreno connaissait ce préjugé ; il en triompha comme de tous les autres. En dépit de la mode, des passions soulevées, des sarcasmes voltairiens, des colères maçonniques, des occupations absorbantes, il n'oublia jamais ce principe que l'homme doit pourvoir à sa sanctification personnelle s'il veut entreprendre avec succès la régénération d'une âme, et à plus forte raison celle d'un peuple.

Garcia Moreno avait beaucoup étudié la religion, mais à la lumière naturelle il ajoutait la lumière divine qui s'obtient par la méditation quotidienne des mystères divins. Malgré ses nombreuses occupations, il consacrait tous les jours une demi-heure à méditer, comme David, sur la loi de Dieu, sur les différentes manifestations de son amour pour l'homme, sur les fins dernières. Ces considérations pieuses réveillaient sa foi, réchauffaient son cœur, affermissaient sa volonté dans le bien. Le texte de l'Évangile lui servait habituellement de sujet d'oraison. Il en faisait ses délices et le savait par cœur; l'*Imitation de Jésus-Christ*, le nourrissait de saintes et sublimes pensées, non seulement à la maison, mais dans ses voyages, car il en avait fait son compagnon inséparable.

On a retrouvé l'exemplaire que lui avait donné un ami dévoué le 24 septembre 1860, jour de la prise de Guayaquil, et dont il se servit jusqu'à sa mort. Il est facile de voir à l'état de ce petit volume, à la couleur de ses pages, que le possesseur en avait fait son *vade mecum*. Sainte Thérèse, dans le livre de sa *Vie*, pousse cette exclamation : « Oh ! si les rois faisaient tous les jours une demi-heure d'oraison, que la face de la terre serait vite renouvelée ! » Peut-être Garcia Moreno fut-il le premier chef d'État qui, depuis sainte Thérèse, réalisa ce vœu de son cœur apostolique : aussi doit-on le compter comme le premier chef d'État qui, depuis 1789, ait changé la face de son pays.

De cette foi vive, excitée tous les jours par la contemplation des choses divines naquit dans son cœur la piété la plus fervente. Cet homme, inflexible devant les tyrans fléchissait le genou devant Dieu avec la simplicité d'un enfant. Il avait passé ses jeunes années, nous l'avons vu, dans la piété la plus tendre, avec la pensée de se consacrer au service des autels. Pendant ses vacances, qu'il prenait alors à Monte-Christi, chez son frère, curé de cette ville, on ne le voyait guère qu'à l'église où il priait avec ferveur. Le reste du temps, il le passait dans sa chambre à étudier. Si les premiers orages de sa vie publique ralentirent un peu les élans de son cœur vers Dieu, nous avons dit comment il se retrempa dans les épreuves de l'exil. Depuis lors, il ne cessa de progresser dans la vie spirituelle. Ses résolutions, que nous trouvons écrites de sa main sur la dernière page de son *Imitation,* donneront une idée de sa vie intime avec Dieu.

« Tous les matins je ferai l'oraison, et je demanderai particulièrement la vertu d'humilité. Chaque jour j'assisterai à

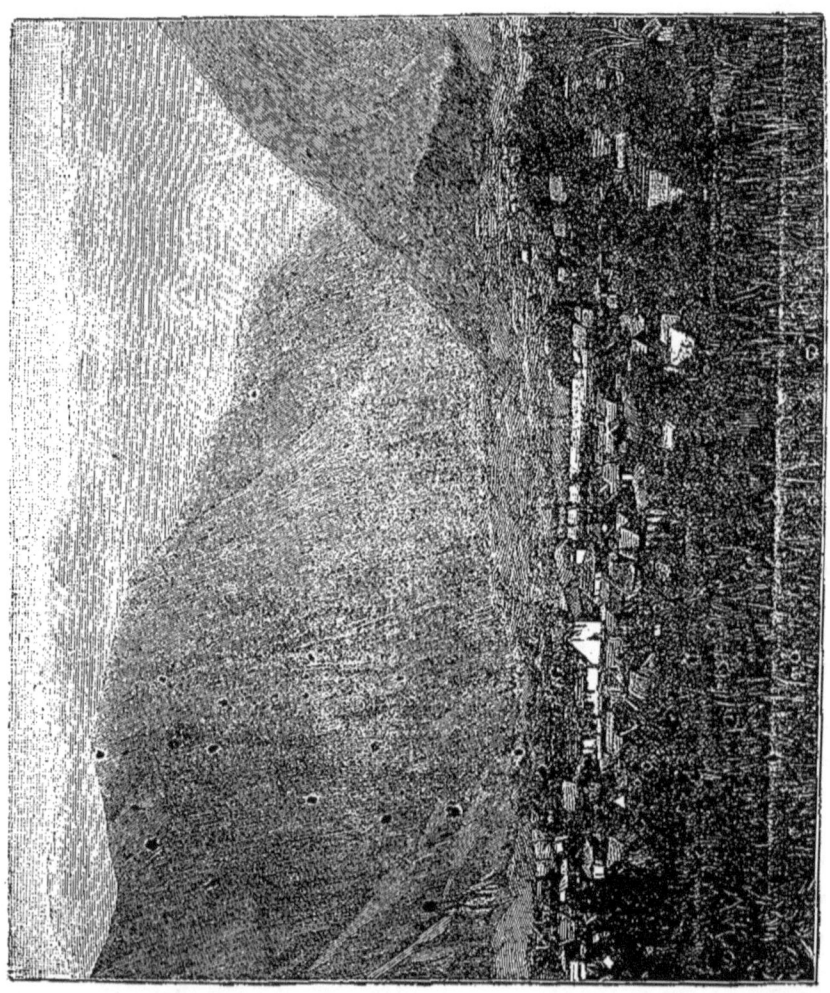

Un bourg du Napo.

la messe, je réciterai le rosaire, et lirai, outre un chapitre de l'*Imitation,* ce règlement et les instructions y annexées.

« Je prendrai soin de me conserver le plus possible dans la présence de Dieu, surtout dans les conversations afin de ne pas excéder en paroles. J'offrirai souvent mon cœur à Dieu, principalement avant de commencer mes actions.

« Je dirai à chaque heure : Je suis pire qu'un démon et l'enfer devrait être ma demeure. J'ajouterai dans les tentations que penserai-je de tout cela à l'heure de mon agonie?

« Dans ma chambre, ne jamais prier assis quand je puis le faire debout. Faire des actes d'humilité, baiser la terre, par exemple, désirer toutes sortes d'humiliations, prenant soin toutefois de ne pas les mériter ; me réjouir quand on censurera ma personne ou mes actes. Ne jamais parler de moi, si ce n'est pour avouer mes défauts ou mes fautes.

« Faire effort, par un regard sur Jésus et Marie, pour contenir mon impatience, et contrarier mon inclination naturelle; être aimable, même avec les importuns ; ne jamais parler mal de mes ennemis.

« Tous les matins, avant de me livrer à mes occupations, j'écrirai ce que je dois faire, attentif à bien distribuer le temps, à ne m'adonner qu'à des travaux utiles, à les continuer d'une manière persévérante. J'observerai scrupuleusement les lois et n'aurai d'autre intention dans tous mes actes que la plus grande gloire de Dieu.

« Je ferai l'examen particulier deux fois chaque jour sur l'exercice des vertus, et mon examen général le soir. Je me confesserai chaque semaine.

« J'éviterai les familiarités, même les plus innocentes, comme le demande la prudence. Je ne passerai pas plus d'une heure au jeu, et d'ordinaire jamais avant huit heures du soir. »

Ce règlement de vie met à nu l'âme de Garcia Moreno. Ceux qui l'ont vu de près racontent avec quelle conscience, quel scrupule même, il en exécutait les différentes dispositions. Aucun des exercices de piété n'était omis : dans les camps, dans les voyages, il s'agenouillait quelque part dans un *tambo* perdu au milieu des bois, et récitait le chapelet avec son aide de camp et les personnes présentes. Fallût-il faire un long détour, il trouvait moyen d'assister à une messe le dimanche, et souvent la servait lui-même en place de l'indien chargé de cet office. A cheval quelquefois durant un jour et une nuit, il arrivait dans la capitale brisé de fatigue, et néanmoins assistait à la messe avant de rentrer chez lui.

Un professeur allemand de l'École polytechnique qui avait eu l'occasion de connaître dans l'intimité le président, et même de lui rendre visite dans l'hacienda où il prenait de temps en temps quelques jours de repos ne peut s'empêcher d'exprimer son admiration au souvenir de ses vertus. « Il m'a toujours édifié, écrit-il, par sa bonté, son amabilité charmante tout en restant sérieuse, et surtout par sa profonde piété. Le matin, à l'heure de la messe, il se rendait à sa chapelle, préparait lui-même les ornements, et servait la messe en présence de sa famille et des habitants du village. Si vous aviez pu le voir avec sa haute stature, ses traits vigoureusement accusés, ses cheveux blanchis, son maintien militaire ; si vous aviez pu lire comme nous sur ses traits la crainte de Dieu, la foi vive, la piété ardente dont son cœur était pénétré, vous comprendriez le respect qui s'imposait à tous en présence de cet homme de Dieu. »

Le même spectacle édifiant se renouvelait le soir. Entouré de sa famille, de ses serviteurs, de ses aides de camp, le président récitait la prière, à laquelle s'ajoutait une pieuse lecture qu'il commentait souvent en exprimant les sentiments d'amour et de confiance en Dieu dont son cœur était rempli. Les dimanches et jours de fête, il fallait l'entendre expliquer le catéchisme à ses domestiques, et voir avec quel religieux respect il assistait aux offices accompagné de sa femme et de son fils. Aux grandes solennités, il se rendait officiellement à l'église métropolitaine, entouré de tous ses ministres et de tous les dignitaires civils et militaires. On admirait sa tenue noble et digne, son recueillement, son attention pieuse et soutenue. Du reste, il exigeait de tous le même respect pour les cérémonies saintes; personne n'eût manqué au devoir, même aux simples convenances, sans s'attirer des observations sérieuses. Partout et toujours dans les démonstrations religieuses on le trouvait au premier rang. A l'occasion d'un jubilé, comme il était requis d'assister à trois processions pour gagner l'indulgence, on lui fit observer qu'en raison de ses grandes occupations il pouvait légitimement demander une commutation d'œuvres. « Dieu m'en garde ! répondit-il, je ne suis qu'un chrétien comme les autres. »

Et il assista aux trois processions, entre sa femme et son fils tête nue et sans parasol, malgré les ardeurs d'un soleil brûlant. Il fit un jour à peu près la même réponse au supérieur d'un ordre religieux qui, pour lui épargner chaque semaine un quart d'heure de chemin, s'offrit de lui envoyer son confesseur « Mon père, lui dit-il, c'est au pécheur d'aller trouver son juge, et non au juge de courir après le pécheur. »

Sa piété, faite de confiance et d'amour, le portait vers toutes les dévotions autorisées par l'Église, et en premier lieu vers le Saint-Sacrement, l'objet privilégié de son culte. Il lui rendait de fréquentes visites, restant prosterné devant l'autel dans un sentiment de profonde adoration. Son bonheur était de pouvoir faire la communion chaque dimanche, et même dans la semaine quand se présentait un jour de fête. Portait-on le saint viatique à un moribond, le président se faisait un honneur d'escorter son Dieu, un flambeau à la main, au milieu de son peuple. Quand revenaient les processions de la Fête-Dieu, on voyait le chef de l'État, revêtu du costume de général en chef, portant toutes ses décorations, saisir le gonfalon et marcher devant le dais, comme le serviteur qui annonce son maître. Les autres officiers se cédaient les uns aux autres les cordons du dais, ou cherchaient un peu d'ombre en longeant les murs : le président tenait bon pendant toute la durée de la procession, gardant le milieu de la rue sans s'inquiéter du soleil, afin de ne pas s'éloigner du Saint-Sacrement. On le supplia un jour de se couvrir pour ne pas s'exposer au danger d'une insolation, mais il protesta qu'il ne se couvrirait pas devant son Dieu.

Il connaissait trop bien la doctrine de l'Église sur la dévotion à la sainte Vierge, pour séparer dans son affection le Fils de la Mère. Nous avons dit comment, après la prise de Guayaquil, il lui attribua tout l'honneur de la victoire. Le 24 septembre, fête de N.-D. de la Merci, anniversaire de cette mémorable victoire, resta le jour de la grande fête patronale. Il professait une confiance sans bornes dans l'intercession de Marie : aussi portait-il avec piété sa médaille, ses scapulaires, et le chapelet, qu'il récitait tous les jours avec une fidélité inviolable. Afin d'appartenir plus particulièrement à celle qu'il appelait sa bonne mère du ciel, il résolut d'entrer dans la congrégation que les jésuites avaient établie dans la capitale. Elle se divisait en deux sections, l'une composée de personnes de distinction, l'autre d'ouvriers. Comme il se trouvait dans la première un certain nombre d'adversaires politiques que sa présence aurait pu indisposer, il s'adressa au directeur de la section ouvrière pour s'y faire agréger. Sur l'observation que sa place était plutôt dans l'autre réunion : « Vous vous trompez, répondit-il, ma place est au milieu du peuple. » Depuis ce temps, il assista régulièrement aux assemblées, aux communions générales, et autres exercices de la congrégation, heureux et fier de porter la médaille de Marie, au milieu de ses chers ouvriers, fiers eux-mêmes de compter au milieu d'eux le président de la république.

Docile aux instructions et recommandations de la sainte Église, il mit aussi sa confiance dans le grand patriarche saint Joseph. Quand Pie IX le proclama solennellement patron et protecteur de l'Église universelle, le décret portait cette clause que la fête de saint Joseph serait élevée à la dignité de fête d'obligation partout où les souverains en feraient la demande. Mais les souverains, toujours prêts à supprimer les fêtes de l'Église par des raisons prétendûment économiques tout en multipliant les fêtes profanes par des raisons politiques, restèrent sourds aux invitations du Souverain Pontife. Garcia Moreno, au contraire, ne consultant que sa foi et sa piété, sur l'avis conforme des évêques, présenta sa supplique au pape, et la fête de saint Joseph, désormais jour férié, se célébra dans tout l'Équateur avec la plus grande solennité.

A côté de la sainte famille, chère à tout cœur chrétien, l'Équateur vénère sa sainte particulière, la B. Marianne de Jésus native du pays et surnommée *le lys de Quito* à cause de sa pureté virginale. On la regarde comme la protectrice de la cité, qu'elle a plusieurs fois sauvée de la destruction par de vrais prodiges. Le peuple aime à la prier, et les jeunes filles portent encore volontiers son costume pour se rendre à l'église. Plein de confiance dans l'intercession de la B. Marianne, Garcia Moreno souffrait de voir son culte sans honneur, et ses reliques presque oubliées dans une pauvre chapelle. Durant sa première présidence, il consacra une partie de son traitement à l'embellissement de ce sanctuaire, qu'il couronna d'une flèche superbe. En 1865, les reliques vénérées furent transférées avec grande pompe, aux applaudissements du peuple, dans cette splendide demeure.

A ces preuves non équivoques de sa piété le président ajouta en 1873, un acte grandiose qui suffirait pour immortaliser sa mémoire. Au troisième concile de Quito, il manifesta aux évêques le projet qu'il avait formé de consacrer l'Équateur au Sacré-Cœur de Jésus, projet que les évêques transformèrent aussitôt en décret conciliaire. « Attendu, disaient-ils, que le plus grand bien d'un peuple c'est de conserver intacte la foi catholique ; que la nation l'obtiendra si elle se jette avec humilité dans le Cœur de Jésus, le concile de Quito offre et consacre solennellement la République au Sacré-Cœur, le suppliant d'être son protecteur, son guide et son défenseur, afin que jamais elle ne s'écarte de la foi catholique, apostolique et romaine, et que les habitants de l'Équateur, conformant leur vie à cette foi, y trouvent le bonheur dans le temps et dans l'éternité. »

Garcia Moreno invita les chambres à rendre un décret conforme, afin d'unir l'État à l'Église dans cet acte solennel. Ce décret d'un parlement au XIXe siècle est trop curieux pour que nous ne le donnions pas dans sa teneur :

« Considérant que le troisième concile de Quito a, par un décret spécial, consacré la République au Sacré-Cœur de Jésus, la plaçant sous sa défense et protection ; qu'il convient aux représentants de la nation de s'associer à un acte de tout point conforme à ses sentiments hautement catholiques ; que cet acte, le plus efficace pour conserver la foi, est encore le meilleur moyen d'assurer le progrès et la prospérité de l'État ; le congrès décrète que la République, désormais consacrée au Cœur de Jésus, l'adopte pour son patron et protecteur. La fête du Sacré-Cœur, fête civile de première classe, se célébrera dans toutes les cathédrales avec la plus grande solennité possible. De plus, pour exciter le zèle et la piété des fidèles, on érigera dans chaque cathédrale un autel au Sacré-Cœur, sur lequel sera placée, aux frais de l'État, une pierre commémorative relatant le présent décret. »

Le congrès donna la preuve de la grande foi qui animait tous ses membres, en votant cet acte à l'unanimité et sans discussion. Quelque temps après, le même jour, à la même heure, dans toutes les églises de la République, eut lieu la cérémonie solennelle. Le président en grand uniforme, se rendit à la cathédrale, entouré de toutes les autorités civiles et militaires. Après que l'archevêque eut prononcé l'acte de consécration au nom de l'Église, Garcia Moreno répéta la formule au nom de l'État. Jamais les fidèles n'avaient assisté à un spectacle plus émouvant, et l'on peut dire peut-être que jamais Dieu du haut du ciel n'en contempla de plus beau depuis les temps de Charlemagne et de saint Louis. Espérons qu'il ne permettra point aux méchants de laïciser la République du Sacré-Cœur.

Sous l'impression de l'enthousiasme excité par cette grande démonstration de foi, quelques membres du congrès conçurent l'idée d'élever dans la capitale un temple au Sacré-Cœur, afin de laisser à la postérité un souvenir plus monumental qu'une tablette de marbre. D'autres émirent un avis contraire, alléguant la raison d'économie et le danger d'éclipser trop par ces magnificences le culte de N.-D. de la Merci, patronne de la République. On porta le différend au tribunal de Garcia Moreno qui se prononça comme toujours, pour le projet favorable à l'honneur du Christ. « Vous voulez donc destituer N.-D. de la Merci ? » lui dit un de ses ministres. — « Pensez-vous qu'elle soit jalouse de son Fils ? » répliqua le président. Néanmoins le congrès recula devant l'érection d'un temple au Sacré-Cœur. Il fallut dix ans de nouvelles luttes et de nouvelles victoires pour décider un nouveau congrès à glorifier par un vote unanime l'idée de Garcia Moreno.

Terminons ce chapitre en rappelant que les mêmes vertus chrétiennes, foi, espérance, charité, produisent dans les âmes, selon leur trempe particulière, l'esprit propre qui les caractérise. Elles créèrent en Garcia Moreno l'esprit apostolique, esprit du Christ et des vaillants héros qui lui conquirent le monde, esprit admirablement résumé dans ce cri du *Pater* : « Que votre règne arrive ! Le règne de Dieu dans les âmes : voilà bien l'idée fixe de Garcia Moreno, l'ambition de son noble cœur, le mobile de ses actes publics et privés. Prêtre, Garcia Moreno eût été un Xavier chef d'État, il voulut au moins frayer la voie à l'Église, à ses prêtres, à ses missionnaires, en abattant les obstacles que la Révolution avait amoncelés sur leur passage, et par sa piété, ses exemples, ses paroles, entraîner les masses vers Dieu. Ce feu de la charité le dévorait tellement qu'il ne pouvait le cacher ni le laisser inactif, même au milieu des paysans de la campagne. « Quand le président venait parmi nous pour y vivre en simple particulier, racontaient de pauvres laboureurs, il ne nous épargnait ni les châtiments ni les corrections ; mais aussi c'était un vrai saint : il nous donnait de gros salaires et de magnifiques récompenses ; il récitait avec nous la doctrine chrétienne et le rosaire, nous expliquait l'Évangile, nous faisait entendre la messe et nous préparait tous à la confession et à la communion. La paix et l'abondance régnaient alors dans nos campagnes, parce que la seule présence de l'excellent *Caballero*[1] en éloignait tous les vices. » Se trouvant un jour au milieu d'ouvriers irlandais qu'il avait fait venir des États-Unis pour établir une scierie mécanique, il examina leur travail ; puis, après un repas champêtre servi à ses frais, il interrogea les convives sur les habitudes religieuses de leur pays et finalement leur demanda s'ils savaient des cantiques à la sainte Vierge. Les bons irlandais se mirent à chanter avec entrain. « On aime bien la sainte Vierge dans votre pays ? demanda le président. — Oh ! nous l'aimons de tout notre cœur. » — « Eh bien ! mes enfants, mettons-nous à genoux et récitons le chapelet pour que vous persévériez à aimer et à servir Dieu. » Et tous ensemble, agenouillés près du président, les larmes dans les yeux, récitèrent pieusement le chapelet.

Son zèle lui suggérait les moyens les plus ingénieux pour gagner une âme à Jésus-Christ. Il avait à Quito un ami dont il estimait le caractère, les bonnes qualités et aussi les précieux services, car il lui fournissait souvent les capitaux dont

---

[1] Chevalier.

il avait besoin pour ses grandes entreprises. Cet ami allait à la messe, soulageait les pauvres, assistait même aux exercices spirituels, mais, par suite d'une longue habitude, restait éloigné des sacrements. Garcia Moreno lui reprochait cette inconséquence, sans jamais obtenir autre chose que de vagues promesses pour l'avenir. Or, c'est la coutume à Quito qu'à la fin du mois de Marie, les fidèles offrent à la sainte Vierge, en guise de fleurs, leurs résolutions écrites. Vers la fin du mois, Garcia Moreno demanda un jour à son ami s'il avait offert à Marie son bouquet de fleurs. Celui-ci comprit l'allusion et voulut s'esquiver « Attendez donc, reprit-il, je lui ai présenté, moi, un riche bouquet, et, comme toujours il faudra que vous en fassiez la dépense. — Vous savez que ma bourse vous est toujours ouverte, lui répondit son interlocuteur, croyant qu'il s'agissait d'une nouvelle avance d'argent pour un don que le président voulait faire. — Je puis compter sur vous ? — Certainement. — Eh bien! j'ai promis à la sainte Vierge que vous communieriez le dernier jour de son mois; vous voyez que sans vous je ne puis offrir mon bouquet. » Le pauvre ami, assez embarrassé, lui dit que le président avait des idées singulières, et qu'une action de cette importance demandait une grande préparation. « Aussi vous ai-je prévenu à l'avance, » répliqua Garcia Moreno. Touché de cette sollicitude pour son âme, le retardataire s'enferma durant quelques jours dans une solitude complète et, quand vint la clôture du mois de Marie, on le vit à la sainte table à côté du président, ce qui mit la joie dans tous les cœurs.

CHAPITRE XXX.

LE DÉFENSEUR DE L'ÉGLISE.

Malgré les grands actes de vertu dont se compose la vie de Garcia Moreno, son âme chrétienne ne se serait peut-être jamais manifestée dans tout son éclat sans l'évènement qui stupéfia le monde catholique durant sa seconde présidence, je veux dire l'envahissement de Rome par les troupes du roi Victor-Emmanuel de Savoie. Comme l'intervention de notre héros dans cette question du pouvoir temporel a contribué plus qu'aucun de ses actes à le mettre en relief aux yeux de l'Europe et à le désigner aux colères de la franc-maçonnerie cosmopolite, il convient de raconter en détail ce glorieux épisode de son histoire.

Nos lecteurs se rappellent comment la guerre d'Italie fournit au roi de Piémont l'occasion de mettre la main sur les Romagnes, et puis d'envahir les Marches et l'Ombrie pour assassiner la petite armée de Lamoricière. Finalement, en 1870, l'armée française, sur l'ordre de Napoléon III, abandonna Rome à l'excommunié, qui pénétra dans la cité des papes par la brèche de Porta-Pia, et s'installa cyniquement dans le palais du Quirinal. Pie IX lança de nouveau l'excommunication contre les auteurs de cet abominable et sacrilège attentat, son ministre protesta solennellement devant tous les chefs d'État contre cette inqualifiable usurpation ; mais les princes, complices de la Révolution ou terrifiés par elle, restèrent muets devant le fait accompli ; et les bourreaux du pape allaient s'applaudir d'avoir tué le droit sans soulever d'autre protestation que les larmes impuissantes des catholiques, quand, par la grâce de Dieu, une voix éclatante retentit comme un coup de foudre au sommet des Andes, et vint rappeler à nos rois d'Europe qu'ils peuvent écraser le Juste, mais que la justice ne meurt pas.

Garcia Moreno avait suivi, scène par scène, la passion de Pie IX. Quand le crime fut consommé, il résolut de pousser le cri du centurion romain sur le Calvaire : « C'est le Fils de Dieu que vous avez attaché à la Croix. Les révolutionnaires aiguiseront leurs poignards, les grands rois d'Europe frémiront de colère à la pensée de ce principicule américain qui les dénonce à l'indignation du monde civilisé : qu'importe ? Dieu ne meurt pas. L'encyclique du Pape parut à l'Équateur dans les premiers jours de janvier 1871 ; le 18, on lisait au journal officiel cette énergique protestation, adressée selon la forme constitutionnelle, au ministre de Victor-Emmanuel :

« Le soussigné, ministre des affaires extérieures de la République de l'Équateur, a l'honneur d'adresser la protestation suivante à Son Excellence le ministre des affaires étrangères du roi Victor-Emmanuel, à l'occasion des évènements douloureux survenus depuis septembre dernier dans la capitale du monde catholique.

« L'existence même du catholicisme étant attaquée dans la personne de son auguste chef, le représentant de l'unité catholique, lequel s'est vu dépouiller de son domaine temporel, unique et nécessaire garantie de sa liberté et de son indépendance dans l'exercice de sa mission divine, Votre Excellence reconnaîtra que tout catholique, et à plus forte raison tout gouvernement qui régit une notable portion de catholiques, a non seulement le droit mais le devoir de protester contre cet odieux et sacrilège attentat.

« Cependant, avant d'élever la voix, le gouvernement de l'Équateur attendit la protestation autorisée des États puissants de l'Europe contre l'injuste et violente occupation de Rome, ou, mieux encore, que Sa Majesté le roi Victor-Emmanuel, rendant spontanément hommage à la justice et au caractère sacré du noble Pontife qui gouverne l'Église, restituât au Saint-Siège le territoire dont il l'a dépouillé.

« Mais son attente a été vaine : les rois du vieux continent ont jusqu'ici gardé le silence, et Rome continue à gémir sous l'oppression du roi Victor-Emmanuel. C'est pourquoi le gouvernement de l'Équateur, malgré sa faiblesse et l'énorme distance qui le sépare du vieux monde, accomplit le devoir de protester, comme il proteste, devant Dieu et devant les hommes, au nom de la justice outragée, au nom surtout du peuple catholique de l'Equateur, contre l'inique invasion de Rome et l'esclavage du Pontife romain, nonobstant les promesses insidieuses toujours répétées et toujours violées, nonobstant les garanties dérisoires d'indépendance au moyen desquelles on entend déguiser l'ignominieux asservissement de l'Église. Il proteste enfin contre les conséquences préjudiciables au Saint-Siège et à l'Église catholique, qui ont déjà résulté ou résulteront encore de cet indigne abus de la force.

« En vous adressant cette protestation par ordre formel de l'Excellentissime président de cette République, le soussigné veut espérer encore que le roi Victor-Emmanuel réparera noblement les déplorables effets d'un moment de vertige, avant que le trône de ses illustres aïeux soit réduit en cendres par le feu vengeur des révolutions[1]. »

Garcia Moreno ne se contenta pas de cette protestation personnelle. Il en envoya copie à tous les gouvernements d'Amérique, les exhortant vivement à réprouver avec lui « la violente et injuste occupation de Rome. » « Une violation si flagrante de la justice contre l'auguste chef de l'Église catholique, disait-il, ne peut être regardée avec indifférence par les gouvernements de la libre Amérique. Si les rois du vieux monde ne lui opposent que le silence, elle doit encourir dans le nouveau l'énergique réprobation des peuples et des gouvernements qui les représentent. »

Hélas ! aucun chef d'État, pas plus en Amérique qu'en Europe, ne fit écho au grand justicier. Du reste, il ne se faisait aucune illusion sur le résultat de sa démarche : « Je n'espère pas, écrit-il à un ami, que les républiques sœurs répondent à notre invitation de protester contre la sacrilège et mille fois infâme occupation des États pontificaux. Par cette invitation, d'ailleurs, je n'ai eu en vue que d'accomplir mon devoir de catholique et de donner à notre protestation la plus grande publicité possible. La Colombie m'a remis une réponse négative en termes modérés ; Costa-Rica, une réponse également négative en termes insolents ; la Bolivie m'a fait dire

[1] *El Nacional*, 18 janvier 1871.

avec une grande courtoisie qu'elle prendrait mon projet en considération ; quant au Chili, au Pérou, et aux autres États, ils n'ont pas même daigné m'adresser un accusé de réception. Après tout, qu'importe ? Dieu n'a besoin ni de nous, ni de rien, pour accomplir sa promesse, et il l'accomplira en dépit de l'enfer et de ses satellites francs-maçons qui, par le moyen des gouvernants, sont plus ou moins maîtres de l'Amérique à l'exception de notre patrie. »

Si les rois et présidents de république firent la sourde oreille, l'effet de cette protestation fut immense sur les peuples. A l'Équateur, elle provoqua une grande manifestation nationale, à laquelle s'associèrent tous les dignitaires de l'ordre civil, militaire et judiciaire. Dans de magnifiques adresses au délégat apostolique, tout le peuple disait comme les habitants de Quito :

« Nous ne pouvons rien contre ces odieux attentats, mais nous les réprouvons, nous les condamnons de tout notre cœur, et nous demandons au Dieu des nations et des armées d'abréger ces temps de tribulation, en rendant au chef de l'Église sa liberté et son indépendance. »

Après avoir flétri la spoliation, l'adresse du clergé en appelait « aux souverains de cette Europe qu'on appelle civilisée, à ces puissants qui gouvernent des millions de catholiques dont le bonheur est intimement lié à l'indépendance du chef de l'Église. Comment, disait-elle, le Pontife romain peut-il être indépendant et sujet d'un roi, d'un roi qui depuis dix ans opprime l'Église et foule aux pieds ses saintes lois ? Il nous paraît impossible que vous approuviez l'immoral et monstrueux principe que le fort a toujours droit et que l'indépendance des peuples n'est qu'une affaire de coups de canon. Nous voulons croire, avec l'Écriture, que vous êtes assis sur un trône de justice et qu'un éclair de vos yeux dissipera les méchants[1]. » Ainsi, sous la puissante impulsion de son chef, l'Équateur se levait comme un seul homme pour flétrir l'iniquité triomphante et consoler le prisonnier du Vatican.

Le monde catholique applaudit également à la noble pro-

---

[1] *Proverbes*, II, 8.

testation du président, dès lors regardé comme un héros. « L'Équateur, disait un journal de Bogota, ne serait rien sans Garcia Moreno, et cet homme illustre, malgré son génie, ne serait rien lui-même sans son intrépide défense de l'Église romaine. Honneur et gloire à celui qui a osé dire : un peuple catholique ne peut renier socialement Jésus-Christ. En le voyant protester officiellement contre la plus grande injustice des temps modernes, l'usurpation sacrilège des États pontificaux, quelques-uns riaient de cet acte ; mais bientôt sa voix retentissait dans le monde entier, éveillant partout des échos assez puissants pour faire trembler les spoliateurs. Cet homme a sauvé l'honneur de notre siècle ; et, dans le nimbe de gloire qui le couronne, on oublie la faiblesse de la nation qui a pris pour elle de parler pour toutes [1]. » Un journal espagnol, *La Cruz*, fit ressortir l'acte de Garcia Moreno dans des termes si glorieux pour lui que nous ne résistons pas au plaisir de les citer : « Le vieux monde, couvert de stigmates honteux, régi par des monarques qui ne règnent ni ne gouvernent, toujours prêts au moment du péril à jeter leur couronne pour sauver leur tête, ce vieux monde avili a laissé le Vicaire du Christ entre les mains des nouveaux Judas : il s'est fait le complice des déicides du Golgotha. Nos gouvernants libéraux ont assisté tranquillement, peut-être même joyeusement, au triomphe de la liberté du mal, sans même envoyer une parole de consolation au captif du Vatican. Mais, de l'autre côté des mers, existe un pays où s'est conservée la langue et la foi de la vieille Espagne ; une nation dont le gouvernement, les lois et les mœurs sont fondés sur le catholicisme, un peuple qui, bien que républicain, a su vomir le poison libéral. Cette nation, la seule qui ait écouté la grande voix de Pie IX, la seule qui ait protesté par un acte officiel, solennel, énergique, contre les sacrilèges spoliateurs de Rome, la seule qui ait censuré par son exemple l'humiliante apathie de ceux qui devaient et pouvaient aller au secours du souverain pontife, la seule qui arbore sans crainte le glorieux drapeau de la croix ; cette nation, dis-je, ne figure pas au nombre des nations de l'Europe, ni de

---

[1] *El Tradicionista*, cité par *El Nacional*, 18 novembre 1873.

ces royaumes qui s'intitulent, on ne sait pourquoi, très chrétien, très fidèle, très catholique; ni de ces empires que la multitude des guerriers ou des canons rend invincibles : c'est la petite république de l'Équateur, petite matériellement, grande par sa foi. Honneur et gloire à son noble chef qui, fidèle interprète des aspirations populaires, a su venger l'Église opprimée, la religion outragée, Rome envahie par des hordes sauvages mille fois plus dignes de malédiction que les hordes d'Attila. » La presse catholique française ne ménagea pas non plus son admiration au vaillant défenseur de l'Église. *L'Univers* le cita comme exemple à l'assemblée de 1871 qui, élue pour faire la monarchie, glissait déjà vers la République. Il lui proposait d'imiter par sa foi cet État de l'Équateur, « le seul catholique, le seul qui profite du droit d'un pays libre pour protester contre la violation du droit des gens, le seul qui fasse entendre à la cour de Florence le ferme langage de la justice, ce qui vaut aujourd'hui à son président les félicitations du monde entier. »

Au milieu des insultes qui lui furent prodiguées par les journaux révolutionnaires, Garcia Moreno se réjouit d'avoir donné, pour ainsi dire, une voix à la conscience publique, mais surtout d'apprendre que sa protestation avait grandement consolé et fortifié le captif du Vatican. A la lecture de cette énergique réprobation des sacrilèges apostats qui l'avaient trahi, Pie IX s'écria : « Ah ! si celui-là était un roi puissant, le pape aurait un appui en ce monde ! » Le 21 mars 1871, il envoyait au président ce bref de félicitation et de reconnaissance : « Aux nombreux et magnifiques témoignages de pieux dévouement que vous nous avez donnés dans l'accomplissement des devoirs de votre charge, vous ajoutez une preuve éclatante de fidélité au Siège apostolique et à notre humble personne. Dans un temps désastreux pour la sainte Église, vous n'avez pas craint de condamner publiquement, aux acclamations de tous les cœurs honnêtes, l'usurpation de notre pouvoir temporel que des hommes ingrats et perfides viennent de perpétrer. Cet acte d'énergie nous a souverainement consolé au milieu des afflictions qui nous accablent : aussi avons-nous résolu, en témoignage de notre affectueuse bienveillance et pour vous stimuler à de nouveaux actes de générosité envers l'Église catholique, de vous créer, comme nous vous créons en effet par les présentes lettres, chevalier de première classe de l'ordre de Pie IX. Admis dans cette illustre corporation, vous pourrez porter désormais la grande décoration de cet ordre et jouir de toutes les distinctions et privilèges dont nous l'avons enrichi. »

Pie IX ne pouvait trouver un cœur plus brave ni plus catholique pour y placer la croix de chevalier. Garcia Moreno remercia le pape avec effusion. Il ne se croyait pas digne d'un tel honneur, il trouvait tout naturel d'avoir accompli ce qu'il appelait un devoir de sa charge. « Si le dernier des Équatoriens, disait-il au congrès de 1871, avait à subir dans sa personne ou ses biens, les vexations d'un gouvernement puissant, nous croirions devoir protester hautement contre l'abus de la force, pour ne pas autoriser l'injustice par la complicité de notre silence. Je ne pouvais donc pas me taire, alors qu'en ôtant au pape son indépendance et sa liberté, les usurpateurs du pouvoir temporel violaient le droit le plus précieux de tous les habitants de l'Équateur, le droit de la conscience et de la liberté religieuse. » La protestation n'était que l'accomplissement d'un devoir strict; il fallait au nouveau chevalier, pour légitimer son titre à ses propres yeux, un acte de générosité plus significatif et plus spontané. L'usurpation du pouvoir temporel lui en fournit l'occasion.

Le pape dépouillé de ses États, par conséquent de ses revenus, était par le fait même réduit à la mendicité. Pour subvenir aux frais de son immense administration, les catholiques avaient créé l'œuvre du denier de saint Pierre alimentée par la charité des particuliers. Garcia Moreno se demanda pourquoi le gouvernement, en sa qualité de catholique, n'enverrait pas son obole au pape, aussi bien que les familles, aussi bien que les individus. Au congrès de 1873, après avoir montré la renaissance de l'Équateur, sous l'influence du catholicisme, l'état des finances de plus en plus prospère, la nécessité de multiplier les missionnaires sur les rives du Napo, il formula nettement sa proposition :

« Il n'est pas moins impérieux, dit-il, le devoir qui nous incombe de secourir Notre Saint-Père le pape maintenant qu'on l'a dépouillé de ses domaines et de ses revenus. Vous pouvez lui destiner le dix pour cent sur la partie de la dîme concédée à l'État. L'offrande sera modeste, mais elle nous permettra au moins de prouver que nous sommes les fils loyaux et affectionnés du père commun des fidèles. Nous le lui prouverons tant que durera le triomphe éphémère de l'usurpation italienne.

« Puisque nous avons le bonheur d'être catholiques, soyons-le logiquement, ouvertement ; soyons-le dans notre vie publique comme dans notre vie privée ; confirmons la vérité de nos sentiments et de nos paroles par le témoignage public de nos œuvres.

« En tout temps une pareille conduite devrait être celle d'un peuple catholique, mais aujourd'hui, à cette époque de guerre implacable et universelle contre notre sainte religion, aujourd'hui que les apostats en viennent à renier dans leurs blasphèmes la divinité de Jésus, notre Dieu et notre Seigneur, aujourd'hui que tout se ligue, tout conspire, tout s'acharne contre Dieu et son Christ, qu'un torrent de méchanceté et de fureur jaillit du fond de la société bouleversée contre l'Église et contre la société elle-même, comme dans un tremblement de terre surgissent de profondeurs inconnues des rivières de fange ; aujourd'hui, dis-je, cette conduite conséquente, résolue, courageuse, s'impose absolument, car l'inaction pendant le combat est une trahison ou une lâcheté.

« Continuons donc notre œuvre avec une invincible fidélité, heureux, mille fois heureux si le ciel veut bien à ce prix combler notre chère patrie de ses bénédictions, heureux moi-même si je parviens à mériter ainsi la haine, les calomnies et les insultes des ennemis de Dieu et de notre foi. »

Électrisé par la sublimité de ces sentiments, le congrès vota le projet, après que les différents orateurs eurent exposé les raisons de droit naturel et de droit divin qui obligeaient les nations catholiques à soutenir le souverain pontife. « De même que chaque nation doit subvenir aux nécessités de l'État, de même chaque État, partie de cette immense association qui s'appelle l'Église, doit pourvoir aux besoins du chef qui la régit. Du reste, l'Équateur y est obligé par gratitude autant que par justice, car la dîme appartient tout entière à l'Église, et c'est grâce à la générosité du saint-père que l'État peut s'en approprier une partie. Enfin, par ailleurs, l'Équateur doit témoigner sa reconnaissance à ce Pontife magnanime qui, lors du tremblement de terre d'Ibarra, vint si généreusement à notre secours, comme il le fait du reste toutes les fois qu'il s'agit de soulager quelque grande infortune. » Sous l'empire de ces considérations, le congrès alloua au saint-père une somme de dix mille piastres [1], à titre de don national, « chétive offrande de notre petite République, disaient les représentants au délégat apostolique, que nous vous prions de faire agréer à l'immortel Pie IX, de la part d'un peuple qui vénère ses vertus et admire sa grandeur.» — « Cessez, répondit le délégat touché jusqu'aux larmes, cessez de me présenter votre République comme humble et petite : ils ne sont pas petits les États qui savent s'élever à une telle hauteur. »

En recevant le message du président et le don filial de la République équatorienne, le bon Pie IX ne fut pas moins ému que son délégat. Sa réponse au président respire la plus affectueuse tendresse : « Nous ne savons, lui dit-il, si nos actions de grâces doivent avoir pour objet les preuves de votre insigne dévouement à notre égard, plutôt que les faveurs dont Dieu se plaît à vous récompenser. En effet, sans une intervention divine toute spéciale, il serait bien difficile de comprendre comment, en si peu de temps, vous avez rétabli la paix, payé une partie notable de la dette publique, doublé les revenus, supprimé les impôts vexatoires, restauré l'enseignement, créé des routes, des hospices, des hôpitaux. Toutefois, s'il faut avant tout remercier Dieu, l'auteur de tout bien, il convient aussi de louer votre prudence et votre zèle, vous qui savez faire marcher, concurremment avec tant d'objets de votre sollicitude, la réforme des institutions, de la justice, de la magistrature, de la milice, n'oubliant rien de ce qui procure la prospérité publique. Mais par-dessus tout, nous vous félicitons de la piété avec laquelle vous rapportez à Dieu et à l'Église tous vos succès, persuadé que sans la moralité, dont l'Église catholique seule enseigne et maintient les préceptes, il ne saurait y avoir pour les peuples de

---

[1] Environ 52 mille francs.

véritables progrès. C'est avec raison que de toutes vos forces vous avez stimulé le congrès à la propagation de notre sainte religion, et tourné tous les cœurs vers ce Siège apostolique, centre de l'unité, contre lequel sévit une horrible tempête, leur demandant très opportunément de subvenir à nos nécessités. Continuez de vivre dans cette sainte liberté chrétienne, de conformer vos œuvres à votre foi, de respecter les droits et la liberté de la sainte Église, et Dieu, qui n'oublie point la piété filiale, répandra sur vous, très cher fils, des bénédictions plus abondantes encore que celles dont il vous a comblé jusqu'ici [1]. »

Cet éloge détaillé de ses actes par la plus haute autorité qui soit sur la terre effraya la modestie de Garcia Moreno, à tel point qu'il s'en ouvrit au pape avec les sentiments de la plus profonde humilité. « Très Saint Père, dit-il, je ne puis rendre l'impression de gratitude que produisit sur moi la lettre si paternelle et si affectueuse de Votre Sainteté ! L'approbation que vous daignez donner à mes propres efforts, est pour moi la récompense la plus grande que j'ambitionne sur cette terre, mais elle est bien supérieure à mes mérites. Je confesse en toute justice que nous devons tout à Dieu, non seulement la prospérité croissante de notre petit État, mais aussi les moyens que j'emploie pour la développer, et même le désir que Dieu m'a inspiré de travailler pour sa gloire. Je ne mérite donc aucune récompense ; j'ai bien plus de raison de craindre qu'au dernier jour Dieu ne me rende responsable du bien que j'aurais pu faire avec le secours de sa bonté, et que je n'ai point fait. Daigne donc Votre Sainteté le supplier de me pardonner, et de me sauver malgré mes fautes. Dieu veuille m'éclairer, me diriger en toutes choses, et m'accorder la grâce de mourir pour la défense de la foi et de la sainte Église... Dans ces sentiments, Très Saint Père, j'implore une nouvelle bénédiction pour la République, pour ma famille et pour ma personne. Je sens croître avec votre bénédiction ma confiance en Dieu, source de toute force et de toute valeur. »

Tels étaient les rapports de cordialité et de parfaite union

---

[1] Bref du 20 octobre 1873.

qui existèrent toujours entre Pie IX et Garcia Moreno. Pie IX aimait en Garcia Moreno l'homme droit, l'homme juste, l'opiniâtre adversaire de la Révolution. Fier avec le Tzar, avec Bismarck, avec Napoléon, il se montrait plein de tendresse pour ce chef d'un État inconnu dont le noble cœur battait à l'unisson du sien. De son côté, Garcia Moreno aimait avec passion cet héroïque pontife toujours sur la brèche pour défendre les droits de l'Église, ce nouveau Grégoire VII qui, dans notre siècle d'indifférence et de rationalisme eut assez de courage et de prestige pour imposer le *Syllabus*, organiser une croisade, et célébrer le concile du Vatican. Ces deux âmes n'en faisaient qu'une dans l'amour de la vérité intégrale : Pie IX, l'évêque du dedans, prêchait cette vérité ; Garcia Moreno, l'évêque du dehors, se levait pour lui prêter main-forte, et lui offrir au besoin le sacrifice de sa vie. Il écrivait un jour à un de ses amis qui venait d'être admis à l'audience de Pie IX : « Je te porte envie pour le bonheur que tu as eu de baiser les pieds du Vicaire de Jésus-Christ et de converser avec lui, lui que j'aime plus que mon père, car pour lui, pour sa défense, pour sa liberté, je donnerais même la vie de mon fils.

Pie IX et Garcia Moreno, ces deux justes du XIXe siècle, avaient mérité tous deux le suprême honneur de partager la passion de Jésus-Christ : l'un fut livré aux geôliers de la Révolution, l'autre à ses sicaires.

CHAPITRE XXXI.

L'ASSASSINAT.

1874-1875.

Durant les cinq années écoulées depuis que Garcia Moreno avait repris les rênes du pouvoir, le pays changea de face matériellement et moralement, au point que les étrangers ne reconnaissaient plus le triste et pauvre Équateur d'autrefois. La capitale était transformée, les autres villes embellies ; la province d'Ibarra, ensevelie six ans auparavant sous les décombres, sortait de ses ruines. Des écoles s'ouvraient dans les moindres villages, des collèges et des pensionnats dans les centres populeux ; une Université dotée de quatre facultés, une École polytechnique, des musées, des laboratoires, un Conservatoire des beaux-arts, un observatoire astronomique, élevaient Quito au rang des villes les plus illustres du continent américain. L'Équateur offrait le spectacle de l'Italie au temps des Médicis. Et encore n'était-ce là que la fleur et comme le vernis de la civilisation nouvelle qui animait le pays. Le froid égoïsme avait fait place à la charité ; les pauvres, les malades, les lépreux, recueillis dans les hôpitaux, y trouvaient secours et consolation ; les orphelins dans les asiles, les jeunes ouvriers dans les ouvroirs, les indiens dans leurs cases, apprenaient à devenir des hommes ; les prisonniers se moralisaient sous l'action bienfaisante de la religion ; les sauvages de l'Orient eux-mêmes se civilisaient, grâce au dévouement de leurs zélés missionnaires ; sur toutes les routes de Quito à Guayaquil, à Manabi, aux plages d'Esmeraldas, des milliers d'ouvriers travaillaient à relier le plateau des Andes aux rivages de l'Océan. Encore quelques années, on aurait vu l'agriculture et l'industrie enrichir ce pays, des émigrants défricher ses bois, des chemins de fer sillonner ses vastes haciendas. L'avenir s'ouvrait aux plus magnifiques perspectives, d'autant plus que l'Équateur, si troublé jusque-là, jouissait depuis ces six années de la paix la plus parfaite, lorsque la Révolution décida d'en finir avec son implacable ennemi.

La franc-maçonnerie se chargea de l'exécution. Pour cette secte impie, c'était une vengeance personnelle. Le concordat de 1862, en répudiant le libéralisme, avait brisé son grand moyen d'action contre l'Église. Proscrite comme un fléau public par la constitution de 1869 ; clouée au pilori dans la personne de Victor-Emmanuel par la protestation de 1871, sa rage satanique ne connut plus de bornes quand elle vit, en 1873, la nation tout entière se donner au Sacré-Cœur, et son glorieux chef à genoux devant le Christ libérateur. Dès lors Garcia Moreno fut condamné à mort par le grand conseil de l'ordre maçonnique. « On m'avertit d'Allemagne, écrivait en 1873 le président, que les loges de ce pays ont ordonné à celles d'Amérique de remuer ciel et terre pour renverser le gouvernement de l'Équateur ; mais si Dieu nous protège et nous couvre de sa miséricorde, qu'avons-nous à craindre ? »

La conjuration formée, tous les journaux de la secte, en Europe comme en Amérique, s'unirent pour déshonorer la victime et préparer le monde à la voir tomber sans trop de surprise. Une inondation de pamphlets fondait sur l'Équateur comme une provocation incessante à l'assassinat. Les journaux du Pérou annoncèrent au mois d'octobre 1873 que le crime était consommé.

En 1874, aux approches de l'élection présidentielle, les conjurés essayèrent d'intimider les électeurs par une recrudescence d'injures et de menaces contre Garcia Moreno. L'un écrivait de Lima : « La nation qui a exterminé les tyrans, possède assez d'énergie pour s'affranchir du plus détestable despotisme. Que le féroce terroriste et ses complices tremblent devant la juste indignation du peuple souverain. » Le blasphémateur Montalvo, dans un écrit intitulé : *La Dictature perpétuelle,* traita Garcia Moreno de tyran, de voleur, d'anthropophage. » Il présenta l'Équateur comme un vaste couvent d'idiots, au milieu duquel se dresse un échafaud en permanence. Mais ces fureurs sauvages n'eurent d'autre effet que d'assurer la réélection du seul homme capable de tenir tête à de pareils énergumènes. Sans promesses ni menaces, sans excitation d'aucune sorte de la part des autorités, ainsi que l'avait voulu Garcia Moreno, le peuple se prononça librement et spontanément en faveur du président.

A partir de ce jour, les conjurés préparèrent leurs poignards; les bruits d'un assassinat prochain prirent même tant de consistance que beaucoup de personnes se crurent obligées d'exposer leurs craintes à Garcia Moreno et de lui conseiller des mesures de prudence. Mais jamais on ne parvint à faire entrer dans son âme un sentiment d'inquiétude. Il répondit à un religieux chargé de lui transmettre une communication très grave : « Je vous suis reconnaissant de votre charitable avis, bien qu'il ne m'apprenne rien de nouveau. Certains hommes, je le sais parfaitement, désirent ma mort; mais ces mauvais désirs, engendrés par la haine, ne sont préjudiciables qu'à ceux qui les forment. Dites à la personne dont vous tenez ces renseignements que je crains Dieu, mais Dieu seul. Je pardonne de bon cœur à mes ennemis; je leur ferais du bien si je les connaissais et si j'en avais l'occasion. » Don Ignacio lui signala un agent de la secte, dénoncé comme en voulant à sa vie : « Je ne fais aucun cas, répondit-il, de ces misérables dénonciations, et je regarde avec un profond mépris les agissements de ces scélérats. Depuis longtemps ils m'auraient rendu fou si j'avais attaché la moindre importance à leurs intrigues. »

Surtout il n'entendait pas qu'on eût l'air d'implorer pour lui la pitié de ces vils assassins. Un jour le rédacteur du *National*, Proano, qui combattait pied à pied les ennemis du président, sous l'empire de je ne sais quel pressentiment, montra ces Caïns se ruant sur l'innocent Abel. « Or, disait-il, quand Abel vit son frère prêt à l'immoler, il exhala sa triste plainte : Frère, pourquoi me tuer? Nous sommes sortis du même sein, et si mes offrandes ont été préférées aux tiennes, ce n'est point par ma faute. Si Dieu avait accepté ton présent, je n'en eusse point été jaloux. Caïn se précipita sur le pauvre Abel et lui donna la mort. Abel lui pardonna, mais son sang n'en cria pas moins vengeance au ciel.

Frappez donc, ô Caïns, frappez votre victime ; mais sachez que Dieu la vengera. » — « Ce ton me déplaît, dit Garcia Moreno à l'écrivain. Ce n'est point là le langage d'un gouvernement qui fait le bien sans craindre qui que ce soit. Si ces bandits ont l'envie de me tuer, qu'ils viennent : ils ne nous immoleront pas comme de timides brebis; nous leur disputerons le terrain pied à pied, et nous entreprendrons une nouvelle croisade pour la sainte cause. Dieu sera notre bouclier contre les traits de l'ennemi. Si nous succombons, rien de plus désirable, ni de plus glorieux pour un catholique : notre récompense sera éternelle[1]. »

Avec cette confiance en Dieu qui ne se démentit jamais, Garcia Moreno continua ses œuvres sans s'inquiéter de l'orage qui grondait sur sa tête. A peine réélu, il combina des plans nouveaux, cherchant les meilleurs moyens d'utiliser cette troisième présidence pour le bien public. Dans un entretien intime avec le rédacteur du *National,* son confident et son ami, il exposait ainsi ses idées sur l'avenir : « Quand je me décidai, en 1851, à intervenir dans la politique du pays, je considérai que la République, pour s'ouvrir une ère de véritable prospérité, avait besoin d'une triple période de juste et sage administration; période de réaction, période d'organisation, période de consolidation. Ma première présidence eut un caractère de réaction contre les maux qui accablaient la patrie, et comme ces maux invétérés avaient pénétré profondément tout le corps social, il me fallut quelquefois, à ma grande douleur, employer la violence pour les extirper. La seconde présidence que j'achève, consacrée tout entière à l'organisation du pays, n'a plus requis les moyens violents. Mes ennemis eux-mêmes reconnaissent la modération et le tempérament avec lesquels j'ai gouverné la nation. Si la divine Providence n'en dispose pas autrement, la troisième période sera une période de consolidation. Les peuples, habitués à l'ordre, aux douceurs de la paix, jouiront d'une plus grande liberté, sous un gouvernement paternel et tranquille. L'avenir de notre cher pays dès lors assuré, je rentrerai dans la vie privée, avec la douce satisfaction d'avoir sauvé le pays

---

[1] *Colleccion de documentos,* Proaño.

et de l'avoir définitivement placé sur la voie du progrès et de la véritable grandeur. »

Hélas! le Dieu dont les secrets sont impénétrables, en avait disposé autrement, et ces rêves du grand chef chrétien allaient s'évanouir dans un coup de foudre. Déjà les maçons d'Amérique avaient envoyé des représentants du Chili, du Pérou, de l'Équateur et de la Colombie à Lima, la cité maçonnique par excellence, pour désigner les sicaires et leur fournir les moyens pour remplir leur criminelle mission. Peu de temps après, les habitants de Quito remarquèrent, non sans inquiétude, que plusieurs jeunes exaltés se réunissaient chaque soir chez le ministre du Pérou. Des lettres mystérieuses leur arrivaient par des voies détournées. Tous, plus ou moins ennemis de Garcia Moreno, débitaient de pompeuses tirades en l'honneur de la liberté. A leur tête, on distinguait l'avocat Polanco, jeune homme de bonne famille, ruiné par suite de mauvaises affaires et surtout de mauvaises mœurs. Entré dans la vie religieuse dans l'espoir que le couvent paierait ses dettes, il y affectait des airs de vertu qui ne l'empêchèrent pas d'être expulsé. Il se rabattit alors sur le président, dont il était autrefois le serviteur dévoué, mais n'ayant pu en obtenir les faveurs qu'il sollicitait, il lui jura une haine implacable. Après lui venait Moncayo, personnage de basse extraction, mais hautain et orgueilleux. Soutenu par la bourse du président il avait aussi passé plusieurs années dans une communauté religieuse avant de chercher fortune dans le monde. Il comptait sur son ancien protecteur, mais le président, peu sympathique aux défroqués, resta sourd à toutes ses requêtes. Emporté par son ressentiment, Moncayo jura de se venger. Dans ce groupe figuraient encore Campuzano, depuis longtemps lié aux conspirateurs, Roberto Andrade et Manuel Cornejo, tous deux pervertis par les abominables écrits de Montalvo. Andrade, fils d'un paysan d'Ibarra, pauvre étudiant en droit, se croyait un nouveau Brutus. Il avait dessiné sur une page de son portefeuille le portrait de Garcia Moreno assassiné et du P. Terenziani décapité. Pour cet esclave des francs-maçons, Garcia Moreno devait périr pour avoir pratiqué la tyrannie, et le P. Terenziani pour l'avoir enseignée dans son cours de législation. Recruteur d'assassins, c'est lui qui avait entraîné Cornejo dans le complot en lui affirmant qu'un chef de corps, le commandant Sanchez, seconderait les conjurés avec les forces dont il disposait. Cornejo, jeune homme, honnête jusque-là, épris autrefois d'enthousiasme pour Garcia Moreno au point de lui former avec d'autres jeunes gens une escorte d'honneur, oublia sa famille et ses principes pour s'attacher à ses détestables compagnons. Enfin venait le malheureux Rayo qui, lui aussi, avait tour à tour aimé et détesté le président. De famille pauvre, il avait quitté la Nouvelle-Grenade, sa patrie, pour servir, en qualité de mercenaire dans les troupes de l'Équateur. C'était un de ces chrétiens étranges, qu'on voit un jour agenouillés dans une église, priant avec une piété d'ange, puis le lendemain brandissant un poignard. Après lui avoir confié des fonctions importantes au Napo, Garcia Moreno l'avait destitué par suite de ses malversations. Devenu simple sellier pour gagner sa vie, au lieu de s'accuser de sa chute, Rayo ne pensa plus qu'à se venger du président.

Tels étaient les instruments choisis par la secte pour exécuter son affreux dessein. Les conciliabules nocturnes de ces jeunes gens paraissaient très suspects au peuple et à Garcia Moreno lui-même, quand arriva subitement du Pérou un autre personnage, originaire de Guatemala, dont les allures étranges attirèrent son attention. Cet individu, nommé Cortès, s'introduisit à Quito sous les apparences de la pauvreté, et bientôt, au grand étonnement de la ville, on le vit aussi fréquenter assidûment les salons du ministre péruvien. Lié d'amitié avec les hôtes habituels de l'ambassade, il passait son temps à chanter des hymnes à la liberté et à déclamer contre les despotes. Un jour il poussa si loin ses violences et ses insolents propos que Garcia Moreno lui signifia d'avoir à quitter immédiatement le territoire de la République. On soupçonna, non sans motif, que cet envoyé du Pérou avait pour mission de distribuer les rôles aux principaux acteurs du drame. Ceux-ci n'en continuèrent pas moins avec leurs affidés de Lima des correspondances secrètes, qu'ils dérobaient aux investigations de la police, grâce aux subterfuges les plus audacieux. L'aide de camp de Garcia Moreno lui présente un jour certaines lettres déposées sur son bureau pour recevoir l'estampille du gouvernement. Soupçonnant une fraude, le président brise l'enveloppe, et trouve l'adresse d'Urbina. C'était une communication des révolutionnaires avec leur chef du Pérou. Mgr Vanutelli, délégat apostolique, se trouvait à Guayaquil au mois de juillet 1875 prêt à s'embarquer pour l'Europe. Ayant ouvert un paquet de lettres expédiées de Lima à son adresse, il lut sur une seconde enveloppe le nom de l'avocat Polanco, qu'il ne connaissait pas, et auquel il envoya, par l'intermédiaire d'un jésuite, des lettres contenant probablement les dernières instructions des loges.

On ne pouvait plus se dissimuler que le danger était proche, et l'on conseillait au président de se mettre en garde contre les assassins. Un prélat de ses amis, de passage à Quito, lui dit dans un entretien familier : Il est de notoriété publique que la secte vous a condamné et que ses sicaires aiguisent leurs poignards : prenez donc quelques précautions pour sauver votre vie. — Et quelles précautions avez-vous à me suggérer? dit le président. — Entourez-vous d'une escorte. — Et qui me défendra contre l'escorte, car enfin on pourra la corrompre? J'aime mieux me confier à la garde de Dieu. » Et il ajouta ces paroles du Psalmiste : *Nisi Dominus custodierit civitatem, frustra vigilat qui custodit eam.*

C'est dans ces lugubres circonstances qu'il écrivit sa dernière lettre au souverain pontife, lettre dont chaque ligne respire la piété d'un saint et le courage d'un martyr. « J'implore votre bénédiction, Très Saint Père, ayant été, sans mérite de ma part, réélu pour gouverner pendant six années encore cette république catholique. La nouvelle période présidentielle ne commence que le 30 août, date à laquelle je dois prêter le serment constitutionnel, et c'est alors seulement qu'il serait de mon devoir d'en donner officiellement connaissance à Votre Sainteté ; mais j'ai voulu le faire aujourd'hui, afin d'obtenir du ciel la force et la lumière dont j'ai besoin plus que tout autre pour rester à jamais le fils dévoué de notre Rédempteur, le serviteur loyal et obéissant de son Vicaire infaillible.

« Aujourd'hui que les loges des pays voisins, excitées par

l'Allemagne, vomissent contre moi toutes sortes d'injures atroces et d'horribles calomnies, se procurant en secret les moyens de m'assassiner, j'ai plus que jamais besoin de la protection divine, afin de vivre et de mourir pour la défense de notre sainte religion et de cette chère République que Dieu m'appelle à gouverner encore. Quel plus grand bonheur peut m'arriver, Très Saint Père, que de me voir détesté et calomnié pour l'amour de notre divin Rédempteur ? Mais quel bonheur plus grand encore, si votre bénédiction m'obtenait du ciel la grâce de verser mon sang pour celui, qui étant Dieu, a voulu verser le sien pour nous sur la croix ! »

Jamais chrétien des premiers siècles aux prises avec les bourreaux n'exprima de plus beaux sentiments. Il demandait ensuite au Saint Père une double grâce : des religieuses pour l'hôpital des pauvres lépreux, et les reliques du B. Pierre Claver, délaissées à Carthagène. « Votre Sainteté, disait-il, a béatifié cet apôtre de la charité catholique : elle ne voudra pas que ses restes précieux demeurent dans un endroit où personne ne les apprécie ni ne les vénère. Notre pauvre Équateur ne cherche ni ne désire d'autre protection que celle de Dieu : aussi sera-t-il très heureux d'avoir un avocat de plus dans le ciel. »

Le cœur rempli de ces fortifiantes pensées, Garcia Moreno se mit à composer tranquillement le message qui devait être lu, le 16 août, à l'ouverture du congrès. Les avertissements les plus solennels et les plus graves venaient à chaque instant le distraire de ce travail, mais il se remettait immédiatement à l'œuvre avec le plus grand calme. Le 26 juillet, fête de sainte Anne, patronne de sa femme, parmi les cartes adressées à celle-ci, il s'en trouvait une dans laquelle on lui recommandait de veiller sur son mari parce que prochainement les sicaires exécuteraient leurs menaces. A cette occasion, plusieurs de ses amis lui répétèrent encore que, s'il ne prenait garde, il tomberait certainement quelque jour sous le fer d'un assassin. « Eh bien ! leur répondit-il d'un air joyeux, que veut un voyageur, si ce n'est arriver au terme de son voyage ; un navigateur, si ce n'est saluer les rivages de la patrie ? Je ne me ferai point garder ; mon sort est entre les mains de Dieu, qui me tirera de ce monde quand et comment il lui plaira. »

Le 2 août, un religieux lui écrivit de Latacunga que la conspiration ourdie contre lui par les francs-maçons éclaterait sous peu de jours, et qu'il avait entendu prononcer le nom d'un certain Rayo parmi ceux des conjurés. Rayo ! s'écria Garcia Moreno, c'est une infâme calomnie. Je l'ai vu communier il y a peu de jours : un chrétien n'est point un assassin ! » Cet homme avait su cacher son ressentiment, et le président se défiait si peu de lui que, se proposant de faire une promenade à cheval avec son fils, le 10 août, fête de l'Indépendance, il avait commandé à Rayo une selle pour le petit Gabriel.

Le 4 août, il écrivit une dernière lettre à son ami Jean Aguirre, dont il avait fait, dès ses années de collège, son compagnon intime. Quelques mois auparavant, au moment de partir pour l'Europe, Jean Aguirre était venu lui faire ses adieux. Après un long entretien, dans lequel il se montra très expansif, Garcia Moreno reconduisit son ami jusqu'à la porte et lui dit en le serrant sur son cœur. « Nous ne nous reverrons plus, je le sens, c'est notre dernier adieu ! » Puis il se détourna pour cacher ses larmes et lui cria une dernière fois : Adieu ! nous ne nous reverrons plus. » Le 4 août, après lui avoir rappelé ces pressentiments, il ajoutait : « Je vais être assassiné ; je suis heureux de mourir pour la foi : nous nous reverrons au ciel.

Le 5 août, il s'entretenait avec son Conseil d'État du complot qui défrayait toutes les conversations. Don Vincente Piedrahita lui avait écrit de Lima que dans cette ville on regardait l'assassinat comme un fait accompli. A Quito, du reste, le chef de la police était sur la piste des principaux conjurés et de leurs complices. Comme on ne prenait aucune mesure pour déjouer leurs plans, les conseillers d'État l'exhortèrent encore à se précautionner contre le danger, mais il soutint qu'il était impossible d'éviter le poignard de l'assassin acharné à sa victime, toujours en embuscade et prêt à frapper au moment et à l'endroit où on l'attend le moins. « Les ennemis de Dieu et de l'Église peuvent me tuer, ajouta-t-il, Dieu ne meurt pas ! » Vers le soir, voulant terminer son message au congrès, il avait donné l'ordre à son aide de camp de ne recevoir qui que ce fût, quand un prêtre se présente et demande à voir le président. Sur le refus de l'officier, le prêtre insiste parce que la communication qu'il doit faire ne peut être remise au lendemain. Introduit devant Garcia, il lui tient ce langage : « On vous a prévenu que la franc-maçonnerie avait décrété votre mort, mais on ne vous a pas dit quand le décret serait exécuté. Je viens vous avertir que vos jours sont comptés, et que les conjurés ont résolu de vous assassiner dans le plus bref délai, et peut-être demain s'ils en trouvent l'occasion. Prenez vos mesures en conséquence. — J'ai reçu déjà bien des avertissements semblables, répondit le président, et j'ai vu, après avoir mûrement réfléchi, que la seule mesure à prendre, c'est de me tenir prêt à paraître devant Dieu. » Et il continua son travail comme si on lui eût annoncé une nouvelle sans importance. On remarqua cependant qu'il passa en prières une partie de la nuit.

Le lendemain 6 août, fête de la Transfiguration de Notre-Seigneur, vers six heures du matin, il se rendit selon sa coutume à l'église Saint-Dominique, pour y entendre la messe. C'était le premier vendredi du mois, jour spécialement dédié au Sacré-Cœur. Comme beaucoup d'autres fidèles, le président s'approcha de la sainte table, et reçut le Dieu de l'Eucharistie, sans doute comme viatique de son dernier voyage, car après tant d'avertissements reçus de tous côtés, il ne pouvait se dissimuler qu'il était en danger de mort ; aussi prolongea-t-il son action de grâces jusque vers huit heures.

Les conjurés, dans lesquels nous reconnaîtrons bientôt les hôtes de l'ambassade péruvienne, l'épiaient depuis le matin. Ils l'avaient suivi de loin jusque sur la place Saint-Dominique, où ils stationnèrent durant la messe, tantôt par petits groupes, tantôt se rapprochant les uns des autres pour se communiquer leurs observations. On conjectura qu'ils voulaient l'assaillir au sortir de l'église, mais qu'un obstacle imprévu, peut-être le concours assez nombreux des fidèles, les empêcha d'effectuer leur dessein. Le président rentra tranquillement chez lui, passa quelque temps au milieu de sa famille, puis se retira dans son cabinet pour mettre la dernière main au message dont il voulait, ce même jour, donner communication à ses ministres.

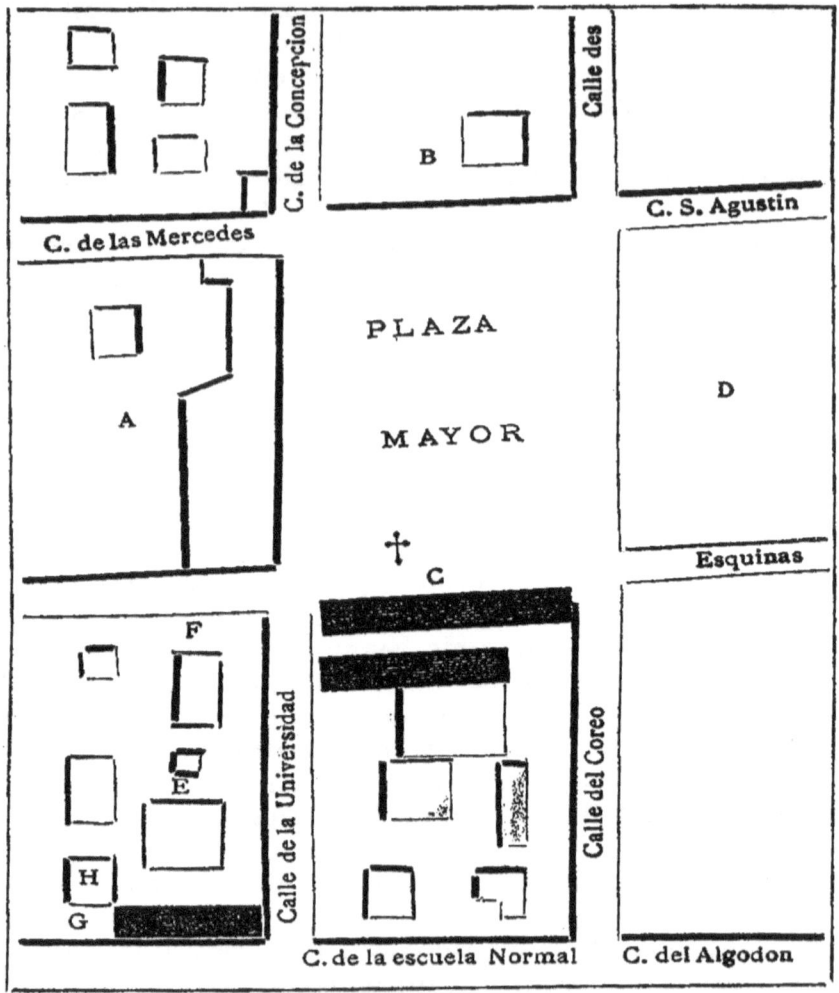

Plan partiel de Quito.
† *Le théâtre du crime.*

A Palais du Gouvernement. — B Palais Archiépiscopal. — C Cathédrale. — D Hôtel de Ville. — E Université. — F La Monnaie. — G Los Jésuites. — H Collège St-Louis.

Vers une heure, muni du précieux manuscrit qui devait être son testament, il sortit avec son aide de camp pour se rendre au palais, il s'arrêta en chemin chez les parents de sa femme, dont la demeure touchait à la *Plaza Mayor*. Ignatio de Alcazar, qui l'aimait beaucoup, lui dit avec tristesse : « Vous ne devriez pas sortir, car vous ne pouvez ignorer que vos ennemis observent tous vos pas. — Il n'arrivera, répondit-il, que ce que Dieu permettra. Je suis dans ses mains en tout et pour tout. » Comme la chaleur était extrême, il prit alors je ne sais quelle boisson qui le mit subitement en transpiration et le força de boutonner sa redingote, circonstance insignifiante, mais qu'il importe de relever. Quelques instants après, on le vit se diriger vers le palais du gouvernement, toujours suivi de l'aide de camp Pallarès.

A ce moment, les conjurés se trouvaient réunis dans un café attenant à la place, d'où ils observaient les démarches de leur victime. Dès qu'ils l'aperçurent, ils sortirent les uns après les autres et s'embusquèrent derrière les colonnes du péristyle, chacun au poste assigné par leur chef Polanco, lequel se transporta de l'autre côté de la place pour écarter les obstacles et parer à tout évènement. Il y eut alors pour les meurtriers un moment de terrible angoisse. Avant d'entrer au palais, le président voulut adorer le Saint-Sacrement exposé dans la cathédrale[1]. Longtemps il resta agenouillé sur les dalles du temple, absorbé dans un profond recueillement. Comme à l'approche des ténèbres les objets créés disparaissent et la nature se repose dans un calme solennel, Dieu, à ce moment suprême, écartant de l'âme de son serviteur tout souvenir des êtres créés, l'attirait doucement au repos de la céleste union. L'un des conjurés, Rayo, impatienté d'un retard qui pouvait devenir périlleux, fit dire au président par un de ses complices qu'on l'attendait pour une affaire pressante. Garcia Moreno se leva aussitôt, sortit de l'église, gravit les marches du péristyle, et déjà il avait fait sept ou huit pas vers la porte du palais, lorsque Rayo qui le suivait, tirant de dessous son manteau un énorme coutelas[2], lui en asséna un coup terrible sur l'épaule. « Vil assas-

---

[1] La cathédrale et le palais du gouvernement forment un des angles de la *Plaza Mayor*.
[2] Appelé dans le pays *Mochete*.

sin ! » s'écria le président en se retournant et en faisant d'inutiles efforts pour saisir son révolver dans sa redingote fermée ; mais déjà Rayo lui avait fait à la tête une large bles-

Assassinat de García Moreno

sure, pendant que les autres conjurés déchargeaient sur lui leurs révolvers. A ce moment, un jeune homme qui se trouvait par hasard sur la plate-forme, voulut saisir le bras de Rayo, mais blessé lui-même et à bout de force, il dut lâcher prise. Percé de balles, la tête ensanglantée, l'héroïque président se dirigeait néanmoins, tout en cherchant son arme, vers le côté d'où partaient les balles, lorsque Rayo d'un double coup de son coutelas, lui taillada le bras gauche et lui coupa la main droite, de manière à la détacher presque entièrement. Une seconde décharge fit chanceler la victime, qui s'appuya contre la balustrade et tomba sur la place d'une hauteur de quatre à cinq mètres. Étendu sur le sol, le corps tout sanglant, la tête appuyée sur son bras, le moribond était sans mouvement, quand Rayo, plus féroce qu'un tigre, descendit l'escalier du péristyle et se précipita sur lui pour l'achever. « Meurs, bourreau de la liberté! criait-il, en lui labourant la tête avec son coutelas. — Dieu ne meurt pas! murmura une dernière fois le héros chrétien, *Dios no muere!* »

Cependant le bruit des coups de feu attire les curieux aux fenêtres en même temps que la panique envahit tous les cœurs. Fonctionnaires et serviteurs se barricadent dans le palais, croyant qu'une bande d'émeutiers montent pour les égorger. L'aide de camp Pallarès court à la caserne chercher du renfort pendant que Polanco, Cornejo, Andrade, et autres meurtriers s'enfuient au plus vite en criant : « Le tyran est mort! » Les femmes se précipitent hors des boutiques établies sous le peristyle et poussent des cris lamentables autour du président couché par terre et baigné dans son sang. La place se remplit de personnes effarées, de soldats cherchant les assassins, de prêtres qui arrivent en toute hâte de la cathédrale pour donner au blessé, s'il respire encore, les derniers secours de la religion. Il ne peut répondre à ceux qui lui parlent ni faire le moindre mouvement, mais son regard trahit un reste de vie et de connaissance. On le transporte à la cathédrale aux pieds de N.-D. des Sept-Douleurs, et de là dans la demeure du prêtre sacristain pour panser ses plaies béantes : soins inutiles, on s'aperçoit à ses lèvres décolorées et livides qu'il est sur le point d'expirer. Un prêtre lui demande s'il pardonne à ses meurtriers ; son regard mourant répond qu'il pardonne à tous. Sur lui descend alors la grâce de l'absolution; l'extrême-onction lui est administrée au milieu des larmes et des sanglots de l'assistance, et il expire un quart d'heure environ après l'épouvantable tragédie du palais.

Pendant ce quart d'heure d'agonie, une scène non moins

Garcia Moreno assassiné

sanglante épouvantait la foule assemblée sur la *Plaza Mayor*. Après l'assassinat, les conjurés disparurent l'un après l'autre, excepté Rayo qu'une balle destinée au président avait blessé à la jambe. Il s'éloignait péniblement, espérant encore une révolution radicale, quand il se vit entouré d'un peuple en fureur et de soldats qui menaçaient de le mettre en pièces. Son arrogance alors fit place au trouble et à la frayeur. Aux malédictions de la foule, aux soldats qui s'emparaient de lui pour le traîner à la caserne, il adressait des paroles incohérentes comme celle-ci : « Je n'ai rien fait,... que me voulez-vous ?... rien !... rien !... » Malgré ses supplications, le flot populaire le refoulait de la place à la rue de la caserne, quand tout à coup un soldat, outré de colère, cria au peuple : « Comment pouvez-vous souffrir devant vos yeux ce lâche assassin ? Écartez-vous de lui. » La foule obéit, et le soldat déchargea son fusil sur le meurtrier qui, frappé à la tête, tomba roide mort. Son cadavre fut piétiné et traîné ignominieusement jusqu'au cimetière où plus tard sa veuve lui fit creuser une tombe. Des chèques sur la banque du Pérou, trouvés dans les vêtements de l'assassin, prouvèrent à tous que la vénérable et vertueuse franc-maçonnerie, pas plus que le grand conseil des juifs, n'épargne les deniers aux Judas qu'elle emploie.

Dans la soirée de ce jour néfaste, le doyen de la faculté de médecine, Guayraud, reconnut officiellement le cadavre du président et en fit l'autopsie. Le martyr avait reçu cinq ou six coups de feu et quatorze coups de l'infâme coutelas, dont l'un avait pénétré jusqu'au crâne. On compta sept à huit blessures mortelles. Sur la poitrine du président se trouvait une relique de la vraie Croix, le scapulaire de la Passion et celui du Sacré-Cœur de Jésus ; à son cou, pendait un chapelet auquel était attachée une médaille, représentant d'un côté le pape Pie IX et de l'autre le concile du Vatican. L'effigie de Pie IX était teinte du sang de Garcia Moreno, comme pour marquer par ce touchant symbolisme que l'amour de l'Église et de la Papauté avait causé la mort du glorieux martyr. On trouva également sur lui un agenda tout noirci de ses notes journalières. Sur la dernière page, il avait, ce jour-là même, tracé au crayon trois mots qui suffisent pour peindre l'âme d'un saint : « Mon Seigneur Jésus-Christ, donnez-moi l'amour et l'humilité, et faites-moi connaître ce que je dois faire aujourd'hui pour votre service. » En réponse de cette généreuse demande, Dieu réclama le sang du héros chrétien, et certes, il le versa de grand cœur, comme il l'écrivait à Pie IX un mois auparavant, « pour celui qui étant Dieu, a voulu verser le sien pour nous sur la croix. »

Si maintenant l'on demande pourquoi Dieu laisse ainsi répandre par des criminels le sang d'un de ces hommes créés tout exprès, ce semble, pour la régénération de son pays et le triomphe de l'Église, il faut répondre que Dieu se plaît surtout à glorifier ceux qui toujours ont confessé la vérité. Or la suprême gloire, c'est de sceller de son sang cette vérité qu'on a défendue par ses paroles et par ses actes. Dieu donna cette gloire à son Fils, il l'a donnée aux martyrs, il l'a donnée à Garcia Moreno. Quant au monde, si Dieu lui enlève ses libérateurs, c'est que trop souvent le monde ne s'en montre pas digne. Combien de chrétiens ont repoussé Garcia Moreno, bafoué ses principes, entravé son œuvre au nom du libéralisme? N'est-il pas juste que Dieu, pour les punir, les livre à la tyrannie libérale? Mais le peuple, si dévoué à Garcia Moreno, ne méritait pas ce châtiment? Non sans doute, mais que le peuple se rassure : de même que le sang des martyrs fut une semence de chrétiens, le sang de Garcia Moreno produira non seulement à l'Équateur, mais dans d'autres nations, des défenseurs du peuple et de l'Église. L'homme meurt, mais Dieu ne meurt pas. *Dios no muere.*

CHAPITRE XXXII.

LE DEUIL.

1875.

La mort de Garcia Moreno à peine connue, toute la ville se couvrit spontanément de deuil. Les rues se tendaient de noir, les drapeaux funèbres flottaient aux fenêtres de chaque maison, les cloches sonnaient le glas, le canon mêlait d'heure en heure ses lugubres grondements à ce triste concert, les larmes coulaient de tous les yeux : on eût dit que chaque famille venait de perdre un de ses membres. Au lieu de se trouver en révolution, comme on aurait pu le craindre, la capitale tomba dans une inexprimable consternation. La feuille officielle interpréta parfaitement le sentiment public en disant « que, sous le poids de la douleur, le mouvement de la vie était comme arrêté, les lèvres restaient muettes et les cœurs défaillants. » Elle exprimait en même temps la certitude que l'ordre ne serait pas troublé : « En immolant notre chef, une bande de scélérats a cru immoler du même coup la religion et la patrie, mais l'esprit de Garcia Moreno restera avec nous, le martyr du haut du ciel priera pour son peuple. »

De fait, il n'y eut pas même un semblant de désordre. Les assassins durent s'enfuir au plus tôt pour ne pas tomber sous les coups de la vengeance publique. En vertu des dispositions constitutionnelles, le vice-président, don Javier Léon, se déclara chef du pouvoir exécutif et mit la République en état de siège. Par une circulaire adressée aux gouverneurs de province, il donna l'ordre d'employer tous les moyens possibles pour s'emparer des meurtriers. S'adressant à l'armée, il fit appel à son amour pour le chef immortel qu'elle venait de perdre « Officiers et soldats, disait-il, des mains encore rouges de son sang vous présenteront peut-être un autre drapeau que celui de la religion et de la patrie, mais vous vous souviendrez des enseignements de votre illustre généralissime, vous serez fidèles aux lois de l'honneur. Braves soldats, tournez vos yeux vers le ciel, voyez sur la tête de celui que vous pleurez la glorieuse couronne du martyre, et jurez de défendre les institutions pour lesquelles il a donné sa vie. » De Cuenca, de Guayaquil, aussi bien que de Quito, arrivèrent des protestations de dévouement à la patrie, mêlées aux explosions de la plus vive douleur. Le corps diplomatique tout entier voulut s'associer au peuple et à l'armée dans ces touchantes manifestations du deuil national.

L'ordre ainsi assuré, un décret du pouvoir exécutif fixa au 9 août les funérailles du président. « Considérant, disait justement ce décret, que l'Excellentissime don Gabriel Garcia Moreno a été l'un des plus grands hommes de l'Amérique, et, par ses importantes réformes, le patriotique auteur de la prospérité dont jouit la République ; que sa mort prématurée sera pour tout le peuple un sujet d'éternelle douleur ; que les nations ont le devoir d'honorer les hommes assez généreux pour consacrer leur vie au service de la patrie : les obsèques de l'Excellentissime Gabriel Garcia Moreno seront solennellement célébrées dans l'église métropolitaine. Sur le catafalque, on lira ces mots qui résument sa vie *Au régénérateur de la patrie, à l'invincible défenseur de la foi catholique.* » Durant les trois jours qui s'écoulèrent entre la mort et les funérailles, le corps fut exposé dans une chapelle ardente. Assis sur un fauteuil, revêtu des insignes de sa charge, entouré de ses gardes, on l'eût dit simplement assoupi. Les assassins avaient criblé son corps de blessures, mais respecté son noble visage dont chacun pouvait reconnaître les traits expressifs et la mâle physionomie. Les visiteurs affluèrent sans interruption durant ces trois jours, non seulement de la capitale, mais de dix lieues à la ronde. En se rendant au congrès, les députés rencontraient sur leur route des processions interminables d'hommes, de femmes et d'enfants, qui avaient prié près du cadavre et s'en retournaient en pleurant à chaudes larmes. « Nous avons perdu notre père, disaient-ils ; il a donné son sang pour nous. » Jamais, s'écrient les témoins oculaires, on ne vit spectacle plus navrant.

Le jour des obsèques, sur un magnifique catafalque dressé dans la cathédrale, le cadavre du président, en costume de général, la tête découverte, apparut une dernière fois à la foule immense qui remplissait l'église et ses abords. Bientôt on vit entrer l'archevêque avec son clergé ; les membres du gouvernement, entourés des autorités civiles et militaires, prirent place à leur tour. Tous les yeux se portèrent alors sur l'estrade d'honneur occupée par le président dans les cérémonies publiques, et le peuple la voyant vide se mit à sangloter et à gémir. L'émotion redoubla quand don Vincent Cuesta[1], traduisant le sentiment général, appliqua au nouveau Judas Machabée, ces paroles de l'Écriture, si bien appropriées à la circonstance : *Le peuple d'Israël pleura toutes ses larmes, et le deuil dura de longs jours, et ils disaient : Comment est-il tombé, le vaillant qui sauvait Israël ?* « Si le silence, s'écria l'orateur, est l'expression des grandes douleurs quand il s'agit d'une infortune privée, à plus forte raison quand survient un de ces terribles évènements qui accablent tout un peuple. Que dire dans cette lugubre cérémonie, en présence des restes de ce chef illustre dont la vie féconde et l'héroïque trépas laisseront un éternel souvenir dans les annales de l'Équateur ? O Dieu des nations, pourquoi donc avez-vous permis que la sentinelle de votre maison, le défenseur de votre Église, l'orgueil de votre peuple, tombât ainsi à l'improviste, baigné dans son propre sang ? O mon Dieu ! prosternés devant votre infinie majesté, nous ne pouvons qu'adorer vos inscrutables desseins. Vous nous l'aviez donné, vous nous l'avez enlevé, que votre saint Nom soit béni ! Nous étoufferons dans notre cœur tout sentiment de vengeance, nous ne voulons pas même dire aux assassins : Caïns, qu'avez-vous fait du sang du juste ! »

Les sanglots de l'auditoire étouffaient la voix de l'orateur. Laissant de côté les actes publics du président, « comme appartenant aux annales de l'Équateur, à l'histoire de l'Amérique, à la galerie des grands hommes de ce siècle, » il rap-

---

[1] Doyen de la cathédrale de Riobamba et sénateur.

pela ses vertus intimes, sa foi, sa piété, son zèle et sa noble protestation contre l'envahissement des États pontificaux « qui avait attiré sur une nation ignorée de tous, les regards du monde entier. Pie IX lui-même avait fixé son œil reconnaissant sur ce petit peuple des Andes, au milieu duquel, en ce temps d'apostasie générale, avait paru le seul homme assez fort pour brandir dans ses vaillantes mains l'épée de Constantin, de Charlemagne et de saint Louis. Et ces mains, ajouta-t-il, ont été lacérées par le crime ! Le soldat de Dieu est mort martyr de son zèle et de sa foi !.. » Les gémissements redoublèrent quand l'orateur s'écria en terminant : Garcia Moreno, tes yeux ne voient pas nos larmes, tes oreilles n'entendent pas les lamentations de ton peuple, ton noble cœur ne bat plus dans ta poitrine, mais ton âme nous comprend. Ah ! de cette région bienheureuse où t'a conduit ton héroïque vertu, jette un regard sur tes enfants, n'abandonne pas ton pays à l'anarchie, demande à Dieu de susciter un homme qui continue ton œuvre et sache dire comme toi : *Adveniat regnum tuum !* »

Le crime du 6 août fit naître une telle exaspération que le peuple voulut à toute force s'emparer des assassins. Déjà deux d'entre eux, Campuzano et Polanco étaient sous les verrous. Plus heureux, le jeune Cornejo avait gagné les montagnes. Enfermé dans une hutte au milieu des bois, il se crut sauvé, mais il comptait sans la divine justice.

Quelques jours après le meurtre, un domestique fidèle qui l'avait accompagné dans sa fuite, revint à Quito s'informer de la marche des évènements et recueillir certains objets nécessaires à son maître. Ayant trouvé la maison déserte, car les parents de Cornejo, inconsolables du crime commis par leur fils, avaient disparu, il se mit à parcourir les chambres au milieu de la nuit, une bougie à la main, pour recueillir les hardes du fugitif. Un voisin d'en face, surpris de cette promenade nocturne dans une maison qu'il savait inhabitée, suivit l'inconnu à son départ et le dénonça au premier poste qu'il rencontra. Le domestique fut arrêté et condamné, sous peine d'être fusillé sur l'heure, à guider une escouade de soldats vers la cachette de Cornejo. Toutefois, grâce à la vigilance d'un indien qui lui donna l'éveil à l'approche des sbires, Cornejo parvint à s'évader ; les soldats se mirent à sa poursuite, et le gouvernement, averti par courrier, donna l'ordre de cerner le bois qui lui servait d'abri. A cette nouvelle, le peuple en masse, hommes, femmes, enfants, accoururent de la ville et des villages voisins, pour enfermer le meurtrier dans un immense cercle et lui couper ainsi toute retraite ; mais on avait compté sans les buissons et les taillis d'où il leur fut impossible de le déloger. Dans sa fureur, le peuple mit le feu au bois, afin de forcer le fugitif à se rendre ou à périr. Voyant les flammes s'approcher, Cornejo se blottit dans le creux d'un arbre jusqu'au moment où la foule désespérée se décida à reprendre le chemin de la ville. Déjà il levait la tête pour respirer, quand un soldat resté en arrière l'aperçut, poussa un cri, et rappela la foule, qui faillit mettre l'assassin en pièces. Livré au conseil de guerre, Cornejo fit des aveux complets. Il résulta de ces déclarations que le crime était le résultat d'une conspiration dont Polanco était l'âme. C'est lui qui avait entraîné les conjurés et distribué les rôles au moment du drame. Condamné à mort, Cornejo se convertit sérieusement et écrivit à sa mère une lettre pleine de résignation « Je suis heureux, dit-il, de mourir pour expier mon crime, et de mourir maintenant, après avoir eu le bonheur de me réconcilier avec Dieu. Si j'avais échappé, je serais perdu pour toujours. » Élevé par des parents chrétiens, la Révolution l'avait perdu : d'un jeune homme plein de bons sentiments, elle avait fait un assassin.

Avant lui, Campuzano avait payé sa dette à la justice. On dit qu'après sa condamnation, on lui promit la vie sauve s'il voulait révéler le nom de ses complices. « C'est inutile, s'écria le malheureux : mes compagnons, eux, ne me feraient pas grâce. J'aime mieux être fusillé que poignardé. »

Le docteur Polanco, l'organisateur du complot, en fut quitte pour dix ans de réclusion. Encore s'échappa-t-il de prison deux ans après, au moment d'une bataille entre conservateurs et radicaux. Se jetant aussitôt dans la mêlée, il vomissait des blasphèmes et commandait aux soldats de tirer sur une bannière du Sacré-Cœur lorsqu'une balle l'atteignit au front et l'étendit raide mort. Les autres conjurés périrent presque tous de mort violente.

Quelques jours après les funérailles eut lieu l'ouverture de la session législative. Le ministre de l'intérieur présenta au congrès le message que Garcia Moreno portait sur lui au moment de l'assassinat. Impossible de rendre l'impression qu'éprouva l'assemblée en voyant, tout couvert de taches sanglantes, ce manuscrit dans lequel le grand homme avait consigné sa pensée suprême ; le père du peuple, sa dernière volonté. On en écouta la lecture dans un religieux et solennel silence :

« Il y a quelques années, disait Garcia Moreno, l'Équateur répétait chaque jour les tristes plaintes que le libérateur Bolivar adressait dans son dernier message au congrès de 1830 : *Je rougis de l'avouer : l'indépendance est un bien que nous avons conquis, mais aux dépens de tous les autres.*

« Depuis que, mettant en Dieu notre espérance, nous nous sommes éloignés du courant d'impiété et d'apostasie qui entraîne le monde en ces jours d'aveuglement et que nous nous sommes réorganisés en 1869 comme nation vraiment catholique, tout va changeant jour par jour pour le bien et la prospérité de notre chère patrie.

« L'Équateur était autrefois un corps duquel se retirait la vie, et qui se voyait dévoré comme les cadavres par cette multitude d'insectes hideux que la liberté de la putréfaction fait toujours éclore dans l'obscurité du sépulcre ; mais aujourd'hui, à la voix souveraine qui tira Lazare de la tombe, il se ranime et marche en avant, bien que traînant encore ses liens et son suaire, c'est-à-dire les restes de la misère et de la corruption dans lesquels nous étions ensevelis.

« Pour justifier mes paroles, il suffira que je vous rende un compte sommaire de nos progrès pendant ces dernières années, m'en remettant aux informations spéciales de chaque ministère pour tout ce qui concerne les documents et les détails. Afin qu'on voie exactement le chemin parcouru durant cette période de régénération, je comparerai l'état actuel avec son point de départ, non pour nous glorifier, mais pour glorifier Celui à qui nous devons tout et que nous adorons comme notre Rédempteur et notre Père, comme notre protecteur et notre Dieu. »

Il parcourait ensuite les différentes branches de l'administration, enseignement, bienfaisance, travaux publics, finances, missions établissant preuves en main, l'immense développement qu'avait pris la civilisation, sous le rapport intellectuel, moral et matériel, depuis que la religion présidait aux destinées du pays. C'est du reste ce remarquable document qui nous a fourni les renseignements et les chiffres dont nous nous sommes servi pour exposer les œuvres du président. Il terminait par cette déclaration qui arracha des larmes aux membres du congrès :

« J'achève dans quelques jours la période du mandat qui m'a été confié en 1869. La République a joui de six années de repos et durant ces six années elle a marché résolûment dans le sentier du progrès, sous la protection visible de la Providence. Bien plus grands eussent été les résultats obtenus, si j'avais possédé pour gouverner les qualités qui me manquent malheureusement, ou si pour faire le bien, il suffisait de le désirer avec ardeur.

« Si j'ai commis des fautes, je vous en demande pardon mille et mille fois, et ce pardon, je le demande avec des larmes très sincères à tous mes compatriotes, les priant de croire que ma volonté n'a jamais cessé de poursuivre leur bien. Si au contraire vous croyez que j'aie réussi en quelque chose, attribuez-en d'abord le mérite à Dieu et à l'immaculée dispensatrice des trésors de sa miséricorde, puis à vous-mêmes, au peuple, à l'armée et à tous ceux qui, dans les différentes branches du gouvernement, m'ont aidé avec tant d'intelligence et de fidélité à remplir mes difficiles devoirs.

Le congrès se montra digne d'un tel message. Il répondit, non au président qui ne pouvait plus l'entendre, mais à la nation, par un manifeste en l'honneur de Garcia le Grand, « grand non seulement aux yeux de l'Équateur, mais de l'Amérique, mais du monde entier, car le génie appartient à tous les peuples et à tous les siècles. » Non content d'avoir ainsi glorifié le héros de l'Équateur devant tout son peuple le congrès voulut perpétuer sa mémoire en élevant dans la capitale un monument qui rappelât ses bienfaits. Dans la session du 16 septembre il édicta le décret suivant, que nous reproduisons textuellement, comme le plus glorieux et le plus fidèle résumé des grandes œuvres accomplies par le héros-martyr.

« Considérant :

« Que l'Excellentissime Don Gabriel Garcia Moreno, par sa vaste intelligence comme par ses hautes vertus, mérite d'occuper la première place parmi les enfants de l'Équateur ;

« Qu'il a consacré sa vie et les dons si rares de son esprit et de son cœur à la régénération et à la grandeur de la République, en basant les institutions sociales sur le fondement solide des principes catholiques ;

« Qu'avec la magnanimité des grands hommes, il affronta sans crainte la diffamation, la calomnie, et les sarcasmes impies, donnant ainsi au monde le noble exemple d'une admirable fermeté dans l'accomplissement du devoir ;

« Qu'il aima la religion et la patrie jusqu'a souffrir pour elles le martyre, et légua, de la sorte, à la postérité une mémoire illustrée de l'immortelle auréole dont Dieu couronne les plus héroïques vertus ;

« Qu'il combla la nation d'immenses et impérissables bienfaits dans l'ordre matériel, intellectuel, moral et religieux ;

« Et qu'enfin la nation doit honneur, gratitude et respect aux citoyens qui savent l'ennoblir et la servir sous l'inspiration du plus pur et du plus ardent patriotisme ;

« Le sénat et la chambre des députés décrètent :

« L'Équateur, par l'entremise de ses représentants, accorde à la mémoire de l'Excellentissime don Gabriel Garcia Moreno l'hommage de son éternelle gratitude, et, pour le glorifier selon ses mérites, lui décerne le titre de *Régénérateur de la patrie* et de *Martyr de la civilisation catholique.*

« Pour la conservation de ses restes mortels, il sera élevé, au lieu que désignera le pouvoir exécutif, un mausolée digne de ce grand homme.

« Afin de recommander son nom glorieux à l'estime et au respect de la postérité, une statue en marbre, érigée en son honneur, portera sur son piédestal l'inscription suivante : *A Garcia Moreno, le plus noble des enfants de l'Équateur, mort pour la religion et la patrie, la République reconnaissante.*

« Dans les salles des conseils municipaux et autres assemblées officielles figurera également un buste de Garcia Moreno, avec l'inscription : *Au régénérateur de la patrie, au martyr de la civilisation catholique.*

« La route nationale et le chemin de fer, œuvres principales du président défunt, porteront le nom de Garcia Moreno. »

Il faut remonter bien loin dans l'histoire pour rencontrer un homme assez grand pour mériter de pareils éloges, un peuple assez juste pour les lui décerner. Nulle part dans notre siècle où les catastrophes de toutes sortes ne sont pas rares, un chef d'État n'a été si unanimement honoré et pleuré. « Et ce n'est point assurément une chose ordinaire que nous voyons là, s'écriait à cette occasion un grand polémiste chétien : un peuple reconnaissant envers le chef qui ne l'a point spolié ; qui n'a trahi ni son corps ni son âme ; qui, au contraire, a audacieusement voulu le délivrer de l'ignorance, des menteurs, des hommes de proie ; qui l'a conduit devant Dieu dans la lumière, dans l'innocence et dans la paix ; et qui enfin a donné sa vie pour son salut ! Il y a donc aujourd'hui sur la terre un lieu petit et obscur, mais pourtant visible, où la louange du *Juste* est partout proclamée. On le pleure, non seulement à l'autel, mais en pleine rue. Nous en concluons qu'il y a encore une justice parmi les hommes ; et quand la justice parle quelque part au milieu du monde, c'est assez pour que le monde ne soit pas perdu. La justice qui parle dans l'Équateur, est un grand service rendu au genre humain, le plus grand peut-être que l'Amérique ait rendu jusqu'ici. »

Nous pouvons ajouter à l'honneur de l'humanité, que la couronne de gloire fut posée en ces jours sur la tête de Garcia Moreno, non seulement par le peuple au milieu duquel il a vécu, mais par toutes les nations catholiques sans exception. Le monde civilisé porta le deuil du noble chevalier de la civilisation chrétienne, et le grand Pie IX honora publiquement ce fils digne de lui. Le 20 septembre, dans sa prison du Vatican, parlant à de pieux pèlerins, il s'écria : Au milieu des gouvernements livrés au délire de l'impiété, la République de l'Équateur se distinguait miraculeusement de toutes les autres par son esprit de justice et par l'inébranlable foi de son président, qui toujours se montra le fils soumis de l'Église, plein de dévouement pour le Saint-Siège, et de zèle pour maintenir au sein de la république la religion et la piété. Et voilà que les impies, dans leur aveugle fureur, regardent comme une insulte à leur prétendue civilisation moderne l'existence d'un gouvernement qui, tout en se consacrant au bien-être matériel du peuple, s'efforce en même temps d'assurer son progrès moral et spirituel. A la suite de conciliabules ténébreux organisés dans une république voisine, ces vaillants ont décrété le meurtre de l'illustre président. Il est tombé sous le fer d'un assassin, victime de sa foi et de sa charité chrétienne envers sa patrie. » *Victime de sa foi et de sa charité* Pour Pie IX comme pour tous. la mort de Garcia Moreno fut la mort d'un martyr.

Pie IX et Garcia Moreno, tous deux croisés contre la Révolution, l'un martyrisé par elle, l'autre emprisonné ; le prisonnier louant le martyr devant l'humanité qui applaudit, et Dieu, *qui ne meurt pas,* couronnant l'un et l'autre : nous pouvons rester sur ce grand souvenir.

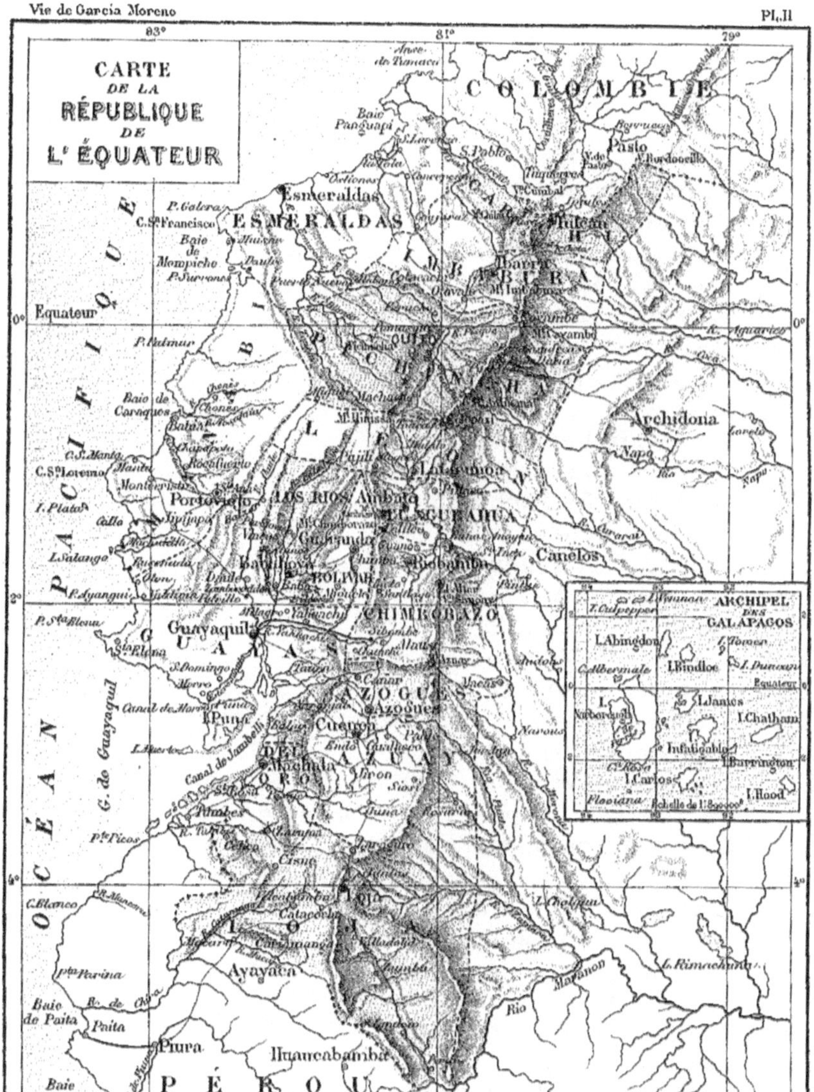

Vie de Garcia Moreno

Pl. II

CARTE DE LA RÉPUBLIQUE DE L'ÉQUATEUR

ARCHIPEL DES GALÁPAGOS

CARTE D'ENSEMBLE

SIGNES CONVENTIONNELS
- ★ CAPITALE DE LA RÉPUBLIQUE
- ◉ Capitales de Provinces
- ○ Chefs-lieux de Cantons
- † Archevêché, Évêché
- ○ Villes principales
- ++++++ Limites de la République
- ------ " des Provinces
- ==== Chemins de Fer
- —— Routes principales

Échelle de 1:5.200.000

Échelle de 1:8.000.000

Gravé par Erhard frères

Retaux-Bray Editeur

TABLE DES MATIÈRES

Chapitres
I	Premières années	1
II	L'étudiant	8
III	L'avocat	16
IV	Le président Florès	25
V	Le vengeur	36
VI	La défense des jésuites	48
VII	Urbina au pilori	59
VIII	L'exilé	71
IX	Le réveil d'un peuple	84
X	Soulèvement national	98
XI	Le drame de Riobamba	110
XII	Négociations et batailles	120
XIII	Prise de Guayaquil	128
XIV	Le président réformateur	144
XV	Le concordat	159
XVI	Défaite de Tulcan	170
XVII	L'excommunié Mosquera	177
XVIII	Un contre tous	194
XIX	Le combat de Jambeli	206
XX	L'assassin Viteri	221
XXI	Catastrophe d'Ibarra	238
XXII	Chute du président Espinosa	248
XXIII	Le président malgré lui	265
XXIV	L'assassin Cornejo	279
XXV	L'instruction publique	285
XXVI	Les missions	297
XXVII	Moralisation	307
XXVIII	Travaux et finances	323
XXIX	Le chrétien	334
XXX	Le défenseur de l'Église	359
XXXI	L'assassinat	371
XXXII	Le deuil	387

Imprimerie Notre-Dame des Prés. Ern. Duquat, directeur.
Neuville-sous-Montreuil (Pas-de-Calais).

www.ingramcontent.com/pod-product-compliance
Lightning Source LLC
Chambersburg PA
CBHW031401290426
44110CB00011B/227